KB212203

3·1운동
백주년과
한국 종교개혁

3·1운동 백주년과 한국 종교개혁

우리 시대 독립의 의미를 다시 묻는다

3·1운동백주년종교개혁연대 편

박병기 옥복연 이미림 황상희 경동현 최우혁 김춘성 박길수 손은실 이은선

2019 한반도 독립선언서

만물이 새롭게 움트는 2019년의 봄, 오늘 우리는 지금부터 백 년 전 우리 집 지구의 한반도에 울려 퍼졌던 3·1독립선언의 포효를 기억합니다. 그 함성과 항거를 되새기며 우리도 오늘 새롭게 우리의 독립과 자주, 민주와 평화를 선포하기 위해서 이 자리에 모였습니다. 이 일에서 우주의 대 기운과 세계 개조의 큰 뜻을 품고 일어섰던 3·1독립선언의 권위가 우리를 이끌고, 만세로 이어질 우리 염원과 신앙이 그 길잡이입니다.

1919년 3월, 2천만 대한의 민중은 남녀노소, 원근각처와 직업과 신분을 불문하고 분연히 일어섰습니다. 일제의 잔혹한 탄압과 총칼 앞에서도 크게 일어나 대한민국의 독립과 자주를 외쳤습니다. 동양의 평화를 염려하며 도덕과 인의로 나아가는 인류 새 문명의 물결에 크게 화답하여 온 세상에 그 기상을 떨쳤습니다. 하지만 백년이 지난 오늘, 우리는 이곳에서 또 다른 식민과 억압, 비주체와 비인간의 현실을 목도합니다.

일본군 '위안부' 문제와 강제징용 피해자 문제가 아직 표류하고 있듯이, 지난 식민지 시기의 악은 여전히 우리 삶을 옥죄고 있습니다. 오랜 분단 속에서 일촉즉발의 위기까지 갔던 남북관계가 급진전되어 평화와 통일 이야기가 한껏 무르익기도 했지만, 이웃 강국들의 사욕과 간섭으로 언제 다시 전쟁과 식민의 이야기로 반전될지 모르는 상황입니다. 그런 가운데 남한 내부에서도 서로 다른 정치이념과 계급과 성, 세대와 종교와 역사적 신념 등의 차이로 갈등과 분쟁이 심각합니다. 종교마저 화해와 통합의 일군이 되기보다는 오히려 분쟁을 부추기고, 왜곡된 이데올로기와 거짓뉴스의 진원지로 까지 추락했습니다.

하지만 오늘 우리는 이 모든 것을 떨치고서 다시 일어서고자 합니다. 백 년 전 이 땅의 종교 지도자들이 서로 화합하며 그 어려운 상황에서도 분연 히 일어섰던 것처럼, 우리도 다시 일어서고자 합니다. 지금까지 남과 북은 갈라서 누구보다도 서로를 심하게 학대해 왔고, 외세에 매달리며 한편으로 패권적 민족주의에 빠져 있었습니다. 오늘 우리는 뼛속까지 근대 자본주의 의 노예가 되었습니다. 그동안 열심히 쫓아왔던 경제 제일의 신자유주의 제 국은 한반도 삶의 모든 영역을 점령하여 우리로 하여금 끝없는 물질적 탐욕 에 빠지게 했고, 여기서 종교도 예외가 아니었습니다. 지금 한반도의 제 종 교는 예전 3·1독립운동에서 '민족이 의지할 곳은 오직 종교밖에 없다'는 신 뢰의 자리로부터 오히려 공동체를 분열시키고 스스로가 물신주의에 빠져서 시대의 염려거리가 되었습니다. 그러나 우리는 이런 모든 형국을 딛고서 다 시 시작하고자 합니다.

이제 우리 종교인들은 이 땅의 모든 사람이 어떠한 인간적인 조건에 종속 됨이 없이 모두가 스스로 하늘과 직접적으로 맞닿아 있다는 것을 선포합니 다. 그래서 각자는 국적이나 외모, 성(性)의 구별이나 학벌, 재산의 여부에 상 관없이 자신의 방식으로 이 땅 위에서 인간답게 살 권리를 가지며, 일과 노 동을 통해 자신의 존엄을 훼손 받지 않고 행복하게 살아갈 자격과 의무가 있음을 선언합니다.

종교와 국가와 직업과 학식과 신체의 건강 여부도 바로 이 인간다운 삶과 관련해서만 의미가 있고, 그 위에 어떤 형식적인 권위로 무소불위의 힘을 가 질 수 없다는 것을 밝힙니다. 따라서 오늘 현실의 종교적 삶을 위해서 각 종교가 두고 있는 성직제도는 그 자체로 절대적일 수 없고, 직분의 의미로 이해되어야 하며, 그런 뜻에서 오늘 많은 종교 부패의 원인이 되는 성직의 타락과 오용은 지양되어야 하고, 보다 평등하고 민주적인 방식으로 새롭게 구성되어야 합니다.

우리 모두는 몸의 존재입니다. 몸과 거룩(聖/神)이 따로·있는 것이 아니라 몸을 통해 거룩이 현현되고, 몸이라는 한정이 곧 거룩의 장입니다. 그러므로 우리 몸이 단순히 생명 없는 물질로 치부되거나 돈벌이 수단이나 쾌락의 도구와 폭력의 대상이 될 수 없습니다. 지금 한반도의 삶에서 우리 몸이 당하는 고통이 하늘을 찌릅니다. 수많은 노동자의 몸이 피로에 절어있으며, 열악한 식사와 주거로 심각한 병에 노출되어 있고, 성(性)의 상품화로 크게 병들고 있습니다. 거기서 여성과 아동과 청년은 차별당하고, 건강하게 인간다운 삶을 살아갈 기회를 잃고서 권력가와 자본가의 소모품처럼 착취당하고 있습니다.

예전 이 땅의 독립운동가들은 한 나라에 '국토'와 '인민'이 있으니 독립하지 못할 이유가 없다고 자신하며 일어섰습니다. 하지만 오늘은 바로 그 국토와 인민이 심각하게 병들어 있으니 위기는 더욱 중하다고 하겠습니다. 이에 우리 모두는 과감히 떨치고 일어나야겠습니다. 우리의 노동이 인간다운 노동이 되고, 우리 의식주가 다시 정도를 찾아서 생명을 살리고 삶을 살찌우는 영적 토대가 되어야겠습니다. 이 일을 위해서 무엇보다도 우리 국토인 한반도의 토지가 보다 정의롭고 공평하게 나누어지는 일이 긴요합니다. 이 땅에 몸으로 사는 모든 사람이 평등하고 공평하게 자신의 땀의 대가를 얻을 수 있도록 한반도 땅의 문제가 바로잡혀지는 일이 요청됩니다. 종교인으로서 지금까지 이 일에 힘쓰지 못하고 오히려 불의와 탐욕에 가담해 왔던 시간들을 반성하며, 이제부터라도 우리 신앙이 참으로 몸적이고, 구체적이며,

실질적으로 실천될 수 있도록 몸의 필요물들을 함께 나누고, 생산하고, 창조하는 일에 같이 할 것을 선언합니다.

지금까지 우리는 참으로 자기밖에 모르는 이기적인 삶을 살아왔습니다. 종교인이라고 말로는 되뇌지만 자기가족 이기주의와 지역 연고주의, 종교 패거리주의와 폐쇄적인 국가주의와 인간중심적인 반생태적 삶을 살아왔습니다. 이 모든 것을 회개하며 앞으로는 좀 더 이웃과 더불어 함께 사는 삶을 살겠습니다. 물질적 성취만을 강조하며 교육이라는 이름으로 자라나는 어린이와 젊은이들의 자유와 자발성을 억누르고 죽여온 것을 반성합니다. 자신만이 옳다는 아집과 편견에 사로잡혀서 그 외의 '다른 것'들을 용납하지 못하고, 차별하며 혐오하고 소외시켜온 것을 회개합니다.

이 모든 일을 반성하며 3·1독립의 선언이 그 어려운 상황에서도 '정의'(正義)와 '인도'(人道)의 정신으로 신뢰를 저버린 일본을 탓하는 대신에 그 앞날까지도 걱정하면서 '세계대동'(世界大同)의 이상을 펼친 것을 기억합니다. 우리도 다시 그 이상을 우리 것으로 하면서 인류 공동체 집에서 우리의 선한 역할을 담당하고자 합니다. 오늘 절체절명의 위기 가운데 놓여 있는 한반도의 평화와 통일이 바로 그 길로 가는 첫걸음임을 선언합니다. 3·1운동의 선인들이 잘 간파했듯이 오늘 한반도의 평화가 세계평화의 갈림길이 되는 것을 더욱 깊이 인지하면서 우리 종교인들이 밑거름이 되어서 큰 화합과 통일과 배려의 새 날을 열어가겠습니다.

1894년 동학농민혁명의 거룩한 분노가 우리를 다시 일깨우고, 1919년 3·1독립선언과 상해임시정부수립의 결사가 새롭게 우리 귀에 울리고 있으며, 1960년 4.19혁명의 함성과 더불어 1980년 5.18광주항쟁의 자유와 용기가 우리로 하여금 더욱 앞으로 나아가게 합니다. 1987년 민주항쟁을 이어서 2017년 촛불시민혁명의 환한 빛과 진리가 우리를 계속 인도하니 여기서 멈출 수 없습니다.

이제 우리는 결단코 지금과 같이 사악한 물신주의에 빠져 있지 않겠습니다. 우리 자신을 잔혹한 이기주의의 먹이로 내어줄 수 없으며, 삶의 용기와 의지와 선함을 무(無)로 돌리는 소외와 외로움과 자기 멸시에 빠져 살지 않겠습니다. 과감히 그 질곡과 노예성을 끊고서 더욱 인간답게, 이 세상이 다시 사람이 살 만한 세상, 모든 생명이 자신의 자리를 얻는 세상이 되도록 힘을 모으겠습니다. 지금 온 인류 문명이 새롭게 찾고 있는 포스트휴먼의 길을 위해서 고난과 인내와 상생의 한반도 역사에서 배우면서 자신을 변화시켜 나가겠습니다. 그리고 그렇게 온 세상을 위한 책임과 주인의식으로 이 사명을 감당하기 위해서 우리는 다음과 같은 한반도 종교인 공약 삼장을 선포합니다.

- 물질과 정신이 둘로 나누어지는 것이 아니라 정신으로 되어가는 물질이 있을 뿐이다. 이 세상의 모든 존재는 그 자체로서 선하고 귀하며, 이 땅의 모든 사람들은 어떤 처지에도 인간답게 살 권리가 있고, 존엄과 자유과 사랑의 담지자로서 존중받아야 한다.

- 우리 몸은 거룩하다. 어느 경우에도 권력자의 폭력과 쾌락과 돈벌이의 수단으로 이용될 수 없다. 몸에 대한 어떠한 속박과 폭력도 용납되어서는 안 되고, 우리 몸의 안녕과 건강과 생명감과 창조력이 보호받고 배려 받을 수 있도록 국가를 비롯한 이 땅의 모든 공동체들은 서로 힘을 합해야 한다.

- 이 일을 위해서 우리는 지금 여기 우리가 서 있는 장소에서부터 시작한다. 바로 나 자신으로부터 시작하고, 한반도의 평화와 통일을 이루는 일에서부터 시작한다. 우리가 날마다 더 선해지도록, 더 진실하고 아름다워지도록 결심하고 행위하는 그 지점으로부터 세계 평화와 인류 개조가 이루어진다는 믿음이 이 시대 종교인들의 참된 믿음(信)이며 신념이어야 한다. 그 한 걸음(一步, 日步)씩 나가는 일에서 어떤 개인이나 단체도 홀로 절대화될 수 없고, 모두의 앞에 놓인 목표가 이루어질 때까지 계속하고 지속할 수 있도록 서로 손잡아 주고 격려하고 돕는 일이야말로 오늘 이 땅의 모든 종교 공동체가 주력하는 일이어야 한다.

2019년 2월 28일

3·1운동백주년종교개혁연대

경동현, 김권이, 김나리, 김미령, 김유철, 김춘성, 김항섭, 김현진, 김형남, 나지용, 민정희, 박광서, 박길수, 박병기, 박순희, 배병태, 선병삼, 손원영, 손은실, 심국보, 옥복연, 이미림, 이병성, 이원진, 이은석, 이은선, 이정배, 임종수, 정경일, 최명림, 최우혁, 황경훈, 황상희

2019 Declaration of Independence of the Korean Peninsula

Today, in the spring of 2019, when all things are revived, we remember the roar of the March First Declaration of Independence that a hundred years ago resonated on the Korean Peninsula in the earth, our home. Recalling the outcry and protest in the independence movement, we also gather here today to newly proclaim our independence and sovereignty, democracy and peace. The authority of the March First Declaration of Independence, which rose with the great vitality of the universe and the great hope for the transformation of the world, will lead us all the way, and our yearning and faith to achieve the new world will become our guidepost.

In March, 1919, 20 million people in Korea courageously stood up regardless of whether they were male or female, young or old, far or near in distance, or of whatever occupation or status they have. They resolutely rose even in face of the brutal suppression by Imperial Japan with firearm and sword, and exclaimed for independence and sovereignty of Korea. They showed Korea's independent spirit to the entire world caring about the peace of the East and enthusiastically responding to the wave of new humanity's civilization, which was advancing toward morality and humanness. But, one hundred years later, we are today witnessing the reality of another colonialism and oppression here, of non-subjectivity and inhumanness.

Just as the issues of 'sex slaves' for Japanese troops and the victims of the forced labor still remain unresolved, the wickedness of the colonial period is still suffocating our lives. Inter-Korean relations, which about one and half years ago had almost reached an explosive situation amid the longstanding division of the Korean Peninsula, have been so rapidly making progress that the story of peace and reconciliation has been brought to a head. However, the peninsula is in a situation where we do not know when the malevolent desire and intervention of its neighboring powers might turn it into a place of war and re-colonization. In the meantime, South Korea has been swamped with conflicts and strife due to differences in political ideology, discord among class, gender, and generation, and disputes regarding religious and historical beliefs. Even religion, rather than being a driving force for reconciliation and integration, creates strife and has fallen into a source of distorted ideology and fake news.

We, however, want to get back on our feet again, dispelling all these problems. We want to rise again, just as the religious leaders of this land came together and courageously stood up during the dire situation a hundred years ago. Until now, since the division of the Korean Peninsula, the South and the North have been abusing each other more dreadfully than any others, and they had indulged in hegemonic nationalism relying on foreign powers. Today we have become entirely slaves to modern capitalism. The empire of neoliberalism putting economic interest first, which we have pursued so hard, has occupied all areas of life on the peninsula, infusing us with endless material greed— and religion is no exception in the matter. In the March First Movement, religions on the peninsula were trusted enough to say that 'religion is the only place for the nation to turn to,' but they now have become a concern dividing the community and falling into fetishism of their own. Nevertheless, we must start over, overcoming this unfavorable situation.

Now our religious people proclaim that everyone on earth is directly in contact with the Heaven, without being subject to any human condition. Therefore, we proclaim that each person has the right to live on this earth humanly and in his or her own way regardless of nationality, appearance, sex, educational background, or property, and is entitled to live happily through work and labor without his or her dignity being undermined.

We declare that religion, state, profession, education, and the health of the human body are meaningful only in relation to this humane life, and no formal authority other than this can have infinite power. Therefore, the clerical institution that each religion has held for the sake of religious life cannot be absolute in itself, but must be understood as a function—and in that sense the corruption and misuse of the institution, which leads to much religious corruption today, should be rejected, and clergy should be reorganized in a more equal and democratic manner.

We are all the beings of the body. The body and the sacred are not separate, but rather the sacred is manifested through the body, and the boundary of the body is the field of the sacred. Therefore, our bodies cannot be treated simply as lifeless materials, or become means of money-making, tools for pleasure, and objects of violence. The pain that our bodies suffer in life on the peninsula now pierces the sky. The bodies of many workers have suffered from exhaustion, been exposed to serious illnesses due to poor food and housing, and fallen severely ill because of the commercialization of sex. Women, children, and young people are being discriminated against and exploited like the consumables of ruling elites and capitalists, being deprived of the opportunity to live a human life.

The independence fighters on this land in the early twentieth century stood up with confidence, thinking that there was no reason to believe it was impossible for their nation to be independent, because there were "territory" and "people" in the land. Today, however, the crisis is all the more severe because the territory and the people are seriously ill. So, we must all stand up, boldly dismissing it. Our labor should become human labor, and through finding the right way our food, clothing, and shelter should be a spiritual foundation to save and enrich our lives. For this, it is essential that the land of the Korean peninsula, which is our territory, be distributed in a just and impartial manner. The problems of the land on the peninsula must be rectified so that everyone living on this land can get equally and impartially compensated for their own work and sweat. We repent for the days when we as religious persons have not done this duty, but rather have been involved with injustice and greed. We declare that we will share the necessities of life and join together in producing and creating, so that from now on our faith can truly be practiced bodily, concretely, and practically.

Until now, we have lived a selfish life in which we think only about ourselves. Even though we say over and over again that we are religious people, we have lived a life marked by family egoism, local egoism, religious clique-centered egoism, closed nationalism, and human-centered anti-ecological attitude. We repent for all of these, and from now on we will live together with our neighbors. We regret that we have stifled the freedom and spontaneity of growing children and youth in the name of education, emphasizing only worldly achievement. We repent that we have not respected 'the other,' and that we have discriminated against, abhorred, and alienated 'the other' while we were captivated by self-centeredness and prejudice.

Feeling remorse for all of these, we remember that in such grave circumstances the March First Declaration of Independence did not blame Imperial Japan for betraying its trust, but rather unfolded the ideal of 'Great Unity' with the spirit of "justice" and "humaneness." We are determined to play a good role in the house of human community while making that ideal ours. Today, we declare that the peace and unification of the Korean Peninsula, though now in an acute crisis, is the first step toward that path. As our predecessors in the March First Movement did, we religious people understand that peace on the peninsula is a turning point for world peace, and we will create a new day of reconciliation and reunification by sacrificing ourselves.

The holy anger of the Donghak Peasant Revolution in 1894 awakens us again, and the March First Declaration of Independence and the establishment of the Shanghai Provisional Government in 1919 ring fresh in our ears. The voices of the 4.19 Revolution in 1960 and the freedom and courage of the 5.18 Gwangju Uprising in 1980 push us forward.

The Democratic Uprising in 1987 and the bright lights and truths of the Candlelight Revolution in 2017 continue to lead us. We cannot stop here.

Now we will never indulge in wicked fetishism as we did. We cannot give ourselves to cruel egoism, and we will not fall into the alienation, loneliness, and self-contempt that bring the courage, will, and goodness of life to nothing. We will boldly break the bondage and slavery mentality, and endeavor to make this world a world worth living in, a world where all life can take its place. We will change ourselves as we learn from the history of the Korean Peninsula, which is marked by suffering but also perseverance and coexistence, and walk the path of posthuman, which all human civilization is now newly searching for. And in order to fulfill this mission with responsibility and ownership mindset for the whole world, we make the following three pledges of religious people of the Korean Peninsula.

- Matter and spirit are not divided into two—there is only matter that becomes spirit. All beings in this world are good and precious in themselves. Everyone in this land has the right to live in a humane way under any circumstances, and should be respected as a bearer of dignity, freedom, and love.

- Our bodies are sacred. In no case can they be used as objects of violence by the powerful, or as means of pleasure and money-making. No restraint or violence against the body should be tolerated, and all communities of this land, including the state, should join together to ensure that the well-being, health, life, and creativity of our bodies are protected and cared for.

- For this work, we start here and now from where we stand. We start with ourselves, and with the achievement of the peace and reunification of the Korean Peninsula. We believe that world peace and the transformation of mankind begin from the point where we are determined to be more virtuous, more truthful, and more beautiful day by day, and to act accordingly. This belief will be the true faith and conviction of religious people of this age. No individual or group can be absolutized in the march of taking one step forward at a time. All religious communities on this land should devote themselves to grasping each other's hands, encouraging and helping each other, so that we can continue onward and carry on until the goal set before everyone is achieved.

February 28, 2019

Solidarity for Religious Reform Celebrating the Centennial Anniversary of the March First Movement

Kyung Donghyun, Kim Kwon Yee, Kim Nahrie Suk, Kim Miryoung,
Kim Youchul, Kim Choon Sung, Kim Hangseob, Kim Hyun Jin,
Kim Hyung Nam, Na Jiyong, Min Junghee, Park Gwangseo, Park Kil Su,
Pak Byung Kee, Park Soonhee, Bae Byoung Tae, Sun Byeongsam,
Sohn Wonyoung, Son Eunsil, Shim Kuk Bo, Ok Bokyean, Lee Mirim,
Lee Byongsung, Lee Wonjean, Lee Eunseok, Lee Unsunn, Lee Jungbae,
Im Jongsoo, Jung Kyungil, Choi Myeong Rim, Choi Woohyuk Miryam,
Hwang Kyunghoon, Hwang Sanghee

책을 펴내며

3·1 독립선언서가 세상에 나온 지 백년이 되었다. 기미년의 사자후, 선열들의 독립의지가 기해년 2019년에 통일을 향한 열망으로 표출되기를 간절히 소망한다. 촛불혁명을 통해 표출된 민(民)의 힘이 분단의 벽을 허물고 잘린 허리를 이을 것을 믿는 까닭이다. 이에 우리 종교인들도 과거 기억을 되살려 오늘의 과제에 일조할 것을 약속한다. 이는 종교가 자신만의 울타리를 허물 때 가능할 것이다.

기미년 당시 종교인들이 민족대표를 자임하며 '우리가 본디 자주민임과 독립국임'을 세계에 선언한 것을 우리는 큰 자랑으로 여긴다. 그 역사가 밑거름되어 대한민국 정부를 수립했고 인류 평화를 위한 역할을 부여했기에 말이다. 하지만 선열들의 뜻을 좇아 펼치기에 오늘 이 땅 종교인들의 위상이 한없이 초라하고 그 영혼이 맑지 않다. 이 시대 누구도 더 이상 종교인을 민족의 대표로 여기지 않는다. 오히려 종교 적폐가 우리 사는 공간을 폐허로 만들고 있으니 기해년 3·1절에 종교인들은 침묵해야 옳을 듯하다. 3·1 독립선언 백년을 기억하는 일은 그날과 그들을 찬양하는 행사 이상이어야 한다. 그럼에도 뼈아픈 성찰 없이 자신들 과거를 팔아 오늘을 사는 종교 지도자들 탓에 백주년을 맞기가 두렵다.

이런 상황에서 우리의 책 『3·1운동 백주년과 한국 종교개혁』이 출판되는 것이 참으로 기쁘고 자랑스럽다. 여기서 '우리'는 '3·1운동 백주년 종교개혁연대'를 일컫는다. 우리 모임은 2017년 가을에 시작되었다. 원효 탄생 1400년과 루터의 종교개혁 500년을 함께 축하하면서 불교, 가톨릭 그리고 개신교인들이 함께 모여 자기 종교의 개혁문제를 갖고 토론했다. 고맙게도 경동교회가 자리를 제공했고 무엇보다 많은 재가자, 평신도들이 그곳의 청중이 되었다. 종교개혁의 주체가 되려는 열망을 갖고서 말이다. 그 무렵을 전후하여 위 세 종단에서 적폐라 불려도 낯설지 않을 심각한 문제들이 경쟁하듯 불거졌다. 개신교의 경우 명성교회 세습, 불교 조계종단의 돈과 성(性)에 얽혀진 비리 그리고 가톨릭 대구교구에서 벌어진 대규모의 횡령 등이 그것이다. 이런 상황을 목도한 종교인들은 교파를 초월하여 재가자, 평신도의 힘으로 종단개혁을 다짐했고 그 뜻이 우리들 모임을 지속할 수 있도록 했다.

2017년 12월 말경, 우리는 종교개혁 선언서를 발표했다. 세 종교에 공통되는 부조리 청산을 위해 종교의 본질, 과제 그리고 평신도 재가자들의 역할을 적시하였다. 개별 종교의 특성을 살린 개혁안도 별도로 준비했다. 거지반 3천 명에 달하는 종교인, 일반시민의 지지를 받아 이를 기자회견 형식으로 세상에 내놓았다. 동시에 3·1 선언 백주년을 1년 앞둔 시점에서 우리는 난상토론 끝에 이 책 『3·1운동 백주년과 한국 종교개혁』 출판 주체인 '3·1운동 백주년 종교개혁 연대'를 탄생시켰다. 백 년 전 종교인들이 힘을 합해 독립을 선포했듯이 우리 역시 시대의 역할을 감당할 목적에서였다. 따라서 우리는 '독립'의 의미를 되물었고 종교에 종속된 자신들 모습 역시 성찰할 수밖에 없었다. 3·1 정신의 종교적 의미를 찾아 종교 적폐로부터 자유코자 한 것이다. 이를 위해 3·1 독립선언서를 긴 호흡으로 학습해야 했다. 각 종교가 이 선언서와 어떤 관계를 맺고 그 시대를 살았는지를 알고 싶었다. 주지하듯 천도교와 개신교의 역할이 당시로선 컸다. 불교의 경우도 선언서 참가자 수는 적었으나 큰 힘이 되었다. 그러나 우리는 세 종단에 머물지 않았고 가톨릭과 유교의 경우도 살피고자 했다. 33인 이외에도 이들을 능가하거나 버금가는 인물들이―예컨대 유교의 경우―많았던 까닭이다. 원불교도 함께할 생각이었으나 안타깝게도 연이 닿지 못했다. 이렇게 하여 다섯 종단 종교인들, 주로 재가 학자들이 중심되어 연대했고 함께 공부하여 오늘의 결과물을 내놓게 된 것이다.

지난 해(2018) 8월부터 우리 모임은 세미나 체제로 들어갔다. 매월 모임에서 종교별 발제를 듣고 치열하게 토론했다. 발표는 가톨릭, 불교, 유교, 천도교 그리고 개신교로 이어졌다. 종교별로 두 사람씩 발표했고 청중들의 질의 응답했으며 이웃 종교학자들과 토론을 벌였다. 12월까지 정동 프란치스코 회관에서 모임이 계속되었고 연 4백 명 이상의 청중이 참여했다. 이 모임 진행에 특이한 점이 있어 특별히 소개한다. 우선 이들 10명의 발제자 중 7명이 여성이란 사실이다. 이는 의도한 결과다. 후천개벽, 문명전환의 현실에서 3·1 선언의 여성적 반추(反芻)를 중(重)히 여겼기 때문이다. 이 책 『3·1운동 백주년과 한국 종교개혁』에서 독자들은 이 점을 여실히 느낄 수 있을 것이다. 다음으로 매번 우리들 회의가 사찰 음식점에서 열렸다는 점이다. 백 년 전 선언자들이 태화관에 모였다면 오늘 우리는 지금 한 사찰음식 전문식당에서 거사(?)를 도모한 것이다. 앞서도 밝혔듯이 우리 모임 토론장 또한 가톨릭 프란치스코 회관이었다는 사실도 예사롭지 않다. 후술하겠으나 연구 결과를 토대로 작성한 종교인들의 '한반도 독립선언서' 초안자가 개신교 여성신학자란 사실도 유념할 필요가 있겠다. 마지막으로 천도교인이 경영하는 〈도서출판 모시는사람들〉이 우리 책 『3·1운동 백주년과 한국 종교개혁』을 출판해 주었다는 사실이 참으로 흥미롭다. 첫 번째 사실을 제외하곤 누구도 이를 의도한 바 없었다. 하지만 백 년 전 그때처럼 우리도 이렇게 협력하여 오늘을 만들었으니 보이지 않는 힘이 우리들 속에 함께했을 것을 믿어 의심치 않는다.

지난 해 말부터 우리는 정말 자주 만났다. 어린 자녀들 손을 이끌고 회의 장소를 찾은 어머니 학자들도 여럿 있었다. 논문 완성도를 높이기 위해 수차례 편집회의를 했으며 학습한 내용을 갖고 시대가 공감할 '한반도 독립선언서' 집필을 위해서도 별도로 모였다. 이 글을 쓰는 오늘에서야 책제목이 결정되었다는 통보를 받았다. 1월 말일에 이르러 수정된 글이 모아졌으니 이후 출판사의 손길이 아주 분주할 것이다. 우리가 계획한 선언서 발표와 출판 기념식이 2월 28일로 잡힌 탓이다. 설날이 지나면 곧바로 '한반도 독립선언서' 마지막 독해를 할 것이다. 우리 선배들처럼 우리도 33명의 종교인 이름을 걸고 세상을 향해 선언할 계획이다. 두렵고 떨리며 계면쩍기도 하다. 당시는 죽을 각오로 이름을 올렸던 것에 비하면 몸 둘 바를 모를 일이다. 그래도 이름을 올렸으니 이전과는 다른 삶을 살고 다른 선택을 할 것이란 믿음은 있다. 그 믿음에 근거하여 용기를 내는 바, 우리를 너그럽러이 용납하기를 청한다. 이 선언서는 이 책 『3·1운동 백주년과 한국 종교개혁』에 실릴 터인데 독자들 역시 우리와 뜻을 함께하면 좋겠다. 이런 우리의 토론 과정을 기독교 방송에서 취재하여 3·1절에 방영한다고 하여 긴장하며 과제를 마무리하기 위해 더욱 정성 들이고 있다.

이제 마지막으로 이 책 『3·1운동 백주년과 한국 종교개혁』의 구성과 내용에 관해 짧게 언급하겠다. 먼저 글 싣는 순서는 개별 종교의 이 땅에서의 역사 순으로 했다. 발표순서와 책 수록 순서가 다소 달라진 것이다. 불교 논문 두 편이 첫 번째 실렸다. 박병기 교수는 일제 치하에서 한국 불교의 일본화 과정과 실태를 밝혔다. 당시로선 불교의 왜색화와 맞서는 것이 불교 개혁이자 애국 운동이었고, 우리 시대의 개혁과 독립은 정신적 독립에 초점이 맞춰져야 한다고 강조한다. 옥복연 박사는 주로 일제치하에서 애국운동을 전개한 여성 불자들의 사례를 발굴하여 소개했다. 비록 드러나지 못했으나 여성 불자들의 애국 운동을 과소평가할 수 없다고 했다. 이어 여성 유학자들이 기고한 두 편의 논문이 자리했다. 이미림 박사는 조선조 성리학 주리파(主理派)의 역사 인식에 초점을 맞췄다. 형이상학적, 윤리적 주제로만 알려진 이기론(理氣論) 철학이 서세동점 시기 의병 활동의 근간이었음을 설득력 있게 보여주었다. 황상희 박사는 성리학 속에 내재된 천(天) 혹은 천리(天理)의 종교성을 강조하면서 특별히 심산 김창숙의 저항의식을 시기별로 분석했다. 기미 독립선언 이후 유림의 반일운동이 잘 소개되었다. 천주교 학자들의 두 논문이 그다음을 이었다. 먼저 여성 종교학자 최우혁 박사는 천주교의 유입 역사를 소개했고 그간 묻혔던 여성 신자들의 활동상을 발굴하는 데 초점을 두었다. 여성 신자들의 애국 활동이 논문 말미에 담겨 있다. 우리신학연구소의 경동현 선생은 3·1운동 당시 프랑스 주교들의 영향력 탓에 정치적으로 보수화된 가톨릭의 실상을 비판적으로 기술했다. 가톨릭이 3·1운동에 소극적이었던 이유를 밝힌 것이다. 논문에서 저자는 가톨릭 성직자들과 달리 이 땅의 신자들이 교회 방침을 어기면서까지 독립운동에 참여했던 경우를 여럿 소개했다. 3·1 선언의 주역이었던 천도교 학자들의 멋진 글이 그다음에 자리했다. 여성 천도교인 김춘성 박사는 3·1독립선언에 이르기까지 천도교가 어떤 과정을 거쳐서 이를 준비해 왔는가를 상세하게 밝혀 주었다. 본디 여성을 강조하였음에도 천도교의 여성 활동이 대외적으로 알려지지 못했음을 의식하며 글 말미에 여성신자들의 독립운동 참여 상황을 서술했다. 천도교 활성화를 위해 동학 관련 책 출판에 전념하며 천도교중앙도서관장을 맡고 있기도 한 박길수 선생은 3·1운동은 천도교를 비롯한 종교인의 예지력과 순교정신을 기반으로 하는 종교운동이라는 관점을 제시하고, 특히 천도교의 개벽사상이 그 생명력의 원천이라고 주장한다.

이어 3·1독립선언서에 반영된 종교적 심성, 동학-천도교의 다시개벽 정신을 소명하고, 이를 민족의 대헌장으로 자리매김하기를 제안한다. 한국적 근대의 시작인 것을 역설했다. 마지막으로 기독교 신학자들이 지면을 담당했다. 서양교회사 전공자 손은실 교수는 개신교가 3·1운동에 헌신하게 된 역사적 배경을 먼저 다루었다. 그리고 억압받던 식민지 백성들에게 공감하면서 일본제국주의의 불의에 침묵하지 않았던 선교사들의 역할과 역사의 주체로 우뚝 섰던 개신교 여성 독립운동가들의 리더십에 초점을 맞추었다. 마지막 발표자로서 이 책 끝자락에 글을 담게 된 여성신학자 이은선 교수는 3·1정신을 저마다 주장하듯 특정 종교의 표현으로 보지 않고 유학, 천도교, 대종교 그리고 불교, 기독교의 정신사가 합류된 통합적 영성의 틀에서 풀어냈다. 이런 정신의 구체적 실현을 위해 개신교의 자기변혁을 요청한 것이 이 글의 핵심이다. 새로운 창조이야기, 새로운 그리스도 이해가 크게 돋보인다.

바쁜 중에도 사명감을 갖고 종교인으로서 자기 역할을 다해 주신 필자들에게 깊이 감사한다. 수차례 편집회의를 통해 상호 비판, 수정하는 과정을 거쳐 오늘의 책이 나왔으니 참으로 수고가 많았다. 그럼에도 부족한 점이 눈에 뜨인다. 발표 시 지적된 논점들이 충분히 수정되지 못했고, 3·1 선언 정신을 온전히 체화시키지 못한 흔적들이 편재해 있다. 저자들 간 상호 토론하여 밝혀야 될 내용도 적지 않다. 처음 우리는 이 책에 실린 글이 종전에 썼던 여러 글 중의 하나가 되는 것에 만족하지 말고 혼신의 힘을 다해 백 년 전 그 시대와 교감하며 마치 접신하여 신들린 사람처럼 써 보자고 했다. 이 책의 제목 『3·1운동 백주년과 한국 종교개혁』에 부합되는 글들이 모아진 것인지도 걱정스럽다. 그러나 어찌 한꺼번에 이런 일을 이룰 수 있을까? 오늘의 글을 통해 내일에 더 풍성한 글들이 나올 것을 믿으니 기쁘고 감사할 뿐이다. 『3 · 1운동 백주년과 한국 종교개혁』이 디딤돌 되어 잇달아 더 많은 글이 나오기를 기대한다. 아울러 이 책 첫머리에 실린 종교인들의 두 번째 독립선언서인 '한반도 독립선언서'가 우리 가슴에 새겨져 시대를 위한 종교인의 기도가 옳게 이해되고 전달될 수 있기를 희망한다.

이 책과 한반도 독립선언서가 나오기까지 모임 장소를 제공하고 실무를 책임져준 김현진 님과 선언서를 영문으로 번역해 준 이병성 박사, 그리고 이후 우리 활동을 위해 서울시로부터 지원금을 받을 수 있도록 애쓴 나지용 박사, 민정희 ICE 국장께 감사의 마음을 전한다. 끝으로 이 책 출판에 혼신의 힘을 다해 준 〈도서출판 모시는사람들〉 편집진에게 감사하며 그간 '3 · 1운동 백주년 종교개혁연대' 공동대표직을 수행한 것을 영광으로 생각한다.

2019년 2월 기해년의 입춘을 기다리며

김항섭, 박광서, 이정배 두 손 모음

3 · 1운동백주년종교개혁연대

3·1운동 전후
불교계의 현실 인식과
우리 불교의 미래

박병기 / 한국교원대학교 대학원장

1. 우리 현실과 3 · 1운동 전후

우리 종교계가 처한 현실이 참담하다. 불교의 범계(犯戒) 만연과 기독교의 교회세습, 천주교 사업장의 비리 추문 등이 그 참담함의 근거들이다. 세상을 걱정하면서 정신적으로 이끌어야 한다는 기대를 모으는 종교가 오히려 세상의 걱정거리가 되고 있다는 한탄이 나온 지도 꽤 오래되었지만, 나아지고 있다고 볼 만한 징후는 쉽게 찾아지지 않는다.

어쩌다 이렇게까지 된 것일까? 종교의 이상을 전제로 하면 현실과 종교 또는 종교계는 거리가 있을 수밖에 없고, 그런 의미에서의 부족함은 비판의 대상이 될 수는 있지만 비난의 대상이 될 수는 없다. 그런데 그 거리가 존중받을 수 있으려면 끊임없는 진리에의 지향, 즉 중도(中道)의 열망과 실천이 있어야만 한다. 우리 종교계에서 그런 열망과 실천을 발견할 수 있는 경우가 없는 것은 아니지만, 상당수 또는 대다수의 종교인들에게서 그저 제도로서의 종교에 속해서 세속적인 수준의 만족이나 확장을 추구하는 경향이 나타나고 있다.

우리 종교계는 불교와 천주교, 기독교가 주류를 이루고 있다. 2015년을 기준으로 종교인구 분포는 기독교와 불교, 천주교 순으로 재편되었고, 그다음으로 원불교, 유교와 천도교, 대종교 등이 자리하고 있다. 그런데 통계청의 종교인구 발표를 통해 우리는 2005년에 비해 10년 만에 무종교인의 비율이 종교인의 그것을 추월했다는 사실을 확인할 수 있다. 종교인들이 더 많은 수의 무종교인들과 함께 살아가야 하는 상황과 마주하게 된 것이다. 이러한 역전 현상은 젊은층의 종교에 대한 무관심과 기존 종교인의 탈종교화에 기인한 것으로 보인다. '가나안 신도'와 '냉담자', '절에 가지 않는 신자' 등의 개념도 제도종교로부터의 거리두기를 시도하는 경우로 분류될 수 있다.

문제는 이런 현상에 대한 종교인들의 무관심에서 비롯된다. 각 종단 내부에서 이와 같은 탈종교화 현상을 직시해야 한다는 주장이 없지는 않지만, 대체로 소수의 목소리이거나 '해종 세력'과 같은 낙인을 통해 배제당하는 경우가 많다. 물론 이런 전반적인 탈종교화 현상이 우리 사회에서만 관찰되는 것은 아니다. 이미 유럽과 미국 등에서 일반화된 현상이고, 그 배후에는 진화론과 뇌과학의 발달과 자본주의적 물신화의 심화 같은 요인들이 작동하는 것으로 받아들여지고 있다. 그중에서도 물신화(物神化)는 20세기 중반 이후 압축적인 경제성장을 통해 외적 풍요를 획득한 우리 한국인들이 그 속도에 맞게 수용한 것이다.

그러나 다른 한편 종교는 과학의 성과로 쉽게 대체될 수 없는 삶의 의미 물음에 답을 줄 수 있는, 새로운 전통으로서의 종교라는 요청과 더 강렬하게 마주하고 있기도 하다. 동시에 종교는 인간들이 무리지어 살아가는 사회와 공동체의 미래를 위한 청정한 대안을 제시해줄 수 있어야 한다는 사회철학적 요구와 만나고 있다. 우리의 경우에도 핵무기와 미세먼지, 이상기후 등으로 상징되는 미래의 암울함에 대한 총체적인 대응책을 제공할 수 있는 최후의 보루가 종교라는 기대를 포기할 수 없다. 정치나 경제의 차원에서는 불가능한 일이기 때문이다.

3·1운동은 우리 현대사의 중요한 분기점 하나이다. 입헌군주국을 표방했던 대한제국이 일본 제국주의에 의해 강제로 병합됨으로써 상실한 주권을 회복하고자 했던 독립운동이기도 하고, 대한민국이라는 민주공화국의

토대를 구축한 출발점이기도 하다. 그런데 100년 전의 이 운동에서 중심 역할을 했던 것은 우리가 잘 알고 있는 것처럼 종교계이다. 손병희와 이승훈, 한용운 등으로 상징되는 종교계 지도자들은 물론, 각 종교계의 구성원들이 역할을 하여 만세운동을 전국으로 확산시킬 수 있었다. 현재의 정신적 위기 상황과 비교하여 당시의 우리가 처한 위기는 정치경제적 예속과 문화적 예속이었고, 3·1운동은 그 둘을 동시에 떨쳐내기 위한 비폭력의 저항이었다.

'3·1운동 전후'라는 개념은 3·1운동이라는 내포(內包)를 중심으로 그 외연(外延)을 어떻게 설정하느냐에 따라 뜻이 달라질 수 있는 개념이다. 3·1운동은 그 정신과 실천의 연계를 전제로 식민지 상황의 실질적 극복과 정신적 독립을 목표로 했던 운동이고, 이 운동의 전후는 다시 개항과 대한제국, 일제강점기로 펼쳐진다. 500년을 지속했던 조선이라는 문명국가가 붕괴되고 대한민국이라는 새로운 정체(政體)의 국가가 출현하여 지난한 정착기를 거치는 시기와 겹치는 공간 차원을 포함한다.

그 후 100년을 보낸 우리는 아직까지도 여러 면에서 온전한 독립을 이루지 못하고 있다. 외형적인 독립국가와 경제성장, 민주화 등에 있어서 20세기의 대표적인 성공국가 중 하나로 꼽히고 있지만, 여전한 자기비하와 친미로 상징되는 정신적·문명적 예속, 타자에 대한 배척과 무례 등 미성숙한 시민윤리를 껴안은 채 표류한 지 오래다. 이런 현실을 극복하기 위한 성장지상주의적 대안, 즉 단순한 국민소득의 증가와 그 낙수효과에 기대하는 대안이 더 이상은 무의미함이 지속적으로 입증되고 있다.

남은 대안이 있다면 우리 사회의 단순한 외형적 성장이 아닌 내면적 성숙을 할 수 있게 하는 인식과 실천일 것이다. 그것은 물질을 경시하지 않는 정신적 영역의 회복으로 가능하고, 그 가능성을 현실화할 수 있는 대안 세력으로 원론적인 차원에서 종교와 교육을 떠올릴 수 있다. 두 영역 모두 정신의 고양과 인격의 성숙을 궁극적 목적으로 상정하기 때문이다. 그런데 우리 현실은 어떤가?

우리 종교와 교육을 이끌어가는 구체적 주체들로서 교육계와 종교계를 떠올릴 때 과연 그런 역할과 책임을 제대로 인식하고 수행해내고 있다고 평가할 수 있을까? 이 물음에 대해 부정적인 답변이 절대적으로 우세하다. 현실의 종교계는 물질적이고 외형적인 성장에 치중하고, 교육계 또한 인간교육의 본질에서 일탈하여 입시위주의 배타적인 경쟁과 성공의 추구에 몰두한다는 비판으로부터 자유롭지 못하다.

그럼에도 우리가 이 과업―정신의 고양과 인격의 성숙―을 포기할 수 없다면 종교와 교육 또한 포기할 수 없다. 둘 중에서 어떤 것이 더 중요한 지에 대해서는 의견이 다를 수 있지만, 두 영역 사이의 긴밀한 연계성을 토대로 삼아 그중 어떤 것에 더 비중을 두는 방식의 접근이 필요하다는 데는 누구나 동의할 수 있다. 이 글은 종교의 영역, 그중에서도 불교에 초점을 맞추고 우리 현실을 인식하고 대안을 모색하는 것을 목표로 삼고 있다. 과제의 포괄성과 총체성 등으로 논의의 범위와 폭을 제한할 수밖에 없다. 이 글에서는 3·1운동 전후에 활동했던 불교계 지도자들의 현실 인식을 현재의 관점에서 조명하는 일을 중심으로 삼아 불교의 미래를 불교의 미래를 모색해 보고자 한다.

2. 3·1운동 전후 불교계의 현실 인식

1) 왜색불교(倭色佛敎)의 확산

우리나라 불교사에서 조선불교는 화려한 모습을 그려 보이지 못한다. 척불(斥佛)의 기치를 내건 조선의 통치이념으로서의 성리학과, 성리학자와 거의 동일시되는 선비들이 조선왕조 내내 배척과 탄압을 계속하였기 때문이다. 승려들은 천민으로 전락했고, 도심과 촌락에 자리했던 사찰들은 산중으로 밀려났다. 조선불교는 한편으로는 백성들에게 스며들어 한국인의 종교적 심성의 기축으로 자리했지만, 다른 한편으로 점집의 '지리산보살'과 같은 샤머니즘적 성향이 습합되는 전환이 이루어졌다. 그나마 조선불교의 명맥을 유지시켜 준 것은 왕실의 여성들과 세조 같은 일부 왕들의 안녕을 비는 왕실 사찰, 서산과 사명으로 대표되는 의승군(義僧軍)의 활동 등이었다. 승려들의 의병 활동과 그 업적은 임진왜란 이후 조선불교의 위상이 미미하나마 회복되는 계기를 마련했다는 것이 일반적인 평가다.

다른 한편 열악한 조건 속에서도 교육받은 조선의 승려들은 당시 지도층의 언어인 한문(漢文) 해독 능력과 시문 창작 능력을 바탕으로 삼아 선비들과 교유하는 기회를 얻기도 했다. 조선 중기의 선비 남명 조식과 교류했던 이름 없는 스님이나, 후기 추사 김정희와 교류했던 백파 긍선, 초의 의순 등이 그 사례다.[1] 그러나 이런 대등한 교류는 비교적 드문 사례이고, 대부분의 경우는 양반들의 시중을 드는 노비 역할이나 차와 같은 기호식품 등을 공급하는 하층 생산자 역할이 주어졌다.

---

1 조선 중기를 대표하는 선비 중 한 사람인 남명 조식의 불교 인식을 예로 들 수 있다. 그는 불교에서 말하는 선정(禪定)이 오직 마음을 간직하는 데 있다는 점에서 유교와 다르지 않지만, 자식의 도리 같은 현실 윤리를 부정하기 때문에 수용할 수 없다는 입장을 취하고 있다. 그러면서도 그는 '암자는 쓸쓸히 황혼에 젖는데/대나무 그림자와 솔바람 소리 사이 도는 홀로 있고/간교한 마음 끊어도 시심 끊어지지 않아/ 억지로 아름다운 시구에 기대 남의 문 두드리네'라는 시를 희감(熙鑑)선사에게 주는 모습 또한 보여준다. 상세한 내용은 졸고, 「남명의 불교관과 현실인식」, 『남명학보』 10호, 남명학회, 2011, 46-47쪽 참조.

그럼에도 조선후기까지 불교는 간화선과 경전공부, 염불이라는 세 가지 수행의 방법을 활용하면서 그 신행 전통의 끈을 놓지 않고 있었다.[2] 이러한 전통이 식민지불교의 질곡을 넘어서 현재까지 그 외형이 유지되고 있다고 평가할 수 있지만, 그 질곡은 짙은 그림자를 수반하면서 21세기 한국불교의 적폐의 뿌리를 이루고 있기도 하다. 청정비구·비구니 종단을 표방하는 대한불교조계종의 경우, 지도자급 승려들의 은처자(隱妻子) 문제는 대체로 조선 말기의 일부 개혁적인 승려들이 일본불교를 '경이의 눈'으로 바라보면서 닮아 가고자 했을 때 상징적으로 부각된 '대처(帶妻)'의 유산으로 볼 수 있다.[3]

실제로 조선불교가 지고 있던 굴레 중 하나인 도성출입금지가 해제된 것은 일본불교 일련종의 승려 사노젠레의 주선에 의한 것이었다. 1895년 4월의 일이다. 이 사건 자체가 당시 조선승려들에게는 대단히 고무적인 사건으로 받아들여졌고, 그 이후 이른바 젊은 시절의 한용운을 포함하는 '친일개혁 승려'들이 대거 출현하는 계기가 되기도 했다. 일본불교의 특성을 대처승제도로 볼 수 있는가에 대해서는 여러 이견이 있다. 19세기 중반 메이지유신을 전후해서까지도 대처승이 일본불교의 중심이 아니었다는 주장이나, 일제강점기 조선에서 대처승제가 빠르게 정착하자 오히려 일본에 역수입되는 경향이 있었다는 주장이 대처승 중심의 일본불교 전통에 대해 회의적인 시

---

2 이종수는 조선후기에 이 세 가지 신행의 방법이 삼문수학(三門修學)의 전통으로 살아 있었다고 주장한다. 경절문(徑截門)과 원돈문(圓頓門), 염불문(念佛門)이 그 셋이다. 이종수, 「조선후기 불교신행의 전통과 현대적 계승」, 『동아시아불교문화』 31권, 2017, 156쪽 참조.

3 최병헌은 일제 강점이 시작되던 19세기 후반 조선승려들이 '천대받던 자신의 불운한 처지를 벗어나 양반이나 지방토호들의 침탈을 면하기 위해서는 일본불교의 보호를 받는 것이 상책'이라는 생각을 앞세운다고 본다. 최병헌, 「일본의 한국강점과 불교」, 『불교평론』 17호, 2003, 5쪽

선을 대변하는 것들이다.

아워백(Micah Auerback)은 일본에서 승려의 혼인이 사실상 수용되기까지의 과정이 쉽거나 반대 없이 이루어진 것이 결코 아니었음을 지적하면서, "식민통치 후반기인 1937년이 되어서야 대부분의 일본승려가 결혼을 하게 되었으며, 공개적인 승려의 혼인은 일본 내에서도 근대성을 둘러싼 갈등의 산물이기 때문에 단순히 조선인들이 식민 지배를 수용한 결과로 대처승이 증가되었다고 간주해서는 안 되겠다."는 주장을 펼친다.[4] 일본불교사에서 대처승이 어떤 과정을 거쳐 정착하는가에 초점을 맞추면서 식민지 조선의 불교계를 고찰하는 채점숙의 경우도 메이지 초에 다시 부상한 승려의 대처 문제는 많은 시행착오 끝에 일본불교의 일상적 풍경으로 자리 잡았다고 말하면서, "여자를 범하는 행위로서 금기했던 대처문화가 근세에 와서는 (정토)진종의 특수한 종풍으로 정착하게 되어 신란을 매개로 한 개념화 작업을 거치게 되었고, 근대에 들어서는 근대적 개념과 어우러져 일본불교의 대처승 문화로 정착하게 되었다."고 주장한다.[5]

이러한 고찰들에서 공통적으로 확인할 수 있는 것은 대처승이라는 제도적인 변화가 단순한 불교 내부의 문제가 아니라, 19세기 중반 이후 본격화되었던 동아시아의 근대화 과정 속에서 서구적 의미의 '근대인'이 갖추어야 하는 요건 중 하나로서의 결혼제도를 불교계가 수용해야 하는가를 둘러싼 논쟁을 통해 자리 잡았다는 사실이다. 석가모니불교가 기본적으로 출가공

---

4 마이키 아워백, 「'친일불교' 역사학의 재고-조선불교단과 1920년대 조선에서의 승려 결혼에 대한 논쟁」, 『아세아연구』 51권 3호, 고려대학교 아세아문제연구소, 2008, 16쪽.
5 채점숙, 「식민지 조선과 불교-근대기 대처승 문제를 2둘러싼 한일 불교계의 동향」, 『대각사상』 22집, 대각사상연구원, 2014, 264쪽.

1운동 전후 불교계의 현실 인식과 우리 불교의 미래 | **35**

동체에서 함께 생활하는 수행자들을 중심으로 그 외호(外護)의 의무와 수행 과정에의 동참 권리를 보장받는 재가공동체를 외연으로 삼아 성립했음을 감안하면, 대처승은 새로운 전통의 도입이자 변화라고 할 수 있다. 물론 그리스도교의 경우에도 종교개혁을 거치면서 결혼하는 성직자로서 개신교 목사가 등장했음을 고려하면, 시대의 변화에 따른 전통의 변화 또한 자연스러운 것이라고 평가할 수 있다.

그럼에도 대처승은 승단 추방을 전제로 하는 오계(五戒)의 핵심 중 하나라는 점에서 지속적인 논란을 불러올 수밖에 없었고, 식민지 통치가 강화되는 시기를 살아야 했던 일제 강점기 승려들은 이 일본불교의 새로운 전통에 대해 자신의 입장을 밝혀야 한다는 압력을 받을 수밖에 없었다. 수용해야 한다는 주장과 결코 수용할 수 없다는 두 입장으로 나뉘는 과정에서 우리는 3·1운동에 불교계를 대표해서 참여했던 만해와 용성이 그 각각을 대변하는 인물들이라는 점에서 약간의 당혹감은 느끼지 않을 수 없다. 당연히 이둘은 일제 식민지 상황을 적극적으로 극복하는 자주독립에 대해서는 뜻을 함께했고, 그 방법의 구체적인 지점에서는 차이가 있었지만 삶을 다해 독립선언과 교육, 경전번역, 실천운동 등에 전념하고자 했다는 점에서는 동일한 모습을 보여주었다.

두 스님 모두 3·1운동에 참여했다는 이유로 감옥살이를 했고, 자신들이 그토록 바랐던 대한민국의 독립을 보지 못한 채 적멸에 들었다.[6] 이들이 보여준 불굴의 자세에도 당시 식민지불교는 일제 총독부의 촘촘한 지배력에 흡수되었고, 대처승이 아니면 웬만한 절의 주지를 할 수 없을 정도로 변질되

---

6 용성은 1940년, 만해는 광복 한 해 전인 1944년, 석전은 광복 직후인 1948년 적멸에 들었다.

었다. 말 그대로 왜색불교(倭色佛教)로의 변질이 급속도로 이루어진 것이다. 일제 말기가 되면 이른바 지도급 승려들이 앞장서서 대동아전쟁에의 참전과 위안부 동참을 부르짖었고, 호국불교라는 미명하에 일왕(日王)에 충성을 맹세하는 일에 앞장섰다. 우리는 일본불교와의 예속적 병합을 지속적으로 추진했던 이회광이나 한일합방을 '일본천황의 성덕'이라고 칭송했던 권상로 같은 이름들을 잊지 않고 있다. 더 큰 문제는 광복 이후에도 권상로가 종합대학교가 된 동국대학교의 초대 총장으로 화려한 노년을 이어갔고, 현재까지도 그 제자들이 우리 불교학계의 주요 자리를 차지하고 있음으로 해서 제대로 된 평가와 잔재 청산이 이루어지지 못하고 있는 점이다.[7]

일제강점기를 통한 대처승의 확산 현상은 물론 일방적 가치평가를 할 수 없다. 우리의 경우에는 원불교나 진각종과 같이 대처승을 기본으로 하면서도 각자의 계율을 새로 정립해 가면서 새로운 신행 전통을 보여주는 사례도 있기 때문이다. 조계종에서 문제가 되는 것은 광복 이후 '불교정화(佛教淨化)'라는 역사적 과정을 거치면서 자신들의 정체성 기반을 결혼하지 않는 '청정비구·비구니'로 설정해 종헌(宗憲)에 명시했을 뿐만 아니라, 이승만 대통령의 유시라는 외부의 힘을 빌려 전국 대부분의 절을 차지했기 때문이다. 그런 점을 고려하면 왜색불교의 상징으로 대처를 이야기하는 것은 조심스러운 접근이 필요하다고 말할 수 있고, 오히려 3·1운동 전후 상황 속에서 당

---

7 권상로의 친일행위는 어느 정도 인정하는 분위기가 정착되어 가고 있기는 하다. 그 한 사례로 김경집, 「현대한국의 불교학자(9): 권상로-근대 불교개혁의 선구자」, 『불교평론』 61호(2015)를 참조할 수 있다. 이 글에서 김경집은 권상로가 조선총독부의 강연반 연사로 활약하면서 중일전쟁을 미화했을 뿐만 아니라, 광복이 이루어지는 1945년까지도 『전쟁과 국가』라는 친일 내용의 책을 발간했음을 밝혔다. 그럼에도 그는 권상로와의 개인적 인연을 강조하면서, '근대 불교개혁의 선구자'라는 영예로운 호칭을 부여하는 한계를 벗어나지는 못한다.

시 승려들이 현실을 어떻게 인식하면서 대응하고자 했는지를 불교 자체의 계율정신과 개혁노력을 통해 살펴보는 것이 더 바람직한 접근일 것이다.

이러한 접근을 위해 논자가 주목하는 인물은 셋이다. 3·1독립선언서에 불교계를 대표하여 이름을 올린 용성(龍城)과 만해(萬海) 외에 다른 한 사람은 그 둘과의 긴밀한 교류 속에서 조선불교의 개혁을 외쳤을 뿐만 아니라, 특히 평생을 교육을 위해 헌신하고자 했던 석전(石顚)이다. 선택 기준은 3·1운동의 정신을 올곧게 견지하면서 살아 있는 동안 실천행을 포기하지 않았다는 점이고, 이들의 현실인식과 실천적 대응이 당시 불교계는 물론 식민지 상황의 극복을 위한 적극적인 인식과 대응으로 평가받기에 부족함이 없다는 점 또한 고려했다. 남는 문제가 있다면 이러한 인물 중심의 고찰이 자칫 그들과 함께했던 이름 없는 승려들과 재가자들의 역할과 비중을 제대로 인식할 수 없게 하는 결과를 빚을 수 있다는 우려이다. 그런 우려는 충분히 현실화될 수 있고, 바로 그 점이 이 글의 한계일 수밖에 없다. 그런 한계에 유의하면서 함께했던 이들을 경시하지 않도록 애쓰고, 특히 오늘 우리 불교의 미래를 모색하는 과정에서 출가자와 재가자의 역할 구분 및 관계 재설정을 살피면서 부분적으로라도 반영될 수 있기를 기대한다.

2) 식민지 상황에 대한 승려들의 인식과 대응: 만해와 용성, 석전

(1) '불교유신(佛教維新)'을 통한 대중불교와 독립 운동: 만해 한용운

엎드려 생각건대, 승려의 결혼은 부처님의 계율이라 하여 금한 것은 그 유례가 오래 되었으나, 그것이 백가지 법도를 유신하는 오늘의 현실에 적합하지 않은 것은 말할 나위도 없는 일입니다. 만약 승려로 하여금 한 번 결혼을 금지한 채 풀지 않게 한다면 정치의 식민과 도덕의 생리, 종교의 포교

에 있어서 백해무익할 터입니다. ··· 불교와 연관시켜서 그 이유를 밝혀보면 그 깊은 진리와 광대한 범위는 참으로 결혼 여부로 손상되든지 이익이 되지는 않기 때문입니다. ··· 그렇다면 부처님의 계율에 있는 금혼(禁婚)은 본디 방편의 하나에 불과한 것일 뿐, 불교의 궁극적 경지와는 거리가 먼 터이니 이를 제한한들 어찌 손상됨이 있겠습니까?[8]

만해의 초기 현실인식은 불교유신에 초점이 맞춰져 있었다. 그 대표적인 유신, 즉 전면적인 제도와 의식 개혁의 상징이 바로 승려의 결혼 허용이었다. 정치와 도덕, 종교의 모든 면에서 돌아보아도 승려의 결혼 금지는 백해무익하다는, 다소 극단적인 언급이 충격으로 받아들여질 정도이다. 부처의 계율을 방편의 하나에 불과하다고 말하고, 그것을 일제의 힘을 빌려 강제적으로라도 시행해야 한다고 생각하여 통감부에 올린 위의 건백서(建白書)는 한일합방이 이루어지는 1910년 전후 조선 승려들이 일본에 일정 정도 기대를 갖고 있었음을 보여주는 증거라고 할 수 있다. 일본의 힘에 기대어 이루어진 승려의 도성출입 허용과 일본 불교계의 적극적인 조선 진출 노력의 결과물로 해석될 수 있고, 그 기대가 젊은 승려 한용운에게 식민통치 세력의 강제력에 기대서라도 어떻게든 조선불교를 바꾸지 않으면 안 된다는 생각을 하게 만들었다고 볼 수 있다.

을사늑약이 체결되던 1905년에 출가한 만해는 초창기에 일본불교에 대한 호기심과 기대로 일본유학을 감행했고, 그 경험을 통해 승려의 결혼을 긍

---

8 만해 한용운, 「통감부 건백서」, 한종만 편, 『현대한국의 불교사상』, 한길사, 1988, 90쪽, 이 건백서를 올린 해는 명치 43년 9월로 되어 있는데, 이는 1868년을 기점으로 삼아 헤아려 보면 1911년으로 보인다. 그의 『조선불교유신론』에 만해가 스스로 포함시킨 것인데, 이 책은 1913년에 발간되었다.

정적으로 평가하게 되었다고 할 만하다. 이런 혼란은 자신이 보기에 중심을 잃고 일본불교에의 예속을 마다하지 않는 친일 승려들의 행태를 비판적으로 바라보기 시작하면서 극복되기 시작했고, 마침내 3·1운동이라는 극적인 계기를 통해 온전히 떨쳐버릴 수 있었다. 당시의 불교가 어떻게든 변해야 한다는 신념은 그대로 유지하면서, 그는 평생 동안 민족독립운동과 불교개혁운동을 병행하고자 했다,

> 조선불교의 개혁은 공상적 이론을 떠나서 역사적 필연의 실행기에 들어서 있다. 아직도 산중에 있어 시대를 이해하지 못하는 완고한 승려라든지, 다소의 시무(時務)를 안다는 자의 보수주의로는 인순고식(因循姑息) 자연성장적 개량주의를 사수하고 있는 것이 사실이다. 그러나 방장(方裝)의 포대와 같이 축적되어 있는 청년 불도의 회포라든지, 급류처럼 흐르고 있는 사방의 정세로 보아 조선불교의 개혁운동은 어떤 형식으로든지 폭발하지 않으면 안 될 것이다.[9]

그렇다면 그에게 불교는 과연 무엇이었을까? 그의 저서 곳곳에 불교관이 스며들어 있지만, 특히 당시 상황과 관련지어 주목할 만한 지점은 대중불교관이다. "대중을 떠나서 불교를 행할 수 없고, 불교를 떠나 대중을 제도할 수 없다."는 것이 핵심이다.[10] 대중불교란 그에게 불교를 대중적으로 행한다는

---

9 만해 한용운, 「조선불교의 개혁안」, 한종만 편, 앞의 책, 107쪽. 이 개혁안은 만해가 1931년에 내놓은 것으로, 6개의 개혁안을 제시하고 있다. 통일기관의 설치, 사찰의 폐합, 교도의 생활보장, 경론의 번역, 대중불교의 건설, 선교의 진흥 등이다. 같은 책, 109-119쪽 참조.
10 위의 글, 116-117쪽.

의미였으며, '인간사회의 만반 현실을 조금도 여의지 않고 번뇌 중에서 보리를 얻고 생사 중에서 열반을 얻는 것'이며, 이것을 인식하고 실천하는 것이 곧 대중불교 건설이라고 강조한다.[11] 다시 말해서 불교를 통해 모든 중생의 행복을 증진시키고자 하는 것이 만해의 대중불교였다.

이 대중불교를 제대로 구현하기 위해서는 먼저 승가공동체가 제대로 설 수 있어야 하기 때문에 통일기관을 설치하여 산중에 방치된 사찰을 통폐합함으로써 교도들의 기초생활을 보장해주고, 그것을 기반으로 선(禪)과 교(敎)가 함께 갈 수 있도록 선원과 강원을 다시 건립해야 한다고 주장했던 것이다. 더 나아가 대중들이 불교의 진리에 좀 더 쉽게 접근할 수 있도록 경론서를 한글로 번역해야 한다는 주장하는 것이 그의 개혁안이다.

더 나아가 그는 승려의 인권 회복은 생산에서 찾아야 한다는, 다소 파격적인 주장을 펼친다. 조선 오백년 동안 승려들이 억불정책으로 인한 압박을 받아 사람 취급을 받지 못했는데, 그가 보기에는 승려들이 놀면서 입고 먹은 것도 큰 원인 중 하나였다.

> 오늘의 세계는 반 넘어 황금을 경쟁하는 힘 위에 떠 있다 해도 과언이 아니다. 그리하여 문명의 온갖 일이 금력에 의해 이루어지고, 성패의 갖가지 실마리가 이익을 다투는 데에 말미암게 마련이다. 진실로 생산이 없으면 세계가 파괴되기도 하고 한 나라가 망하기도 하며, 개인은 개인대로 살 수 없는 판국이다. 사람과 생산의 관계는 고기와 물의 그것과도 같다.[12]

---

11 위의 글, 117쪽.
12 만해 한용운, 「조선불교유신론」, 한종만 편, 앞의 책, 77-78쪽.

그 '사람'의 범주 안에 승려가 당연히 포함되어야 한다는 주장이다. "아무리 거대한 자본과 원만한 방법이 있다 해도 그 시작은 손을 들고 발을 움직이는 사소한 노력에서 나오지 않은 것이 없다."면서 승려가 지금 스스로 생산을 위한 노력을 하지 않는 것은 태만일 따름이라고 꾸짖는다. 승려를 전통사찰과 토지 등 막대한 자산을 물려받은 불교자본가로 받아들이는 시각이 존재하는 현재의 한국불교계 상황에 비추어보면, 파격적이고 충격적인 주장이라고 할 만하다. 사실 이러한 주장은 선불교가 정착하던 동아시아 불교권에서는 그리 낯선 것이 아니다. 승단을 외호하는 재가공동체를 전제로 성립했던 인도불교와는 달리, 독자적으로 자립해야만 했던 선원 살림은 선원청규(禪院淸規)라는 새로운 계율을 만들게 할 만큼 달라졌고, 그 과정에서 일하지 않으면 먹지도 말라는 새로운 전통이 형성되었다.

현재의 대한불교조계종에 소속된 사찰과 토지, 건물 등이 불교자본가론의 출발점이 될 수는 있지만, 그 불교자본가로서의 승려가 수행을 제대로 하면서 자신의 삶을 이끌어갈 수 있는 가능성은 극히 희박한 것일 수밖에 없다. 어떤 방식으로든지 몸을 움직이는 생산에 종사할 수 있을 때라야 비로소 정신 또는 마음도 제대로 설 수 있고, 사회적으로 지탄받고 있는 도박과 같은 승려들의 자본 사용 행태 또한 극복될 수 있다. 그런 점에서 만해의 '승려도 생산해야 한다.'는 주장은 다른 관점에서 다시 살려낼 필요가 있고, 특히 그가 대중불교의 출발점으로 승려의 직접 생산을 주장한 점에 주목할 만하다. 다만 그 생산에 자신의 수행을 전제로 하는 포교와 같은 정신적인 실천을 포함시켜야 할 것이다.

이처럼 만해의 당대에 관한 인식은 불교계 자체의 근본적인 개혁을 전제로 삼아 독립을 쟁취하는 데까지 이르고 있다. 그런 이유로 일본불교가 들어오는 초기에는 그 일본불교의 장점에 주목하여 본받을 것이 있지 않을까

하는 생각을 일으키기도 했지만, 식민지 통치의 본질을 알아차린 이후로는 불교 내부의 개혁을 통한 대중불교의 지향을 통해 독립을 쟁취하고자 하는 사유와 실천으로 돌아섰다고 볼 수 있다. 특히 그의 현실인식 중에서 금권력의 지배력 강화와 총독부의 억압적 통치 강화를 동시에 주목하면서 새로운 독립국가의 미래를 모색했다는 점에 주목할 만하다. 그는 3·1운동의 주역으로 참여했을 뿐만 아니라, 1920년대의 비타협적 민족주의 노선을 표방했던 신간회에서도 활동했고, 이러한 인식과 실천을 죽을 때까지 계속했다는 점에서 높이 평가받아야 마땅하다.[13]

(2) 새로운 불교운동과 독립의 지향: 용성 진종

3·1운동에서 불교계를 대표하여 참여한 인물 중에서 용성 진종(龍城震鍾)은 만해와는 조금 다른 모습을 보여준 지도자이다. 그는 한국선의 중흥조로 평가받는 경허의 제자 중 한 사람인 수월에게 배웠고, 다른 제자들인 혜월, 만공 등과도 교유하면서 선사(禪師)로서의 풍모를 갖추게 된 인물이다. 일본 유학 등 외부와의 접촉을 통해 현실인식의 틀을 체득한 만해와 비교하여 불교전통의 기반 위에서 성장한 그는 선과 깨달음의 전통을 어떻게 당시의 상황 속에서 펼칠 수 있을지에 더 많은 관심을 가졌다. 그것이 대각교(大覺教) 운동과 '활구참선 만일결사'와 같은 실천으로 펼쳐졌고, 자신의 지향을 방해하는 식민지 불교에 강력히 저항하기도 했다. 그도 당시 총독부에 건백서를 보냈는데, 승려의 결혼을 허용해 달라는 만해와는 달리 대처육식(帶妻肉食)을

---

13 만해의 신간회 참여에 대해서는 전명희, 「만해 한용운과 신간회 결성 참여-만해와 사회주의자들과의 교류를 중심으로」, 『2018 만해축전 자료집』, 만해사상실천선양회, 579-603쪽 참조.

금해 달라는 내용을 담고 있었다.

　　이미 출가한 불자라면 부처님의 계율을 받들어 지킴이 당연한 것이니, 비구의 사분율(四分律)에 경계가 지극히 엄함은 모든 사람이 아는 바입니다. 불교 안에 재가불자가 없다면 비구가 아내를 두는 일은 논할 바 없다 하겠거니와 이미 재가의 불자가 있고 출가의 불자가 있을진대, 아내를 두고 고기를 먹는 일은 도저히 허용할 수 없는 일이니 특별히 좋은 귀감으로 삼으시기 바라옵니다.[14]

　　청정비구의 계율을 어기지 않는 것이 우리 불교의 전통임을 재확인하면서, 특히 출가의 불자가 결혼하는 일은 있을 수 없음을 강력하게 주장하고 있다. 육식에 대해서도 같은 자세를 보인 그는 더 나아가 의정부 망월사에서 '만일참선결사회(萬一參禪結社會)'를 결성하여 계율을 기반으로 하는 선·율(禪律)의 전통을 새롭게 만들어 보고자 노력하기도 했다.

　　계율로써 스승을 삼으라는 부처님의 간곡한 부탁을 생각하고 선·율을 아울러 행하였으며 규칙을 세워 몹시 엄하게 다스리니, 오후불식과 오랜 시간 아무 말도 하지 않고 묵묵히 앉아 있는 것과 절 밖으로 나가지 않는 것이 새로 만들어진 모든 규칙 중에서 가장 지키기 어려운 것이었다.[15]

14　용성 진종, 「(1차) 건백서」, 한종만 편, 앞의 책, 138쪽. 1926년에 조선총독 사이토에게 '백용성' 이름으로 올린 건백서이다.
15　용성 진종, 「만일참선결사회 창립기」, 한종만 편, 위의 책, 136쪽.

용성은 이처럼 불교전통의 회복을 통한 근대와의 적극적 만남이라는 방향의 개혁을 구상하고 실천하고자 했다. 일본불교로 상징되는 근대문명에 대한 막연한 동경이 출가 동기였던 만해와는 달리, 용성은 종교적 체험이 계기가 되어 출가하였다. 부모의 반대로 한 차례 귀가하였다가 다시 해인사로 출가하여 서울로 상경하는 1911년 세속 나이 48세까지 30년 이상 전통적인 승려 생활을 했다.[16] 그 과정이 상당 부분 생략된 만해와는 불교를 바라보는 관점에서 차이가 있을 수밖에 없는 체험세계를 그는 지니고 있었던 셈이다.

근대와의 적극적 만남을 위해 그가 시도한 것 중에서 특히 주목할 만한 것은 적극적인 도심지 포교와 한글경전을 만들어 보급하고자 한 노력이다. 한글경전을 만들어 보급하고자 한 노력은 다시 역경작업과 출판, 보급 등으로 일관되게 이루어졌고, 상당히 성과를 거두기도 했다. 적극적인 도심지 포교는 대각교 운동으로 구체화되었고, 그것은 다시 위의 만인결사운동이라는 도심 인근 사찰에서의 참선결사운동으로 이어졌다. 또한 일하지 않으면 먹지도 말라는 생산 중심의 불교를 구현하기 위해서 간도에 농장을 만들어 직접 운영하기도 했다.[17]

이러한 용성의 노력은 그가 적멸에 드는 1940년까지 끈질긴 일제 식민지 주의자들의 협박과 회의에도 꺾이지 않고 지속되었고, 그 공간은 만주의 간도에 이르기까지 확장되었다. 용성의 현실인식과 불교개혁을 현재의 관점으로 재구성하고자 할 때 가장 중요한 지점은, 그가 불교전통의 회복을 근대와의 연결고리라고 판단하고 실천한 사실이다. 그는 청정불교의 기반인 공

---

16 김종인, 「백용성의 근대와의 만남과 불교개혁 운동」, 『대각사상』 23집, 대각사상연구원, 2015, 130쪽 참조.
17 김종인은 용성의 농장경영을 '산업불교'라는 개념으로 표현하였다. 위의 글, 140쪽 참조.

동체가 유지되기 위해서는 계율의 기반 위에 서서 참선을 계속해야 한다는 입장을 일관되기 유지했다. 그 참선이 만일결사와 같이 일정한 시간과 공간의 제한 속에서 이루어질 필요도 있지만, 동시에 생산 활동에 직접 뛰어들어 몸을 움직이는 일상 속 참선의 중요성 또한 놓치지 않고 있다.

현재 우리 불교계가 겪고 있는 만성적인 위기는 기본적으로 계율의 경시에서 비롯된 것이다. 재가공동체와 승가공동체를 성립하고 유지시키는 토대가 되는 계율이 제대로 받아들여지지도 않고 지켜지지도 않음으로써, 경전공부와 참선 등 다른 실천들이 모래 위의 성과 같을 수밖에 없게 된 것이다. 더 나아가 인터넷과 휴대전화 기기가 일상의 필수품이 된 상황 속에서 전개되는 치열한 경쟁의 사회 분위기 속에서 불교를 비롯한 종교가 제대로 된 역할을 해 내지 못함으로 해서 갈수록 젊은 층으로부터 외면당하는 현상이 심화되고 있기도 하다. 백 년 전 용성이 직면했던 상황은 지금 우리의 그 것과 비교하여 결코 약하거나 덜 충격적인 것이 아니었음을 떠올려보면, 그의 현실인식과 대응의 치열함은 충분히 재해석할 가치가 있다. 물론 젊은 시절의 만해와 같이 그도 조선총독부의 강제력에 기대는 노력을 배제하지 않았다는 점에서 한계 또한 있었다는 사실도 함께 기억할 필요가 있다.

(3) 교육을 중심에 두는 불교개혁의 지향: 석전 정호

석전 정호는 그의 속명인 박한영으로 더 알려진 인물이다. 평생을 불교교육자로서 살아간 그는 만해와 용성에 비해서는 조금 덜 알려져 있지만, 20세기 한국불교의 토대를 마련한 인물 중 하나로 평가받기에는 손색이 없다. 그는 동국대학교의 전신인 중앙불교전문학교 교장을 역임하였고, 「조선불교현대화론」이라는 글을 통해 식민지불교가 처한 현실을 극복할 수 있는 대안을 제시했다.

요즈음 우리 법려(法侶)의 수가 대충 7, 8천 명 정도라 하고 있지만 개인과 단체를 통틀어 정작 조선불교의 정신을 지키고 펼쳐나가는 숫자를 따져본다면, 태반이 꿀 먹은 벙어리들이고 꿈속에 가위 눌린 듯 사는 사람도 꽤 여럿인 듯싶다.

모양이나 이름으로만 법려라 일컬어지니 단순히 무익한 존재에 그치지 않고 때로는 해를 끼침이 막중하므로, 점차 세계사회의 관심이 사라지고 심지어는 나라를 좀먹는 무리로까지 보일 지경에 이르렀음은 또한 그만한 이유가 분명 있으리라.

흔히 말하기를 이성을 잃고 발광하는 자를 정신이 돌았다 하고 통증을 모르는 자를 가리켜 정신이 마비되었다고 말하거니와, 우리 법려들의 현상을 눈 밝은 사람이 진찰하면 그야말로 정신이 돌았거나 마비된 자가 수두룩한 까닭에 근본적인 불교정신까지를 내심 못마땅히 여기는 사람들은 물고 늘어지기 십상이다.

얼마 전 '동아일보' 사설에 조선불교의 정신문제가 실린 바 있는데 그 내용인즉, 조선불교도는 종래의 불교정신을 망각하고 웅대한 절간과 논밭을 경영하며 처자들의 생활편의에만 매진할 뿐이라며 매끈한 문체로 불교도의 유연성을 통렬히 비판하고 그들이 공부하지 않는 것을 깊이 탄식하고 있었다. 실상 우리 법려들의 현상이 사회비평가들의 준열한 비판을 감수해야 할 처지에 놓여 있음은 사실이다.[18]

일제 강점기가 본격화되던 1930년대의 상황을 토대로 불교의 현대화를

---

18 석전 정호, 「조선불교현대화론」, 한종만 편, 앞의 책, 161쪽.

주장한 석전의 당대 인식은 현재 우리 불교 상황과 비교하여 상당한 정도의 유사성과 적실성을 갖추고 있음을 확인할 수 있다. 7, 8천 명에 이르는 승려의 숫자는 현재 대한불교조계종의 승려 수 13,000여 명과 비교해도 결코 적지 않고, '당시 승려들의 현상이 사회비평가들의 준열한 비판을 감수해야 할 처지'라는 인식 또한 현재의 그것과 다르지 않다. 특히 '동아일보'라는 신문의 공개적인 비판은 '엠비시(MBC)'를 비롯한 방송의 비판과 비교되면서 기시감을 불러일으킨다.

석전은 이러한 외부의 비판이 충분히 근거가 있고 따라서 불교계가 개혁되지 않으면 미래가 없다는 절박한 문제의식을 바탕으로 교육과 포교 등을 중심으로 하는 구체적인 개혁안을 제시한다. 그중에서도 우리가 주목해볼 수 있는 것은 그의 승려교육 개혁안이다. 석전 자신이 일제강점기를 대표하는 강백(講伯)으로 인정받고 있고, 자신의 개혁안에서도 불교개혁의 중심이 강사가 되어야 한다는 강한 문제의식을 표출하고 있기 때문이다.[19]

저들은 약간의 경전을 읽어서 부처님의 말씀을 조금 흉내 낼 줄은 알지만, 스승과 벗려들과 서로 가까이 교제하는 사이에 훌륭한 가르침을 아직 받지 못한 까닭에 지혜가 열리지 못하여 견문이 고루한 것은 물론, 종교가로서 필요한 지식을 지니지 못한 것이 저들의 멍든 가슴에 도리어 옹골찬 독으로 맺히게 된 것이다. 참으로 애석한 일이다. 불도(佛道)의 감로(甘露)는 세상에 없는 진미이건만 도리어 독이 되고 있으니….[20]

---

19 석전의 강맥은 운허, 청담, 운기 등으로 이어졌고, 이는 다시 지관, 월운 등으로 이어져 현재에도 일정 부분 살아있다.
20 석전 정호, 위의 글, 148쪽.

불교개혁은 교육개혁으로부터 시작되어야 하고 그러기 위해서는 강사의 문제의식과 역량이 선행되어야 한다는 것이 석전의 문제의식이다. 그런데 당시 불교 강사들은 약간의 경전을 읽어 부처의 진리를 아는 척하지만, 실제로는 게으르고 산만하며 무식하면서도 독선에 사로잡혀 교만한 병통을 보여주고 있다는 것이다. 강사를 제대로 교육시켜 부처의 진리를 제대로 받아들일 수 있는 기반을 갖춘 후에는 당시 상황에 대한 객관적 인식 능력까지 갖출 수 있어야 한다고 생각한 그는, 실제로 자신이 설립하여 운영한 개운사 대원암 불교전문강원의 교재에 내전과 함께 칸트(I. Kant)의 3대 비판서와 루소(J. J. Rousseau)의 『에밀』을 포함시켰다.[21]

외형적으로 물질적 풍요를 확보하여 세계의 주목을 받는 나라가 된 현재의 한국불교는 그 풍요의 마력에 취해 심하게 흔들리고 있다. 세계사상사에서 새롭게 주목하는 불교와는 다른 차원에서 전통과 서구, 또는 자본주의와의 접점을 제대로 찾지 못한 채 철학적 세계관을 제시해 주지 못하고 있을 뿐 아니라, 안심입명(安心立命)이라는 종교의 역할도 제대로 수행해 내지 못한다. 그러면서 외제차를 타거나 돈 선거를 통해서라도 사판승의 자리를 획득해야만 행세하는 반불교적인 행태를 보여준다. 이런 행태에 대해 석전은 아마도 두 가지 금침을 내놓으려 할 것으로 보인다. 하나는 승려교육을 삼장(三藏)과 삼학(三學)의 정신으로 개편하는 교육개혁의 방안이고, 다른 하나는 승가와 재가 사이의 관계를 재설정하는 사부대중공동체의 회복이다.

승가공동체만의 노력으로 한국불교가 제자리를 잡을 수 있다고 생각하는 것은 그 공동체가 사부대중공동체 안에 있을 때에만 비로소 존재할 수 있다

---

21 석전의 교육관과 교육론에 관한 보다 상세한 내용은 졸고, 「석전 박한영의 교육론과 불교개혁」, 『불교평론』 50호(2012)를 참고할 수 있다.

는 연기성을 망각한 착각일 뿐이지만, 그럼에도 불교개혁의 첫 단추를 승가교육에서 찾을 수 있는 가능성은 여전히 열려 있다. 제대로 된 승가교육을 위해서는 먼저 불교 강사를 비롯한 스승들이 자각해야 하고 그 과정에서 석전의 불교 강사론이 훌륭한 지침으로 수용되어야 마땅하다. 그러면서 동시에 우리의 미래를 이끌어가야 하는 청년 불자를 비롯한 재가자들이나 불교와 큰 관련이 없는 지식인들에게 불교의 진리를 정확하게 가르쳐주는 교육의 장이 시급히 마련되어야 한다. 우리는 그 전형을 석전의 대원암 강원 운영과 결과를 통해 확인하게 된다. 이러한 석전의 불교개혁론은 그 스스로 실천으로 모범을 보여주었다는 점을 감안하여, 우리가 서 있는 이 자리에서 당장 실천할 수 있는 것들을 찾아보는 것이 오늘에 남겨진 과제이다.[22]

3) 3 · 1운동 이후 재가불자들의 동참과 '대한승려연합회 선언서'

불교계의 3 · 1운동 참여는 만해와 용성으로 대표되는 승려 중심이라는 특성을 지닌다. 이렇게 된 배경에는 조선 500년 동안 불교가 주로 왕실 여성을 비롯한 여성들의 종교로 유지되어 왔고, 그것을 출가 승려들이 이끄는 방식으로 명맥을 유지해 왔다는 역사가 가로놓여 있다. 이런 조선불교의 상황에서 남성들이 재가불자라는 정체성을 유지하는 일이 쉽지 않았음에도 19세기 중반 이후 역관을 비롯한 중인들을 중심으로 재가자들의 자발적인 신행(信行)이 자리 잡기 시작했다는 점은 주목할 만하다. 그것이 3 · 1운동이 일어나던 1919년 이후 전국적인 만세운동에서 재가불자들의 참여를 어떤 방

---

22 석전의 교육개혁론에 근거한 이러한 대안 모색은 필자의 앞의 글(2012)에서 이미 제시된 것을 다시 가져온 것임을 밝혀둔다.

식으로 이끌어냈는지에 대해서는 제대로 밝혀지지 않고 있다.[23]

그런 배경과 함께 일제의 불교진흥책에 기대고자 했던 대다수 승려들과 그를 추종하는 우바이(여성불자)들의 순응적이고 현실타협적인 자세가 더해져 불교계의 3·1운동 참여는 깨인 승려 중심으로 이루어졌다는 일반적인 평가는 일단 수용할 수밖에 없지만, 그들이 앞장서고 재가불자들이 함께했기 때문에 가능한 일이었음도 분명히 기억할 필요가 있다. 그런 사례를 3·1운동 이후의 상황 속에서 민족대표 33인에 포함되지는 못했지만 불교계 독립운동의 한 상징으로 꼽는 초월의 활동에서 찾아볼 수 있다. 그는 3·1운동 이후 독립운동에 적극 참여하면서 상해임시정부에는 신상욱 등 6명의 청년 불자를 보냈고, 길림성 독립군에는 박달준 등 11명을 보내 직접적인 독립투쟁에 참여하도록 했다.[24]

19세기 중엽 자발적인 재가불자들의 신행과 공동체가 좀 더 구체화될 수 있는 시간과 여건을 갖추지 못한 채 20세기 초반 일제의 침탈에 의한 왜색불교화가 급속도로 진행됨으로써 3·1운동과 그를 잇는 독립운동사에서도 승려 중심의 한계를 지니게 된 것은 안타까운 일임에 틀림없다. 그 결과 일제 강점기 불교청년운동 또한 중앙불교학교 학생 등인 출가 승려를 중심으로 전개되었고, 지방의 각 사찰에도 수십 개의 불교청년회가 결성되었지만 지속적인 활성화하지 못한 채 유명무실해지는 과정을 반복하게 된다.[25] 만

---

23 한상길, 「개화사상의 형성과 근대불교」, 『불교학보』 45집, 동국대 불교문화연구원, 2006, 4, 7쪽 참조.

24 김광식, 「백초월-독립운동의 역량을 한마음으로 결집하다」, 국가보훈처 이달의 독립운동가 행적, 2016.6. 4쪽 참조.

25 이러한 현실에 대한 비판적 성찰은 박동일, 「現今敎況과 청년운동의 진전」, 『불교』 80권, 1931.1, 106쪽. "각 사찰에 수십 개의 불교청년회가 존재함을 안다. 그러나 10여 년을 지나면서 이름만 있을 뿐이다."라고 당시 상황을 비판적으로 성찰하고 있다.

해의 청년불교 운동에 대한 적극적인 관심으로 그 명목이 유지되기는 하지만, 역시 승려 중심성의 한계를 넘어서지는 못한 채 일제 강점기를 보내게 되고, 이런 한계는 이후 우리 현대불교사의 전개에도 어두운 그림자를 남기게 된다.

이 지점에서 한 가지 더 주목할 승려 중심의 독립운동이 있다. 그것은 1919년 11월 15일에 중국 상해에서 발표된 '대한승려연합회 선언서(일명 승려독립선언서)'이다. 신상완 또는 백초월이 초안을 잡았다고 추정하는 이 선언서는 조선 승려 7천명을 대표하는 승려 12명이 발표한 것으로, 1969년 국사편찬위원회에 의해 발굴되었다. "평등과 자비는 불법의 종지이다."로 시작하여 "대한불교가 일본화되는 것을 구하기 위해 우리 7천 대한승려는 결속하고 일어섰으니 그 소원을 성취하기까지 오직 전진하고 피로써 싸울 뿐이다."로 끝나는 이 선언서에서 특별히 주목해야 하는 점은 '대한 승려'이다.[26] 조선의 승려가 아닌 '대한의 승려'라는 정체성을 기반으로 삼아 당시의 왜색불교화에 대한 강한 저항을 목표로 삼고 있다.

대한승려의 독립선언은 승려들과 함께 상해임시정부에 청년불자들을 파견하는 행동으로 이어졌고, 그 중심에는 자신의 시대적 소명을 깨친 백초월, 백성욱 등의 청년승려들이 있었다. 구체적으로는 기밀부를 만들어 전국의 사찰과 연결된 의승군제를 통해 독립투쟁을 전개하고자 했고, 당연히 그들에 동조하는 많은 재가불자들이 동참하여 이루어낸 성과라는 점에 주목할 필요가 있다. 당시 상황 속에서 불가피한 점도 있었던 승려 중심성은 이후 만해 중심의 '대한불교청년회' 결성으로 이어졌고, 100년이 지난 현재의 시

---

26 김순석, 「'대한승려연합회 독립선언서' 의의」, 『법보신문』 2007년 2월 20일자 참조.

점까지 그 궤적을 남길 수 있게 되었다.

3·1운동 100주년을 앞둔 2017년부터 본격적으로 전개된 대한불교조계종단의 전반적인 타락에 대한 강렬한 저항의 중심에는 재가자들이 있었다. 참여불교재가연대와 정의평화불교연대, 바른불교재가모임 등의 재가단체들이 중심이 되어 2018년에는 학력과 은처 의혹이 있는 설정 총무원장의 퇴진을 이끌어냈고, 그 과정에 동참한 대한불교청년회의 핵심 구성원들은 승려 의존적인 한계를 극복해야 한다는 문제의식을 공유할 수 있게 되었다. 이러한 결과는 19세기 중엽 승려들로부터 비교적 자유로운 중인 중심의 재가불자들의 신행 전통이 되살아난 것으로 평가될 수 있고, 앞으로 한국불교의 미래적 전황에서도 큰 역할을 해낼 것으로 기대된다.

길희성과 오지섭은 현재 한국불교계의 가장 중요한 변화로 재가불자를 중심으로 하는 다양한 불교운동을 꼽는다. 2011년을 기준으로 삼은 그들의 평가는 이제 2019년 현재를 기점으로 승려와 종단 중심의 한국불교가 지닌 한계를 적극적으로 극복하고자 하는 재가불자들의 체계적인 저항과 대안 모색으로 대체될 필요가 있다.[27] 보살불교라는 정체성을 갖고 있는 우리 불교가 이제야 출가보살과 재가보살이라는 두 주체 사이의 동등한 관계를 기반으로 삼아 새로운 미래불교를 모색할 수 있는 기틀을 마련했다고 볼 수 있다. 이러한 성취는 조선 후기의 독자적인 재가불교의 가능성 모색과 3·1운동 이후 재가불자들의 대한 및 불교 독립운동에 대한 적극적인 동참, 그리고 최근의 재가불자 중심의 조계종단에 대한 저항과 대안 모색의 경험 등이 모아 이루어진 것이다.

---

27 길희성·오지섭, 「한국불교의 특성과 정신」, 『학술원 논문집(인문·사회과학편)』 50집 1호, 대한민국학술원, 2011, 37쪽 참조.

3. '근대불교'의 현재적 극복과 우리 불교의 미래

1) '근대불교' 담론의 수입과 과제

'21세기 초반 한국사회'라는 시공간을 전제로 '우리 불교의 미래'라는 과제를 말하고자 할 경우, 먼저 그 '우리 불교'가 처한 현실을 객관적으로 인식해야 한다는 당위적 과제와 마주하게 된다. 이 과제는 만해와 용성, 석전으로 상징되는 100년 전 불교계 지식인들이 직면했던 것과 본질적으로 다르지 않지만, 이 과제를 둘러싼 상황은 상당히 다르다는 사실도 유념할 필요가 있다. 20세기 중반 이후 우리 역사는 한국전쟁과 압축 성장, 민주화로 대변할 수 있다. 그 결과 분단구조를 배경으로 하는 외형적인 독립국가와 시민사회의 형성, 세계 10위권의 경제대국과 불평등구조의 심화, 젊은 층의 일상화된 좌절 등으로 상징되는 상황과 마주하고 있다.

불교계는 이러한 사회적 배경 속에서 종교인구 수의 급속한 감소와 물신주의의 팽배, 승려들의 도덕적 타락과 사회적 비판, 그로 인한 승가공동체의 와해 같은 부정적인 징후들을 지속적으로 보여주고 있다. '명품스님', 외제차를 타는 주지스님, '도박16국사', 성희롱 및 성폭력으로 기소되거나 고발된 스님 등 불교의 근본정신과는 도저히 어울릴 수 없는 모습을 보여주는 승가공동체는 석전의 우려 이상으로 더 이상 방치될 수 없는 지경까지 내몰리고 있다.

승가공동체와 더불어 사부대중공동체를 구성하면서 재가보살로서의 위상과 역할을 보여주어야 하는 재가공동체 또한 그다지 확고하다고 말하기 어려운 형편이다. 스스로 신행(信行)을 통해 깨달을 수 있다는 믿음을 바탕으로 이 시대 수행자로서의 자세를 보여주어야 한다는 당위와는 달리, '우리

스님'에 일방적으로 예속된 모습을 보이는 왜곡된 '보살'이거나 배타적인 기복을 부처의 이름으로 행하는 신자들이 다수이다. 물론 최근 조계종단의 타락에 대한 지속적인 저항으로서의 촛불법회에 참여하는 재가보살들이 늘어나고, 조계종 총무원장을 물러나게 하는 기폭제 역할을 한 재가자들의 움직임을 과소평가할 필요는 없다. 더 나아가 우바이들의 노력이 비구니들의 평등의식 강화로 이어지고 있는 긍정적인 현상 또한 고무적인 일로 받아들일 만하다.

그럼에도 전반적인 상황은 낙관적이지 못하다. 2018년 8월 26일(일) 조계사 앞에서 열린 '전국승려결의대회'는 재가자들의 적극적인 노력과 뒷받침에도 '전국승려대회'로서의 위상을 보여주지 못한 채 마무리되었고, 현재의 상황을 불러온 제도 중 하나로 평가받는 대한불교조계종 총무원장 간선제에 따라 선거가 진행되었다. 돈 선거와 일부 승려집단의 당동벌이(黨同伐異) 행태가 드러나고 있다는 비판을 받아온 중앙종회와 전국 24개 본사 주지들에게 실질적인 선거인단 선출권이 주어지는 총무원장 간선제는 기존의 총무원장과 질적으로 차별화된 인물이 선출될 수 없는 제도적 한계가 있다는 비판에도 아랑곳하지 않고, 기득권층을 형성한 일부 권승들은 종헌종법을 내세우며 이를 강행했던 것이다.[28]

상황이 이렇게 전개되는 배경에는 다양하고 중첩적인 요인들이 있지만, 그중에서도 핵심적인 요인으로 꼽을 수 있는 것은 서구의 역사와 문화 속에서 제국주의를 근간으로 형성된 이른바 '근대불교' 담론의 문제이다. 근대

---

28 2018년 9월 치러진 대한불교조계종 총무원장 선거에서는 모두 4명의 후보자가 출마 선언을 했다가 그중 3명이 선거 직전에 사퇴했다. 당선된 원행 스님은 성찰과 통합을 강조하고 있지만, 아직까지 구체적인 실천을 보여주지는 못하고 있다는 평가가 지배적이다.

(modern)라는 개념 자체가 수입된 것이고, 근대불교(modern Buddhism)이라는 개념 또한 서구의 식민지 확장 과정에서 도구적으로 구성된 개념이다. 우리는 이러한 근대불교를 일본의 메이지유신 이후 재구성된 것으로 마주해야 하는 특수성을 더하고 있다. 이렇게 재구성되고 왜곡된 근대불교는 대처와 비구의 투쟁과 선거제와 같은 서구민주주의 원리의 도입, 오리엔탈리즘으로서의 불교학의 역수입 같은 형태로 구체화되었고, 현재까지도 전통으로서의 불교와 지속적으로 충돌하면서 온전한 접점을 찾지 못하고 있다.

우리가 집중적인 고찰의 대상으로 삼은 3·1운동 전후 불교계 지식인 3인 또한 본질적으로는 차이가 없는 '근대불교'의 수입과 극복 과제를 식민지 지식인으로서의 삶을 전제로 받아들여야만 했던 사람들이다. 그들은 각각 근대불교의 적극적인 수용과 불교전통의 회복, 교육을 중심에 두는 불교개혁 등의 대응책을 제안하고 몸소 실천하고자 했다는 점에서 역사적 평가를 받을 만하다. 그들 모두는 당시 불교계의 개혁이 절실한 과제임을 역설했고, 그 중심에 제대로 교육 받고 적극적인 개혁의식을 지닌 승려들을 주인공으로 설정하고자 했다는 점에서도 일치한다.

전통으로서의 불교와 오리엔탈리즘의 왜곡된 재구성으로서의 '근대불교'의 충돌과 접점 모색이라는 20세기 초반 한국불교계의 과제는 재가보살의 주체성 강화와 시민으로서의 출가보살의 역할 변화, 외형을 갖춘 한국시민사회의 정신적·윤리적 토대로서의 불교 요청 등의 과제를 더하면서 현재의 우리에게 계승되고 있다. 김원명의 적절한 주목과 같이 근대불교 담론은 여전히 진행 중이다.[29] 다만 3·1운동 전후 불교계 지식인들이 직접적인 식

29 김원명, 「한국 근대불교학의 과제와 전망」, 『동아시아불교문화』 27집, 동아시아불교문화학회, 2016, 25쪽 참조.

민지 지배와 빈곤과 정치적 억압 상황에서 직면했던 그 근대불교를, 오늘날 우리는 문화적인 식민지 상황에서 풍요와 형식적인 자유 속에서 마주하고 있을 뿐이다.

'근대불교'는 그리스도교의 비서구 선교전략과 실천을 배경으로 삼아 제국주의적 관점에서 구성된 불교를 의미한다. 특히 아시아에 대한 서구 제국주의 침략이 본격화되던 '19세기 유럽에서 식민지 지배를 위한 수단으로서의 아시아종교 연구를 통해 발견되어 구성된 부디즘(Buddhism)'이 일본 제국주의자들에 의해 재구성되어 우리에게 수입된 것이 '근대불교'이다.[30] 1876년 개항 이후 일본의 시각이 덧붙여져 재구성된 근대불교는 그런 이유로 전통으로서의 불교와는 다른 것일 수밖에 없고, 동시에 대상화되고 객관화된 불교 문헌을 중심으로 하는 문헌학적 편중과 일방적인 시선의 한계를 지닌 것일 수밖에 없다.

불교계와 불교학계는 서로 다른 개념이면서도 상당한 영역을 공유하는 것이 현실이다. 현재 한국 불교학계는 독자성을 갖추지 못하고 일본불교학의 문헌학적 편향을 그대로 수입하거나, 특정 승려를 추앙하는 문도회를 중심으로 하는 승가의존적인 성향을 강하게 보여주고 있다. 그러다 보니 불교학계가 불교계를 이끌기는커녕 승가의 온갖 부조리에 침묵하거나 심지어 일부는 정당화하는 데 앞장서는 모습을 보여주기까지 한다. 우리 불교의 미래를 열어가는 과정에서 반드시 극복해야 하는 과제 중 하나가 한국 불교학계의 독자성과 주체성 확보인 이유이다.

---

30 위의 글, 9쪽.

2) 우리 사회와 불교의 미래를 열기 위한 실천 과제들

'근대불교 담론'의 극복은 당연히 쉽지 않은 과제이다. 우리가 살펴본 3·1운동 전후 불교계 지식인들의 극복 노력 또한 일정한 성과와 한계를 동시에 지닐 수밖에 없는 이유이기도 하다. 용성과 만해는 식민지 상황을 비판하면서도 그 힘에 의지해서 불교계 내부의 개혁을 꾀하고자 하는 한계를 드러냈고, 석전 또한 승려 중심주의라는 한계로부터 자유롭지 못했다. 승려 중심주의의 한계는 만해와 용성의 경우도 마찬가지다. 이러한 한계는 21세기 초반 현재의 우리 불교공동체에서도 여전히 발견된다. 승려들의 선민의식과 정부의 힘에 기댄 종교개혁을 주장하는 일부 재가자들의 의식 속에서 찾을 수 있는 것들이다.

우리가 마주하고 있는 불교전통과 시민사회의 온전한 만남이라는 과제는 100년 전 전통불교와 근대와의 만남이라는 과제의 형태로 주어졌던 것과 유사하다. 불교를 비롯한 종교는 시민사회의 영역에 속하면서도, 동시에 일정한 차별성을 요청받는 특수한 영역으로 자리매김된다. 종교의 구성원 또한 당연히 시민이면서 동시에 특정 종교의 구성원으로서 지녀야 하는 종교성의 지향을 존중받는 존재이다. 이 만남의 접점에서 우리는 상당한 정도의 긴장감을 느끼기도 한다. 그 긴장감이 허용 가능한 범위 안에 있을 때라야 비로소 시민사회의 종교로 인정받을 수 있고, 그렇지 않을 경우 도덕적 비난은 물론 때에 따라 법적인 처벌을 감수해야 한다.

이런 건강한 경계 설정을 기반으로 삼아 우리 불교의 미래를 지향한다면, 구체적으로 어떤 노력을 할 수 있고 또 해야 할까? 이 물음은 열려 있고 이 모임 또한 이 물음에 관한 각자, 그리고 공동의 해답을 모색하기 위한 자리이다. 공동의 답은 종교라는 공통점 속에서 마련될 수 있고, 각자의 답은 자신이 속한 종교공동체에 따라 다르게 모색될 수 있을 것이다. 불교(佛敎)는 말 그대로 붓다의 가르침이다. 석가모니 붓다의 말씀을 직접 들은 제자들이 기록한 초기경전만 해도 방대하고, 붓다의 가르침 방식이 각자의 근기(根機), 즉 학습자의 수용 능력에 따른 방편적 접근이어서 때로 내용이 충돌하는 것이 불교 경전의 특성이다. 그러다 보니 그중에서 어떤 경전의 어떤 구절에 의지하느냐에 따라 부처의 말씀이 상충되는 듯한 상황과 마주하게 되는 일이 드물지 않다.

그럼에도 붓다가 진리를 발견하고 설파한 과정 속에서 우리가 공유할 수 있는 내용은 분명히 있고, 그것은 자신이 처한 상황과 마주하라는 여실지견(如實知見)의 지혜(智慧)와 몸과 마음으로 세상과 만나라는 자비(慈悲)이다. 당연히 둘 다 결코 쉽지 않은 과제로 다가오고, 동시에 이 둘은 서로 불이(不二)의 관계이다. 자비의 실천 과정 속에서 지혜가 찾아지기도 하고, 지혜의 습득이 곧 자비행의 기반이 되기도 한다는 것이다.

우리가 함께 살아가는 21세기 초반 한국 사회는 우리 자신이 그 구성원이라는 점에서 스스로를 객관적으로 바라볼 수 없다는 한계가 있다. 거기에 더하여 20세기 내내 누적된 예속적이고 자기비하적인 식민지 경험과 분단과 전쟁, 급속한 경제성장과 민주화의 동시 달성에 수반된 갈등의 심화, 빈부 격차의 확대와 좌절감 및 증오감의 일상화 등이 겹치면서 우리 자신과 사회를 보는 객관적인 시각의 불가능성이라는 불온한 현실과 마주하고 있다. 이 교착점에서 우리가 떠올릴 수 있는 대안은 각각의 시각의 일리(一理)와 한계를 동시에 보면서, 보다 나은 관점으로의 지향을 포기하지 않는 화쟁(和諍)의 실천이다. 화쟁은 이것도 옳고 저것도 옳다는 양비론이 아니다. 그것은 인간이 지니는 진리 접근 가능성에 대한 겸손을 바탕으로, 각자의 주장에 담겨 있는 진리의 일단을 발견하고자 노력하면서 동시에 보다 나은 진리로의 지향을 포기하지 않는 실천적 과정 그 자체이다. 우리 불교계 안에는 이 화쟁에 대한 오해와 남용, 왜곡이 심각한 상황이지만, 그렇다고 해서 화쟁의 의미가 퇴색되는 것은 아니다. 오히려 이런 상황일수록 화쟁의 본래 의미를 살려내는 노력이 필요하다.

화쟁의 본래 의미와 3·1운동 전후 불교계를 대표하는 세 선지식(善知識)의 현실인식과 대응 및 재가불자들의 실천운동 동참에 관한 논의를 바탕으로 우리 불교의 미래를 위한 몇 가지 제안을 조심스럽게 하는 것으로 글을 마무리하고자 한다. 우선 정신적 독립을 위한 전면적인 인식과 실천이 필요하다. 우리 자신과 사회에 대한 정당한 인식을 위한 노력이 선행되어야 한다는 것이다. 이러한 노력에 불교계를 비롯한 종교계가 앞장서야 한다는 요청에 3·1운동의 독립 지향을 떠올리면서 응답해야 한다. 만해와 용성, 석전으로 상징되는 20세기 불교지식인들의 공통점 중 하나는 식민지 상황에 대한 민족주의적 인식과 대응이다. 이 민족주의는 독립을 위한 이론적·실천적 기반으로 작동했고, 그 시대적 적절성에 대해 과소평가할 이유는 전혀 없다. 그렇지만 그 결과물로 우리가 물려받은 것은 자신과 우리 민족에 대한 과도한 자부심이다. 식민주의에 기반한 자기비하가 정당하지 않은 것만큼이나 민족주의에 근거한 과도한 자부심 또한 정당한 자기인식을 방해하는 심리적 기제로 작동할 수 있다. 우리가 일상적으로 사용하는 '세계 최대, 최고' 등의 표현 속에 그런 위험이 도사리고 있다. 나는 그냥 나고, 우리는 그냥 우리일 뿐이다. 대한민국은 무조건 자랑스럽지도 않지만 부끄럽지도 않은 역사를 지닌, 그냥 하나의 나라일 뿐이다. 식민지 경험에 박정희 등에 의한 국가주의가 더해져 형성된 비정상적인 자기인식을 떨쳐버리는 일에 종교는 일정한 책임이 있다. 특히 전통종교로서의 불교가 그 책임의 상당 부분을 인수해야 하고, 바로 그것이 시대착오적인 사회진화론에 근거한

'근대불교' 담론의 극복을 위한 출발점이기도 하다.

두 번째로는 시민사회를 기반으로 하는 보살불교의 재구성을 위한 실천이다. 이것은 이론적 재구성을 위한 불교학계의 실천을 포함한다. 한국불교는 대승불교이고, 대승은 보살이라는 주체를 전제로 성립된다. 붓다의 진리를 자신의 삶 속에서 구하면서 자비를 동시에 실천하는 수행자이자 일상인이 보살이고, 수많은 보살계경에서 강조하는 것처럼 재가보살과 출가보살이 있다. 이 두 보살 사이에 근본적인 차이는 없고 다만 출가(出家)라는 수행의 배경에서 차이가 있을 뿐이다.[31] 그런데 지금 우리가 함께 살아가는 21세기 초반 한국사회는 그 출가의 의미에서 결정적인 전환을 맞고 있다. 인터넷과 휴대전화로 상징되는 가상공동체의 확산이 지리적인 출가 개념을 상당한 정도로 약화시키는 요인으로 작동하여, 더 이상 출가와 재가의 차이가 결정적이라는 말을 하기가 어려운 상황이 된 것이다. 남는 차이가 있다면 수행에 전념하고자 하는 마음을 내는 과정으로서의 출가 정도이다. 이제는 더 이상 승려 중심주의가 통용될 수 없는 시대를 맞고 있음을 자각하고 수용하면서, 보다 온전한 의미의 보살불교, 즉 각각의 보살이 서로를 존중하면서 스승과 도반의 관계를 형성해 가는 새로운 사부대중공동체의 정립을 위한 실천이 절실한 과제이다. 이 실천의 전제는 당연히 출가보살과 재가보살 모두의 재구성된 보살계 수지 및 지계(持戒)이다.

세 번째 실천과제로는 우리의 정신적 상황에 대한 인식과 책임이라는 종교 본연의 과제를 불교계가 좀더 적극적으로 수용하고 실천하는 일이다. 인

---

31 이 주제에 관한 보다 상세한 고찰은 박병기, 「한국 시민사회에서 승가공동체의 위상과 출가보살의 역할」, 『동아시아불교문화』 27집, 동아시아불교문화학회, 2016, 547-548쪽 참조.

간은 몸을 가지고 살아가는 존재이고, 그런 점에서 몸의 체험을 강조하는 자연주의적 인식론은 정당성을 갖는다. 그러나 다른 한편 인간은 정신적 존재임에 틀림없고, 불교의 관점에서는 그 정신의 차별성이 생물학적 진화와 문화적 진화의 변증법적 상호작용의 결과라는 자연주의적 명제를 거부할 이유가 없다.[32] 오히려 정신의 독자성을 고립성으로 착각하는 시각에 대한 비판적 시선이 가능할 정도로 석가모니 붓다는 자신의 몸에 대한 정당한 관심을 보여주었다. 인간의 정신 또는 마음은 몸과 분리될 수 없는 불이적 관계이면서도, 동시에 일정한 독자성과 함께 그 몸으로 지탱해 내는 일상을 고양시킬 수 있는 자율성과 주도성을 지니고 있다. 불교를 비롯한 종교는 바로 그 정신 또는 마음의 고향일 수 있어야 한다는 것이 시민사회의 종교에 대한 일반적인 기대이자 요청이다.

지금 우리의 몸으로 상징되는 일상은 하비 콕스(H.Cox)의 표현을 빌리면 '신이 된 시장'의 지배 속에서 전개되고 있다.[33] 모든 것을 상품으로 만들어 버리는 시장은 시민사회에서 정신을 담당하는 인문학과 종교의 영역으로까지 급속도로 확장되고 있고, 이런 속도는 20세기 압축성장의 과정을 경험한 우리의 몸과 사회에서 더 강렬한 느낌으로 다가온다. 우리는 이제 평화와 안전, 통일이라는 주제 영역까지 경제적인 타산을 적용시키는 데 익숙해져

---

32 불교를 자연주의적 관점에서 볼 수 있다는 제안으로는 오웬 플라나간, 박병기·이슬비 옮김, 『보살의 뇌』(씨아이알, 2013)를 참고할 수 있고, Matthew J. Moore, *Buddhism & Political Theory*(Oxford: Oxford University Press, 2016), 6장 'Buddhism, Naturalistic Ethics, and Politics'에서도 같은 맥락의 주장을 찾아볼 수 있다. 뒤의 책은 현재 번역 중이다.(박병기·이철훈 공역)

33 Harvey Cox, 유강은 옮김, 『신이 된 시장』, 문예출판사, 2018, 그는 중세의 교황 무오류설과 현재의 시장 무오류설을 대비시키면서 우리들이 '시장도 결국 인간이 만든 것'이라는 사실을 잊어가고 있다고 비판한다. 같은 책, 40-43쪽 참조.

가고 있다. 시장으로부터의 정신의 독립이 우리 시대 독립의 가장 핵심적인 과제로 부상하는 이유이다. 다시 말해서 그것이 곧 정신적인 평안과 실질적인 안전, 평화와 통일이라는 과제를 수용하는 출발점이고, 3·1운동 100주년을 기리면서 다시 떠올려야만 하는 우리 시대의 독립이다. 바로 그 지점에서 불교를 비롯한 종교는 본연의 임무를 찾아야 하고, 그 임무를 인식하고 수용하여 실천하는 과정에서 각각의 종교계와 종교인들의 개별적인 실천과 연대가 꼭 필요하다.

4. 평화 정착과 정신적 독립을 위한 종교간 연대와 불교

종교인의 개별적인 실천과 종교간 연대는 서로 긴밀하게 연결될 수밖에 없다. 개별적인 실천은 관계 속에 존재하는 개인의 관계망 인식과 함께 자신이 몸담고 있는 사회의 문화적인 흐름을 직시할 수 있는 능력을 전제로 하기 때문이다. 우리 시대의 관계망을 규정하는 첫 번째 기준으로서 상품화에 기반한 교환의 원칙은 삶의 의미 물음을 중심에 두고 어떤 숭고함을 추구할 것인가를 문제 삼는 종교의 목표와 근원적인 긴장관계를 이룰 수밖에 없다. 21세기 초반 한국사회는 이러한 세계사적 흐름 중에서도 급속한 근대화의 과정을 거치면서 좀 더 강력한 물신주의를 보여주고 있다. 이 흐름에 대한 거리 유지와 비판적 대안 제시를 종교간 연대의 첫 번째 목표로 삼아야 하는 이유이다.

마지막으로 한 가지 더 강조할 것은 현재까지도 유지되고 있는 분단체제의 극복을 위한 한국 종교계의 연대와 실천이다. 우리에게 분단은 수동적으로 주어진 것이면서 전쟁의 아픔을 직접 경험하게 했던 출발점이고, 현재까지도 지속적인 전쟁의 위협을 가져다주는 핵심 요인이다. 분단 70년을 넘긴 2019년 현재는 다행히 남북 사이의 평화를 위한 통로가 크게 열리는 긍정적인 모습이지만, 언제 어떤 방식으로 훼손될 수 있을지는 알 수 없다. 종교 갈등과 전쟁 사이의 관련성 논란이 지속되고 있지만 우리 한국은 종교간 갈등이 크게 부각되어 있지는 않다. 북한의 종교 상황은 대체로 활동 자체가 미미하거나 형식적인 수준에 그치는 것으로 알려져 있지만, 불교의 경우에는 전통사찰의 보존을 위한 협력 가능성 등이 열려 있다. 이러한 가능성을 현실로 옮기고자 노력하면서 다른 영역으로 확대해 갈 수 있다면 종교계가 남북한 평화를 이끄는 한 축이 될 수 있다.

남북한 평화는 다른 한편으로 우리 시대 진정한 독립의 기반이기도 하다. 미국과 중국, 일본 등 주변 국가들의 이해관계 속에서 이루어진 분단을 극복할 수 있는 초석이기도 하고, 20세기 역사 전반을 통해 형성된 친일과 친미 등의 비정상적인 의존과 찬미의 자세를 넘어설 수 있는 길이기도 하다. 그 과정에서 종교계의 위상에 대한 철저한 비판과 성찰을 토대로 삼아 우리 시대 독립의 의미로서의 정신적 독립을 앞서 천명하고 이끌어가야 할 책임이 종교계에 있다. 바로 이 지점에서 우리는 불교의 친일과 그리스도교의 친미 또는 친식민지 역사를 동시에 넘어서고자 하는 노력을 해야 하고, 유교와 천도교의 경우는 새로운 시대 상황과의 적극적인 만남을 위한 성찰과 재구성을 위한 노력을 할 필요가 있다. 이러한 각 종교의 노력들이 연대를 통해 모아지는 과정은 자연스럽게 우리 시대 진정한 독립의 여정으로 새겨질 수 있게 될 것이다.

3·1운동 정신과 여성불자의 역할

: 성평등한 사회를 위한 변혁과 해방의 주체 되기

옥복연 / 종교와젠더연구소장

1. 들어가기

3·1운동은 일제의 무단통치에 맞선 식민지 조선인의 불복종 운동이자 한민족 최대 규모의 독립운동이었기에, 100년이 지난 오늘날까지도 우리에게 깊은 감동과 가르침을 주고 있다. 비폭력·무저항의 3·1운동은 전국적으로 수많은 여성들이 거리로 나와 정치적 시위를 한 최초의 사건으로, 여성들에게도 매우 중요한 의미가 있다. 엄격한 가부장제가 존속되던 당시 조선의 대부분의 여성들은 삼종지도, 여필종부, 축첩 용인, 과부재가금지 등을 강요당하며 철저하게 남성에게 예속된 삶을 살아야만 했고, 남녀 이중적인 성역할과 순결 이데올로기가 당연시되었다. 여성-안사람, 남성-바깥양반으로 활동 영역도 분리되어 있었기에, 이름도 가질 수 없었던 여성이 사회적 이슈에 목소리를 내는 것은 쉽게 상상하기 어려운 일이었다.

그런 만큼 일제의 식민성에 저항해 제도와 구조, 의식 전반에서의 독립적이고 주체적인 실천을 요구한 3·1운동에 여성들이 대거 동참한 것은 참으로 놀라운 일이었다. 남녀노소, 종교와 신분을 떠나서 온 민족이 하나가 되었고, 도시는 물론 농촌 장마당에서도 사람들이 쏟아져 나와 만세를 외쳤던 현장에는 "어디 감히 아녀자가….."라는 비판은 없었으며, "여자가 어찌 길거리에서…"라며 일제에 순응할 것을 요구하는 목소리는 없었다. 이처럼 길거리에서 집단적으로 만세를 외친 여성들 덕분에, 사적 영역에 갇혀 있던 여성들이 남성의 지지 속에서 자연스럽게 정치 영역으로 그 활동이 확대되었다.

『한국독립운동지혈사』에 의하면, 3·1운동에 참가한 사람의 수는 2,023,098명이고, 사망자 수는 7,509명이며, 부상자 수는 15,961명에 이른다고 한다.[1] 나라의 독립을 위해서는 종교인들도 함께 싸웠고, 어린 여학생부터 나이 든 여성에 이르기까지 신분 여하를 막론하고 민족독립과 해방을 위해 나섰다.[2] 3·1운동 다음해인 1920년부터 해방 전까지 서대문형무소에 구속된 여성 수감자 가운데 수형 기록카드가 남아 있는 181명의 죄목을 분석한 결과, 81.7%가 항일독립운동으로 구속된 것으로 나타났다. 여성들도 독립운동에 적극 동참했음을 잘 보여준다. 어린 여학생들은 동맹휴학 등으로 저항했으며, 윤희순이나 남자현, 조신성 등은 무장투쟁에 앞장섰고, 특히 사회주의 여성운동가 김알렉산드리아는 일제에 의해 사형당하기도 했다.[3]

하지만 2016년 현재 독립유공자 1만 4,262명 가운데 여성유공자는 겨우 270명으로 전체 2%에 불과하다. 같은 사건으로 수감되었지만 어떤 경우에는 공훈을 인정받지 못하기도 하고, 수감 기록까지 있지만 제외되기도 해서 상당히 많은 여성들이 빠져 있을 것으로 추정된다.[4] 이는 당시 여성운동가들이 주부라는 신분을 유지하면서 자녀 양육이나 옥바라지, 연락책, 군자금 모금 등 항일투쟁전선에서 보이지 않는 역할들은 했던 이유도 있겠지만, 여성사를 통해 볼 때 여성의 이야기는 기록되지 않거나 삭제, 왜곡, 축소되는 일이 흔했기 때문이다.[5] 그러므로 여성운동가들의 기록을 찾아 그들의 역할

---

1 백암 박은식선생전집편찬위원회, 『白巖朴殷植全集』 II (서울: 동방미디어, 2002), 526쪽.
2 "남자들 대신…개성 '여성 4인방' 3·1운동 선봉에 섰다", 《동아일보》 2019.10.16.
3 반병률, 『여명기 민족운동의 순교자들』 (서울: 신서원, 2013), 207쪽.
4 정운현, 『조선의 딸, 총을 들다』 (서울: 인문서원, 2016), 21쪽.
5 Ruether, Rosemary Radford(1985), "The Future of Feminist Theology in the Academy", *Journal of the American Academy of Religion*, Vol. 53, No. 4, Dec. 703-

을 재평가하는 것이 매우 시급한 일이라고 할 수 있다.

　3·1운동은 불교계에서도 매우 중요한 사건인데 이는 민족대표 33인에 불교인이 참여했기 때문만이 아니라, 일제 36년 동안 일본불교가 강제로 이식되는 과정에서 교단 내 민족불교와 첨예하게 대립하였고 오늘날까지도 부정적인 영향을 미치고 있기 때문이다. 그럼에도 불구하고 타 종교에 비해서 이에 대한 연구는 미약하다고 할 수 있다.[6] 그마저도 3·1운동 민족대표 33인 가운데 한 사람인 한용운에 집중되거나[7] 뛰어난 일부 승려나 재가 남성 지도자를 중심이므로,[8] 여성불자[9]와 관련된 연구는 매우 부족한 것이 현실이다. 3·1운동에 여성불자들이 얼마나, 어떻게 동참했는가에 대한 기록도 많지 않다. 불교계의 독립운동은 산중에 있는 사찰을 중심으로 비밀스럽게 이루어져 왔기 때문이기도 하고, 굳이 자신의 종교성을 드러내지 않아 종교를 짐작할 수 없는 이유도 있을 것이다.

713쪽.

6　승려이자 독립운동가인 김법린이 1946년 회고 형식의 글을 발표한 것이 3·1운동 관련 최초의 글이었다. 초기에는 3·1운동 참가자들의 회고 글이 신문이나 잡지에 게재되는 정도였다가, 이후 1969년 3·1운동 50주년에 논문이 발표되었고, 90년대 후반에 들어서야 연구가 증가하기 시작했다.(김법린, 「3·1운동과 불교」, 『신천지』 1~2, 1946).

7　한용운에 대한 연구는 현재 1,000여 건이 넘을 정도로 치우쳐 있는데, 이는 당시 그의 지명도는 물론 식민지와 해방 공간에서 많은 활동을 하면서 글을 남겼기 때문으로 추측된다, 김광식, 『한용운 연구』(서울: 동국대학교출판부, 2011) 5쪽.

8　3·1만세운동으로 검거되었던 사람들이 일본 경찰로부터 조사를 받는 내용이 중심인 『3·1운동비사』에는 불교인으로는 한용운과 백용성 두 사람만 나온다. 반면에 기독교는 목사뿐만 아니라 여성들과 여성단체도 조사 기록에 등장한다(이병헌, 『3·1운동비사』(서울: 도서출판 개벽사, 2001)을 참고).

9　붓다의 가르침을 믿고 따르는 사람들 가운데 출가(出家)해서 수행하는 승려(비구, 비구니)가 있고, 세속에 머무는 재가(在家) 남녀 신자가 있다. 이 글에서 재가 여성불교 신자를 줄여서 '여성불자'라고 부른다.

그런데 3·1운동 정신을 여성불자의 관점에서 분석하는 것은 매우 중요하다. 왜냐하면 오늘날 지구화 과정에서 나타나는 경제 식민지와 정치 예속화, 다문화주의를 가장한 인종 차별, 그리고 종교의 국가 개입 등은 제국주의의 본질을 유지한 채 성/인종/계급차별 등이 초국가적으로 확장되고 있기에, 인간존중의 저항정신인 3·1운동 정신을 실천할 여성불자의 역할이 요구되기 때문이다. 또한 성평등이 국가 정책의 기본 이념이 되고 있는 현실에서 3·1운동 정신과 여성불자의 활동을 연구하면서 주체적이고 능동적인 여성불자 정체성을 확립할 수 있고,[10] 이를 통해 성평등한 교단 문화와 인간 개개인이 고귀한 존재로 존중받는 사회로 나아갈 수 있기 때문이다.

그러므로 이 글은 불교여성주의적 관점[11]에서 기존의 자료들을 토대로 3·1운동 전후 여성불자의 사회적 위상을 살펴보고, 근대적 시공간에서 정치 영역으로 확장된 여성불자들의 역할과 그 한계를 해방 직후까지 분석하며, 3·1운동 정신을 되살리며 성평등한 교단문화를 정착시키기 위해 무엇을 해야 하는가를 고민해 보고자 한다. 필자는 불교신자라는 내부적 관점과 연구자라는 외부적 관점을 견지하면서 비판적 입장에서 이 고민에 대한 답을 찾고자 노력할 것이다.

---

10 인간평등을 주창하며 등장한 불교임에도 불구하고 조계종단은 교육원, 포교원, 총무원 등의 대표자와 교구본사 주지 등은 '비구'여야만 한다며 비구니 차별을 종단 법으로 규정하고 있는 것이 오늘날의 교단 현실이다.
11 필자는 불교여성주의란 "여성이 억압받고 있는 현실에 대한 자각과 함께 이러한 억압이 사회적으로 구성되었기 때문에 변화 가능함을 인식하고, 불교 사상을 기반으로 여성해방은 물론 궁극적으로는 온 생명의 존귀함과 평등을 성취하기 위한 실천이론"이라고 정의한다(옥복연, 「한국불교 조계종단 종법의 성차별성에 관한 여성주의적 연구」, 2013, 서울대 박사논문, 10쪽).

2. 근대적 시공간에서의 한국불교와 여성불자의 현실

1) 조선에 진출한 일본불교와 한국불교의 실태

개항 이후 일본불교가 조선에 들어오면서 한국불교는 커다란 변화를 맞이한다. 조선시대 숭유억불정책으로 산속으로 들어갔던 불교가 1895년 일본의 도움으로 승려 도성출입금지가 해제되면서 도성 내에 사찰이 건립되고, 친일승려 중심으로 원종(圓宗)이라는 한국 최초의 근대적 불교 종단이 탄생한다. 이로 인해 근대 한국불교는 이른 시기부터 친일 성향을 가지게 되었고, 사찰 중심으로 개별적인 종교활동을 해 오던 불교가 전국적으로 조직화된 것이 가장 큰 변화라고 할 수 있다.

당시 한국불교의 또 다른 변화는 1902년 4월, 황실의 안녕을 기원하고 13도 사찰을 관할하기 위해 대한제국이 동대문 밖에 '원흥사' 창건을 승인하고, 전국 사찰을 체계적으로 관리하기 위해 궁내부 소속 '사사관리서(寺社管理署)'가 세워지고 '사찰현행세칙(寺刹現行細則)'이 제정된 일이다. 이 세칙은 승려의 법계와 이에 따른 법복의 형태, 사찰의 등급, 사찰 재산 관리, 승려 징계포상, 각 사찰 임원의 등급 등 전반적인 사찰 운영 방식을 규정했다. "어찌 승려라고 해서 백성이 아니겠느냐"며 승려를 감화시키고자 한다는 취지에서 제정되었지만,[12] 이 법령은 봉건사회에서 근대사회로의 전환기 불교 교단사에 큰 의미가 있다. 왜냐하면 승려가 가벼운 죄를 지으면 승단에서 자체 처벌하도록 자율권을 주었고, 학교 설립을 인정하여 승려 육성을 가능하

---

12 권종석, 「國內寺刹現行細則演義」, 『韓國近現代佛教資料全集』 65, (서울: 민족사, 1996), 408-410쪽.

게 하는 등 국가가 불교를 통제하려는 의도는 있었지만, 부분적으로는 불교계의 자주적인 발전을 보장하였기 때문이다.

이처럼 불교에 대한 대한제국의 입장 변화는 조선에 들어와 있던 일본불교를 견제하기 위한 의도로도 보이는데, 당시 일본불교는 일본 승려를 초대하여 법회를 열고 학당을 개설하여 학생들을 교육하는 등 교세 확장에 열을 올리고 있었다. 사사관리서의 활동은 제 역할을 못하고 1904년 폐지되었는데,[13] 기울어 가는 국운뿐만 아니라 불교가 자주적으로 급변하는 정치 상황에 대처할 만한 역량이 부족했기에 때문이다.

한편 일본은 러일전쟁 후 조선에 대한 지배권을 확보하고 1906년 통감부를 설치했다. 통감부는 종교정책의 기본방침으로 종교와 정치를 분리하겠다고 밝혔는데, 이는 종교인이 독립운동에 참여하는 것을 금지한다는 의미였다. 통감부의 종교 관련 지침을 보면, 첫째, 조선인 교화를 기본방침으로 삼는다. 둘째, 외국 선교사들과는 친화관계를 유지하며, 국민 교화를 담당하는 교화사의 역할을 담당하게 한다. 셋째, 정치와 종교는 엄격히 분리하여 종교는 정신적인 방면에서 국민 계몽과 교화를 담당하게 한다. 넷째 종교가 이러한 기능에 충실할 때 정부가 재정 지원을 한다. 이처럼 종교를 정치과 분리다고 선언했지만, 이후 한국불교를 철저하게 정치적으로 이용한다.[14]

일본불교와 한국불교의 가장 큰 차이점 가운데 하나는 대처승, 즉 출가자의 결혼 문제이다. 대승불교는 보살불교를 강조하며 사회 속에서 중생과 함께 생활하면서 포교와 중생구제를 하는 것을 중시하였다. 대처승의 관점에

---

13 한동민, 「사찰령 체제하 본산제도 연구」, 중앙대학교 박사학위논문, 2005, 35-37쪽.
14 김순석, 『한국근현대 불교사의 재발견』 (파주: 경인문화사, 2014), 46쪽.

서 볼 때, 독신비구승은 수행승으로 산속에서 수행을 중시하였지만 대처승
은 사회 속에서 포교와 정법을 구현하는 진정한 보살, 즉 교화승이라고 인
식했다. 한국불교는 독신 출가자를 기본으로 하는데, 출가자의 결혼은 계율
파기로 승려 자격이 박탈되는 근거이므로 일본불교와는 계율 면에서도 양
립할 수 없었다.

　일본불교 종파들은 개항 직후부터 정치권과 결탁하여 한국에 포교사를
파견하고, 포교소와 사찰 등을 건립하면서 적극적으로 포교에 나섰다.[15] 조
선총독부는 1915년 8월 조선의 종교 전반에 대한 지침이 담긴 '포교규칙'을
발표했는데, 이 내용에는 포교나 전도에 종사하는 종교인은 자격 및 이력서
를 총독에게 신고해서 인가를 받아야 하고, 교회당이나 설교소를 설립하거
나 변경할 때도 총독의 허가를 받아야 함을 명시했다. 사실상 조선의 모든
종교를 총독부가 통제할 수 있도록 만든 것이다.[16]

　총독부는 가장 먼저 불교 포섭에 나섰는데, 그들은 억압받던 조선의 불교
를 발전시킨다는 명분으로 1911년 '사찰령'[17]을 공포했다. 사찰을 병합, 이전
(移轉) 또는 폐지하거나 사찰 재산을 처분할 때 조선총독부의 허가를 받도록
하여 조선의 모든 사찰을 총독부 통제 하에 두었다. 1912년 '본말사법'에 의
하면 전국 1,300여 개의 사찰을 30개의 본산으로 분리하고, 그 아래는 본·
말사를 두는 방식으로 조직화했다. 본산 주지는 총독이 승인하고, 그 밖의
사찰 주지는 도장관의 승인을 받도록 하는 등, 조선불교를 총독부의 강력한
통제 아래 두었다.

---

15 김항석, 「개항기 일본불교 종파들의 한국 침탈」, 『한국독립운동사연구』 제8집(천안:
　독립기념관 한국독립운동사연구소, 1994), 144쪽.
16 김정인 외, 『한국 근대사』 2 (서울: 푸른 역사, 2017), 46쪽.
17 한동민, 앞의 논문, 22-37쪽.

이러한 총독부의 정책으로 1910년대 일본불교는 개항기에 비해 크게 성장했는데, 〈표 1〉과 같이 1910년 113개이던 포교소가 1920년에는 281개로 늘었으며, 신도 수는 두 배 이상 증가했다.

〈표 1〉 1910년 대 후반 일본 불교의 한국 진출 현황[18]

연도	포교소 수	신도 수
1915	190	150,484
1917	234	208,213
1919	266	통계 없음
1920	281	297,834

당시 일본불교는 포교라는 이름으로 일제 식민정책의 일환인 조선인 말살과 일본 동화정책에 앞장서고 있었다. 이들은 유치원과 소학교 등을 설립하여 일본문화를 전파했으며, 가뭄이나 홍수 시 빈민구제 사업에 앞장서면서 조선인들의 호감을 얻고자 했다. 조선 불교 지도자들에게는 일제의 정책에 순응하도록 강요했고, 심지어는 일본군 주둔지 등 군사기지에서도 일본불교 포교소를 설치하고 전쟁터에 종군승을 파견하는 등, 군의 사기 진작을 이유로 일제 침략을 정당화하는 데 앞장섰다.

또한 초기에는 일본인의 거주지였던 도시를 중심으로 포교를 했지만 점차 농촌으로 확대되었고, 포교의 대상이 일본인에서 조선인으로 변화되었다. 일본불교의 포교 실태는 1877년 부산 개항부터 유입된 이래 1939년까지 총 18개 종파에 신도 수 309,740명에 달하는데, 이는 당시 조선의 불교 신자

---

18 이 도표는 필자가 다음의 자료를 간단하게 요약하여 수정하였다; 성주현, 『식민지 시기 종교와 민족운동』(서울: 선인, 2013), 68쪽.

194,876명을 크게 넘어선 것이다.[19] 결국 독신불교를 강조하는 민족불교와 일본불교의 마찰은 불가피한 것이 되었다.

2) 3·1운동과 공적 영역에서의 여성불자 비가시화

3·1운동을 전후로 한 여성들의 항일민족운동은 1919년 3·1운동을 기점으로 폭발하게 되는데, 그 특징을 세 시기로 나눌 수 있다. 첫째는 3·1운동이전 전통 봉건사상을 타파하기 위한 계몽운동과 국채보상운동, 둘째는 3·1운동 이후에는 식민지 해방운동, 셋째는 해방 이후는 학교나 공장, 무력투쟁 등 다양한 분야의 친일 청산 활동에 참여하는 특징을 보인다.[20]

여성불자의 독립운동 양상도 이와 유사하다. 특히 여성불자들은 조선왕조 500년 동안 국법으로 금지했던 불교를 온 몸으로 지켜낸 강인하고 주체적인 여성들이었다. 조선시대 사찰은 사대문 밖으로 쫓겨났고 승려는 도성에 들어올 수조차 없었으며, 부녀자가 절에 가면 국법으로 곧장 백 대에 처한다고 기록되어 있다.[21] 그럼에도 불교가 유지될 수 있었던 것은, 왕실 여인들은 사찰의 대(大)화주 역할을 했을 뿐만 아니라 여성불자들이 국가적 탄압에도 굴하지 않고 불교를 지켜왔기 때문이다.

---

19 남도영,『근대불교의 교육사업, 한국불교사의 재조명』(서울: 불교시대사, 1994), 391-394쪽.
20 정운현, 앞의 책, 11-23쪽.
21 『경국대전』의 형전(刑典), 금제(禁制)에 "유생, 부녀로서 절에 올라가는 자는 장 일백에 처한다고 규정되어 있다. 다수 여성들이 절에 다녔기 때문에 거의 사문화된 조항이었는데, 국법으로도 여성불자의 신행을 막을 수 없었음을 보여줘 불교가 유지, 전승되는 데는 여성의 힘이 지대했음을 알 수 있다(강명관,『그림으로 읽는 조선 여성의 역사』(서울: 휴마니스트, 2012), 307쪽).

평등과 해방의 종교인 불교는 자리이타의 보살정신을 중시하며 모든 존재가 상호 연기적인 존재라고 보아 온 생명이 소중함을 강조한다. 그러므로 여성불자로서 3·1운동에 동참하는 것은 당연한 일이다. 당시 조선의 불교는 한편으로는 전통적인 한국불교를 수호하려는 선(禪) 중심 독신비구들을 주축으로 민족주의와 연결되면서 식민통치에 저항하는 세력과, 다른 한편으로는 일본불교의 높은 사회적 지위와 근대화된 불교를 동경하면서 일본불교를 추종하는 세력으로 이분화되었다.[22] 일제의 동화정책에 의해 다수의 독신 비구들이 대처승으로 바뀌었고, 종권과 교육기관 등을 거의 독점적으로 장악한 친일 대처승들에 의해 독신 비구들은 생존권조차 위협받으면서 소수로 전락하지만 여성불자들은 독신 비구를 지지하며 한국불교를 지켜낸다.

3·1운동 당시 불교계는 이미 사찰령(1911)으로 철저하게 통제되고 있었기에, 교단 차원의 집단적인 독립운동은 거의 불가능했다. 불교계의 저항운동은 주로 의식 있는 승려나 남성불자들이 독립운동에 동참하면서 가시화되었는데, 특히 국내의 수많은 사찰들은 집회의 공간이 되거나 항일 독립운동의 근거지, 혹은 군자금모집 통로가 되기도 했다. 하지만 효율적인 대일투쟁을 위해서는 신도의 조직화가 필수적인데, 재가신자들의 조직은 앞서 1904년 대한제국에서 설치했던 '사사관리서'를 통해 시작되었다. 이 관리서에 소속된 남성 신도 수십 명이 모여 임원을 정하고 정기적인 법회 및 신행활동을 하였다고 전해진다.[23]

---

22 정광호 외, 「일제의 종교정책과 식민지불교」, 『근대불교사론』 (서울: 민족사, 1988), 82쪽.
23 김경집, 『한국근대불교사』 (서울: 경서원, 1998), 224쪽.

신도단체의 본격적인 조직화는 산에서 도심으로 불교가 내려오고 대중불교를 펼치기 위해 만들어진 포교당이 개설되면서 본격적으로 나타나고, 이 시기를 전후로 일본불교와 한국불교의 대립 또한 본격화된다. 예를 들면 한국불교 최초의 도심포교당인 서울의 각황사(1910)는 친일 성향이 강한 원종(圓宗)의 중심지였지만 법회나 강연, 불교행사 등 포교 활동은 물론 일요학교 개설, 각종 문화행사 개최 등에 수많은 신도들이 참가했다.

친일불교에 대항하며 민족주의적 승려 주도로 임제종(臨濟宗) 종단을 설립하는데, 임제종은 대도시에 포교소를 세우고 1912년 서울에 '임제종 중앙포교당'을 개설해서 활동한다. 하지만 총독부의 방해로 '조선선종 중앙포교당'으로 이름을 바꾸고 3년여 동안 포교 활동을 펼친다.[24]

이후에는 일본불교와 민족불교 양쪽에서 다양한 신도 단체들이 등장한다. 대표적으로 1910년 채호석, 유연석 등이 불교 중흥을 목적으로 만든 '석가여래회'가 있고,[25] 1914년 대표적인 친일승려인 이회광이 주도하여 '위로는 일본 천황의 통치를 보필'하며 불교 진흥을 목적으로 한 '불교진흥회' 등이 있다.[26] 본사급 사찰을 중심으로 도심 포교당을 건립하면서 여성신도 조직화는 1920년대 이후가 되어야 등장한다. 하지만 당시 공적 영역에 등장한 또 다른 여성불자들이 있었다. 일본불교의 대처승 부인들은 '보살'로 불렸는데, 이들 대처승 부인들이 일본불교 사찰이나 포교당을 중심으로 교육사업이나 자선사업에 앞장선 것이다. 이들은 불교를 내세워 조선을 식민지화하는 데 앞장섰으며, 사찰 내 비구니와 그 역할이 겹치면서 비구니들과 대립하

---

24 김광식, 「근 · 현대 여성불교 운동단체와 그 주역」, 『전법학 연구』 13, 2018, 315쪽.
25 《대한매일신보》 1910.01.23.
26 김경집 ,앞의 책, 224쪽.

기도 한다.

불교는 3 · 1운동 이전부터 의병운동에 활발하게 참여했고, 1919년에 '승려독립선언서'를 발표하는 등 사찰과 지도자적인 승려들을 중심으로 독립운동에 다양한 방식으로 동참했다. 그러므로 3 · 1운동에 남녀 불자들도 적극 참여했을 것으로 짐작되지만, 안타깝게도 여성불자의 활동 기록은 많지 않다. 예를 들면 1919년 3 · 1운동으로 체포된 불교신자 가운데 남성불자는 105명이고 여성불자는 1명으로 기록되고 있다.[27]

또한 지난 2009년 5월 서울 진관사 칠성각을 보수하는 과정에서 일제강점기 독립운동 자료들을 다수 발견되었는데, 그중에는 일장기 위에 태극기를 덧그려 '항일(抗日)'의 의지를 담고 있던 자료도 있었다.[28] 이처럼 주요 기록이 90년이 지난 최근에야 나온 것인데, 비록 여성불자들의 기록은 많지 않지만 사찰의 다수 신도가 여성이었던 점을 감안한다면 많은 여성불자들이 만세운동에 참여했을 것으로 추측된다.

3) 근대적 여성교육의 등장과 깨어나는 여성불자

개화기에 서구 문물과 함께 기독교가 유입되면서 천주교와 기독교의 여성교육기관 증가, 동학운동 등으로 사회 변화가 나타나는데, 특히 여성해방은 주요한 사회 이슈로 등장했다. 1898년 창간된 《독립신문》은 전통적 여성관을 비판하며 여성교육을 강조했고, 1898년 서울 북촌에 거주하는 부인들

---

27 국사편찬위원회, 『일제 침략하 한국 36년사』 4권 (과천: 국사편찬위원회, 1968), 981쪽.
28 〈불교항일운동, 그 현장, 〈12〉 백초월스님과 진관사〉, 『불교신문』, 2018.08.14.

로 구성된 우리나라 최초의 여성단체 찬양회(贊養會)가 조직되었다. 이 회는 자발적으로 최초의 여학교인 순성학교를 설립해서 운영했고, 우리나라 최초의 여성해방선언인 〈여권통문(女權通文)〉을 통해 남녀평등과 여성의 직업권과 교육권을 주장했다.

이처럼 전통적인 가부장적 여성관의 변화는 여성들이 독립운동을 위한 단체를 조직하고 민족해방운동을 벌이면서 주체로서 등장하는 계기가 되었다. 여성교육과 관련해서 살펴보면, 일제강점기는 아이러니하게도 근대여성교육이 형성되고 정착되는 시기였다. 1910년 한일합방 이후 일제 조선총독부는 '조선교육령'(1911)을 공포하며 여자고등보통교육에 관한 조항을 발표하였는데, 그 목표는 현모양처, 즉 부덕을 갖춘 식민지 여성을 길러내는 것이었다.[29] 하지만 불교계는 일제 사찰령과 왜색불교[30]의 유입, 그리고 승려대상의 근대교육체계의 확립이 우선적인 과제였기 때문에 여성불자 교육에도 무관심하였다.

한국에서 근대식 불교교육의 시작은 1906년 전국 16개 사찰로부터 출자를 받아 세워진 출가자 중심의 교육기관인 '명진학교'이다. 우리나라 최초의 근대식 사립학교인 '원산야학'이 1883년 세워진 이래 23년이 지난 일이니, 근대적 불교학교의 설립이 얼마나 늦었는가를 알 수 있다.[31] 하지만 이마저

---

29 일제에 의하면 1909년 전체 일반학교 1,843개교 가운데 종립학교가 745개로, 739개 기독교 학교와 6개의 불교학교가 포함되어 있다. 천주교는 1909년까지 135개의 학교를 설립하여 운영하였다(노태경, 「한말·일제초 기독여학교에서의 민족교육 연구: 1885년~1919년을 중심으로」, 2006, 고려대학교 석사학위논문, 29-35쪽).

30 일본불교의 포교 실태를 보면, 1877년 부산 개항부터 유입된 이래 1939년까지 총 18개 종파에서 신도 수 309,740명(한국불교 194,876명)으로 한국불교의 규모를 넘어선 것을 알 수 있다(남도영, 앞의 책, 391-394쪽).

31 동국대학교 불교문화연구원, 『근대동아시아의 불교학』(서울: 동국대학교 출판부,

경영권이 일제로 넘어가는 등[32] 당시 한국불교가 취약한 경제적 기반으로 자주적 발전의 길이 봉쇄당하면서 매우 열악한 상황이었음을 짐작할 수 있다. 당시 기독교는 서양선교사들이 여성 선교의 방법으로 여성교육에 집중했기 때문에 기독교계 여학교가 급증했는데,[33] 최초의 여학교인 이화학당(1886)은 최초의 관 여학교인 순성여학교(1898)보다 훨씬 앞선다. 이러한 기독교 여성교육은 여성지도자 양성으로 이어지며, 이후 근현대 한국여성계를 이끌어갈 지도자들을 배출하게 된다.

3·1운동 이후 여성의 민족적 자각을 요구하게 되면서 민족해방을 위한 여성교육의 필요성에 대해 종교는 물론 사회 각 계층에서 공식적인 합의가 이루어졌다. 그 결과 1919년 조선여성의 취학률은 공·사립을 포함하여 0.7%에 불과했지만 1930년은 5.7%로 급격하게 증가한다.[34] 불교계에도 신여성에 의해 교육기관이 설립되어 여성 계몽을 위한 다양한 활동이 전개되고 사회적 이슈에도 동참하지만 기독교와 비교할 때 상대적으로 매우 미약한데, 이는 교단 내 여성불자를 위한 근대적 교육 체계의 부재가 큰 영향을 미친 것이 아닌가 생각한다. 왜냐하면 서구의 여성 해방이 법적 평등·참정권 확보·재산권 보장 등 다양한 방식으로 전개된 반면, 한국은 교육이 거의 유일한 여성해방의 통로 역할을 했기 때문이다.[35]

2008), 259쪽.

32 명진학교(1906)는 불교사범학교(1910), 불교고등강숙학교(1914), 중앙학림(1915) 등으로 여러 차례 이름을 바꾸면서도 지속적으로 불교계 지도자 양성을 위해 노력했다.

33 1886년부터 1919년 사이에 설립된 여학교만 해도 200여 개 교에 달했고, 의사·간호사 등 전문직업인 양성 교육기관도 있었다(노태경, 앞의 글, 10-12쪽).

34 유혜정, 「일제식민지하의 여성정책」, 한국여성연구소여성사연구실, 『우리 여성의 역사』(파주: 청년사, 2008), 289쪽.

35 이숙진, 『한국기독교와 여성정체성』(서울: 한들, 2006), 66쪽.

하지만 조선시대 도심에서 쫓겨난 불교는 이에 저항하기보다는 산속에서 수행에만 전념하는 등 은둔적인 모습을 보였고, 간화선 중심의 형이상학적 교리를 설파하면서 일부 뛰어난 엘리트 승려 중심으로 축소되기도 했고, 기복적인 민중 신행으로 왜곡되기도 했다. 초파일이나 집안일이 있을 때 사찰을 찾던 여성불자들의 신행은 철저히 개별화되었고, 어려운 한문으로 전해진 불교 교리는 이해할 수도 없었기에 교리 공부는 접근이 쉽지 않았고, 신자를 조직하기도 어려웠다. 이는 결국 여성불자들이 근대화 과정에서 주체적 역할을 못하면서 배척당하거나 배제되는 주요 원인이 되기도 했으며, 근대적 교육제도의 미비로 인해 현대에 이르기까지 여성불자 지도자들을 양성하는 데 한계를 지니고 있었다.

사찰령에 의해 사찰 소유 자산은 일제에 빼앗기고 사찰 주지조차 친일승려였기에, 물적 토대가 미약한 상태에서 학교를 운영하는 것은 쉽지 않았을 것이다. 반면 일본불교는 상황이 달랐는데, 이들은 초기에는 재조선 일본인을 위한 학교를 설립했지만 점차 한국 학생들을 늘리면서 조선인들의 민족의식을 희석시켜나갔다. 예를 들면 1929년 재조선 일본불교의 교육사업 가운데 용곡여학교는 조선여학생이 3분의 1에 달했는데, 용곡여자전문학교로 확장하기에 이른다. 이 학교에서 교육을 받은 여학생들의 태도나 마음가짐 등이 일본에 잘 동화되어 여자교육에 큰 의미가 있다고 판단하여, 사립여자 고등교육기관을 확장한 것이다.[36]

---

36 김순석, 앞의 책, 123쪽.

3. 계몽의 대상에서 변혁의 주체로 성장한 여성불자

1) 신행 영역에서 정치영역으로 확대된 여성불자의 조직

불교여성의 신행활동이 가시화되기 시작한 것은 개화기에 접어들어서 근대 교육기관에서 신교육을 받은 '신여성(新女性);의 등장부터라고 할 수 있다. 개화기 서구를 통해 들어온 남녀평등사상으로 신식교육을 받았던 신여성 여성불자들과 외국 유학파 신여성이 합세한 3·1운동 이후, 여성불자의 사회참여는 본격화되었다고 할 수 있다.[37] 신여성 여성불자는 신행생활을 위해, 선 수행을 위해, 혹은 사회참여를 위해 단체를 조직했는데, 여성불자들의 사회활동 참여가 두드러지는 이유는 자비나 인간존중 등 불교적 가치관이 대사회적 실천에 바탕이 되었기 때문이라고 볼 수 있다.

여성불자들이 주축이 된 '불교부인회(佛教婦人會)'는 대처승인 일본승려 부인이 주축이 되어 개성의 묘심사를 중심으로 조직했는데, 1920년 3월 첫 법회 때 조선인 양반부인들이 200여 명이 참석했다고 한다.[38] 『순종실록』에 의하면,[39] 순종이 서쪽 지방을 순행할 때에 각 도의 공공사업비를 보충해 주기위하여 여러 사회단체에 돈을 하사하였는데, 그중에 애국부인회에 200원,

---

37 3·1운동의 전개과정에서 대한민국 애국부인회, 대한애국부인회 등 비밀단체가 결성되었는데, 이들은 대부분 교사, 간호사, 학생 등이었다. 1923년부터 1927년까지 약 2백여 개의 여성운동단체가 결성되었다고 하며, 그중 많은 숫자가 사회주의적인 단체였다고 짐작한다고 한다. 이러한 여성들의 독립운동 참여 활동은 임시정부헌장에 '남녀평등'이란 조항을 명문화하는 데도 영향을 미쳤다(유혜정, 앞의 책, 289쪽).

38 여성학교재편찬위원회, 『여성학의 이론과 실제』 (서울: 동국대학교 출판부, 1990), 235쪽.

39 『순종실록』 3권, 순종 2년 2월 3일 양력 8번째 기사.

'불교부인회'에 50원을 하사한 기록도 있다. 불교부인회는 특히 제주, 공주 등 지방에도 지부를 둘 정도로[40] 당시 대표적인 불교여성단체로 활동했음을 알 수 있다.

불교부인회는 이후에 매우 의미 있는 역할을 하는데, 1921년 총회에서 "남자나 여자나 세상에 사람으로 생긴 이상에야 무엇이라도 일을 하여야 되겠으니 우리 조선 여자도 오늘부터는 서로 받들어 아는 사람은 모르는 사람을 친절히 가르쳐 다 같이 공평하게 사회다운 사회를 만들어 사람다운 생활을 하여야 한다."고 주장하면서 '조선불교여자청년회(朝鮮佛教女子青年會)'의 설립을 결의한 것이다.[41] 1920년 봄 서울 정동 일대에 세워진 해인사 중앙포교소는 1921년 '경성여자문화학원'을 설립했는데, 이는 고등학교 정도를 졸업한 여성들에게 예술이나 어학 등을 교습하는 것을 목적으로 하였다.

1920년대 여성불자 주도 단체의 활동 특징을 보면, 첫째, 1910년대 여성불자가 계몽의 대상이었다면 1920년대는 여성불자가 단체를 조직하고 운영하는 등 개혁의 주체로 등장했다는 것이다. 당시는 본사급 사찰을 중심으로 도심 포교당을 건립하기 시작했는데, 예를 들면 평양불교여자청년회(1923), 강릉불교여자청년회, 밀양여자청년회 등이 있다. 최초의 도심포교당인 범어사 동래포교당(1908)은 법회나 불교행사뿐만 아니라 3·1운동 당시 독립만세운동을 주관하고 '싯달야학교'(1921)도 운영하는 등, 포교당이 종교적 공간이자 계몽적 공간으로 역할을 했다. 1920년대가 되면 전국적으로 포교당

---

40 1925년 4월 제주불교협회 건물에는 제주불교포교당과 더불어 제주불교협회, 불교부인회, 불교소녀단 간판을 달았다고 한다(「제주불교의 흥륭」, 『매일신보』, 1925.04.19).

41 조선불교여자청년회의 활동은 김광식, 『한국근대불교의 현실인식』(서울: 민족사, 1998)의 2장 「조선불교여자청년회의 창립과 변천」을 참고로 했음을 밝힌다.

이 개설되면서 활발한 사회활동을 하게 되는데, 지역 내 포교당을 중심으로 자연스럽게 지역 아동과 여성들에 대한 유치원, 보통학교, 야학, 강습소 등 교육 서비스 제공과 여성 조직화가 가능했고, 각종 빈민 구제 사업을 해 온 것을 알 수 있다.[42]

당시 여성불자들은 사회활동뿐만 아니라 선 수행에도 매우 열심이었다. 한국불교는 선불교를 중심으로 하는데, 한국 전통불교 간화선의 맥을 잇기 위해 1921년 선학원(禪學院)을 설립하게 된다. 이 선학원에는 출가자뿐만 아니라 재가여성들도 선 수행을 했으며, 1931년 3월에는 '남자선우회'뿐만 아니라 '여자선우회'가 설립되어 "우리는 부처님의 정신을 체달하여 자선을 선포실행하며 부인들을 인도교양하고 견성성불 하기로 하자."라는 강령을 선언하기도 했다. 3 · 1운동 당시 불교 대표자였던 한용운과 백용성 등이 이곳에서 여성불자를 대상으로 자주 설법을 한 것으로 보아 이 스님들도 재가여성들의 활동을 매우 지지했음을 짐작할 수 있다. 여성불자의 선수행 전통은 오늘날까지 이어지고 있는데, 조계종 등록 신도 가운데 시민선방의 80.7%가 여성인 것으로 나타났다.[43]

당시 여성불자 단체들의 활동의 두 번째 특징은, 왜색불교에 저항하고 민족해방에 앞장서는 승려나 남성불자가 중심이 된 불교단체의 영향을 많이 받는 것을 알 수 있다. 3 · 1운동 이듬해인 1920년, 불교계는 한용운이 중심이 되어 동국대학교 전신인 중앙학림(中央學林)의 혁신적 청년승려들을 중심으로 항일구국투쟁을 위하여 '조선불교청년회'를 조직하였다. 그리고 1921년 '조선불교여자청년회(朝鮮佛敎女子靑年會)'가 설립되는데, 앞서 조선불교청

---

42 이혜숙,「일제강점기 불교사회사업의 개괄」,『불교평론』51호, 2012, 145쪽.
43 「여성불자 신행 패턴 현황 조사·분석」,『법보신문』, 2004.08.10.

년회가 비구 중심이었다면, 조선불교여자청년회는 근대교육을 받은 신여성이 중심이라는 특징이 있다. 이 가운데 가장 두드러진 여성 리더는 우봉운으로, 기독교인에서 불교로 개종한 그녀의 삶의 궤적을 따라가면 근대 불교여성운동의 흐름을 알 수 있을 정도이다.[44]

2) 근대적 여성교육기관과 깨어나는 여성불자

1922년 '조선불교여자청년회'가 붓다의 정신으로써 여성의 덕성을 함양시키는 지식계발을 목적으로 창립됨을 선포했는데, 1925년에는 회원이 100여 명일 정도로 활발한 활동을 전개한 근대 불교여성운동의 대표적인 단체라고 할 수 있다. '조선불교여자청년회'의 역점사업은 여성교육이었는데, 부설단체로 '능인여자학원(能仁女子學院)'을 설립하였다. 이 학원은 재봉학원 경영과 기술전수 등 여성의 직업교육을 강조함으로써 여성의 활동을 사적 영역에서 공적 영역으로 확대하였기에, 여성을 근대적 공간으로 호명하는 중요한 역할을 했다고 할 수 있다. 당시 4년급 학생이 200명이었다는 것은 많은 여성들이 직업교육에 동참했음을 보여준다.[45]

우리 여자 사회의 선진(先進)인 우봉운 여사는 자애롭고 감동하고 분투하여 동지를 규합시켜 불타의 진정신(眞精神)으로서 여성의 덕성을 함양(涵養)시키는 선지 계발을 위해 지난 大正 11년 4월 조선불교여자청년회라는 단체

---

44 박재현, 1930년 발간된 『삼천리』 5호, 2009, 210쪽.
45 조선불교여자청년회의 활동은 김광식, 『한국근대불교의 현실인식』 (서울: 민족사, 1998)의 책 2장 「조선불교여자청년회의 창립과 변천」을 참고로 했음을 밝힌다.

를 조직한 이래…,[46]

능인여자학원은 경제적 어려움으로 1925년 일본사찰로 경영권이 넘어갔다가 폐교한다. 하지만 1929년 여성불자들에 의해 다시 개교하는데, 이는 여성불자들이 여성교육에 얼마나 큰 열정을 가지고 있었음을 알 수 있다.

불교계 최초의 근대적 여성교육기관으로는 '조선불교여자청년회'의 후신인 '불교청년여자동맹'이 설립한 '명성여자실업학원'(1930)[47]이다. '명성여자실업학원'은 14세에서 40세 이상의 여성을 대상으로 4개과로 나누어 보통학교·여자고등보통학교·일반 가정과 교육과정과 40세 이상 처음으로 공부하는 여성들을 대상으로 한 공부와 직업교육을 병행했다.[48]

불교계 여성교육을 주도한 세력은 불교계 신여성들의 조직뿐만 아니라 지역 사찰신도회나 사찰에 기반을 둔 여성단체들도 있었다. 예를 들면 '진주불교진흥회'는 '부인야학회'를, '의성포교당 여신도 정각회'는 '초등교육학원'을, 진주 '의곡사'는 '여자야학회'를, '나남 관북불교청년회'는 '명성여자학원'과 '효성유치원'을 운영하였다.[49] 사찰이라는 공간이 교육기관도 되고, 여성 조직화의 거점이 되기도 한 것이다.

하지만 사찰에서 운영하는 학교들은 사찰로부터 보조를 받거나 여성불자

46 『조선불교』, 1925년 4월.
47 1930년 '명성학원'(2년제)으로 설립되었고, 1932년 '명성여자실업학원'으로 변경하고 1933년 승동여학교를 병합하면서 '명성여학교'로 개교했다. 1950년 '명성여자중학교'로 교명을 변경하고 1951년 '명성여자중학교'와 '명성여자고등학교'로 분리되었다. 명성여자실업학원의 설립에는 당시 조선불교청년회와 재단법인 중앙교무원의 협조가 있었다고 한다.
48 김광식, 『한국근대불교의 현실 인식』 (서울: 민족사, 1998), 36-37쪽.
49 이혜숙, 앞의 책, 68-79쪽.

들이 자체적으로 조달해야 했기 때문에 경제적으로 무척 취약했다. 예를 들면, 강릉포교당의 '동광여자학원'은 4년제 학교로 수십 명의 아동을 교육하면서 아동교육에 큰 공헌을 해 왔으나, 제정이 어려워져 보통학교를 마친 무자격자가 교육을 했다는 이유로 인가가 취소되기도 하였다.[50] 일제의 사찰령으로 인해 당시 사찰들이 독자적인 재산권을 행사할 수 없었기 때문에, 취약한 경제 여건으로 인해 불교계의 여성교육에는 한계가 있었을 것으로 짐작된다. 일제 강점기 불교와 기독교의 종립학교 운영 현황을 비교해 보면 〈표 2〉와 같다.[51]

〈표 2〉 일제 강점기 불교와 기독교의 종립학교 운영 현황 비교

구분		전문학교	고등보통학교	중학교	여자고등보통학교	실업학교	보통학교	초/중학교	유치원	강습소서당	특수맹인학교	합계
1933	불교	1						중등 -3 초등 -9	44	19		76
	기독교	4	4		6	3	27	129	223	244	1	644
1944	불교	1						중등 -6 초등 -6	60	20		93
	기독교	3	4	3	6	2	24	108	182	115	1	`448

결론적으로 보면, 일제하 기독교 여성교육은 외국인 선교사에 의해 선교목적으로 다수의 여학교가 설립·운영되었던 것에 비해, 불교는 상대적으로 열악한 환경에서 불교 신여성들이 주축이 되어 단체나 사찰 신도회 등을

---

50 〈교원무자격이라고 동광학원 폐쇄〉, 『동아일보』, 1929.04.12.
51 조선불교여자청년회가 운영하던 능인여자학원은 1925년 일본 불교종파로 넘어가고, 보성고보도 재정난으로 타 재단으로 양도된다(김만수, 「일제와 미군정기의 종교정책이 불교 종립학교에 미친 영향」, 동국대 박사학위논문, 2007, 90쪽).

중심으로 운영된 것을 알 수 있다. 교육대상도 유치원부터 40세 이상의 여성에 이르기까지 다양했고, 교육 내용도 정규 교육과정부터 직업교육에 이르기까지 여성들의 요구를 수렴하였다. 하지만 기독교 종립 여자고등보통학교가 6개나 있었던 반면, 불교 종립 여학교는 한 곳도 없었다.

불교여성교육은 식민지정부의 탄압과 승려교육을 중시하는 불교계의 풍토에도 불구하고, 비록 그 규모는 작았지만 여성불자들이 주체가 되었으며, 순수 민족자본으로 자발적, 자주적으로 이루어진 것은 매우 뿌듯한 일이다.

3) 민족해방과 여성해방에 앞장선 여성불자의 활동

근대 신식교육을 받은 여성들에 의해 설립된 최초의 불교여성단체라고 할 수 있는 '조선불교여자청년회'는 종교 영역에서 사회적 이슈로 점차 그 활동 영역을 확대했다. 3·1운동 이후 조선에는 민족개량주의와 비타협적 민족주의, 그리고 사회주의운동이 함께 일어나고 있었다. 특히 새 청년운동의 방향으로 사회주의 운동 노선을 채택한 대표적인 청년운동 모임인 '전조선청년당대회'(1923)에 '불교청년회'와 '불교여자청년회'가 함께 가입을 했다. 이들은 여성문제와 종교문제는 물론, 교육·경제·민족·노동 등이 민족주의 노선으로는 완전한 해방에 이르기가 쉽지 않다고 판단해서 사회주의 노선으로 방향을 전환코자 했다. 여성불자들이 사회 전반으로 확대되어 있던 사회주의의 영향을 받았음을 알 수 있다.

또한 각 지역에서도 여성불자들의 단체가 조직되는데, 예를 들면 1922년 부산 동래지역에서 '동래불교여자청년회'가 만들어졌다. 이들은 부인들의 문맹을 없애기 위하여 가정부인 야학회를 조직하여 국어와 산수 등을 가르쳤다. 또한 국산품 장려 민족운동 단체인 조선물산장려회를 조직하는 등,

단순한 종교 단체가 아니라 민족의식을 고양시키는 역할도 하였음을 보여준다.[52]

당시 여성불자들의 사회주의 단체 동참의 예를 들면, 대표적인 여성불자 지도자 우봉운은 1924년 사회주의 이념을 기초로 하여 여성 해방을 목표로 한 최초의 사회주의 여성단체인 '조선여성동우회'의 창립에 참여한다. 이 단체는 '신사회의 건설과 여성해방운동에 앞장선 일꾼의 양성과 훈련 및 여성단결'을 강령으로 내세우며, '여성도 자유가 있으며 권리가 있으며 생명이 있다'며 여성해방을 강조한다.[53] 또한 우봉운은 1925년 '경성여자청년동맹'에 가입하는데, 이 단체는 무산계급 여자청년의 단결력과 상부상조의 조직력으로 여성의 해방을 기하고, 당면의 이익을 위하여 투쟁함을 목표로 하고 있다.

1926년 여성불자들은 우리나라 최초의 좌우를 포괄하는 전국적인 여성조직인 '근우회'에 가입하는데, 당시 우봉운은 근우회의 중앙집행위원으로 활동한다. 근우회는 조선 여성의 단결을 도모하며 여성운동을 효율적으로 통합하기 위해 결성된 민족주의와 사회주의 여성운동가의 연대 조직이다.[54] 근우회는 민족 독립 없이는 여성 해방이 불가능하므로 식민지 조선이 해방될 수 있도록 여성들이 단합하여 민족독립투쟁과 여성해방을 동시에 수행할 것을 강조했다.

근우회는 64개 지부가 결성되었는데, 불교여성단체의 인원들도 동참하였다. 예를 들면 강릉지회 설립준비위원들 가운데 일부는 '강릉불교여자청

---

52 김광식, 「근·현대 여성불교 운동단체와 그 주역」, 『전법학연구』 13, 2018, 315쪽.
53 이화여자대학교 한국여성연구소, 『여성학』 (서울: 이화여자대학교 한국여성연구소 편, 1986), 223쪽.
54 한국여성연구소여성사연구실, 『우리 여성의 역사』 (파주: 청년사, 2000), 338쪽.

년회'와 '강릉불교포교당 부설 광동여자학원'에서 활동하던 여성들이다. 일제의 탄압으로 1931년 근우회가 해체되기까지 다수의 여성불자들이 활동했다. 근우회 이후 여성운동은 민족주의 계통 여성들이 주도하는 농촌 계몽운동과 항일투쟁을 기반에 둔 여성운동으로 나눠지지만, 민족해방을 위한 목적에는 변함이 없었다.

근우회 발기인 중에는 신여성 김일엽도 있는데, 가부장적 성차별에 온몸으로 항거하던 그녀는 수덕사에서 만공스님의 법문을 듣고 불교에 관심을 가졌다가 1928년 33살에 출가한다.[55] 그녀는 1928년 조선불교여자청년회 창립부터 깊이 개입하여 명성여자실업학원의 문자 보급 활동도 하는 등, 여성불자로서 그리고 비구니로서 많은 역할을 했다. 당시 일엽스님의 절친한 벗이었던 조선 최초의 여류 화가 나혜석도 남성 중심 사회에서 견디지 못하고 출가를 결심했는데, 위로가 되었건 도피처가 되었건 불교가 당시 신여성들에게 매력이 있었던 것으로 보인다.

앞서 언급되었던 조선불교여자청년회는 문을 닫았다가 1929년 10월에 재기하였는데, 이 재건에는 조선불교청년회의 간부였던 대자유치원 원장 김태흡(대은스님)과 보모들도 동참했다. 김태흡은 산간불교에서 대중불교로 전환을 요구하며 적극적인 포교를 위해 한글 교리서를 제작 배포하거나 포교당 건립과 여학교 경영 등 다양한 방식을 제안했다.[56] 조선불교여자청년회 사업은 이전과 유사하게 불교일요학교, 불교부인강좌, 재봉학원 경영, 음악·무용대회, 친목회 등을 추진했으며, 능인여자학원의 후신으로 명성여

---

55 역사비문제연구소, 『역사비평』, 1994년 여름호 (서울: 역사비평사,1994), 117쪽.
56 김기종(2011), 〈근현대 불교인물 탐구⑥ 김태흡 [기획연재] 불교대중화에 생애를 헌신하다〉, 『불교평론』 49호, 129-145쪽.

자실업학원을 경영하였다. 주로 재봉과 같은 여성들의 직업기술 보급을 통한 포교를 했는데, 이 학원은 이후 명성학교로 승격되었다가 해방 후 명성여자 중·고교가 되었다.

1931년 조선불교청년회는 불교를 통치 수단화하려는 일제의 정책에 반대하는 정교분립(政敎分立)과 불교의 대사회적 역할을 강조하면서 조선불교청년총동맹으로 이름을 바꾸자, 조선여자불교청년회도 불교청년총동맹 산하 조선불교청년여자동맹으로 명칭 변경을 하였다.[57] 이로써 재가여성단체가 재가남성단체의 영향을 많이 받고 있음을 알 수 있는데, 이때 김일엽도 조선불교청년여자동맹의 책임위원으로 선출되는 등 불교여성단체에서 적극적인 역할을 하였다. 1931년 근우회가 해체되었는데, 우봉운은 이에 대해 여성운동의 방향이 부르주아 운동에서 계급운동으로 전환된 것이라고 해석했다.[58] 하지만 1930년대 이후 일본 제국주의의 탄압이 극심해지고 그에 따른 국내 사회운동 역시 침체되면서 불교여성운동도 침묵 속으로 들어간다.

4. 해방 이후 한국불교와 여성불자의 비주류화

1) 해방 이후 교단 내 경합하는 젠더 이슈

해방 이후 불교계는 사회주의의 영향을 받은 혁신 세력, 해방 후 일제로부터 교단을 인수받은 보수적인 성향의 교단 지도부, 독신비구 선승 중심의

---

57 김광식(2018), 앞의 글, 313쪽.
58 〈1931년의 총결선, 과거 1년간의 조선여성운동〉, 『동광』 제28호, 1931년 12월.

전통불교 세력 등 세 집단에 의해 개혁이 주도되었다. 불교계 단체나 주요 인사가 독립운동에 참여하는 과정에서 사회주의 사상은 1920년대 초기부터 불교계 혁신 세력에 중요한 영향을 미쳤다.[59] 당시 출가자들 가운데는 불교 혁신운동과 동시에 직접적인 항일운동을 전개한 사례들도 있는데, 예를 들면 민족교육 중심의 이운허, 무장투쟁 중심의 이종욱, 국내 지하조직 중심의 만당결사 등이 직접적인 항일운동을 전개했다.[60]

불교개혁을 위한 혁신 세력, 교단 지도부, 전통불교 세력 등은 불교의 대중화와 일제 청산을 위한 개혁에는 동의했지만 젠더 이슈에 대해서는 많은 차이가 있다. 그 첫 번째 젠더 이슈는 '여성관'이다. 혁신 세력은 민족해방운동의 파트너로 여성불자 조직과 연대한 사실을 볼 때 여성을 독립적이며 평등한 존재로 인정했음을 알 수 있다. 그 예로 일제하 전국의 90여 민족해방운동단체가 참가한 전조선청년당대회(1923)에 조선불교여자청년회가 불교청년회와 함께 종교단체로 참석하였다. 또한 1931년 조선불교청년회가 조선불교청년총동맹으로 재편될 때 조선불교여자청년회는 그 산하의 조선불교청년여자동맹으로 전환되었다.[61] 이처럼 혁신 세력 내 여성 불자는 독자적인 조직을 통해 세력화하고, 신행활동은 물론 민족해방운동에도 적극 개입하면서 남성불자들과 연대해 간 것을 알 수 있다.

교단 집행부의 여성관은 양면적이라고 할 수 있다. 정화운동 초기 수적 물적 토대가 열악했던 독신비구는 정화운동에 비구니와 여성 불자들을 적극적으로 끌어들이면서 비구니 승가를 이부승가의 한 축으로서 인정하였

59 서동석(1999), 〈불교사회운동의 갈무리와 터닦기〉, 『불교평론』 1, 46-69쪽.
60 강석주 외, 『근세불교백년』 (서울: 중앙일보사 발간 중앙신서, 2003), 71쪽.
61 김광식, 『민족불교의 이상과 현실』 (서울: 도피안사, 2007), 129쪽.

다. 하지만 종단이 제도적으로 안정된 체계를 갖추면서 이전의 동지적 관계였던 비구니와 여성불자를 배제한 채 비구 중심 종단으로 제도화하였다. 그러므로 이들의 여성관은 이중적이었으며, 그 본질은 정적이며 열등한 여성관이라고 짐작할 수 있다.

전통불교 세력은 여성도 깨달음에 이를 수 있음을 인정하고 한국 비구니 승가의 회복에 커다란 영향을 미쳤지만, 현실에서의 성차별에 무관심하였기 때문에 세간/출세간의 이분법적인 여성관을 보였다. 예를 들면, 비구 만공은 근대 비구니 수행 전통을 세우고 1916년부터 비구사찰인 수덕사의 견성암에 최초로 비구니선원을 개설하여 비구니 승가의 지도자를 양성했다.[62] 하지만 비구 만공은 당시 뛰어난 비구니 법희에게 비구니가 법상에 올라가서 설법을 하는 것은 시비를 자초하는 것과도 같다며 절대로 법상에 오르지 말라고 하셨고, 비구니 법희는 이를 따랐다.[63]

이 시기 불교계의 두 번째 중요한 젠더 이슈는 '승려의 혼인 허용 문제'라고 할 수 있다. 1926년 당시 독신비구승이 700여 명이었는데 비해 대처승이 7,000여 명에 이를 정도로 다수였는데,[64] 해방 초기 교단 집행부는 독신비구 중심의 한국전통불교의 대중화를 강조하였다. 그러나 당시 승려의 95%가 대처승인 현실을 반영하여 정화운동 과정에서 대처승을 당대에만 허용하는 타협안을 제시하기도 하였다.[65] 반면에 전통불교 세력은 승려의 혼인이

---

62 조은수, 「지율스님의 생태운동과 에코페미니즘, 한국불교의 생태담론과 생태운동」, 『한국 불교의 생태담론과 생태운동』, 불광연구원&서울대철학사상연구소, 2011, 29쪽.

63 한국비구니연구소, 『한국비구니명감』, 한국비구니수행담록(김포: 한국비루니연구소 출판사, 2011), 68쪽.

64 목정배, 『한국불교학의 현대적 모색』 (서울: 동국대출판부, 2000), 105쪽.

65 조선불교도들 가운데 혁신진보대중이 궐기하여 불교혁신총연맹을 결성하였다. 이들

파계나 왜색불교의 상징이기 때문에 청산해야 할 대상으로 지목했다. 불교 혁신 세력 역시 일제잔재를 청산하는 것이 매우 시급한 개혁 과제로 간주되었기 때문에 승려의 혼인제도는 인정하지 않았다. 그리하여 불교 혁신 세력 가운데 하나인 '불교혁신총연맹'은 해방 후 불교 혁신의 핵심 과제로 교단에서 대처승을 몰아내는 것은 물론, 토지개혁을 통해 사찰 토지를 소작인에게 분배하는 것을 내세웠다.[66] 이처럼 승려의 혼인은 불교개혁에 앞장선 모든 세력들에게 거부되었고, 결과적으로 대처승은 타협이 아닌 정화의 대상이 되었다.

이 시기의 한국불교에서 세 번째 젠더 이슈는 '여성해방'이었다. 여성해방 운동이 가부장제하 젠더 권력 관계에 저항하며 성차별적 요인들을 제거하여 성평등을 쟁취하는 것이라고 할 때, 보수적인 교단집행부는 여성해방에 무관심하였다. 대처승과의 권력 투쟁과 종단 내 기득권 장악을 위한 과정에서 여성은 종단의 지원 세력, 즉 사찰의 경제를 책임지고 승가를 호위하는 역할만이 강조되었다. 비구 선승(禪僧) 중심 세력은 현실 세계를 벗어나기 위해 선수행과 기도수행 등을 강조하였고, 이들에게 여성해방은 관심사가 아니었다. 즉 출가자들에게 현실세계에서의 성적 억압과 모순은 투쟁하고 해결해야 할 중요한 문제가 아니라 수행을 통해 깨달음을 얻는 것이 더욱 중요한 문제였다.

불교계에서 여성해방에 대하여 구체적인 주장을 한 사람으로 진보적인

은 불교의 대중화운동과 아울러 사찰소유 토지를 농민에게 해방하기를 적극적으로 주장한다(불교대중화운동, 〈불교혁신연맹서〉, 《경향신문》, 1947.1.11). 반면 보수적인 교단집행부는 불교재산을 유지하기 위해 사찰소유 토지에 대해 유상몰수, 유상분배를 주장하였다.

66 김광식, 『한국현대불교사 연구』 (서울: 불교시대사, 2006), 116쪽.

불교개혁가인 한용운이 있다. 그는 여성의 자각이 여성해방의 전제조건이며,[67] 여성의 역량 강화, 결혼과 이혼의 자유, 남녀 성규범의 동일화, 여성 참정권과 경제권의 획득 등을 통한 봉건적 인습 타파와 신도덕(新道德)을 건설하고자 하였다. 여성의 주체적 사회 참여와 정치·경제적 각성 등은 보다 광범위한 민중들이 정치적 역량을 발휘할 수 있는 저력이자 민족자주독립운동의 기반이라는 것이다.[68] 하지만 그의 여성해방론에는 한계가 있었다. 여성교육의 목적이 미래의 가정교육을 담당할 어머니로서의 역할이 중요하기 때문이며, 여성해방은 전통적인 가부장제의 해체나 법·제도 등 구조적인 개혁이 아니라 여성 개인이 자각하여 봉건적 인습을 타파할 것을 요구하였다.

반면 불교 혁신 세력은 여성이 일제 식민지하에서 이중 삼중의 억압을 받은 존재라고 보았으며, 여성해방은 민족해방과 계급해방의 전제조건이었다. 여성도 토지를 소유하여 경제적 권리를 가질 수 있어야 진정한 여성해방이 될 수 있으므로 토지개혁에 찬성함은 물론,[69] 여성불자의 조직화와 세력화를 통해 남녀평등을 실천하고자 했다. 이들은 미군정에 의해 사회주의자로 탄압을 받아 불교사에서 사라지고 불교여성해방운동은 좌절되었지만, 불교 여성 주의적 관점에서 볼 때 붓다의 성평등 사상을 기반으로 불교 내 최초의 여성해방을 주창한 세력이라고 할 수 있다.

이처럼 해방 이후 불교계는 전근대적인 가부장성과 여성 해방적 이데올로기가 경합하면서 열세였던 독신비구 세력이 한국불교의 정통성을 인정받아 출·재가자로부터 정당성을 확보해 나가는 시기였다. 하지만 보수적인

---

67 〈여성의 자각〉,《동아일보》, 1927.7.3.
68 이상철, 「한용운의 사회사상(上)」, 『한국학보』 9(1), 1983, 1036-1063쪽.
69 류병덕, 『한일근현대와 종교문화』 (서울: 청년사, 2001), 94쪽.

교단집행부는 가부장적 여성관을 가지고 있었고, 독신비구 중심의 종단 지도부는 현실의 성차별에 대해 무관심하였다. 여성해방을 주장했던 불교 혁신 세력마저 정치적 이유로 궤멸하면서 종단 내 성평등을 주창할 여성 세력은 동력을 잃거나 사라지고 있었다.

2) 교단 내부 분규와 여성불자 비주류화의 가속화

해방 직후 미군정기에 설립한 불교종립학교는 총 10개이지만 기독교는 352개로, 미군정의 기독교 우대정책을 통해 급격하게 성장하게 된다. 예를 들면, 1945년 미군정에 참여했던 한국인 국장 9명 가운데 기독교인이 6명으로 전체 66%에 이르렀고, 미군정에서 교육정책을 담당했던 학무국 주요 보직자 12명 가운데 기독교인이 8명이었다. 또한 1947년 당시 총 20개 대학 가운데 12개 대학 총장이 기독교인이었다.[70]

미군정은 불교 내 좌익세력을 척결한다는 명분으로 혁신적인 불교 세력을 탄압하였고, 일제의 사찰령을 존속시켜 교단이 재산권을 독자적으로 행사하지 못하게 하는 등 불교 친화적이지 않았다.[71] 정치적 힘이나 물적 기반조차 취약했던 불교계는 독자적인 교육사업을 위한 물적 기반을 제대로 확

---

70 김만수, 「일제와 미군정기의 종교정책이 불교 종립학교에 미친 영향」, 동국대 박사 학위논문, 2006, 111-121쪽.
71 불교계는 내부 분쟁으로 인해 일본 불교의 적산조차도 접수하는 데 어려움을 겪었는데, 그 이유는 타인이 점유한 적산에 대해 물리적으로 대응하기가 어려웠고, 불교의 무소유사상과 내부 분규로 인해 사찰소유 재산에 대한 소유권 확보 인식이 부족했기 때문이다. 그 결과 해방 공간에서 불교는 교육사업의 물적 기반이 취약하였고, 인재 양성 및 포교의 수단으로 교육의 중요성에 대한 인식 부족으로 인해 교육사업이나 사회적 활동에 적극적일 수가 없었다(정병조, 앞의 책, 103쪽).

보하지 못했기 때문에 교육기관을 확대하는 데 한계가 있었는데, 해방 이후에도 기독교는 이승만정권의 지원에 힘입어 급속하게 성장했다.[72]

기독교는 근대적 여성교육 체계를 통해 여성의 역할을 확대하면서 한국 여성운동에 큰 영향을 미쳤는데, 여성불자의 역할은 상대적으로 미약했다. 그 원인으로 교단 내 여성불자의 교육이나 조직화의 미비가 가장 큰 원인이었다. 일제 식민지시대 사찰령으로 인해 물적 기반을 확보하지 못한 불교계는 여성신도를 교육하기가 쉽지 않았다. 근대적 여성 주체를 양성하지 못함으로 인해 여성 지도자가 양성되지 못했고, 그 결과 여성불자의 활동을 대사회적 영역으로 확대하는 데 한계가 있었다.

사찰에서는 엘리트 승려 중심주의, 한문 위주의 경전으로 인해 여성불자들이 교리 공부를 하기 어려웠고, 그 결과 기복적 신행으로 이어지면서 불교 교리를 통한 재가여성의 의식화가 쉽지 않았다. 그나마 근대적 여성교육을 담당했던 불교계 혁신여성단체가 미군정에 의해 궤멸되면서 불교 여성단체들의 대사회적 활동은 위축되었고, 신행 방식도 개별적인 신앙으로 축소되는 결과를 초래하였다.

불교여성의 역할이 미비했던 또 다른 원인으로는 끊임없는 불교 내부 분규의 발생이었다. 해방 이후에도 한국불교는 일제의 잔재인 대처승과 싸우는 정화운동을 벌였는데, 1962년 설립된 대한불교조계종 종단의 약사에는 대처승으로 인해 "사찰경제가 파괴되고, 사찰의 수행공동체가 해체되고, 사

---

72 해방 이후 불교 종립학교는 대학 2개, 중·고등학교 22개, 초등학교 1개, 진각종 소속 4개, 천태종 1개, 태고종 1개교 등 총 31개가 있다. 미군정하 불교학교는 동대부속 중·고(1947), 대전 보문중(1946), 광주정광중(1946), 경남밀양 홍제중(1948)이 설립되었다. 해방 전후 여학교는 불교계에서 명성여중·고(1940), 학산여중(동래가정여학원, 1946), 진선여중·고(1964)에 불과하였다(김만수, 앞의 책, 136-138쪽).

찰 문화재의 손상, 승려들의 행정 및 권력 지향적인 속성의 만연, 일제 총독부에 구속 등 그 폐해는 매우 많았습니다."라고 기록할 정도였다.[73] 교단이 여성불자의 신행활동을 지원하기보다는 오히려 여성불자가 불교계를 지원해야 할 상황이었기에, 자신들의 권리 요구나 대사회적인 활동보다는 종단 내부 분규의 수습에 동원되었다.

또한 전통불교로의 회귀 주장은 불교 내 보수성을 강화하는 계기가 되기도 하였는데, 조계종단의 설립과 함께 여성불자가 배제되면서 여성은 희생과 봉사로 사찰을 지키는 역할만을 부여받게 되었다. 이러한 상황에서 근대적 여성주체를 양성하고 여성의 권리를 주장하는 여성불자의 활동 영역을 확대하는 것은 쉽지 않았고, 결국 이는 적극적인 사회운동으로 나아가는 데 걸림돌이 되었다. 이처럼 여성불자는 개항 이후 해방에 이르기까지 조선에 유입된 일본불교, 전통 한국불교, 그리고 가부장제 사회라는 삼중(三重)의 굴레 속에서 비주류가 되어 갔다.

하지만 열악한 환경에도 불구하고 여성불자들은 지속적으로 교단 수호에 앞장서며 신행뿐만 아니라 대사회적인 역할을 수행해 왔다. 예를 들면 지난 2008년 당시 이명박 서울시장의 '서울시 봉헌 발언'과 성시화운동이 이어지자 종교 차별에 반대하는 '범불교도대회'에 수만 명의 여성불자들이 참여하였고, 단순히 종교 차별뿐만 아니라 '영어 몰입교육 반대'나 '역사 왜곡 뉴라이트 반대' 등 반정부 구호를 외치며 시위에 동참했다. 또한 2018년 한국불교 최대 종단인 조계종단 최고지도자들의 부패와 타락상에 분노하여 여성불자들은 촛불시위에 동참했고, 그 결과 종단사 최초로 총무원장이 사퇴하

---

73 조계종단 홈페이지의 조계종단 소개 글에서 인용. http://www.buddhism.or.kr/bbs/board.php?bo_table= DN_Content_001& wr_id=30&DNUX =info_01_040501

는 등, 종단 적폐 청산을 통한 교단 수호에 함께했다.

5. 성평등한 사회를 위한 변혁과 해방의 주체 되기

3·1운동의 자주·독립 정신은 붓다의 가르침인 평등과 해방사상의 실천
이념이라고 할 수 있기에 그 정신을 오늘에 되살리는 것은 불교신자의 임
무라고도 할 수 있다. 3·1운동 100년이 지난 오늘날, 부끄럽게도 한반도는
전 세계에서 유일하게 분단국으로 남아 있고 신자유주의 정책으로 인한 정
치·경제 등 사회 전반의 예속화는 심화되고 있어, 우리는 3·1민족독립운
동 정신의 진정한 의미를 되살리지 못하고 있는 것이 현실이다.

그렇다면 3·1운동정신을 실현하기 위해서 여성불자들은 무엇을 해야 할
까? 붓다의 전도선언의 '처음도 유익하고 중간도 유익하고 끝도 유익하며,
내용도 유익하고 형식도 유익한' 가르침을 실천하기 위해서는 무엇을 해야
할까? 여성불자라면 우선적으로 평등과 해방의 붓다 가르침을 되살려 성평
등한 교단을 구축하는 데 힘을 모아야 한다. 성차별적인 법제도들을 개정하
고, 교리를 성평등하게 재해석해야 하고 불교사에서 잊혀진 여성들을 발굴
하여 널리 알려야 한다. 이는 모든 종류의 차별을 거부하고 누구나 존귀한
생명체라는 평등사상에 기반을 둔 붓다의 가르침을 실천하는 길이다.

그리고 3·1운동이 불교인만이 아니라 기독교, 천도교, 유교 등 타종교와
연대하여 일제에 저항한 것처럼, 젠더 이슈와 관련하여 타종교 여성들과 연
대를 통해 지속적이고 체계적으로 성평등하게 변혁시킬 수 있어야 한다. 종
교는 고대 철학과 함께 여성 억압에 가장 앞장섰던 역사가 있고, 오늘날 기
성 종교 내에서 성평등 이슈는 단지 불교뿐만 아니라 기성 종교들에게도 공

통적인 문제라고 할 수 있다. 그러므로 각 종교 교단법과 제도 등에 내재되어 있는 성차별성을 비교 연구하며 분석하고, 교단의 법제도들이 여성들에게 '차별'이거나 '배제'이고 남성에게는 '특혜'임을 드러내야 한다.

또한 종교 내 그루밍 성폭력 방지 등 종교에 기반한 성폭력 근절에 앞장서야 한다. 어떤 종교이든, 사회적으로 존경받는 성직자로부터 성적 피해를 당한 여성신자들은 자신의 믿음에 심각한 의문을 가지거나, 자신이 지탄받을까봐 두려워하거나, 자기 종교가 비난 받을까봐 피해 사실을 쉽게 드러내지 못하므로 그로 인한 고통에서 빠져나오는 것이 특히 쉽지 않다. 그러므로 피해 여성이 사실을 말할 수 있도록 격려하고 잘못을 저지른 성직자에 대해서는 단호히 처벌을 요구하며, 여성 영성이 보호받을 수 있도록 여성종교인들이 연대해서 적극 대응해야 한다.

아울러 3·1운동이 남녀노소, 빈부격차 구별 없이 온 국민이 참여했듯이, 성차별뿐만 아니라 다양한 차별에 민감하게 반응하고 차별을 극복하는 데 여성불자들이 앞장서야 한다. 신자유주의 무한경쟁에 내몰린 현대인에게 종교가 위안을 줄 수 있고, 인종, 연령, 직업, 학력 등 차별이 아니라 차이로서, 다양성으로 받아들여야 한다. 뿐만 아니라 대한독립을 위한 수많은 애국자들의 희생이 헛되지 않도록 남북의 이데올로기적 대립과 단절을 극복하고 민족의 하나 됨을 위해 앞장서야 한다.

피식민 국가나 지배국가를 막론하고 단일국가의 경계를 넘어서 문화적 충돌과 개입이 증가하고 있는 오늘날, 민족해방을 부르짖던 3·1운동정신을 실현함으로써 불교가 해탈 부분뿐만 아니라 인간의 삶의 전반에서 평등과 자유를 실천하는 종교로 자리매김할 수 있기를 기원한다.

3·1운동 이전 의병운동의 사상적 특징

: 화서 이항로를 중심으로

이미림 / 한국전통문화대학교 한국철학연구소 선임연구원

1. 조선의 변화와 시대적 가치

18~19세기의 동아시아는 서세동점으로 인한 서구문물의 도입이 본격화되는 시기였다. 따라서 서구 문화의 영향력이 확대되면서 전통적 가치는 점점 그 빛을 잃어 가고 있었고, 고유문화의 정체성을 지키기 위한 노력 또한 어느 때보다 절실한 일이었다. 서구 문물이 들어오기 시작하던 시기에 타자(서구)와의 관계성 설정의 문제는 매우 민감한 사안이었으며, 정치적·경제적 측면에서 타자가 '나'에게 미치는 영향력을 신중하게 고려할 수밖에 없었다. 이러한 인식하에 '타자'와 '나'의 구별은 '다르다'는 차원을 넘어서 '나'를 '타자'와 함께 어떤 위치에 놓을 것인지에 대한 고민으로 확장되었다. 타자보다 나를 우위에 설정하고자 할 때는 그것이 무엇이든 폭력적인 것으로 변하기 쉽기 때문이다.[1] 이러한 위험성이 고조되던 시기에 동서양의 대립은 급격한 가치관의 혼란을 불러 왔고, 그로 인해 사회 전반적인 변화가 시작되었다. 이 시기에 동양은 기존의 사상적 가치체계가 무너지는 경험을 하게 되면서 주로 자존의식을 강조하는 입장을 굳게 지키려 하였고, 한편으로는 새로운 문물을 받아들여 변화를 도모해야 한다는 입장이 대두하여 서로 대립하였다.

---

1 인하대학교한국학연구소,『중국 없는 중화』, 인하대출판부, 2009, 1쪽 참조.

당시의 조선은 유교문화를 기반으로 '조선중화론'이라는 사상적 가치체계를 가지고 외세에 대응했다는 점이 특기할 만하다. 이것은 유교적 도덕과 사회를 지키는 데 초점을 맞추어서 유교적 문화와 가치에 더 높은 충성심을 요구했기 때문이다. 조선을 화(華)로 인식하고 일본을 포함한 서구를 이(夷)로 받아들여, 화(華)의 주체인 조선이 이(夷)에 어떠한 방식으로 대응하였는가의 문제는 대외인식방법론으로서의 정치·사회·철학적 의미를 다양하게 내포하고 있다. 이 시기 조선은 서구의 물질문명 속으로 급속하게 동화되어 가기도 했지만, 반면에 자신만의 문화를 고수하고자 하는 정체성이 뚜렷하게 드러나는 시기이기도 했다. 따라서 우리 근현대사에서 많은 의미를 가지게 된다. 정체성이 드러난다는 것은 국가의 성격을 규정하는 것이기 때문이다. 국난(國難)이 시작되던 시기에 조선이 국가나 민족을 뛰어넘는 고유의 문화를 지키는 방법을 선택한 것은 그 안에 사람이 사람답게 살아가는 기본 도리와 가치가 담겨 있다고 보았기 때문이다. 그렇기 때문에 지금까지 고수해 온 유교라는 거대한 문화 체계 아래 자연스럽게 국가와 민족도 모두 지켜내야 하는 가치가 되었다. 그러므로 조선의 유교가 '조선'이라는 국가와 민족의 가치를 어떠한 방법으로 지켜내고자 했는지 살펴보는 것은 유교가 공리공담이 아닌 지극히 현실적이고도 일상적인 모습으로 우리 곁에 늘 같이 있었음을 자각하는 계기가 될 것이다.

2. 의병운동의 사상적 배경

도학(道學)의 개념들은 크게 의리설(義理說)과 성리설(性理說)을 축으로 한다. 의리와 성리는 이론과 실천을 의미하는 것으로, 상호 불가분적인 관계이다.

의리는 성리에 근거함으로써 맹목적 행위에 빠지지 않고 사회적 실천을 할 수 있으며, 성리는 의리의 실천을 통해 완성됨으로써 관념적 공담에 빠지지 않는 것이기 때문이다. 이처럼 의리와 성리는 서로 분리되거나 선·후가 있는 것이 아니지만 의리 실천의 근거가 성리학적 이론에 있고, 의리의 실천이 성리학적 이념을 발현하는 것이라는 점에서 성리에 대한 이해가 선행하지 않을 수 없는 것이다.[2] 조선조 성리학에서 '의리(義理)'는 성리학이 현실 속에서 어떻게 실천될 수 있는가를 가늠하는 핵심 명제이다. 실천 없는 이론은 현실과 떨어진 공허한 이념을 만들어 내기 때문이다. 역사의 전환기의 한 주축에 서서 잘못 흘러가는 역사를 바로잡고자 했던 화서 이항로는 현실적이면서 주체적인 성리학 논리를 '의리'를 중심으로 일관되게 서술하고 있다. 그 '의리' 실천의 근거는 '이존기비설(理尊氣卑說)'이다.

1) 이기론(理氣論)

정치·경제 등 사회적인 문제의 최종적 원인은 인간의 심성(心性)에 있다고 보는 것이 유교의 근본 입장이다. 성리학자들이 정치적으로 가장 수난받는 시기인 사화기에 사단칠정·인심도심(四端七情·人心道心) 등 심성론(心性論)이 심도 있게 연구된 것도 바로 이와 같은 유교의 특성에서 비롯된 것이다.[3] 성리학에서 심(心)에 대한 이해는 심(心)을 이기론(理氣論)으로 어떻게 규정할 것인가 하는 것이다. 외적 문제를 해결하기 위한 최종적 방안은 이기론이라고 할 수 있다. 이기(理氣)의 개념과 분류 방식에 깊이 천착한 것은 이

---

2 강필선,「화서이항로의 철학사상 연구」, 성균관대 박사학위논문, 2002, 4쪽.
3 최영진,『조선조 유학사상사의 양상』, 성균관대출판부, 2005, 92쪽.

분법적이면서도 하나로 아우러질 수 있는 이상적 개념 설정을 통한 이론으로서 당시의 혼란한 사회 상황을 극복하고자 하는 목적 때문이다.

어느 날엔가 두 가지 물(物)이 있게 되면 바로 존비(尊卑)와 귀천(貴賤)의 위치가 있고 또한 주객(主客)과 순역(順逆)의 사세가 있다. 그러므로 서로 필요로 하는 중에도 서로 마찰되는 병이 있고, 서로 도움이 될 때에 있어서도 서로 가로막는 폐단이 있다. 사람과 말이 비록 서로 필요한 것이나 사람은 귀한 것이고 말[馬]은 천한 것이니 천한 것이 귀한 것에 순종하지 않으면 반드시 쓰러질 것이고 장수와 사졸이 비록 서로 이용하는 것이라고 하나 장수는 높고 사졸은 낮은 것이니 낮은 것이 높은 것의 명령에 복종하지 아니하면 반드시 일을 망칠 것이니 이것이 구별하지 않을 수 없는 까닭이다.[4]

이(理)는 귀하고 기(氣)는 천하다. 서로 필요로 해서 도움이 되기도 하지만 결국 말보다는 사람이 귀한 것이므로 말이 사람에 순종해야 한다. 또 장수가 더 높고 사졸이 낮기 때문에 사졸은 장수의 명령에 따라야 하는 것이다. 낮은 것은 높은 것의 명령에 복종해야 하며 그렇지 않으면 일이 순조롭지 못하여 망치게 되므로 이것을 반드시 잘 구별해야 한다. 그리하여 이기(理氣)의 분별(分別)과 위계(位階)가 분명해지면 질서를 얻게 된다.

이(理)가 위에 있고 기(氣)가 아래에 있으면 즉 존비(尊卑)의 질서를 얻는다.

---

4 『華西雅言』, 권4, 「事夫」: 纔日有二物 則便有尊卑貴賤之位 又有主客順逆之勢 故相須之中 有相垺之病 相資之際 有相掩之弊 人馬雖曰相須 人貴而馬賤 賤不順貴 則必蹶 將卒雖曰相用 將尊而卒卑 卒不聽尊 則必僨 此所以不可不分也.

기(氣)가 도리어 위에 있고 이(理)가 아래에 있으면 존비(尊卑)의 질서를 잃어 버린다. 이(理)는 안에 거(居)하고 기(氣)가 바깥에 거(居)하면 손님과 주인의 질서를 얻는다. 기(氣)가 도리어 안에 거(居)하고 이(理)가 도리어 바깥에 거하면 손님과 주인의 질서를 잃어버린다. 건(乾)은 안에 있어 주인이 되고 곤(坤)은 바깥에 있어 손님이 되면 태괘(泰卦)가 되고 군자가 되며, 곤(坤)이 안에 있어 주인이 되고 건(乾)이 바깥에 있어 손님이 되면 비괘(否卦)가 되고 소인이 되는 것은 곧 하나의 이(理)이다.[5]

이기가 존비(尊卑)의 위치로 자리매김되면서 얻어지는 것은 사회의 질서 유지이다. 각자의 위치에서 자기 역할을 다하는 것을 곧 하나의 이(理)로 이해해야 한다. "해와 달이 내려 비치는 것과 참으로 총명한 사람이라야 임금이 되는 것과, 사람의 마음이 만사를 주재하는 것은 곧 한 이(理)이다."[6]라는 것도 모두 이(理)에 의한 질서를 말한다. "천하(天下)의 사물은 모두 진실한 이(理)가 하는 것이다. 그러므로 반드시 이 이(理)를 얻은 뒤에야 이 사물이 있는 것이니, 얻은 바의 이(理)가 이미 다하면 이 사물도 또한 다하여 없어진다."[7] 즉 천하(天下)의 모든 것은 진실한 이(理)의 작용에 의한 것이다. 그러므로 이(理)가 있어야 사물이 있고 이(理)가 다하면 사물도 다하는 것이다. 따라서 모든 것은 근원적 이(理)의 작용에 의해서 움직인다.

---

5 『華西集』, 권16, 「溪上隨錄 三」: 理在上 氣在下 則得尊卑之序也 氣反在上 理反在下 則失尊卑之序也 理居內 氣居外 則得賓主之序也 氣反居內 理反居外 則失賓主之序也 乾在內爲主 坤在外爲客 則爲泰爲君子 坤在內爲主 乾在外爲客 則爲否爲小人 卽一理也.
6 『華西雅言』, 권1, 「形而」: 日月照臨天下 㝠聰明作元后 人心主宰萬事 卽一理也.
7 『中庸』25장 註: 天下之物 皆實理之所爲 故 必得是理然後 有是物 所得之理旣盡 則是物亦盡而無有矣.

지금까지 언급한 바 이존기비(理尊氣卑)에 따른 이(理)와 기(氣) 각각의 역할론에 따르면 이기(理氣)는 불상잡(不相雜)의 측면이 강하다. 그러나 "천하에는 이(理)만 있고 기(氣)가 없는 물(物)도 없으며 기만 있고 이가 없는 물도 없으니, 한 가지 물(物)이라고 해도 될 것이다. 성현들이 가르침을 세울 때에 반드시 분별하여 말하여 놓고도 오히려 그 분별함이 정(精)하지 못하고 앎이 혹 잡스러울까 두려워한 것은 무슨 까닭일까? 이점을 잘 생각해 보아야 할 것이다."[8]라고 말하면서 이기불상리(理氣不相離)의 측면도 강조하고 있다. 화서의 이기론은 불상리·불상잡(不相離·不相雜)의 한 측면만을 강조했다고 보기에는 어려운 면이 있다. 이러한 사실을 기본 전제로 하면서도 당시 화서의 이기론에 있어서 특별히 강조되었던 부분은 불상리 안에서도 불상잡에 의한 존비(尊卑)와 선후(先後)가 분명했다는 점이다. 그것은 우선 사회질서가 확실하게 유지되어야 한다는 점을 강조한 것이다.

　화서는 이기(理氣)를 분석하면서 다양한 예시들을 사용해서 이기의 문제를 더욱 명확하게 제시한다. 이러한 방법은 이기론의 가치 개념과 연결되는데 이기의 관계성 설정과 단계별 변화 과정을 통한 분석틀을 적용함으로써 이기의 문제를 해석한다. 이기론의 분석에서 주자의 성리학적인 틀을 크게 벗어나지는 않지만 특히 이존위성(理尊位性)을 강조하기 위해 다양한 분석틀을 적용한다.

　이(理)와 기(氣)는 본래부터 서로 필요할 때도 있고 또한 서로 항거할 때도 있으니, 서로 필요할 때라는 것은 사람에게 말, 장수에게 병졸 같은 것이

---

8 『華西雅言』, 권3, 「神明」: 天下無有理無氣之物 無有氣無理之物 雖曰一物可也 聖賢入教 必分別言之 猶恐其分之未精 認之或雜 何故也 此處最當玩索.

요, 서로 항거할 때라는 것은 이삭과 가라지, 효자와 도적 같은 것이니 사람과 말, 장수와 병졸이 이미 두 가지 물(物)이라면, 이삭과 가라지, 효자와 도적이 한 가지 물(物)이 될 수 있을 것인가.[9]

이기는 본래 그러한 것이다. 서로 필요로 하기도 하고 항거하기도 한다. 필요로 할 때는 장수와 병졸과 같은 관계이고 항거할 때는 효자와 도적 같은 관계이니 장수와 병졸을 두 가지 물(物)로 본다면 효자와 도적이 한 가지 물(物)이 될 수 없는 것도 같은 이치이다. 즉 장수와 병졸은 한 가지 물(物)이고 이삭과 가라지, 효자와 도적이 한 가지 물(物)이 될 수 없는 것과 같다. 이와 같이 화서 이기론의 출발점은 때와 장소를 구분하고 사물을 명확히 인식하고 분별하는 것부터 시작한다. 모든 사물에는 원리와 작용이 있기 마련이고 그것을 잘 움직이고 이용하기 위해서는 먼저 사물의 이(理)와 기(氣)를 잘 분별할 줄 알아야 한다. 그래야만이 이기를 정확히 알고 분석할 수 있기 때문이다.

지금까지 언급한 바와 같이 이는 존귀(尊貴)하고 기는 비천(卑賤)한 것이어서 그것의 우위는 확실히 정해져 있지만, 귀천하기 때문에 좋고 비천하기 때문에 나쁘다고 할 수는 없다. 기(氣)는 원래 그러한 것이기 때문에 호·불호를 논할 수 없는 것이다. 그렇게 되어야만 이는 만물의 근원이 되고, 기는 개체(個體)를 이룰 수 있는 것이다. 그러므로 이기는 불리부잡(不離不雜)의 관계이면서도 그 순서가 분명하게 정해져 있지 않으면 안 되는 이유를 다음과 같이 설명한다.

---

9 『華西雅言』, 권1, 「臨川」: 理與氣 固有相資時 亦有相抗時 相資時 如人馬帥卒 相抗時 如苗莠子賊 人馬帥卒 已是二物也 苗莠子賊得爲一物乎.

이(理)가 주체가 되고 기(氣)가 역군이 되면 이(理)가 순하고 기(氣)가 바르게 되어 만사가 다스려지고 천하가 안정될 것이나, 기(氣)가 주체가 되고 이(理)가 버금이 되면 기(氣)는 강성하고 이(理)는 은미하여져 만사가 어지럽고 천하가 위태로울 것이니 털끝만치라도 어긋남이 있으면 천리만큼 잘못되는 것이다.[10]

이기(理氣)의 관계에 있어서 이(理)가 존(尊)하고 기(氣)가 비(卑)하지 않으면 안 되는 이유는 이를 우선하면 천하가 안정되고 기를 우선하면 천하가 위태로워지기 때문이다. 즉 "이와 기는 서로 섞이지 않는다. 때문에 이로써 주체를 삼아 그 기를 통솔하면 가는 데마다 선하지 않은 것이 없으나 기로써 주체를 삼아 그 이를 돌이킨다면 가는 데마다 흉하지 않은 것이 없다. 이와 기는 서로 분리되지 않는 것이다. 때문에 이로써 주체를 삼아 밝히고 기르면 그 기질을 변화시킬 수 있으나 기로써 주체를 삼아 따라가고 북돋우면 그 성정을 변동시켜 버린다."[11]는 말과 같은 맥락에서 이해할 수 있다. 이(理)를 우선하면 만사만물이 선(善)하고 안정될 수 있지만 기(氣)를 우선하면 흉(凶)하고 성정(性情)이 변해 버린다. 그러므로 이기(理氣)는 주체와 객체가 분명하게 나누어져 그 각각의 역할[理尊氣卑]을 해야 천하(天下)가 제대로 움직여서 다스려지고 안정될 수 있다는 것이다.

화서 이기론(理氣論)에서 가장 큰 특징은 이존기비(理尊氣卑)의 위계성을 제

---

10 『華西雅言』, 권1, 「臨川」: 理爲主 氣爲役 則理純氣正 萬事治 而天下安矣 氣爲主 理爲 貳 則氣彊理隱 萬事亂 而天下危矣 差以毫釐 繆以千里.

11 『華西雅言』, 권1, 「形而」: 理與氣 不相雜也 故以理爲主 而率其氣 則無往而不善 以氣爲 主 而反其理 則無往而不凶 理與氣 不相離也 故以理爲主 而明之養之 則能變化其氣質 以氣爲主 而徇之培之 則能移易其性情.

시함으로써 존재론적 가치를 이선기후(理先氣後)의 입장에서 이신기형(理神氣形)의 논리를 통해서 이주재성(理主宰性)을 강화한 것이다. 이의 주재성을 강화하기 위하여 화서는 이기를 장수와 사졸에 비유한다. "이는 기를 명령하는 장수이니 통하지 않으면 부하를 통솔할 수 없고, 기(氣)는 곧 이(理)를 싣는 도구이니 국한되지 않으면 윗사람을 받들 수 없다."[12]고 함으로써 이(理)가 주체가 되어 주재적인 역할을 해야 한다고 말한다.

2) 심론(心論)

화서의 심설(心說)은 그의 성리학설 가운데서도 가장 특기할 만한 부분이다. 심성(心性)의 개념을 이기(理氣)와의 관계 속에서 해석함으로써 현실성을 가질 수 있는 '주체'의 입장에서 설명하기 때문이다. 따라서 심(心)을 설명할 때에 한쪽에 치우치지 않고 경우에 따라 이(理)로써 말할 수도 있고 기(氣)로써 말할 수도 있다고 한다. 말하자면 "이(理)로써 말할 것 같으면 마음은 태극이 사덕(四德)을 통솔하는 것과 같고, 성(性)은 이(利)와 정(貞) 같고, 정(情)은 원(元)과 형(亨) 같은 것이다. 이(利)와 정(貞)은 천만가지의 이(理)가 귀착하여 수장(收藏)되는 것이니, 태극의 본체요, 원(元)과 형(亨)은 천만가지의 이(理)가 발동하여 작용하는 것이니 태극의 작용이다."[13]라는 것이다. 반면에 "기(氣)로써 말할 것 같으면 마음이라는 것은 원기가 사시(四時)를 통솔하는 것과 같고, 성(性)이라는 것은 가을과 겨울 같고, 정(情)이라는 것은 봄과 여름 같으

---

12 『華西雅言』, 권1, 「臨川」: 理是命氣之帥也 不通 則無以統下 氣乃載理之器也 不局 則無以承上.

13 『華西雅言』, 권3, 「神明」: 以理言 則心猶太極之統四德 性猶利貞 情猶元亨 利貞萬理之歸(藏)也 太極之體也 元亨 萬理之發施也 太極之用也.

니, 가을과 겨울은 만물 성숙의 종결이요 봄과 여름은 만물 발생의 시작이다."[14]라고 함으로써 〈이(理)-심(心)-통인의예지(統仁義禮智), 기(氣)-심(心)-통사시(統四時)〉 〈이(理)-성(性)-이정(利貞), 기(氣)-성(性)-추동(秋冬)〉와 같은 체계로 설명한다. 화서는 심즉리(心卽理), 심즉기(心卽氣)의 논쟁을 떠나서 심(心)을 해석하는 두 가지의 측면을 모두 말하고 있는 것이다. 그러므로 "마음은 기(氣)이며 물(物)이다. 다만 이 물과 이 기의 위에 나아가 그 덕(德)만 가리켜 말한다면 이(理)라고 하는 것이니, 성현들의 이른바 마음이라는 것이 대개 다 이를 가리킨 것이다."[15]라고 하여 성현들이 심(心)을 이(理)라고 말한 부분은 대부분 기(氣)의 '덕(德)' 부분을 가리킨다고 한다. 그러므로 본질적 의미의 이기(理氣) 관계를 언급할 때의 이를 가리켜 심이라고 말한 것이 아니다.

이렇듯 심을 이의 측면에서 강조한 부분이 많았던 것은 화서가 처했던 시대 상황과 깊이 관련된다. 이기론(理氣論)에서 이ㆍ기를 주체와 객체로 구분 지어 질서를 유지하려 했던 것처럼, 심(心)을 해석하는 데 있어서도 이(理)를 중심으로 해석하였다. 심(心)은 절대로 이(理)를 우선시해야만 한다는 일종의 '신념'처럼 설명했는데 특히 화서가 심주리(心主理)를 강조했던 것은 시대적 배경과 밀접한 관련이 있다.

대개 이(理)가 타고 있는 것은 기(氣)인지라 맑거나 흐리고 순수하거나 섞인 기질의 구애가 없을 수 없고 기(氣)에서 생겨난 것이 욕심인지라 귀와 눈과 코와 입의 욕심의 가리움이 없을 수 없는 것이니, 자신의 이른바 심(心)이라

---

14 『華西雅言』, 권3, 「神明」 : 以氣言 則心猶元氣之統四時 性猶秋冬 情猶春夏 秋冬萬物
之成終也 春夏 萬物之生始也.
15 『華西雅言』, 권3, 「神明」 : 心 氣也 物也 但就此物此氣上面 指其德 則曰理也 聖賢所謂
心 蓋多指此也.

는 것은 이미 심(心)의 본체가 아니어서 혹은 가리거나 빠져들거나 이탈되거나 궁색하게 되는 고질이 있고, 자신의 이른바 이(理)라는 것은 이미 이(理)의 신묘한 작용이 아니어서 혹은 편벽하거나 사사망념의 잡병이 있게 되는데, 이것을 가리켜 심(心)이라고 하고, 이것을 인식하여 이(理)라고 하여 단단히 자기만을 잘 아는 체하여 그러고 있기를 의심하지 아니하고 그대로 행하기를 서슴지 아니하다가, 기껏 하여 성현들의 학문인 격물치지하는 교훈을 보게 되면 바로 말하기를, 마음 밖의 일과 마음 밖에 이(理)를 찾으려고 하는 것이라고 하여, 끊어버리고 하지 않고 금하여 버리고 배우지 않으니, 어찌 억설을 자행하여 금수가 되고 이적이 되는데 빠져들어 구제할 수 있겠는가.[16]

기질(氣質)의 구애로 욕심이 생겨나 가려짐이 있게 되면 심(心)은 본체로서의 심(心)이 아니게 되고, 이렇게 되면 이기지묘(理氣之妙)인 심(心)이 아니기 때문에 편벽된 사사망념의 잡병이 있게 된다. 즉 이러한 결과에 이르게 되면 이(理)를 찾는 데 심 밖에서 찾게 되므로 금수(禽獸)가 되고 이적(夷狄)이 되는 데 빠져들어 구제할 수 없게 된다. 심의 이러한 문제들을 다스리는 방법은 눈에 보이는 기질에 구애되지 않는 것이다. 화서는 심(心)은 이·기의 측면에서 모두 이해될 수 있다고 하였으나 주로 이(理)의 측면에서 보는 것을 강조했다. 그 이유는 당시 19세기 성리학이 철학적 이론 논쟁보다는 현실

---

16 『華西雅言』, 권3, 「神明」: 蓋理之所乘者 氣也 不能無淸濁粹駁之拘 氣之所生者 欲也 不能無聲色臭味之蔽 則吾所謂心者 已非心之本體 而容有蔽陷離窮之痼 吾所謂理者 已 非理之妙用 而容有便僻邪妄之雜 指此爲心 認此爲理 而斷斷自聖 居不疑 行不顧 纔見 聖賢學問格致之訓 則便以爲求心外之事 心外之理 絶之而不爲 禁之而不學 幾何不陷溺 於恣行胸臆 爲禽獸 爲夷虜 而莫之救乎.

적 삶의 주체가 되는 방향성을 지향했기 때문이다. 따라서 시대를 기반으로 하고 그 위에 이(理)를 중심으로 전체적인 문제를 해석하는 것은 무엇보다도 중심과 주변, 주체와 객체의 구분을 확실하게 함으로써 시대 흐름의 중심을 잡을 수 있었기 때문이다.

> 심(心)은 두 기(氣)의 원수(元帥)이며 천만가지 변화의 근원이다. 그 기(氣)가 정할 때에 공경함이 태만함을 이겨내지 못하면 반드시 태만함이 공경함을 이기게 되고, 그 동할 때에 의(義)가 욕심을 이겨내지 못하면 반드시 욕심이 의(義)를 이기게 되는데 공경함이 태만함을 이겨내게 되면 이(理)가 존립되어 기(氣)가 강해지나, 태만함이 공경함을 이기게 되면 이(理)가 혼미하여 기가 약해지며, 의(義)가 욕심을 이겨내게 되면 이(理)가 유행되어 기(氣)가 다스려지나 욕심이 의(義)를 이기게 되면 이(理)가 폐색되어 기(氣)가 어지러워진다.[17]

심(心)을 이기(理氣) 두 가지로 설명할 수 있지만 그것을 다스리기 위해서는 먼저 기(氣)적인 요소를 다스려야 한다. 심은 기적인 요소로 인해 변화의 근원이 되는데 그것을 다스리기 위해서는 이(理)의 존립을 강화하는 것이 필요하다. 기(氣)가 정(靜)할 때 잘 이겨내야 이(理)가 존립할 수 있어서 기가 더욱 강해진다. 변화의 원인이 되는 기(氣)가 올바른 마음으로 수양되기 위해서 심(心) 안에서 이(理)로써 중심을 잡는 것이 더욱 필요하다. 그러므로 심(心)은

---

17 『華西雅言』, 권3, 「神明」 : 心 二氣之帥 萬化之源也 其靜也 敬不勝怠 怠必勝敬 其動也 義不勝欲 欲必勝義 敬勝怠 則理立而氣彊 怠勝敬 則理昏而氣弱 義勝欲 則理行而氣治 欲勝義 則理塞而氣亂.

항상 이기(理氣)가 병존(竝存)하는 상태인데 무엇을 중심에 두고 수양하는가가 문제이다.

> 심(心)에는 이(理)와 기(氣) 두 가지가 있어 그 이를 양성하여 주면 이가 강해지고 기에게 방임하여 두면 기가 강해지는 것이며, 물(物)에도 또한 이(理)와 형체(形體) 두 가지 면이 있어 추구하는 바가 이(理)에 있게 되면 심(心)이 이(理)와 더불어 회합하여 날마다 고명한 데로 향상하게 되고, 추구하는 바가 형체에 있게 되면 심(心)이 물(物)과 더불어 퇴화하여 날로 저속한 데 빠져 들어가게 되는 것이다. 독서가 이득이 되기도 하고 병통이 되기도 하는 것이 또한 그러하다.[18]

심(心)의 이(理)를 양성하면 이가 강해지고 기(氣)를 방임하면 기가 강해지는 것은 이기(理氣)의 성향이다. 그러므로 심(心)의 이기(理氣)를 어떻게 양성하고 수양하는가가 관건이다. 물(物)에도 이(理)와 형체(形體), 두 가지 면이 있어서 이(理)를 추구하는 것과 형체(形體)를 추구하는 것은 상이한 결과를 낳는다. 화서가 심을 이 중심으로 해석하는 이유는 당대의 상황이 심이 날로 저속한 데로 빠져 들어간다고 보았기 때문이다. 그렇기 때문에 이를 중심으로 심을 해석하고 특히 강조한 것이 심의 수양도 이(理)가 제대로 존립(存立)되어야만 나머지 다른 문제들이 바로 될 수 있다고 보았다. 즉 "심(心)이라는 것은 만사와 만물의 본원이니 그 본원이 한번 틀어지면 만사와 만물이 동시에

---

18 『華西雅言』, 권4,「事父」: 心有理氣兩物 養其理則理强 任其氣則氣强 物亦有理形兩面 所窮者在理 則心與理會 而日就高明 所究者在形 則心與物化 而日溺汙下 讀書利病亦然.

모두 다 틀어져 다시 구원될 데가 없게 되는 것이다."[19] 그렇기 때문에 심(心)을 해석할 때 이(理)를 중심으로 말하는 것이 시대 요청에 화답하는 것이다.

> 심(心)은 형체가 없는 것이니 맞고 틀림을 어디에서 증험할 것인가. 의(意)는 마음이 내에서 발동하는 것이요, 말은 마음이 외부에서 발하는 것이니, 마음 다스리는 요법은 오직 그 의(意)를 성찰하는 데 있고 마음을 알아보는 묘리는 오직 그 말을 알아듣는 데 있다.[20]

일정한 형체가 없는 심(心)의 옳고 그름은 어떻게 판단해야 하는가? 의(意)는 마음 안에서 발동하고 말은 마음 바깥에서 발하니, 마음을 다스리고자 할 때는 뜻을 살펴보고 마음을 알아보고자 할 때는 말을 알아들으면 된다. 심(心)을 겉으로 드러나게 하는 것은 사람이 하는 '말'인데 마음 안을 살피기 위해서는 뜻을 살피면 되고, 그 뜻이 바깥으로 드러나는 게 '말'이므로 말을 통해서 묘리(妙理)를 알아들을 수 있다. 말은 심(心)을 나타내는 중요한 역할을 하기 때문에 심을 소통하는 도구가 된다.

이러한 심(心)이 만사에 대응할 수 있는 것은 심에서 '이'가 하는 역할이 크기 때문이다. 심의 '이'적인 부분 때문에 만사(萬事)에 응할 수 있지만 현재 한 가지 일도 대응하지 못하고 있다면 '기(氣)'적인 부분 때문이다. "심(心)이 능히 천만가지 일을 대응할 수 있는 것은 이(理)인 까닭이다. 비록 천만 가지 일을 대응한다고 하나 지금은 한 가지 일도 대응하지 못하는 것은 기(氣)가 있

---

19 『華西雅言』, 권6, 「忠信」: 心是萬事萬物之本 其本一差 則萬事萬物 一時皆差 更無救援處.
20 『華西雅言』, 권6, 「忠信」: 心是無形之物也 其差與不差 當於何驗之 意是心之動於內者 言是心之發於外者 治心之要 只在省其意 觀心之妙 只在知其言.

기 때문이다."[21] 이러한 상태는 원래 심(心)에서 이(理)적인 부분이 주도를 해야 하지만, 현재 일이 잘 되지 않는 이유는 기(氣)적인 부분이 그것을 주도하고 있기 때문에 현재의 정세가 잘 풀려가지 않는다는 것이다. 심(心)을 해석할 때 이(理)를 중심으로 보는 것은 이러한 정세를 풀기 위한 중심잡기에 있다고 보아야 할 것이다.

> 사람은 하나의 몸을 가지고 있고 그 몸은 귀와 눈, 입과 코, 손과 다리를 가지고 있는데 또한 마음이란 것이 있어 통솔하고 있다. 그 마음이라는 것이 통솔력을 잃어버리지 아니하여, 귀는 귀의 직책을 다하게 되고 눈은 눈의 직책을 다하게 되며 입과 코는 입과 코의 직책을 다하게 되고 손과 다리는 손과 다리의 직책을 다하게 한다면 일신상에 어찌 다하지 못할 일이 있으며 천하에도 또한 어찌 해내지 못할 일이 있으리오.[22]

신(身)을 주재하는 것은 심(心)이다. 심이 모든 것을 통솔하여 각각의 역할을 할 수 있게 만드는 것이므로 지금의 상황 역시 심의 작용에 따라서 역할을 다하면 모든 것이 순조롭게 된다. 예컨대 "사람은 가정이 있고 가정에는 다소간의 가족이 있는데 가족들은 각기 사체백능(四體百能)이 있다. 그 집의 주인이 되는 자가 그 도리를 잃어버리지 아니하여 가족들로 하여금 각기 그 사체백능(四體百能)을 다하게 하면 한 가정의 일이 어찌 무슨 일이 안 됨이 있

---

21 『華西雅言』, 권3, 「心一」: 心能應萬事者 理也 雖曰應萬事 而今不能應得一事者 有氣故也.
22 『華西雅言』, 권9, 「朱門」: 人有一身 身有耳目口鼻手脚 又有心以統之 心不失統而使耳盡耳職 目盡目職 口鼻盡口鼻之職 手脚盡手脚之 職焉 一身之上 豈有不了底事 天下亦豈有不可辨底事.

겠는가."[23]라는 언급이 그것이다. 항상 일에는 그 중심이 되는 것이 있고 그 중심이 무엇인지를 잘 살펴본다면 해결의 실마리를 찾아낼 수 있다. 그래서 만사의 근원이 되는 원리를 찾아서 근본 문제를 해결하는 것이 가장 빠른 방법이다. 눈이 보고 귀가 듣고 입이 말하는 것과 같이 중심이 되는 역할을 잘 찾아야 한다.

모든 것은 마음에서 비롯된다. 귀신이나 기이한 것을 말하기 좋아하고 허망한 데로 빠져드는 것과 귀신을 본 사람이 있다는 것도 모두 마음에서 근원하였기 때문이다.[24] 그만큼 마음(心)으로 인해 잘못될 수 있는 것들이 많다. 그러므로 지금까지 서술한 바와 같이 화서의 심설(心說)에서 이 '마음'은 이 (理)가 우선되어야 바로 설 수 있다.

화서 심설의 특징은 그가 이기설을 이존기비의 이존위적 가치로 강화해서 주재성을 강조한 것처럼, 심설도 이(理)를 우선해서 보아야 한다는 심주리(心主理)를 주장한 것이다. 이렇게 보았을 때 화서의 이기론과 심성론은 그 맥락이 확실하게 이어지는 화서 철학만의 상통성(相通性)을 유지하고 있다. 심(心)의 문제에 대한 강조는 실제로 심(心)이 주재성을 가지고 현실적인 힘을 발휘하면서, 형이상학적 이기론(理氣論)에서 심(心)으로 형체화되어 주재성을 가지게 되기 때문이다. 그래서 변별력 있는 화이론으로 발전해 나가는 바탕이 된다.

---

23 『華西雅言』, 권9, 「朱門」: 人有一家 家有多小人 人各有四體百能 主其家者 不失其道 而使人各盡其四體百能 一家之事 豈有未了底事.
24 『華西雅言』, 권2, 「天地」: 人好說神異 便向虛妄去 殊不知天地之道明白坦夷而無妄也 程子曰 有人見鬼神 若非眼病 必是心病.

3) 화이론(華夷論)

숭정(崇禎) 이후 조선을 소중화(小中華)가 아닌 정통중화(正統中華)의 연장선상으로 보지만 화이(華夷)의 개념을 받아들이는 데에서 조선은 이적(夷狄)에서 출발했기 때문에 중국과 본질적으로 다를 수밖에 없었다. 그래서 중화문명의 발상지가 아닌 조선은 오히려 중국보다 포용적 화이관념(華夷觀念)을 가질 수 있었다. 다시 말하자면 이적에서 중화로 변화되는 과정을 겪었기 때문에 '이적'이었던 조선이 중화가 되면서 훨씬 설득력 있고 포용적인 입장을 견지할 수 있었던 것이다. 그러므로 이러한 중화의식은 조선에서는 정통(正統)의 전이(轉移)를 통한 '중화의 주체'라는 입장에서 계승 발전시켜야 하는 것이었다. 때문에 이 시기에 소중화는 관념상의 의미로, 실체는 조선을 '정통중화'로 보는 것이 바람직할 것이다.[25] 본질적인 정통 중화론을 주장한 화서는 정통 중화문명의 기준이자 실행 판단의 근거로서 의(義)를 제시한다.

또한 비록 청(淸)의 신하인 나라라 할지라도 옳은 임금이 일어나는 것을 보

---

25 이재석은 「화서 이항로의 정치사상」, 157쪽에서 "고려시대부터 차츰차츰 周 나라를 높여야 한다는 의리를 알게 되었고 … 포은 선생이 학문을 고려 말에 주창하여 우리 왕조에 이르러서는 몇몇 선각자들이 확대시키고 미루어 밝혀 도통을 계승하게 되었다. 옛날에 이른바 중국에로 진화했다는 것이 우리나라의 경우와 같은 것이 없었다."라고 『華西集』, 1160 下右~下左를 인용하면서 분석하고 있다. 따라서 역사적으로 조선은 유일한 중화국가라고 스스로 인식하게 된 것이고 물론 관념상의 중화인 명왕조가 배제되지는 않고 있어 中華(관념상의 명왕조) - 小中華(조선) - 夷狄(주변의 이민족 국가)의 계서적 관계가 성립하지만 실제 존재하는 국가로 보면 中華(조선) - 夷狄(주변의 이민족 국가)의 관계라고 규정하고 있다. 또 유봉학은 『연암일파의 북학사상연구』(일지사, 1995, 62쪽)에서 "18세기 중반 대명의리론의 중요한 변화 양상으로 명의 실체가 국가로서가 아니라 하나의 문화적 기준으로 관념화되고 있었다."라고 언급한다.

았다면 왕래하고 따르지 못할 의(義)가 없는 것이다. 대개 중국을 높이고 이적을 물리치는 것은 천지의 대의(大義)요, 섬기는 바를 바꾸지 않는 것은 오히려 소소한 절의에 속하는 것이니, 해하(垓下)에서 이십팔기(二十八騎)가 죽음으로써 항우(項羽)를 따랐지만은 군자들이 절의로써 쳐주지 않았던 것은 그 따르는 바가 그 사람이 아니고 지금 북로(北虜)들이 절의를 지키기 위함이었으니 그 의(義) 또한 이와 같은 종류이다.[26]

존중화 · 양이적(尊中華 · 攘夷狄)의 문제는 천지간(天地間)의 의리(義理)이지만 섬기던 곳을 바꾸는 것은 소소한 절의(節義)일 뿐이라는 것이다. 언제든지 중화라고 판단될 수 있는 것이라면 그것을 섬기는 것이 올바른 도리이다. 이것은 원래부터 어느 종족이었는가는 상관없이 이적도 중화의 문화를 배우면 중화라는 '문화적 화이관'에 바탕을 두고 있기 때문이다.

대의(大義) 안에서의 소소한 절의는 바뀔 수 있듯이 이적이라도 옳은 임금이 일어났으면 상종할 수 있는 것이다. 그러나 이적이 중국으로 진출만 한다고 해서 완전하게 '화(華)'가 되었다고 할 수는 없다. 즉 스스로 내부로부터의 깊이 있는 변혁이 있어야 인정받을 수 있는 것이고 그렇지 않으면 이적이다. 즉 종족이나 지역에 따라 바뀌는 것이 아니라 문화의 수용 여부에 따라 달라지는 것이다. 그 문화수용의 판단기준은 '의리'이다. 의리를 가진다는 것은 옳고 그름을 판단하여 분명히 함으로써 스스로 목숨을 내던질 수 있을 만큼의 절개를 가질 수 있게 된다는 것과 같다. 이에 화서는 "혹은 한

---

26 『華西雅言』, 권10, 「尊中華」: 且雖淸之臣邦 見義主興 則無不可往從之義 蓋尊華攘夷 天地之大義 不易所事 猶屬小節也 垓下二十八騎 以死從羽 而君子不以節義處之者 以 其所從非其人也 今爲北虜守節 其義亦類此.

가지의 절개와 한 가지의 의리로 자기의 몸을 내던져 임금을 위하여 죽은 사람이 있으니, 고금의 곧은 신하와 절개 있는 선비의 흐름이 모두 다 이러한 사람들이었다."[27]라고 하여 의리를 어떻게 알아볼 수 있는지를 말하기도 하였다.

이러한 의리를 기반으로 한 화서의 화이론은 주체의 입장에서 이적에게 중화가 될 수 있는 가능성을 열어둔다. "만일 이적이더라도 중국에 진출하면 중국으로 여겨 주는 것이 진실로 타당하나, 이적 자체가 스스로 변혁하지 못한다면 그 본분대로 이적으로 여기는 것이 옳은 것이다. 어떻게 그 사실을 엄폐할 수 있을 것인가."[28]라고 하여 자발적 선진문화 수용에 의한 중화화(中華化)를 말하고 있다. 이러한 중화와 이적을 분별하는 기준은 의리와 더불어 예(禮)에 의해서 균형을 잡는다.

> 예라는 것은 천리의 승묵(繩墨)이요, 인도(人道)의 칭추(秤錘)이다. 다만 천리에 순응하고 인도(人道)를 다하라고만 말할 뿐이고 보면, 이치는 형상이 없고 도는 방향이 없어서 호호(浩浩)하고 망망하여 표준할 데가 없다. 만일 천하 사람의 천만 가지로 동일하지 않은 마음으로 각자가 억측하고 추측하여 안 대로 행동하게 한다면, 이른바 천리라는 것이 어찌 인욕의 잡스러운 것에 동화되지 않을 수 있으며, 이른바 인도라는 것이 어찌 금수로 돌아가는 데에 빠지지 않을 수 있을 것인가. 이것은 마치 대장(大匠)이 그릇을 만드는 데 반드시 규구(規矩)로써 하고 남을 가르치는 데에도 반드시 규구로써 하

---

27 『華西雅言』, 권9, 「洪濤」: 或有一節一義 捐身殉公者 古今直臣節士之流皆是也.
28 『華西雅言』, 권10, 「尊中華」: 若夷而進於中國 則中國之固當 彼自不能變夷 則依本分 夷之可也 烏得而掩其實.

는 것과 같은 것이다. 만일 규구를 쓸 것 없이 직접 그 사람에게 기교로써 가르쳐도 된다고 한다면 나로서는 알 수 없는 일이다.[29]

사람이 살아가는 방법인 예(禮)는 천리(天理)의 기준이 된다. 예가 없으면 그 기준이 천만가지로 동일하지 않은 사람의 마음이 제각각 다른 방향으로 움직이기 때문에 그렇게 되면 인욕에 동화되어 금수가 된다. 따라서 예(禮)는 사람을 사람답게 살게 해주는 하나의 방법적 대안이다. 또한 예와 의리로써 중화와 이적을 분별하고 다스리는 기준을 삼았다는 것을 알 수 있다.

이적(夷狄)과 중화(中華)의 분별이 있는 것은 천하의 대세이다. 고려의 임금과 최영(崔瑩)은 원나라를 끼고 명나라에 침범하였으나 우리나라의 태조(太祖)와 정포은(鄭圃隱)은 원나라를 배반하고 명나라를 높였는데, 명분이 정당하고 말이 순리적이어서 그 이기고 짐과 흥하고 망할 대세가 이미 여기에서 판단되었던 것이니 천하의 일을 논하는 사람은 이 대의를 강구하여야 할 것이다.[30]

'이적'과 '중화'의 분별은 자연스러운 이치이다. 이적과 중화를 분별하는 방법은 그 대의가 분명해야 한다. 즉 그 '대의'를 강구하는 것이 이적을 '중

---

29 『華西雅言』, 권10, 「大壯」: 禮者 天理之繩墨也 人道之秤錘也 但曰 順天理 盡人道云爾 則理無形象 道無方所 浩浩茫茫 無所準則 若使天下有萬不同之心 聽其各自臆度揣摩 而知之 則所謂天理者 幾何不化於人欲之雜也 所謂人道者 幾何不淪於禽獸之歸也 是猶 大匠爲器 必以規矩 敎人亦必以規矩 若曰含規矩而直授人以巧 非余之所敢知也.

30 『華西雅言』, 권10, 「尊中華」: 夷夏之分 天下之大勢也 麗王及崔瑩 挾元犯明 我太祖與 鄭圃隱 背元尊明 名正言順 其勝負興替之勢 已判於此 論天下之事者 不可不講此大義 也.

화'화하는 방법이 된다. 이적이 이적일 수밖에 없는 이유는 대의가 없기 때문이라는 것이다.

이렇게 구분된 이적은 "중화를 높이고 이적들을 물리쳐야 하는 것은 천지가 다할 때까지의 대원칙인 것이요 자기의 사심(私心)을 내쫓고 제충(帝夷)을 봉행하는 데에는 성현들의 요긴한 법이 있다."[31]고 하는 바와 같이 이적은 중화를 높이고 보존하기 위해 천지(天地)가 다할 때 까지 물리쳐야 하는 존재이다. 이것은 곧 천지가 본래 그러한 것이니 '존중화·양이적(尊中華·攘夷狄)'은 자연의 뜻이며 천도(天道)의 이치라는 말과 같다. 그렇기 때문에 이적은 중화가 되기 위해 노력해야 하는 것이다. 따라서 만이(蠻夷) 또한 중화에 편입되고자 하여 중화문화를 배워 중화가 되면 중화로 대우해야 한다는 것이다.

그렇다면 배척의 대상이었던 이적이 중화가 되었을 때 그 예(禮)는 어떻게 해야 하는가. 이미 중화로 편입된 만이(蠻夷)를 이적으로 대우한다면 예(禮)가 아니다. 그들을 당연히 중국의 군장으로 대우해야 한다. 즉 만이가 편입해 들어오면 중화로 인정할 수 있으나 화주(華主)와 이주(夷主)의 분별이 있으니 그냥 이주인지 중화로 편입된 이주인지 잘 분별해 보아야 한다.[32] 이와 같은 이(夷)의 개념은 교화(敎化)를 통해서 화(華)가 될 수 있는 가능성을 담보 하고 있기 때문에 이 → 화로 변해가는 과정에서 화의 포용성이 대두된다. 따라서 이의 입장에서 화를 바라볼 때에는 상대적으로 화(華)는 개방적인 유연

---

31 『華西雅言』, 권10, 「尊中華」: 尊中華 攘夷狄 窮天地之大經 黜己私 奉帝夷 有聖賢之要法.
32 『華西雅言』, 권10, 「尊中華」: 綱目嚴夷夏之分 而蠻夷君長曰死 此待蠻夷君長之道也 蠻夷入于中國 爲中國君長 則當待以中國君長 不當待以 蠻夷君長 但中國君長有華主夷主之別 不可不愼.

성을 가지고 있는 것이 된다. '포용'이라는 측면에서 보았을 때 그 타자(他者 =夷)를 어떻게 받아들일 것인가는 '주체'가 결정한다. 그러나 화이론 내부에 타자(他者=夷)를 수용할 수 있는 자체의 기준을 가지고 있었기 때문에 단순히 배타적 이론으로 보아서는 안 된다. 주체(主體=華)의 입장에서 본다면 '타자' 를 무비판적으로 수용하는 것은 정체성을 위협하는 가장 큰 요소로 작용하기 때문이다.

3. 현실적 실천과 위정척사론

1) 위정척사(衛正斥邪)와 주전(主戰)

19세기 조선은 현실적인 실천을 통해서 당면한 난국을 헤쳐 나가야 하는 큰 어려움에 처해 있었다. 이를 실질적으로 실천하며 전개하기 위한 이론적 배경은 화·이를 위정(衛正)과 척사(斥邪)의 대상으로 분별하는 것이었다. '화 (華)'를 지키기 위해 위정을 하고 '이(夷)'를 물리치기 위해 척사를 하는 것이다. 화이론(華夷論)이 우리 현실에서 실현 가능한 이론으로 발전할 수 있었던 것은 성리학을 바탕으로 실천적 위정척사운동으로 전개[33]되었기 때문이다. 이 과정에서 가장 중요한 것은 심(心)의 수양을 바탕으로 한 내적 수양의 문제였다. 그래서 위정(衛正)을 위한 내수(內修)를 필수불가결한 요건으로 보았다.

---

33 19세기 화서 화이론의 전개는 실질적 운동으로 전환되어 가면서 理氣心性論的 根據 와 實踐的 衛正斥邪論 사이에 위치한다고 할 수 있다.

그러므로 무엇보다도 중국을 위한 계책은 먼저 대통(大統)의식을 강(講)하는 것이다. 화하(華夏)의 영토는 본래부터 조종(祖宗)의 가업이어서 외부의 이적이 의거할 바가 아니니 눈을 부릅뜨고 담력을 키워서 내수외양(內修外攘)의 방책에 힘을 다하고 성실하게 오랫동안 힘을 쌓았다. 그 여곽을 깨끗하게 하여 옛 문물이 복구되는 날을 보기를 바랐는데 다행히 이는 교옹(嘐翁)이 정통하였다.[34]

가장 중요한 것은 정통을 바로 세우는 내수(內修)이다. 내수(內修)를 하게 되면 양이(攘夷)는 저절로 되는 것인데 이를 위해서는 대통(大統)의식의 고취가 필요하다. 그것은 곧 정통론의 확립을 위한 방책이 될 수 있다. 스스로 자정하고 쇄신[內修]하면 그 결과 위정(衛正)할 수 있다. 내수의 결과로 위정이 가능하게 되고 위정의 결과로 척사할 수 있기 때문에 내수외양(內修外攘)은 정통적 화이론의 방법론이다. 이러한 과정 속에서 화이론은 위정척사론으로 확장되면서 현실에 바탕을 둔 실천운동의 양상으로 발전해 간다.[35] 화서의 내수외양책에 일관성을 지니는 정책론으로 ㉠군주의 수신, ㉡관료체제의 정비, ㉢사회·경제적 시폐(時弊)의 개혁, ㉣양물금단론, ㉤서양의 군사적 도발에 대한 전수론(戰守論)을 주장하고 있다.[36] 내수(內修)의 방책 중에서

---

34 『華西雅言』, 권4, 「事父」 : 故爲吾中國計莫 若先講大統 華夏之地 本祖宗家業 非外夷所據 明目張膽 盡力於內修外攘之策 誠積力久 幸見其掃除餘廓淸 恢復舊物之日也 幸以此達嘐翁.
35 華夷論과 衛正斥邪論의 연계성은 '구조'와 '발전'의 관점에서 이해할 수 있다. 華와 夷의 대립적 관계, 衛正과 斥邪의 대립적 관계를 본다면 陰陽의 대립적인 '구조'와 음양으로 순환하면서 발전해 가는 '운행'의 측면으로 해석할 수 있다.(최영진, 『유교사상의 본질과 현재성』, 유교문화연구소, 2002, 95쪽.)
36 이재석, 「척사위정론에 관한 연구」, 한국정신문화연구원 박사논문, 128쪽.

도 가장 중요한 것은 역시 군주의 수신을 통한 수양이다. 군주 스스로가 먼저 도덕심을 가지고 모범을 본인다면 나머지의 문제는 자연스럽게 해결된다. 화서가 제시하는 내수책은 구체적 대응방책의 제시라는 점에서 의의가 있는데 가장 중요한 점은 성리학적 사고에 기반한 군주(君主)의 수신(修身)에서 시작되는 내수(內修)라는 점이다. 또한 실제 내수의 방법으로 사회경제적인 문제를 거론하기도 한다. 말하자면 군주가 먼저 백성들의 민심을 살펴야 한다는 것이다. 어진 사람을 임용하고 사악한 사람을 멀리 하며 백성들에게 과도하게 거두어들이는 것을 금지하는 것이다. 백성들을 노역 등에 부려서 생활이 피폐해지게 하는 것은 곧 민심의 이반으로 직결되기 때문에 허울 좋은 것을 추구하면서 덕을 양성하지 못한다면 국가 보존도 어려울 것이라고 한다.[37] 이때 가장 중요한 것은 군주가 불인인지심(不忍人之心)을 확충해서 백성을 보살피고 그들의 뜻을 잘 새겨듣고 위정자의 모범을 보이는 것이다. 나아가 실제 사회경제 방면에서 백성이 직접 느낄 수 있는 내수(內修) 정책을 실행해야 한다. 내수의 목적은 결국 나라와 가정을 보호하는 것이기 때문이다.

몸을 닦고 가정을 가지런히 하여 나라가 바르게 되면 서양 물건이 사용될 데가 없게 되어 교역(交易)하는 일이 없어질 것이요, 교역하는 일이 없게 되면 저 서양 사람들의 신기하다는 기술이나 지나친 기교가 써먹을 데가 없을 것이며, 신기하다는 기술과 지나친 기교가 써먹을 데가 없게 되면 저 서

---

37 『華西雅言』, 권10,「尊中華」: 仍請敬信大臣 廣開言路 任賢遠邪 停土木之役 禁斂民之政 去侈大之習 養好生之德 充不忍人之心 以爲如此然後 洋賊可逐 國家可保.

양 사람들이 반드시 할 일이 없어 오지 않을 것입니다.[38]

　무엇보다도 출발은 스스로를 가지런히 하는 것이다. 또한 서구문물을 부정했기 때문에 그 폐해를 막는 방법은 교역을 하지 않는 것이다. 교역을 하면 자연히 그들의 문물이 들어올 것이다. 그러므로 애당초 교역을 금지하는 것이 중요하다. 무엇보다 서구문물을 필요없게 하는 가장 중요한 방법은 몸을 닦고 집안을 다스리는 것이다. 그 모든 원인과 결과를 '나 자신'에게 두고 스스로를 다지는 것부터 시작한다.

　신이 일생 동안에 몸에는 서양 옷감을 걸쳐 보지 아니하였고 집안에서는 서양 물건을 사용하지 아니하여 온 가정의 가규를 이루고 있습니다. 신의 온몸에 가득 차 있는 심혈(心血)이 신의 자신에 있어서 행하던 것으로써 인군에게 고하고 가정에 있어서 시행하던 것으로서 온 나라에 밀쳐 가고 싶으니 원하옵건대 전하께서 이 한 가지 일을 우선적으로 시행하시어 중앙과 지방에 통쾌하게 보내십시오. 어찌 하늘이 전하께 중대한 임무를 내려주어 놓고 적국의 외환(外患)으로써 시험하여 성명(聖明)하신 전하로 하여금 조마조마하여 그 마음을 송동(竦動)하게 하고 굳게 그 성(性)을 인내하게 하여 근심 걱정하여 옥(玉)이 성취되게 하고 비운을 반전시켜 곤란을 구제하게 하여 한번 다스리는 운수를 차지하게 하려고 하는 것이 아닌지 알 수 있습니까.[39]

---

38 『華西雅言』, 권10,「尊中華」: 身脩家齊而國正 則洋物無所用之 而交易之事絶矣 交易之事絶 則彼之奇技淫巧不得售矣 奇技淫巧不得售 則彼必無所爲而不來矣.

39 『華西雅言』, 권10,「尊中華」: 臣平生 身不着洋織 家不用洋物 以成一家之政 滿腔血心 欲以行之於身者 告之於君 施之於家者 推之於國 願殿下行此一着 快示中外焉 安知不

화서(華西) 스스로 서구의 문물을 일절 사용하지 않음으로써 한 가정의 가규를 이루고 있다는 것이다. 이것이 확대되어 군주가 스스로 실천한다면 한 나라에 미치는 파급효과가 크게 된다. 군주가 실천하여 스스로 행동에 옮기는 것이 백성들에게 모범이 된다. 유교국가에서 군주의 역할은 한 나라를 다스리는 중심에 서 있는 존재이기 때문이다. 마음은 절대적인 선이라고 할 수 없기 때문에 선악(善惡)의 분별을 잘 살펴보아야 한다. 선악은 하나의 이치에서 나오는 것이기 때문에 서로 파급되고 만연되는 경향이 있다.[40] 군주가 심(心)을 잘 다스려 선(善)의 상태로 유지해야 하는 이유도 여기에 있다.

화서의 화이론은 중화문명의 우월성으로 이적(夷狄)을 포용하는 관점을 견지했기 때문에 척사보다는 위정에 초점이 맞추어져 있다. 이러한 화서의 논리는 위정을 하나의 방법적 대안으로 보고 '주체'로서의 '나'를 보존함으로써 자연스럽게 타자를 경계할 수 있는 방법이 된다. '주체'인 나를 보존하는 방법은 이질적인 타자에 대한 경계에서 출발한다.

> 후인(後人)으로서 옛사람의 도(道)를 배우는 것이 마치 동쪽에 있는 집의 그릇을 빌려다가 서쪽에 있는 집의 반찬을 옮겨 담는 것과 흡사한데 원래 그릇 속에는 허다한 더러운 찌꺼기와 추한 부패물이 남아 있는 것이니 마땅히 일일이 씻고 닦아 정결하게 하여야 바야흐로 그 아름다운 반찬을 담더라도 그 본래의 색깔과 맛을 보존하게 될 것이니, 만일 한 점의 찌꺼기라도 그 안에 붙어 있게 되면 그 아름다운 반찬과 섞여져 부패하

天降大任 試之以敵國外患 使聖明動心忍性 憂戚玉成 傾否濟屯 以當一治之數也.

40 『華西雅言』, 권9, 「洪濤」: 一人之心 一善一惡之萌 似無相關於他人分界 而苟其善也 則利必相及 苟其惡也 則害必相延 其故何也 理一故也.

여 버릴 것이다.[41]

화이(華夷)나 정사(正邪)를 말할 때에 가장 중요한 것은 그것의 근본을 해치지 않는 것이다. 가장 중요한 것은 근본을 어떻게 보존할 수 있는가이다. 이를테면 서구 문물을 받아들이는 데 유연성을 발휘해야 한다고 하지만 전혀 다른 이질적인 것들의 조화이기 때문에 탄력적 유연성을 발휘하기 전에 우선해야 할 일이 있다는 것이다. 말하자면 이쪽 집의 그릇을 빌려 저쪽 집의 음식을 담는다고 할 때는 먼저 빌린 그릇을 깨끗이 닦아내고 정결하게 한 다음에 저쪽 집의 음식을 담아야 문제가 없는 것이다. 그러나 지금의 상황은 더러운 그릇을 빌려 반찬을 담는 형국이기 때문에 결국 상하게 된다.

외래문물의 도입 또한 마찬가지이기 때문에 이질적인 문화가 만났을 때 그것은 서로의 조화와 융합의 측면보다는 충돌의 양상을 보이기 쉽다. 서로가 충분히 숙려되고 준비할 수 있는 시간을 가져야 한다. 즉 그릇을 씻는 시간이 필요한 것처럼 서로의 이질적 문화를 탐색하고 받아들일 수 있는 충분한 기간이 필요하다는 것이다.

그러므로 화서의 척사론은 배타적이라고 볼 수 없다. 오히려 급격한 서구의 개방 요구에 그들의 문물이 사회 내부로 들어왔을 경우 충돌을 일으킬 수 있는 부분을 염려한 것에 가깝다. 포용에서 배척의 단계로 나아갔지만 그 이면은 주체의 입장에서 포용을 위한 배척, 즉 방법론의 하나로서의 배척이기 때문이다. 이는 내재적 특성, 특히 조선의 경우에는 성리학 이념의 실

---

41 『華西雅言』, 권6, 「盡分」: 將後人之身 學古人之道 如假借東家之器 傳瀉西家之饌相似 合下器中有許多滓穢腐醜 當一一涮雪潔淨 方能盛住他美饌 全得他本來色味 若有着一點滓濁在內 和他美饌壞敗了.

천에 관한 문제와 연관되어 있다.

조선의 19세기는 서구문물의 유입을 통해 기존의 사상 및 통치체계의 변화를 맞이한 시기였기 때문에 시대의 흐름에 부합할 수 있는 현실성이 핵심 문제로 부각되었다. 이 '현실성' 문제에서 '도덕적 주체성'과 '물질적 합리성'을 어떠한 관점에서 언급할 것인가 하는 문제는 많은 논란을 낳게 되었다. 당시 성리학의 지나친 이론화 경향 때문에 현실적 대안 될 수 없다는 주장과 도덕적 주체성에 대한 개념을 분명히 한 것이다. 따라서 서양문물을 받아들임으로써 우리가 잃어버릴 수 있는 것들에 대해서 주장했다. 그러나 서구에 비하면 조선의 물리적 대항력은 부족했기 때문에 바로 현실적인 문제에 부딪히게 되었다. 화서사상의 대외적 전개의 대미는 주전론(主戰論)의 주장이다. '서구'의 개념이 교화의 대상인 이적에서 더 나아가 절대적 배척의 대상으로 규정됨에 따라서 그 대응방법은 강화(講和)가 아닌 주전(主戰)으로 흐르게 된다.

> 고기와 새는 강한 것이 약한 것을 삼키고 장성한 것이 어린 것을 잡아먹어, 알에서 부화할 때부터 서로 엿보아 노리고 기교 부려 서로 덮치는 것들이 빽빽이 늘어섰고 총총히 깔려 있는데 이러한 곤란과 재액을 겪어야 배를 삼킬 수 있는 고기가 되고 하늘을 찌르는 새가 될 수 있었다. 만일 새장이나 우리 안에 키우면서 진기한 맛이 있는 먹이를 먹여 주어 언제나 아무 걱정도 없었다면 이미 파리하여지고 말라진 지 오래일 것이다.[42]

---

42 『華西雅言』, 권6, 「忠信」: 魚鳥 則强者吞弱 壯者食穉 自卵育坏之始 候伺以相圖 機巧 以相掩者 簇簇立立 經過此觀厄 而成吞舟之魚 冲霄之鳥焉 若使養之籠幕之內 飼以珍 羞之味 而終日無虞 則其惟悴枯腊也久矣.

더 크게 성장하기 위해서는 곤란과 재액이 따른다. 자연의 이치에 따르면 물고기와 새를 가둬서 키우면 말라 버리듯이 여러 가지 난관을 헤쳐 나가면서 자랄 때 크게 성장한다. 자연의 순리대로 본다면 강한 것이 약한 것을 잡아먹는 것은 당연한 법칙이다. 그렇기 때문이 살아 남은 물고기와 새는 강해지는 법이다.

19세기 동아시아 국제관계에서도 이 법칙이 적용되었을 때 좀더 강해질 수 있다. 서구 세력의 강제 개항 요구에 순종하게 되면 편해 보이지만 우리의 본성에 맞지 않기 때문에 제대로 살아갈 수가 없다. 난관에 부딪혔을 때는 순종하는 것보다 맞서 싸우고 극복하는 힘을 키워야 한다. 따라서 강화(講和)보다는 주전(主戰)이 바른 태도이다. 국가가 흥망화복(興亡禍福)하는 일은 한순간의 일이 아니다. 그렇기 때문에 조짐이 있을 때 대비하는 것이 좋다. 일이 발생하기 전에 예방하는 것이 좋지만 상황을 직시하고 포기하는 것보다 조금이라도 최선을 다해야 한다[43]는 것이다.

> 장감(章邯)이 하북(河北)에서 싸울 때에, 진(秦)나라의 포학한 정치가 날마다 심하여져 이미 천하 사람의 인심을 잃었으니 그 흙덩이 무너지듯 하고 기왓장 깨지듯 할 사세를 진의 군사가 너나없이 이미 다 알고 있는데다가 천하를 천하의 봉기한 장수들로서 피맺힌 원한으로 골수에 박힌 원수인 군사들을 거느리고 쫓아갔으니, 그 파멸 패망하고 좌절 함락될 것은 대세가 이미 결정되었지마는 항적이 배를 침몰시켜 버리고 가마솥과 시루를 부수어

---

43 『華西雅言』, 권7, 「理順」 : 天下國家興亡禍福吉凶之事 非一朝一夕之故 其所由來者遠 且深 故及其兆見之時 則亦已過半矣 豫防於兆見之時 誠亦善於無事者矣 然不若備之於 無兆之時也.

버리고 막사를 소각하여 버리고 삼일 식량만을 휴대하게 하여 한 사람도 살아서 돌아올 마음이 없음을 보여준 연후 그제야 비로소 소탕할 수 있었다. 그렇게 하지 아니하였다면 성패를 알 수 없었을 것이다.[44]

상대가 아무리 강해도 죽기를 각오한다면 좋은 결과가 나올 수 있다. 현실적인 눈으로 보았을 때 상대보다 약하기 때문에 불가능하다고 생각하지 말고 배수의 진을 치고 끝까지 항전하는 것이 옳다. 그렇기 때문에 최선을 다해 항전해 보아야 그 결과를 알 수 있다.

> 양구(洋寇)가 강화(江華)에 침입하매 선생이 상소하기를 지금 국론(國論)은 양론(兩論)이 분분하고 있는데, 양구를 공격하여야 한다는 것은 우리 쪽 사람들의 말이요, 양구와 강화(講和)하여야 한다는 것은 저쪽 사람들의 말입니다. 이쪽 말대로 하면 온 나라 안이 의상(衣裳)의 옛 제도를 보존할 것이요, 저쪽 사람들의 말대로 하면 온 국민들이 금수의 지경에 빠지게 될 것이니, 이것은 이성(理性)을 가지고 있는 사람이면 모두 다 알 수 있을 것입니다. 다만 종묘와 사직의 위급한 화가 호흡(呼吸) 사이에 박두하였으므로 이해를 계산하여 요행을 바라는 논이 틈을 타고 기회를 노릴까 두려운데 성명(聖明)하신 전하께서 과연 능히 견지(堅持)하기를 여일하게 하여 강단(剛斷) 있고 결단성 있게 진압하실는지 못 하실는지를 알지 못하겠습니다. 이것이 우매

---

44 『華西雅言』, 권6, 「盡分」: 章邯之戰河北也 秦之暴虐日甚 已失天下之心 其土崩瓦解之
勢 秦兵人人已自知之 以天下蜂起之將 率血怨骨讎之兵以赴之 其破敗摧陷 大勢已判
矣 項籍沉船 破釜甑 燒廬舍 持三日糧 示無一生還心 然後方始掃蕩了 不然 成敗未可知
也.

한 신(臣)이 대단히 우구(憂懼)하고 있는 바입니다.[45]

　화서는 '타자'인 서구와의 강화를 거부한다. 그들의 요구대로 개항했을 때 조선의 문물과 제도가 파괴될 결과에 대해 염려하는 것이다. 또 강화하지 않고 주전(主戰)하는 결단력이 있어야 하는데 이 모든 것은 군주로부터 비롯되는 것으로 보고 결단을 촉구한다. 주전하는 떳떳함은 누구나 지킬 수 있지만 강화하는 변칙적인 방법은 성인이 아니면 불가능하기 때문에 군주에게 강력한 주전을 주장하고 결단을 요구하는 것이다.[46] 화서가 처음부터 주전을 내세운 것은 아니었다. 타자의 강제적 개항 요구에 현실적 힘의 대응도 중요하다고 인식했다. 시간이 흐를수록 개항 압력에 대한 절박한 위기의식이 국가의 존망에 관한 위기로 다가왔기 때문이다. 화서는 주전에 대한 군주의 결단을 촉구하면서도 "이 시점에서 전하로서 하셔야 할 계책으로는 그 마음을 맑게 다스려 외부의 물욕에 견제되거나 요동(搖動)되지 않는 것과 같은 것이 없는데, 그 소위 외부의 물욕이라는 것이 사항과 명목이 너무도 많고 그중에서도 서양 물건이 가장 심한 것입니다."[47]라고 하여 군주 스스로 서구문물에 대한 경계를 확실히 할 것을 요구한다. 즉 군주의 일심(一心)으로

---

45 『華西雅言』, 권10, 「尊中華」: 洋寇入江都 先生上疏曰 今國論兩說交戰 謂洋賊可攻者 國邊人之說也 謂洋賊可和者 賊邊人之說也 由此則邦內保衣裳之舊 由彼 則人類陷禽獸之域 有秉彝之心者 皆可以知之 但恐宗社危急之禍 迫於呼吸 而計利僥倖之論 乘間抵隙 則未知聖明果能持之如一 剛決鎭壓否也 此 愚臣之所大懼也.

46 『華西雅言』, 권10, 「尊中華」: 其主國邊之論者 又有兩說 其一 戰守之說也 其一 去邪之說也 臣愚以爲戰守常經也 去邪達權也 常經人皆可守 達權非聖人不能也 蓋無太王之德 則無歸市之應矣 百姓一散 不可復合 大勢一去 不可復來 願殿下於戰守之說 堅定聖志 雖萬夫沮撓 不動毫髮.

47 『華西雅言』, 권10, 「尊中華」: 今爲殿下計 莫如澄治此心 不爲外物所牽制搖奪 所謂外物者 事目甚多 而洋物爲最甚.

나라의 중심을 바로 잡는 한편, 실질적으로는 강력한 주전(主戰)으로 서구문물에 대항하고자 했던 것이다.

2) 의병에서 독립운동으로

유교는 조선이 패망한 가장 큰 원인으로 지목되고 있으며, 그 핵심은 유교의 현실에 대한 인식부족, 서양에 대한 무지에서 비롯된 오판이라는 견해가 지배적이다. 그러나 외세의 물질적, 물리적 접근에 도덕적 대응으로 일관하여 근본 원리의 부재에서 오는 흔들림을 바로잡고자 했던 것은 틀렸다고 볼 수는 없을 것이다. 그리고 실질적으로 국권 회복을 위해 강한 주전론을 바탕으로 의병항쟁에 나선 지도자 대부분은 유교사상에 기반을 둔 선비들이었으며, 그들의 확고한 신념은 유교의 가치체계에서 비롯된 것이었다. 그것은 사람이라면 누구나 가져야 할 인륜 도덕에 기반한 것이었기 때문이다.

실제 화서학파 계열의 의암 유인석(1842~1915)은 국내외 초기 항일의병운동을 주도했으며 1910년 6월에는 13도의군 도총재로 추대되었다. 의암은 화서 이항로의 문하에서 수학했으며 김평묵과 유중교를 따라서 화서학파의 학통을 잇는 대표적 학자이다. 유림 출신으로 철저한 위정척사와 존화양이의 사상에 기반한 항일투쟁을 전개했다. 급격한 변화의 소용돌이에서 외세의 문물에 대항하며 정체성을 지키고자 노력했던 선비들의 대부분은 1910년 경술국치를 전후로 만주로 옮겨가면서 더욱 조직화된 독립운동의 주축세력이 되었다. 또한 이러한 모습들은 남성 유학자들에게만 국한된 것이 아니고, 여성에게서도 나타났다. 이는 유림의 집안에서 성장한 평범한 여자로 살아 왔던 윤희순(1860~1935)[48]의 삶을 예로 들어볼 수 있다. 남성 중심 이데올로기가 지배하던 조선사회에서 여성 의병의 존재는 특별하게 보일 수밖에 없다. 유교의 이념적 가치체계를 태생적으로 습득하고 자란 유림 집안의 여성이라는 점은 더욱 특이한 점으로 다가온다. 1895년 을미사변을 계기로 단발령이 강행되자 윤희순의 시아버지인 유홍석이 춘천 유림과 더불어 의병 항쟁을 전개한다. 이때 윤희순은 「안사람의 의병가」·「병정의 노래」 등 수십 수의 의병가를 지어 의병의 사기를 진작시키고 직·간접적으로 의병 활동을 적극 후원하였다. 유홍석이 부상당한 뒤 유중교의 집에서 치료하면서 의병 재조직을 계획하던 중 1910년 8월 국치를 당하게 된다. 그러자 유홍석은 왜적의 통치를 받을 수 없다 하여 만주로 이주하였다. 이어 1911년 윤희순 가족 역시 유홍석을 뒤따라 만주로 들어가서 의병 재거를 도모하였다. 윤희순의 일대기가 조명을 받는 것은 그녀가 남긴 기록 때문이다. 『일생록』을 통해 안사람 의병가 등 항일 정신의 의병가사와 편지들이 전해졌고, 자신의 삶을 후대에 전하기 위해 기록했다는 점은 유림 여성으로서 많은 의미를 주고 있다.

당시 의병들은 지인이나 친척이 사는 촌락이 있으면 그곳을 찾아 유숙하기도 하였는데, 연고 없는 촌락에 다다르면 의병들을 외면하는 경우도 많았다. 윤희순이 사는 동리에 의병들이 연고가 없이 들이닥쳤는데 아무도 응하려하지 않자, 그녀는 자신의 능력과 수단을 동원하여 의병들이 숙식할 수 있

---

48 윤희순은 해주윤씨 윤익상(尹翼商 1823~1878)의 딸로 16세에 유제원(柳濟遠 1869~1915)과 혼인하였다. 유제원의 부친은 의병장 유홍석(柳弘錫 1841~1913)으로 한말 화서학파의 학맥을 잇는 조선13도 의병대장을 역임한 유인석(柳麟錫 1842~1915)이 재당숙이다.

도록 편의를 제공하였다.[49] 자신이 처한 입장에서 할 수 있는 것들을 최대한 지원하고 그것이 의병에 나선 가족을 지원하고 동참하는 길이라 여겼기 때문이다. 또한 의병 지원과 함께 항일 독립정신을 불러일으키는 가사 등 여러 편을 지었다.[50] 그리고 〈오랑캐들아 경고한다〉, 〈금수들아바다보거라〉 등의 규탄문, 경고문 등을 짓기도 하였다. 이는 유림 집안에서 나고 자란 영향으로 '교육을 통한 계몽'을 자신의 과제로 인식하고 의병가와 경고문 등을 효과적인 수단으로 활용한 것으로 보인다.[51] 특히 〈방어장〉에서는 "우리 조선사람 농락하며 안사람 농락하고 민비를 살해하니 우리인들 살 수 있나." 라고 하여 명성황후 시해를 조선 안사람 전체를 농락한 사건으로 이해했다는 점에서는 시아버지인 외당 선생과는 다른 모습을 보이기도 한다.[52] 윤희순의 사례는 여러 모로 남다른 유림 집안에서 교육받은 여자의 모습이 시대상황과 맞물려 현실적으로 문제의식을 적절하게 잘 드러내고 실행하였다는데에 의의가 있다. 대표적인 작품 〈안사람 의병가〉의 경우 일차로 유교 사회의 남녀 분별의 의미를 잘 이해하고 적용시킨 경우라고 할 수 있다.[53] 나

---

49 박용옥, 「윤희순 의사와 남자현 여사의 항일 독립투쟁」, 『의암학 연구』 제6호[한국 독립운동사 연구소, 『한말의병자료집』].
50 〈안사람 의병가〉, 〈방어장〉, 〈병정노래〉, 〈의병군가〉, 〈병정가〉 등.
51 신성환, 「여성독립운동가 윤희순의 현실인식과 대응」, 『동양고전연구』 제 71집, 72쪽.
52 신성환, 「여성독립운동가 윤희순의 현실인식과 대응」, 『동양고전연구』 제71집, 85쪽.
53 〈안사람 의병가〉 아무리 왜놈들이 강성한들/우리들도 뭉쳐지면 왜놈잡기 쉬울새라/ 아무리 여자인들 나라사랑 모를쏘냐/아무리 남녀가 유별한들 나라없이 소용있나/우리도 나가 의병하러 나가보세 의병뒤를 도와주세/금수에게 붙잡히면 왜놈사정 받들쏘냐/우리의병 도와주세 우리 나라 성공하면/ 우리 나라 만세로다 우리 안사람 만만세로다.〈안사람 의병가 노래〉 우리나라 의병들은 나라 찾기 힘쓰는데/ 우리들은 무얼 할까 의병들을 도와주세/ 내 집 없는 의병대들 뒷바라지 하여 보세/ 우리들도 뭉쳐지면 나라 찾기 운동이요/ 왜놈들을 잡는 것이니 의복 버선 손질하여 만져 주세/ 의병들이 오시거든 따뜻하게 만져 주세/ 우리 조선 아낙네들도 나라 없이 어이 살며/ 힘을

라 없이 모든 것이 소용없으니 의병을 도와서 나라가 성공하면 안사람도 성
공이라는 것이다. 〈안사람 의병가 노래〉를 젠더적 관점에서 본다면 여성성
에 기반한 활동으로 한계점을 보인다고 할 수도 있지만, 윤희순은 그 시대
여성의 역할과 차이를 분명하게 인식하고 접근했던 경우라고 볼 수 있다.
훗날 윤희순은 여건을 만들어 실제 남자와 같은 군사훈련을 받고, 만주로 넘
어간 이후에는 한층 더 직접적으로 독립운동에 앞장섰다. 이처럼 윤희순은
국난의 시기에 여성성을 통해서 자주적이며 당당한 항일운동을 했다는 점
에서 유교 사회에서 성차의 특성과 역할을 이용한 적극적이며 모범적인 항
일운동 사례로 손꼽을 수 있다.[54] 일생을 화서학파의 영향 아래 성장했던 윤
희순은 1912년 항일 인재를 양성하기 위해 동창학교(東昌學校)로부터 지원받
아 노학당(老學堂)창건하고 교장직을 맡게 된다.[55] 1915년 폐교했지만, 유림
의병들과 같은 교육을 통한 항일운동의 중요성을 깨닫고 맥락을 같이 한다
는 점은 매우 주목할 만하다.

유교의 모습은 국난의 시기에 다양하게 나타나지만, 실제 의병 활동의 구
심축이 되었으며, 이들은 1910년을 전후로 만주 등지로 건너가 본격적인 독
립운동에 투신한다. 조선을 떠난 유림들은 만주, 연변 등지에서 사우계(士友
契)를 조직하여 교육을 통한 구국을 도모하고, 이후 공교회(孔敎會) 지부를 조
직하여 참여하는 등 활발하게 움직였다.

모아 도와주세 만세 만세 만만세요/ 우리 의병 만세로다.
54 정금철, 「항일투사로서의 윤희순의 삶과 여성적 담론연구」, 『강원문화연구』 제 24집,
  19쪽.
55 의암학회, 『윤희순의사 항일 독립투쟁사』, 춘천시, 109~110쪽.

4. 유교, 온고지신(溫故而知新)을 통한 미래가치

유교는 보편적인 도덕규범의 확립을 통해 내면의 덕성을 강화하는 것을 최고의 가치로 여긴다. 그러나 조선조의 주류사상이었던 성리학이 현실적인 무력 앞에서 역부족이었다는 사실도 외면할 수 없다. 그래서 현재의 결과로 본다면 유교는 실패했으며 그 책임에서 일정 부분 자유로울 수 없다. 그렇다면 유교의 의미를 어디에서 어떻게 찾을 수 있으며, 그것이 지금 우리에게 의미하는 바는 무엇인가?

유교는 국난의 시기에 현실적인 힘의 중요성을 자각하고 그 힘을 만들기 위해 노력했다. 그러나 힘의 근원을 물리적인 무력에 두지 않고, 그 힘을 갖추는 출발점이 되는 원동력, 즉 사람들의 마음을 움직이기 위한 가치를 찾고 행위의 기준을 세우는 일을 중시했던 것이 특징이다. 이는 『논어』에서 "배우고 생각하지 않으면 어둡고, 생각하고 배우지 아니하면 위태롭다."[56]라고 말한 바와 같이 '배우고 생각하는 것'이 어둡고 위태해지는 매 순간을 극복해 나가는 힘의 원천이 된다는 인식에서 시작된다. 국난의 시기일수록 더욱 중요한 것은 우리가 배우고 생각하여 지니게 되는 가치의 기준이라는 것이다.

결과만으로 평가받는 현재 우리 사회에서 우직하다 싶을 정도로 '배우고 생각하는 힘'을 강조하는 유교의 가르침은 답답해 보일 수 있다. 그러나 만주로 망명한 후에도 제일 먼저 독립을 위해 후학들을 바르게 교육시키는 일이 우선이라고 하여 교육 중심의 독립운동에 일생을 바친 많은 유학자들의

---

56 『논어』「위정」: 子曰 學而不思則罔 思而不學則殆.

삶은 바로 이러한 가르침이 우선되었기 때문이다. 사상을 평가하는 중요한 잣대는 현재의 결과를 바탕으로 소급하여 평가하기보다는 당시 그들의 입장에서 그들의 방식으로 최선을 다했는가에 초점을 두어야 한다. 물론 패망의 결과를 누군가 책임을 져야 한다면 마땅히 조선조를 이끌었던 정치가이자 철학자였던 유학자들의 책임일 것이다. 그러나 결과론적 접근 이외에 과연 서구문물의 도입 시기에 나름의 적절한 기준과 방법이 있었는가는 패망의 책임론과는 다르게 논의되어야 할 문제이다. 실패했다고 해서 '옳지 않았다'고 할 수는 없기 때문이다. 이런 문제들은 오늘날 결과주의에 매몰되어가는 사회에 많은 시사점을 준다. 물론 유교는 조선 패망의 책임이 있지만, 그것이 옳지 않은 길은 아니었기 때문이다.

'배우고 생각하는 힘'을 통해 독립운동의 발판을 마련하고자 했던 유교의 가르침은 오늘날 '배우고 생각하는 힘'이 없어진 사회 곳곳의 적나라한 문제점들을 들여다볼 때 많은 점을 생각하게 한다. 경제적 합리성이라는 명목하에 정치, 경제, 교육 등 많은 사회 부문들이 자본에 종속되어 가는 과정이 당연한 것처럼 여겨지고 있다. 그래서 자본주의 사회가 만들어낸 편안한 시스템 안에서 스스로 '배우고 생각하는 힘'을 가질 기회조차도 박탈되고, 경쟁에서 이기는 것만이 최고라는 교육을 받는다. 그러므로 오늘날 유교는 우리 사회에 어떤 상황에서도 스스로 '배우고 생각하는 힘' 부활시키는 기폭제가 되어야 하는 것이 의무이자 숙명이다.

3·1운동과
심산 김창숙의 천리(天理) 구현

황상희 / 성균관대학교 초빙교수

1. 유교의 종교성 혹은 천리에 대한 믿음

유교는 일상에서 거룩을 경험하는 종교이다. 일상에서 현실을 넘어서는 성스러움의 경험 여부야말로 종교인과 비종교인을 가르는 구분으로 본다면 유교는 확실히 종교이다. 만약 유교가 종교가 아니라면 행위를 이끌어 낸 가치의 문제를 해명해야 한다. 조선조 선비들이 사람다운 세상을 위해[道學] 순교한 것은 바로 이 가치의 결실이다. 하지만 가치란 어떤 결과가 아니라 도덕적 동기이다. 이것이 바로 하늘로부터 받은 이치[天理]이다.

조선 전기 김숙자, 김종직, 김굉필, 정여창, 조광조 등 일군의 도학파의 의리사상과 도를 위한 죽음 또한 초월적 진리에 대한 종교적 순교와 매우 유사하다. 그들은 천리와 이익을 엄정하게 분별한 뒤 천리에 따른 삶을 선택하였고 현실적 이익을 위해 목숨에 연연하지 않았다. 그들에게 모든 행위는 일상일용의 도를 따른 것이었으니, 그것은 바른 길, 사람다운 길로서 곧 하늘의 길과도 통하는 것이었다. 인간이 인간답게 살 수 있는 사회, 모든 사람이 스스로 사람다운 길로 들어가는 세상을 꿈꾸고 실천하는 길에 목숨을 걸었던 것이다. 조광조의 경우 인간에게 내재해 있는 천지의 기운과 만물의 이치를 밝혀 마음의 영묘함을 통찰하는 수준에 이르렀다. 스스로를 속이지 않는 내적 성실성에 근원하여 순수한 자아를 이룩하고, 나아가 도를 행하고자 하였다. 이런 순정하고 순일한 실천과 죽음마저 초월하는 자세에는 강력한 종교적 특성이 내포되어 있다. 그 철저한 구도의식과 수양에는 어떤 것보다도 강한 종교적 특성이 배어 있다.[1] 더 나은 세상을 만들기 위해 기꺼이 순교하는 행위는 충분히 종교적이다. 하지만 유교가 종교인가에 대한 물음이 지금도 계속되는 이유는 한반도에 형성된 종교라는 개념어 탓이다.

조선시대에 종교란 단어는 없었다. 종교라는 단어는 15세기 유럽에서 처음 만들어졌다. 유럽에서는 종교전쟁으로 인한 피해를 줄이기 위해서 정치와 종교는 분리되어야 한다는 정교분리의 원칙하에 'religion'이란 단어를 만들었고 일본이 '宗敎(종교)'라는 한자어로 번역해서 대일 항쟁기(일제강점기)[2]에 조선에 사용하였다. 대일항쟁기에 종교는 학무국에서 담당했지만 유사종교는 경무국에서 담당했다. 즉 범죄자와 함께 다루어졌다. 한국에서 종교의 논의는 '종교' 개념을 만든 서구인들과 그것을 식민지 조선으로 가지고 온 일본인들과 그 전파 대상인 조선인들이 어울려 만들어낸 복합적인 시공간이 상정되어야 한다. 대일항쟁기에 종교란 단어는 다음과 같이 쓰인다. 1915년 8월 16일에 총독부령으로 공포된 〈포교규칙〉은 종교의 포교활동 전반에 걸쳐 조선 총독의 인가를 필수 조건으로 규정하여, 더욱 강력하게 종교 활동을 규제하고자 한 법령이다. 이 법령에 따라 포교방법, 포교관리자, 포교관리사무소에 관한 모든 사항은 조선총독의 인가를 받아야 했다. 〈포교규칙〉 제1조는 '본령에서 종교라 칭함은 신도(神道), 불교(佛敎), 기독교(基督敎)

---

1 이상성, 「조선성리학의 절의정신과 종교적 성격」, 『한국유학사상대계 X-종교사상편』 (경북: 국학진흥원, 2010) 256쪽.
2 '대일항쟁기'와 '일제강점기'라는 단어의 사용은 이 시기 무엇을 드러내야 하는가의 차이이다. 이 시기를 통해 한반도는 항쟁하는 방법을 뼛속까지 경험했다. 한국이 민주주의를 세계사적으로 가장 빠르게 이루어 낸 것은 이러한 바탕이 있기에 의로움을 위해 죽음으로 맞서 싸웠던 것이다. 이후는 일제강점기를 모두 대일항쟁기라고 표기한다.

를 위(謂)함'[3]이다. 신도란 일본의 천황을 신으로 믿는 종교이다. 종교에 불교가 포함된 반면에 유교는 종교가 아닌 것으로 취급되어 배제되었다. 유교는 종교가 아니라 학사(學事)의 영역으로 다루었다. 1911년 유교계 종교단체인 태극교 신자가 총독부에 향교가 종교 시설이므로 유림에 돌려줘야 한다는 청원을 했을 때, 총독부가 거절하면서 향교[4]를 교육시설이라고 주장한 것도 이런 태도에 기인한다.[5] 조선에서는 종교와 쌍을 이루는 단어로 '도덕(道德)'이라는 개념이 사용되었다.[6] 조상님을 살아계신 듯 식사를 대접하는 제사라는 예배형식이 보편화 되었으며, 조상의 최고신을 '상제'라고 불렀다.

종교란 단어는 정교분리를 위해 창안된 단어이다. 유럽에서 종교로 인해 전쟁이 일어났기에 그에 대한 대안적인 제도로 만들어진 것이다. 그러나 한반도에서는 종교로 인해 전쟁이 일어난 일이 없다. 지금도 한국은 종교의 백화점이라고 말할 수 있을 정도로 여러 종교들이 공존하고 있다. 종교전쟁을 경험한 적 없는 한반도에 일제에 의해서 종교란 개념이 통치의 편의를 위해 도입되어 쓰인 것이다. 조선의 국교는 유교로 정교일치의 사회였다.

유교는 공자, 주희, 퇴계를 신으로 상정하지 않는다. 한 인간으로, 그리고 그들을 스승으로 섬기며 그 가르침을 따르는 교(敎)의 전통만이 있을 뿐이다. 유교는 속(俗)을 성(聖)으로 사는 종교이기에 문화적 기능을 했지 지금의 종교 체제를 갖추지 않았다. 여기서 종교체제란 교주, 교리, 신도를 구분하

---

3 『조선총독부관보』, 1915.8.16, 조선총독부기록문(http://www.dlibrary.go.kr)
4 조선시대 향교는 국립학교이고, 서원은 사립학교다. 모든 교과목은 유교경전을 가르쳤다.
5 장석만, 「일제시대 종교 개념의 편성」, 『종교와 식민지 근대』 (서울: 책과함께, 2013) 80-91쪽.
6 이소마에 준이치, 「식민지 조선과 종교 개념에 관한 담론 편성」, 『종교와 식민지 근대』 (서울: 책과함께, 2013) 217쪽.

여 갖추고 제도화한 것이다. 한국이 종교의 백화점이 되어 있는 상황에서도 종교로 인한 분쟁이 일어나지 않는 이유는 아마도 내 부모가 귀하면 남의 부모도 귀하다는 유교적 문화에 기인한다.

대일항쟁기에는 정치와 종교의 분리가 문명사회의 '원칙'으로 고착되고 이미 헤게모니를 장악했다. 이러한 상황에서 정치와 종교가 정면충돌한 것이 3·1운동이다. 이런 면에서 3·1운동은 정교분리 원칙에 대한 정면 도전이라고 할 만하다.[7]

2. 심산의 사상적 배경

1910년 '한일 합방'이 발표되자 많은 유학자들은 전 재산을 팔아 국외에 독립운동 기지를 만들었다. 1910년대에 국외 독립운동 및 독립군 기지는 러시아와 만주의 국경지대인 홍개호(興凱湖) 부근에 있는 봉밀산(蜂密山), 만주 북간도 왕청현(旺清縣)에 위치한 라자구(囉子溝) 등지에도 세워졌고, 러시아의 블라디보스토크에서 조직된 권업회(勸業會), 북간도의 간민회(墾民會) 등이 있었다. 하지만 서간도의 신흥무관학교(新興武官學校)가 가장 널리 알려졌다.[8] 그리고 국내에도 많은 유학자들이 독립운동에 삶을 바쳤다. 일일이 다 드러내지 못하는 점을 송구스럽게 생각한다. 이 논문에서는 심산 김창숙(心山 金昌淑, 1879-1962)의 삶을 위주로 유교의 독립운동을 밝히려 한다.

---

7 장석만, 「3·1운동에서 종교는 무엇인가」, 『1919년 3월 1일에 묻다』 (서울: 성균관대 출판부, 2009) 205쪽.
8 서중석, 『신흥무관학교와 망명자들』 (서울: 역사비평사, 2001), 21쪽.

1) 퇴계학의 주리론

심산 김창숙은 한주학파(寒洲學派)에 많은 영향을 받았다. "19세기 후반기에 영남의 한주 이진상(寒洲 李震相, 1818~1886)을 중심으로 학파가 형성되었으니 이것이 한주학파이다. 한주는 이기설(理氣說)에 있어서 주리론(主理論)을 절정에 끌어올린 영남학파 말기의 학자로서 그 학문적 연원을 한국 성리학의 종장인 퇴계 이황(退溪 李滉, 1501~1570)에다 두고 있다."[9] 먼저 심산 사상의 근본 바탕인 주리론의 연원이 되는 퇴계의 사상을 살펴본다.

1398년 조선의 건립은 오늘날의 촛불과 비슷한 혁명 정신을 배경으로 하는 사건이었다. 그리고 그 혁명 정신은 유교적 가치관에서 유래한 것이다. 그 시대 유교적 가치관의 핵심은 한마디로 '민본' 두 글자였다. '백성이 근본이 되는 사회'를 만들자는 것이 조선의 시작이었다. 불교를 국교로 했던 고려의 관습에서 벗어나 사회를 유교화하는 데는 시간이 필요했다. 다시 말해 유교가 한국적인 문화로 정착하는 데 시간이 많이 걸렸다. 이를테면 오늘날 한국이 민주주의를 택했지만 진정한 민주주의는 수많은 사람들의 희생으로 성취된 것과 같은 경우이다. 퇴계가 살던 15세기에 사화가 네 번 있었는데 이것이 바로 그 정착의 어려움을 보여주는 상징적인 사건이었다. 기득권을 차지하고 있었던 훈구파가 유교적 혁신을 받아들이지 못해 사화를 불러 왔다. '민본'이란 가치를 내걸었지만 이러한 시도를 감행했던 정치인들은 가족의 몰살과 친인척의 노비화를 면하지 못했다. 퇴계는 19세 되던 해에 기묘사화를 경험한다. 그리고 이후로 두 번의 사화가 더 일어난다. 퇴계를 역사적인

---

9   河謙鎭, 『東儒學案』, 87쪽.

상황에서 자리매김해 보자면 정치적 긴장감 속에서 어떻게 하면 사화를 종식시킬 수 있을까를 늘 고민하던 유학자이다. 그리고 그 방법으로서 지식인을 널리 양성해야 한다고 여겼다. 조선시대 향교는 국립학교였다. 하지만 퇴계 이후 사립학교인 서원이 급격하게 늘어나는데, 퇴계와 그의 제자들이 건립에 관여한 것만 전국에 18개 이를 정도이다.[10] 뿐만 아니라 공동체의식의 고양도 퇴계는 중요시하였다. 퇴계가 지은 「향립약조」가 그것을 보여준다. 고을의 향약을 통해서 공동체의 풍속을 아름답게 이끌어가고자 하였다.

한국 유교에서 『대학』은 대단히 중요한 텍스트였다. 왜냐하면 나와 타자의 관계를 어떻게 설정할 것인가를 다룬 책이기 때문이다. 이 책의 핵심 내용은 삼강령이라고 할 수 있는데, 명명덕(明明德), 신민(新民), 지선(至善)이 삼강령이다. 명명덕은 나에 관한 것이고 신민은 타자에 대한 것이고 지선이란 나와 타자 모두에게 가장 좋은 상태라고 말할 수 있다. 즉 『대학』에서 추구하려는 목표는 나와 타자가 가장 좋은 상태를 유지하는 것이 인간이 추구할 수 있는 최고의 행복임을 밝힌 것이다. 그렇다고 상대에게 무조건 맞추는 것이 아니다. 명명덕(明明德)이란 나에게 있는 것으로, 그만큼만 타자와 함께하면 된다. 그래서 최고의 지선(至善)에 편안히 머무르면 되는 것이다. 퇴계는 사화가 종식되기 위해서는 지식인이 자신의 명덕으로 신민한 백성과 함께 지선하는 세계를 이상으로 그렸다. 또 그 바람으로 자신의 삶을 구현해냈다. 퇴계가 중시한 '나'는 다음과 같다.

나 여(予)와 나 오(吾)는 곧 '나(我)'이다. 자공(子貢)이 말한 "다른 사람이 나에

---

10 졸고, 『퇴계의 천관을 중심으로 한 성리설 연구』, 성균관대학교 박사학위 논문, 2015, 112쪽.

게 하기를 원하지 않는 것을 나 역시 다른 사람에게 하지 않고자 한다"에서
의 나(我)와 나 오(吾)는 마찬가지로 모두 공(公)적인 '나(我)'이다. 공자가 네
가지를 하지 말라고 했던 무의(毋意:의도하지 말고), 무필(毋必:기필하지 말고), 무고
(毋固:고집하지 말고), 무아(毋我:나를 없애라)의 아자(我字)는 사(私)적인 '나(我)'이다.
공자가 말한 "자신이 서고 싶으면 다른 사람을 세워 주어야 한다."의 기자
(己字)는 공(公)적인 나(己)이다. 안회에게 말한 '극기복례(克己復禮:나를 극복해 예
를 회복한다)'의 기자(己字)는 사(私)적인 '나(己)'이다.[11]

『대학』에서 명명덕이란 하늘이 나에게 부여해 준 밝은 덕을 밝히는 일이
다. 명덕은 '나'의 일이다. 그리고 이 '나'는 늘 '타자'와 만나는 나이다. 그렇
기에 '나'에도 두 가지 '나'가 있다. '사적인 나'와 '공적인 나'이다. 퇴계는 사
적인 나를 누르고 공적인 나가 되어야만 타자와 함께 지극한 좋음[至善]에 머
무를 수 있다고 말한다. 퇴계는 "내가 있다는 사사로움을 깨고 내가 없다는
공심을 확충하면 곧 남과 나의 간격이 없어져 천지가 한 집안이 되고 온 나
라가 한 사람이 되어 다른 사람들의 모든 아픔이 진실로 내 몸에 절실하여
사랑하는 방법이 얻어진다."[12]고 하였다. 그리고 퇴계는 공공(公共)한 태도를
임종 때까지 삶으로 보여주신 분이다. 퇴계의 이러한 삶의 자세는 조선 유
학의 학문적 기초가 되어서 독립운동 열사들의 사상적 기반이 되었다.

---

11 『退溪先生文集』券七,「西銘考證講議」: 予吾卽我也與子貢所謂不欲人之加諸我也, 吾
亦欲無加諸人之我字吾字同皆公也, 而子絶四, 毋意毋必毋固毋我之我字也, 夫子所謂
己欲立而立人之己字公也, 而顔子克己復禮之己字私也.
12 『退溪先生文集』券七,「西銘考證講議」: 吾與天地萬物, 其理本一之故狀出仁體, 因以
破有我之私, 廓其找之公, 便其融化同徹, 物我無間, 一毫私意, 無所容於其間, 可以見天
地爲一家, 中國爲一人, 痒痾疾痛眞切吾身. 頑然如石之心而仁道得矣.

2) 심산의 스승 대계 이승희

심산은 '공공(公共)한 나'가 어떠해야 하는지를 늘 고민하고 또 그 고민을 현실로 살아 내었다. 조선시대에 도끼를 옆에 두고 목숨을 바쳐서라도 상소를 올렸던[持斧上疏] 그 선비정신의 배경에는 스승과 함께한 시간이 있다.

심산은 1905년 을사늑약이 체결되고 스승 이대계와 뜻을 함께하여, 을사오적의 목을 벨 것을 상소하였다.

> 나는 대계 선생을 따라 대궐 앞에 나아가서 이완용, 이지용, 박제순, 이근택, 권중현 등 다섯 역적을 참하기를 청하는 소장을 올렸으나 회보가 없으므로 통곡하고서 돌아왔다.[13]

대계(大溪) 이승희(李承熙, 1847~1916)는 이진상의 아들로 어렸을 때부터 기학(氣學)과 양학(洋學)이 만연한 시대를 치유하고 개항 이후 외세의 침략을 극복하기 위해 힘썼다. 대계는 '을사오적을 참하시고 을사늑약을 폐기하소서'란 이 상소를 올린 일로 인해 감옥 생활을 한다. 출옥 후에는 일본에 대한 국채보상을 위한 운동단체인 국채보상단연회 회장이 되어 각지에 통문을 보내 국권 회복을 위한 국채보상운동 동참을 호소하였다. 1908년 독립을 위해 러시아로 망명하여 중국등지에서 독립운동을 하였다. 1913년 동삼성한인공교회(東三省韓人孔敎會)를 창립하였다. 1916년 세상을 떠날 때 "나는 나라가 광복이 되어야 돌아갈 것이다. 그렇지 않으면 너희들이 나의 시신을 모셔갈 수

---

13 『心山遺稿』(國史編纂委員會.1973),「躄翁七十年回想記 上篇」: 翁從大溪先生詣闕下, 上疏請斬李完用李址鎔朴齊純李根澤權重顯五賊等, 不報, 痛哭而歸.

는 있겠지만 나의 혼은 돌아가지 않겠다."[14]라고 하였다. 심산은 스승의 이러한 삶을 그대로 함께했다.

일제는 1904년 조선의 경제를 파탄에 빠뜨려 일본에 예속시키기 위한 방법으로 일본에서 거액의 차관을 들여왔다. 차관의 폐해를 절감한 국내 인사들이 '금연동맹회'를 창설하고 국채를 상환하기 위하여 모금 운동을 벌였다. 여성들은 금은패물을 모아 국채보상금으로 바치고 기생들도 애국부인회를 만들어 의연금 모금에 동참하였다. 단연(斷煙)과 단주(斷酒)운동은 성공적으로 진행되었지만, 일제의 방해 공작으로 좌절되고 말았다. 그 당시 심산이 지은 시이다.

> 많은 옛 성인들 서로 전해온 진리의 요체
> 오직 마음 심(心) 한 글자에 있었기에
> 근원 찾아 천리를 주로 하는(主理) 깊은 경지 열어놓았건만
> 슬프다 세상의 배우는 이들 모두 길을 잃어
> 큰 근본을 오로지 기(氣) 쪽에서 찾는구나.[15]

'금연동맹회' 좌절 이후 1907년 대한협회에 동참하였다. 대한협회는 남궁억, 신채호, 이윤영 등을 필진으로 하는 기관지 『대한협회회보』를 발행하였다. 심산은 대한협회 성주지회 총무를 맡아 애국계몽운동을 전개하였다. 1910년 심산은 단연회의 모금처리회에 성주군 대표로 참석하였다.[16] 국채를

---

14 권오영이 쓰고 국가보훈처 공훈심사과에서 제공한 글이다.
15 『心山遺稿』卷1.
16 김삼웅, 『심산 김창숙 평전』(서울: 시대의 창, 2006) 84-87쪽 참조.

상환하지 못할 바에는 기금을 차라리 육영사업에 쓰자고 주장하였다. 그렇게 해서 세워진 학교가 성명(聖明)학교이다. 성명학교는 서당식 교육이 아니라 신학문을 가르치는 곳이다. 이에 유생들의 반대가 심했으나 심산은 뜻을 굽히지 않았다.

1907년 대한제국 군대가 강제로 해산 당하자 군인들이 속속 합류했다. 『한국독립운동지혈사』의 박은식에 따르면 "의병이란 것은 민군(民軍)이다." 그것은 나라가 위급할 때 '의(義)로써 분기하'는 사람들인데, 이 의병은 우리 민족에게 오래된 전통이고, 일본이 대한제국을 합병하기 까지 '2개 사단의 병력을 출동하여 7, 8년간 전쟁을 한 것도 의병의 저항이 있었기 때문'이라고 서술한다. 1906년 이후 무장한 의병 피살자가 거의 10여만 명이었고 전라도가 가장 많았다[17]고 한다. 민간인이 의병으로 자신의 생명을 바칠 수 있었던 이유는 인간 삶의 '공(公/義)'을 강조하고, 사적 이익의 추구를 배격하는 일의 근거와 실천을 '궁극[天]'과 '초월'(理/性)과[18]의 연결 속에서 찾아내고 내면화한 유교의 덕이다. 이를테면 생명의 위기 앞에서도 천리(天理)를 택하여 살아야 한다는 유교에 교육되고 교양된 주체가 국망의 위기에 필연적으로 선택한 것이 의병이었다.

---

17 박은식, 박은식, 남만성 옮김, 『한국독립운동지혈사(상)』 (서문당, 1999), 149쪽.
18 이은선, 「3·1운동정신에서의 유교(대종교)와 기독교-21세기 동북아 평화를 위한 의미와 시사」, 3·1운동백주년기념 국제추계학술대회, 한국종교교육학회, 생명문화연구소 주최, 2018.

3. 유교적 맥락에서 3 · 1운동의 배경

기미년에 발표된 최초의 독립선언서는 '무오독립선언서'이다. 1919년 2월 1일 만주와 연해주 및 중국, 미국 등 해외에서 활동 중인 독립 운동가 39명 명의로 독립선언서가 발표됐다. 이때가 음력으로 무오년인 1918년 11월(양1919.2.1)이었기에 '무오독립선언'으로 불린다. 제1차 세계대전 종전에 맞춰 조국 독립을 요구한 이 선언서는 세계 각지의 민족대표 39인이 이름을 올린 명실상부 국가대표 독립선언이다. 이 독립선언서에는 김교헌(金敎獻)·김동삼(金東三)·조용은(趙鏞殷)·신규식(申圭植)·정재관(鄭在寬)·여준(呂準)·이범윤(李範允)·박은식(朴殷植)·박찬익(朴贊翼)·이시영(李始榮)·이상룡(李相龍)·윤세복(尹世復)·문창범(文昌範)·이동녕(李東寧)·신채호(申采浩)·허혁(許爀)·이세영(李世永)·유동열(柳東說)·이광(李光)·안정근(安定根)·김좌진(金佐鎭)·김학만(金學滿)·이대위(李大爲)·손일민(孫一民)·최병학(崔炳學)·박용만(朴容萬)·임방(林빙)·김규식(金奎植)·이승만(李承晩)·조욱(曺煜)·김약연(金躍淵)·이종탁(李鍾倬)·이동휘(李東輝)·한흥(韓興)·이탁(李沰)·황상규(黃尙奎)·이봉우(李奉雨)·박성태(朴性泰)·안창호(安昌浩) 등이 서명하였다. 만주 지린에서의 무오독립선언 직후 일본 도쿄에서는 2·8 독립선언이 발표됐고 곧이어 국내에서 '기미독립선언'과 함께 전국적인 3·1운동이 일어났다. 3·1운동의 저변에는 유교적 세계관이 깊고 넓게 깔려 있다.

1) 고종의 인산과 3·1운동

3·1운동이 일어나기 보름 전 1919년 1월 21일 고종이 갑자기 서거하는 사건이 벌어졌다. 일본은 뇌일혈에 의한 사망이라고 발표했으나 이를 곧

이곧대로 믿는 사람은 없었다. 급기야 독살설이 유포되기 시작했고, 고종에 대한 애도는 일본의 식민지 통치에 대한 불만으로 자연스럽게 연결됐다. 1919년 3월 3일 고종의 인산(因山: 조선 시대, 太上王과 그 妃, 왕과 왕비, 왕세자와 그 嬪, 王世孫과 그 빈의 장례)을 기해 전국에서 수많은 유림들과 유력인사들이 대거 상경하기로 되어 있었다.[19] 다음은 천도구국단(天道救國團)을 이끄는 이종일(1858 ~1925)의 일기이다.

> 어제(1월 21일) 고종이 일본에 의해 독살 당했다. 이것은 무엇보다도 대한인의 울분을 터뜨리게 하는 일대 요건이 아닐 수 없다. 우리의 민중시위 구국운동은 이제 진정한 민중으로 성숙될 것이다. 왜냐하면 그동안 몇몇 국민을 만나니 전부 고종 황제 독살 건으로 격분, 절치부심하고 있기 때문이다. 이제야말로 우리의 숙원이던 민족주의 민중운동은 본격화될 것이다. 이 운동에 아니 참여할 자 있겠는가.[20]

1919년 1월 총 616자로 발표된 격고문의 내용은 이러했다.

> 우리 고종 황제의 서거 원인을 알고 있습니까, 모르고 있습니까. 평소 건강하시옵고 또 병환의 소식이 없었는데 평일 밤 궁전에서 갑자기 서거하시니 이 어찌 상식적인 이치이겠습니까.…황제의 식사를 받드는 두 명의 궁녀에게 부탁해 밤에 황제가 드시는 식혜에 독약을 섞어 잡수시게 드리니 이를 드신 황제의 옥체가 갑자기 물과 같이 연하게 되고 뇌가 함께 파열하셨으

---

19 3·1문화재단, 『이 땅의 젊은이들을 위한 3·1운동 새로 읽기』 (예지, 2012), 68쪽.
20 『묵암비망록』 1919년 1월 22일.

며 구규(九竅·인체 내 9개의 구멍)에 피가 용솟음치더니 곧 세상을 떠나셨소이다.[21]

격고문은 일제의 간계에 의해 고종이 독살됐다고 명시했다. 일제가 파리강화회의에 '한국 민족은 일본의 어진 정치에 기쁜 마음으로 순종하여 갈라져서 따로 서는 것을 원치 않는다'는 증명서를 제출하기 위해 고종에게 승인을 강요했으나, 고종이 이를 거부하자 죽였다는 것이다. 그러면서 오늘날은 세계가 개조하고 망한 나라가 부활하는 좋은 기회이므로 2천만 동포가 봉기하고 궐기하자고 독려했다.

3월 1일 당시 경성은 이틀 후인 3월 3일 예정된 고종황제의 인산(因山) 참관차 모여든 사람들로 인해 홍역을 치르고 있었다. 전국 각지에서 출발한 경성행 임시열차가 속속 도착했고, 남대문역(서울역) 출구로는 인파가 폭포수처럼 쏟아져 나왔다. 이미 200여 개의 경성 여관들은 초만원이었다. 숙소를 잡지 못한 지방 사람들은 연줄이 닿는 친지나 하숙집을 찾았고, 대부분의 경성 사람들은 손님 접대로 정신을 차릴 수 없을 지경이었다. 그마저 구하지 못한 사람들은 아예 도로에서 노숙까지 했다.[22]

3·1운동이 기독교, 불교, 천도교 대표들을 중심으로 기획되는 것과 별개로 3·1운동의 동력은 이미 고종에 대한 백성의 마음, 그리고 국왕(황제)에 대한 의리를 다하고자 하는 유생들의 심중에서 형성되고 있었다. 나아가 기독교, 불교, 천도교 대표들이 3월 3일을 전후로 만세시위를 벌이기로 한 것

---

21 〈동아일보〉 2018년 4월 14일자: ['고종 독살'정보에 격분한 이종일·손병희, 거국적 봉기 결의](안영배 기자).
22 이희승, 「내가 겪은 3·1운동」, 『3·1운동50주년기념논집』, 동아일보사, 1969.

도 바로 이렇게 형성된 심성의 기반을 십분 활용하기 위한 것이었다. 멀리 민족자결주의나 가까이의 무오독립선언과 2·8독립선언이 3·1운동의 외적인 조건이며, 종교계의 준비가 내적인 조건이었다면, 유교적 전통과 저변은 3·1운동의 근본적인 조건이었다.

2) 3·1운동 이후 유림

1919년 3월 1일에 민족대표 33인이 독립선언서를 발표했다. 여기에 유교(유림) 대표가 없었던 이유는 민족대표를 모으면서 유교측은 교섭하기에 거리가 멀어 시일이 지연될 것을 우려하여 이후 여타의 단체에 대한 교섭을 하지 않기로 의견의 일치를 보았기 때문이다. 이에 관해 손병희는 이종일·오세창 등에게 다음과 같이 말했다.

왜 유림의 곽종석이나 김창숙 등과는 사전에 긴밀히 연락하지 않았는가. 그들 역시 위정척사사상에 핵심적인 의미를 터득하고 있는 뛰어난 인사가 아니겠느냐. 속히 사람을 은밀히 보내 손을 잡고 기독교·불교와 함께 민중혁명을 성공리에 달성해야만 우리의 보국안민 정신이 크게 선양되어 국권을 다시 찾게 되는 게 아니겠느냐.[23]

기획과 조직 단계에서 참여하지 못하였음에도 불구하고, 유교인은 실제 3·1운동이 전국적으로 확대·발전하는 데 큰 기여를 했다. 거기에는 한국

---

23 이현희, 『3·1혁명, 그 진실을 밝힌다』 (신인간사), 209쪽.

사회에서 유교(인)만이 감당할 수 있는 역사적, 사상적 조건이 개재(介在)한다. 그런데 일본의 정책에 의해 특별히 종교로 취급되지 못했던 당시 관리 체제에 의해, 3·1운동에 참여했던 피검 유교인의 재판기록 서류의 종교란에는 무종교로 표시되었다. 이를 그대로 인용하는 독립운동사 서술은 유교계의 3·1운동 참여를 간과하기 마련이다. 『3·1운동재판기록』을 세밀히 분석하여 공소장에서 유교적 성격을 드러낸 인물들을 전수 조사한 남부희의 연구에 따르면, 재판기록이 남아 있는 전체 3·1운동 관련 기소자 6,000여 명 가운데 유교인은 207명으로서 전체의 3.5퍼센트에 달했다.[24] 이들의 참여 동기는 복합적이었을 것인데, 정세적으로는 민족자결주의와 민족대표의 독립선언 등의 영향이 핵심인 가운데, 고종의 승하에 따른 민족 정서의 앙양 분위기도 작용했다. 유교인들은 스스로 결의하여 지역의 대중들을 결집해 나가는 방식으로 운동에 참여했으면서도 종교 표시를 하지 않은 경우가 대부분이었다. 지방으로 갈수록 전통 유교의 영향과 가문의 결속력이 컸으므로 유림 주도의 만세 시위 참여자들의 절대 다수가 유교적 배경에 따라 참여했다고 추론할 수 있다.[25]

조선에서 민족이라 함은 관계 중심의 세계관이다. 관계중심은 유교적 보편성에서 형성된 가치이다. 다시 말해 조선에서의 민족은 독일식의 특수한 민족이 아니다. 미야지마는 "조선에 있어서는 민족주의에 앞서 문명주의라는 것이 존재했었으며 근대 이후의 민족주의도 문명주의적 색채를 강하게

---

24 남부희의 연구에 따르면 3·1운동에 참여한 유교인은 '농업', '서당'을 직업으로 표기한 경우가 대부분이었다. 시기상으로는, 3·1운동 초기에는 '서당' 출신들이 주도했고, 중기 이후로 갈수록 '농업' 표기 인물들이 가세한 것으로 분석되었다. 경북 영주의 3·1운동에는 평민층 유교인의 참여가 활발했다.
25 이황직, 『군자들의 행진』(경기도: 아카넷, 2017), 188-189쪽.

띠게 되었다."[26]고 하였다. 여기서 문명주의적이라 함은 민족이란 공동체 정신을 말한다. 3·1운동을 민족의 문제로 본 천도교나 개신교의 신자들에게 종교의 차이는 문제되지 않았다. 천도교의 대표 최린은 "3·1운동은 종교상의 문제가 아니고, 조선 민족 전체의 일이기 때문에 비록 종교가 다르다 하더라도 지장이 없다."[27]고 경성지방법원 심문에서 말하였다.[28] 그리고 개신교와 천도교를 각각 대표하는 이인환(이승훈)과 최린의 1919년 2월 21일 회합에서 "이번의 일은 종교 문제가 아니고, (민족)국가 문제에 속한다."[29]는 대화 내용은 이런 점을 잘 보여준다.[30] 3·1운동은 종교와 함께 종교를 넘어 조선의 민족주의가 문명적 보편성으로 선명하게 드러나는 사건이었다.

4. 유림단의거(儒林團義擧)

1) 제1차 유림단의거

1919년 2월 김창숙은 지기인 벽서 성태영으로부터 편지 한 통을 받았다. 편지는 "광무 황제의 인산을 3월 3일에 거행하는데 국내 인사가 모 사건을 그때에 거행할 작정이다. 시기가 이미 성숙했으니 자네도 즉일로 서울에 와

---

26 미야지마 히로시, 「민족주의와 문명주의-3·1운동에 대한 새로운 이해를 위하여」, 『1919년 3월 1일에 묻다』 (서울: 성균관대학교 출판부, 2009), 54쪽 참조.
27 「최린 신문조서(제3회)」, 『한민족독립운동사자료집 11: 삼일운동 I 』, 21쪽.
28 위의 책, 156쪽.
29 박은식, 「한국통사」(1915), 『박은식 전서 상(上)』 (서울: 단국대학교, 1975), 24쪽.
30 장석만, 앞의 책, 209쪽.

서, 시기를 놓쳐 미치지 못하는 후회를 남기지 말라"는 내용이었다. 그런데 그때 마침 김창숙의 어머니가 병석에 계셨으므로 곁을 떠나지 못하다가 그믐께에 이르러 서울에 올라오니 「독립선언서」에 서명할 민족대표는 이미 선정된 연후였다. 이렇게 하여 그는 민족대표로 참여할 기회를 잃은 것이다. 김창숙은 「3·1독립선언서」를 읽으면서 통곡하였다.

> 우리나라는 유교의 나라다. 진실로 나라가 망한 원인을 궁구한다면 바로 이 유교가 먼저 망하자 나라도 따라 망한 것이다. 지금 광복운동을 인도하는 데에 오직 세 교파가 주장하고 소위 유교는 한 사람도 참여하지 않았다. 세상에 유교를 꾸짖는 자는 "쓸데없는 유사, 썩은 유사는 더불어 일하기에 부족하다" 할 것이다. 우리들이 이런 나쁜 명목을 덮어 썼으니 무엇이 이보다 더 부끄럽겠는가?[31]

심산은 유교인이 한 명도 참석하지 않음을 한탄스럽게 생각하면서 어떻게 유교인이 3·1운동에 힘을 보탤 수 있는지를 고민했다.

> 지금 손병희 등이 이미 독립선언문을 발표해서 국민을 고취했으나 나만 국제운동기관이 있다는 것은 듣지 못했다. 손병희 등과 더불어 서로 호응해서 파리평화회의에 대표를 파견하여 열국 대표에게 소청하여 공의를 크게 펼쳐 우리의 독립을 인정토록 한다면, 우리들 유림도 광복운동의 선구가 되어 부끄러움이 없을 것이다.[32]

---

31 「자서전」(상), 『김창숙문존』(성균관대출판부, 2002), 272쪽.
32 『心山遺稿』卷4, 「躄翁七十三年回想記(上編)」, 309面. "今孫哭熙等, 旣發宣言, 鼓吹國

심산은 전국 유림의 뜻을 모아서 파리 평화회의에 대표를 파견하고 청원서(請願書)를 제출하여 국제사회에 우리나라 독립 문제를 공론화시키고자 하였다. 그리하여 곽윤(郭奫, 1881-1927)과 김황(金榥, 1896-1978)을 만나 전말을 알리고, 곽종석(郭鍾錫, 1846-1919)에게 가서 보고하여 파리 평화회의에 보낼 청원서를 준비하도록 하였다. 이후 심산은 거창의 곽종석을 찾아가 '파리장서' 집필을 요청하였다. 곽종석은 당시에 병석에 있어서 우선 장석영(張錫英, 1851-1926)에게 파리장서 초고 집필을 부탁하였고, 이후에 이것을 기초로 수정본 파리장서를 완성하였다. 그 후 심산은 김복한(金福漢, 1860-1924) 등의 기호유림과 접촉하였다. 의병운동을 주도한 호서 지방의 기호유림인 전 승지 김복한과 의병에 참여했던 김덕진, 안병찬, 김봉제, 임한주, 전양진, 최중식 등이 중심이 되었다. 호서와 영남은 각자 준비했던 파리장서를 통합하기로 하고 곽종석이 수정한 파리장서를 유림 단일안으로 채택하였다.

유림의 대표로 심산이 '파리장서'를 가지고 출국하기로 했다. 그 당시 심산의 어머니는 봉양할 만한 형제가 없는 상태에서 몸이 불편하셨다. 하지만 망설이는 심산에게 어머니는 말하였다. "네가 이미 나라 일에 몸을 허락하였으니 늙은 어미를 생각하지 말고 힘쓰라. 네가 지금 천하 일을 경영하면서 어찌 가정을 잊지 못하느냐?"[33]라고 단호히 꾸짖었다고 한다. 그리하여 심산은 1919년 3월 23일에 출국하여 3월 27일에 상해에 도착했다. 영남·기호 유림 137명을 확정·기록하였다.[34]

人, 而但未聞有國際運動機關. 與孫秉熙等, 互相呼應, 派遣代表於巴里平和會, 訴請於列國代表, 使之恢張公議, 認我獨立, 則吾等儒林, 不愧爲光復運動之先驅矣."

33 「어머님 무덤 앞에 고하는 글」, 『김창숙문존』 (성균관대출판부, 2002), 156-157쪽.

34 『心山遺稿』 卷4, 「躄翁七十三年回想記(上編)」. 313-314面 : 一日, 今有湖西人林敬鎬錫厚者, 携畿湖儒林領袖志山金福漢先生以下十七人聯署之抵巴里和會書入京, … 翁口可

심산은 1919년 3월 23일에 출국하여 3월 27일에 상해에 도착했다. 그러나 이시영(李始榮,1869-1953), 조성환(曺成煥, 1875-1948), 손진형(孫晉衡, 1871-1919), 신규식(申圭植, 1879-1922), 신채호(申采浩, 1880-1936)와 만나 논의하면서, 이미 김규식(金奎植,1881-1950)이 민족대표로 파리로 특파되었다는 소식을 듣게 되었다. 그 후 심산은 주위와 상의하여 파리장서를 영어로 번역·인쇄하여 우편으로 김규식에게 보내는 한편 각국 대사, 공관, 영사관 및 중국의 정계 요인과 해외 동포가 살고 있는 항구에 모두 보내기로 하였다.[35] 그리고 국내의 향교와 유림들에게 우송하였다. 이후 심산은 중국에 머물면서 본격적으로 독립운동을 하였다.

파리장서는 독립청원서이다. 작성 주체는 물론 유림 대표들이다. 장서 표제가 '유교도정파려평화회서(儒敎徒呈巴黎平和會書)'로 되어 있어, '유림'과 '유교도'를 같은 뜻으로 사용함을 알 수 있다. 보수성과 신분귀속성이 은연중 내포되어 있는 유림이라는 전통적 용어를 사실적으로 적시하되, 기독교와 천도교와 용어상 병렬 가능한 '유교'라는 개념을 사용하여 민족대표성을 높이고 또한 유교의 종교성을 강조했음을 읽어낼 수도 있다.[36]

심산이 3·1운동의 민족대표에 유림 대표가 참가하지 못했다는 것을 아쉬워하며 파리장서를 추진함으로써 각처의 유림들이 시위운동에 참가하게

取兩書, 精茄檢討, 從公議採其一如何? 咸曰善, 遂取兩書, 與諸公同爲檢討, 咸曰俛宇先生所著, 極其該明,無容更評. … 翁口, 書用俛翁所著, 名單則合而一之, 以俛翁爲首, 志翁次之, 如何? 林曰諾, 卽將兩名單合錄之, 總得一百三十七人.

35 『心山遺稿』卷4,「躄翁七十三年回想記(上編)」. 315-316面 : 至上海下車,是三月二十七日也, … 告以將赴巴里之意, 諸公曰, 我國臨時機關, 特派民族代表金奎植於巴里, 已於七八日前, 遂以俛翁所撰抵巴里書, 譯以西文, 俱付印刷, 由上海郵筒, 直投於巴里和會, 又轉致於各國大公使領事館及中國各政界要人, 并散布於海外各港市同胞所在之處.

36 이황직, 앞의 책, 197쪽.

되었지만, 나아가 파리장서가 기획됨으로써 3·1운동을 전 민족운동으로 발전시켰던 것을 간과해서는 안 된다.[37] 상해에서 발송된 파리장서가 국내에 배달되면서 서명자들에 대한 일대 검거가 일어나 수많은 유림들이 고난을 겪게 되었다. 이것이 이른바 '파리장서운동(巴里長書運動)' 혹은 '제1차 유림단의거(儒林團義擧)'라는 것이다.

2) 제2차 유림단의거

1919년 3·1운동을 계기로 하여 상해에는 군내외의 항일지사들이 속속 모여들었다. 앞에서 말한 대로 4월 11일[38]을 기해 대한민국 임시정부를 수립하여 내외에 선포하고, 본격적으로 민족해방 투쟁이 전개되었다. 심산은 경북을 대표하는 의정원 의원에 선출되어 임시정부 수립의 핵심적인 역할을 수행하였다. 임시정부 수립의 주체가 개신 유학 계열이었던 것도 심산이 임시정부 수립에 적극 참여하게 된 배경이 되었다.[39] 임시정부 초대 수반이던 이승만이 국제연맹의 위임통치를 주장하였기에 갓 출범한 통합 임시정부에서 이승만 대통령의 탄핵이 이루어졌다. 심산과 박은식, 신채호 등은 이승만의 처사를 매국 행위로 격렬하게 비판하였다. 그 결과 1919년 8월 심산과 신채호는 임시정부 위원직에서 해임되었다.

---

37 조동걸, 「심산 김창숙의 독립운동과 유지」, 『한국 근현대사의 이상과 형상』 (푸른역사, 2001), 74쪽.
38 임시정부 수립일은 오랫동안 4월 13일로 기념되어 왔으나 1919년 4월 11일에 '대한민국'이라는 국호가 제정되고 임시헌장 반포와 국무원 선임이 이루어졌다는 점을 근거로 하여, 임시정부 수립 100주년이 되는 2019년부터는 4월 11일로 기념일을 변경하기로 2018년 4월 확정 발표했다.
39 김삼웅, 앞의 책, 138쪽.

심산은 우당 이회영(友堂 李會榮, 1867-1932)과 만나서 앞으로의 독립운동 방향에 대해 논의한다. 바로 일본이 세력을 미치지 못하는 열하(熱河)나 차하르성(察哈爾省)의 황무지를 개간하여 경제적 기반을 구축하고 독립 기지를 만들어 장기적 측면에서 독립운동을 한다는 내용이었다. 그래서 전 외교총장 서겸(徐謙, 1871-1940)을 통해 풍옥상(馮玉祥, 1882-1948)과 접촉하고, 그를 통해 수원성(綏遠省)과 내몽골의 포두(包頭) 지역에 3만 정보(町步·1정보 : 3천평)의 땅을 사용할 수 있도록 허락받았다.[40] 1925년 심산은 서울에서 『면우문집』을 간행한다는 정보를 입수하고 국내로 들어와 독립군 양성소를 운영할 자금을 구하기로 계획한다. 8월에 중국에서 출발하여 국내로 들어왔다. 9월에 '신건동맹단(新建同盟團)'을 조직하여 독립운동 자금 모금과 친일 부호 척결을 도모하였다.[41] 신건동맹단의 총책임은 심산이었으며, 송우영(宋永祐), 김화식(金華植, 1902-1950)은 부책임을 맡고, 곽윤, 김황 등을 통해 영남 유림을 대상으로 자금을 모집하였다.[42] 그러나 8개월 동안 머물렀지만 계획했던 자금이 모이지 않았고 상황도 좋지 않았다. 그는 국내에서 모금했던 돈으로 청년결사대

---

40 『心山遺稿』卷4,「躄翁七十三年回想記(中編)」. 336-337面. 乙丑春, … 嘗與友堂,論獨立運動前道, 難以時月期其成就, 如得日本人勢力所不及之熱河察哈爾等處荒蕪可耕之地, 移植在滿同胞, 生聚敎訓, 養成實刀, 待時而動, 可爲今日吾輩之上計, 而今無其地, 又無其資奈何? … 明日與李偕往見徐, 言借地事, 徐曰中韓互助, 馮將軍之所深賛者, 況墾荒是中國政府素所歡迎者, 馮將軍必無不許之理, 吾當見馮力圖, 過數日, 又往見徐, 徐曰馮已慨然許之矣, 但熱河察哈爾, 無可適之地, 惟綏遠包頭等地, 有三萬町步可墾之區, 可隨宜取之也.

41 김현수,「김산 김창숙의 유교 인식과 독립운동의 전개」,『한국학논집』70, 2018, 143쪽.

42 『心山遺稿』卷4,「躄翁七十三年回想記(中編)」, 337-338面 : 聞國人士, 以例宇先生文集刊事, 多會於京城, 乃奮然曰, 此機不可失, 決意冒險自赴, 募集墾荒之資. 八月初, 翁自北京發, 向吉林之哈爾濱, 是陰六月下旬也. … 直赴京城, 寄書於宋永祐金華植促來, 金宋次第而至, 送金華植宋永祐於免翁集刊所, 請郭烈族叔金檄來, 俌述決死入國之意.

를 국내에 잠입시키기로 한다. 그러나 시시각각 조여 오는 일제의 감시망에 신변의 위협을 느낀 심산은 1926년 3월 15일에 부산을 출발하여 5월 말에 상해에 도착하였다. 8월 임시정부를 떠난 지 6년여 만에 다시 복귀하여 의정원 부의장의 중책을 맡게 되었다. 그러나 그 후에 심산이 유림들을 상대로 군자금을 걷어 간 사실을 알아낸 왜경이 관련 인사 손후익 등 600여 명을 무차별 구속하였다. 이것이 이른바 '제2차 유림단의거(儒林團義擧)'이다.[43]

5. 심산의 선비정신

1) 앉은뱅이가 되다

심산을 도와 군자금 모금에 앞장섰던 동지와 친인척이 모두 구속되어 혹독한 고문을 받고 옥살이를 하게 되었다. 여기에 그치지 않고 일제는 아들을 고문하여 죽이고 친지와 밀정까지 연통하여 '귀순'을 종용하였지만 실패로 돌아갔다. 하지만 1927년 6월 병원에 입원해 심산은 있던 중에 밀정에 의해 국내로 '압송'되었다.[44] 처음으로 가족과 면회가 허락되어 부인과 차남 찬기(燦基)가 감옥으로 찾아왔다. 헤이진 지 10년 만에 만난 부인과 아들이었다. 부인이 울며 "장차 집안 일을 어떻게 할 것인가." 하고 물었다. 심산은 "나는

43 『心山遺稿』 卷4, 「躄翁七十三年回想記(中編)」. 346面 : 見京城報紙, 盛傳自慶北警察部, 檢擧全國儒林孫厚翼金棍河章煥權相翊金憲植李棟欽棕欽金華植等六酉餘人, 以翁募款事之敗露也.

44 김삼웅, 앞의 책, 178쪽.

집안을 잊은 지 10년이오. 당신은 나에게 물을 것이 없소"[45]라고 대답하였다.

심산은 자신을 변호하겠다는 한국인 변호사들의 요청을 물리치며 다음과 같이 말했다.

> 내가 변호를 거절하는 것은 엄중한 대의다. 나는 대한 사람으로 일본 법률을 부인하는 사람이다. 일본 법률을 부인하면서 만약 일본 법률론자에게 변호를 위탁한다면 얼마나 대의에 모순되는 일인가? 군들은 마찬가지로 일본 법률론자다. 일본 법률로 대한인 김창숙을 변호하려면 자격이 갖추어지지 않은 것이다. 자격이 갖추어지지 않았으면서 억지로 변호하려는 것은 법률의 이론으로 또한 성립될 수 없을 것이다. 군은 무슨 말로 나를 변호하겠는가? 나는 포로다. 포로로서 구차하게 살려고 하는 것은 치욕이다.[46]

심산은 변호도 거부하고 14년 형을 받았다. 나석주 의사의 식산은행과 동양척식회사 폭탄투척 사건의 주동자로 인정하여 살인미수, 치안유지법 위반, 폭발물 취급령 위반 등의 죄목으로 14년 형을 선고한 것이다.[47] 심산은 심문 과정에서 당한 형언하기 어려운 고문으로 두 다리가 마비되고 하반신이 불구가 되었다. 앉은뱅이가 된 것이다. 여기에서 벽옹(躄翁)이라는 별명이 붙게 되었다. 심산은 투옥 7년째 되던 1934년 병보석으로 풀려나온다. 1940년 창씨개명의 명령이 내렸다. 하지만 심산은 마지막까지 창씨개명을 하지 않았다. 이 당시 심산의 시 몇 편을 소개한다.

---

45 김창숙, 「자서전」, 『김창숙문존』 (서울: 성균관대학교 출판부, 2002), 310쪽.
46 김창숙, 위의책, 356-357쪽.
47 김삼웅, 위의 책, 189쪽.

어지러운 시대에 이 한 몸 편안함이 급하다 하겠는가?
곤궁한 길에 의리 그르칠까 오히려 두렵구나.[48]

살아서 순하고 죽어서 편할진대 어찌 죽고 삶을 한탄하랴?
깊숙이 묻힌 채 상제(上帝)의 굽어보심 잊지 않으리.[49]

해외에 나간 일은 오로지 나라에 보답하려던 것
감옥에 오래 갇힘도 몸을 닦기에 어찌 해로울손가?
말을 삼가지 않아 세상에 어울리기 어렵지만
배움엔 의혹이 없어야 하니 신(神)에게까지 묻고자 한다.
세상이 바야흐로 한밤중에 묻혔으니
이제 누구를 쫓아 옛 도리를 말하리.[50]

첫 번째 시에서는 곤궁함 속에서 의리를 생각하는 심산의 정신이 빛난다. 두 번째 시에서는 현실 세계에서 육신의 살고 죽음보다 상제의 굽어보심을 믿는 자세가 보인다. 세 번째 시에서는 나라에 보답하려는 충정과 감옥 또한 수양의 장소로 삼았던 그의 결계가 있다. 정의와 공공(公共)을 위하는 길이 천리(天理)이니 이에 삶을 만족하는 태도가 보이는 시들이다.

심산이 해방을 맞은 것은 왜관 경찰서 감방에서였다. 1945년 8월 7일 왜관 경찰서에 구속되어 옥중에서 해방을 맞게 되었다. '건국동맹의 남한 책임

---

48 김창숙, 「잠 안 오는 밤에」, 위의 책, 52쪽.
49 김창숙, 「문득 떠오르는 생각」, 위의 책, 58쪽.
50 김창숙, 「서화담의 시에 차운함」, 위의 책, 68-69쪽.

자'로서 체포되어 수감된 것이다. 해방 다음날이 음력으로 7월 10일 신산의 생일이었다. 심산은 그때의 일을 "일가친지들이 많이 모여 잔치를 열어 술잔을 들고 만세를 부르며 즐겼다. 내가 세상에 나와 67년 만에 처음 맞는 거룩한 일이었다."[51]고 회고하였다.

2) 이승만 대통령 '하야'를 외치다

독립 이후 미군정 당국은 남한에서 군정을 실시하면서 대한민국 임시정부는 물론 어떠한 권력기관도 인정치 않았다. 모든 자치기구들을 강제로 해체시키고 일본의 식민지 통치기구를 그대로 존속시키면서 조선인 행정관리들을 인계받아 통치체제를 유지하였다. 심산은 귀국한 임시정부를 법통으로 하는 남북통일 정부의 수립을 원했다. 하지만 결국은 남한에서 단독선거를 통해 이승만이 초대 대통령이 된다. 심산은 둘로 갈라진 국토를 애석하게 생각하며 다음과 같은 글을 지었다.

남녘에는 이승만 북녘에는 김일성 이들이 건재하니 남북 싸움 그치지 않네. 남에는 유엔군 북에는 중소군 외군 철수 않으면 이 나라엔 평화 없으리. 아! 미소 양군이여! 당신들은 본래 명분도 없었으니 일찍 철수한다면 환호성이 천지를 진동하리. 슬프다 김일성이여! 혹시나 양심이 살아나 깊은 밤에 잠 못 이루거든 인민 구제할 생각 좀 해 보라. 슬프다 이승만이여! 총명한 재주는 타고났으니 혹시나 욕심 버리려고 노력하거든 나라 위해 좋

---

51 김창숙, 「자서전」(하), 위의 책, 324-325쪽.

은 일 좀 해보라. 내 이 노래 지어 그대들 격려하며 시험 삼아 보이노라.[52]

심산은 1951년 '이승만정권하야권고문'을 써서 발표한 일로 감옥 생활을 했고, 출옥하고 나서도 '반독재호헌구국투쟁위원회'를 결성하여 대회를 열었다. 이승만 세력은 깡패들을 동원해 대회 시작과 동시에 습격을 하였는데 심산은 그들이 던진 벽돌에 맞아 부상을 당했다. 그 상태로 또 40일간의 옥고를 치르게 된다. 이승만 대통령이 삼선 개헌을 통해 다시금 대통령에 취임하자 심산은 병든 몸을 이끌고 '대통령 삼선 취임에 일언을 진함'이라는 성명을 발표하였다.[53] 한국사에서 대통령의 하야를 외치는 최초의 발기자는 심산이었을 것이다. 그리고 그러한 힘은 우리 기억에 그대로 이어져 2016년 촛불혁명이 가능했을 것이다.

심산은 대체로 정계에 깊이 관여하지 않았고, 유림의 재조직과 그것을 발판으로 한 성균관·성균관대학의 설립으로 유교 이념에 입각한 교육의 실시에 힘을 기울였다. 1957년 성균관·성균관대학에서도 물러난 이후 심산은 서울에서 집 한 칸도 없이 궁핍한 생활 속에서 여관과 병원을 전전하다가 1962년 온 국민의 애도 속에 숨을 거두었다.[54] 심산은 청년시절 집안의 문서를 훔쳐 40여 명의 종들을 해방시켰다. 성주 일대에서는 청년 심산 선

---

52 『心山遺稿』卷1：南有李承晩, 北有金日成, 成晩尚健食南北不息爭, 南有國聯軍, 北有中蘇兵, 外軍不撤收, 我韓無和平. 呼成與晩! 同胞是弟兄, 兄弟本非仇, 胡爲箕豆烹. 嗚呼美若蘇! 爾兵本無名, 爾如早撤去, 天下動歡聲, 嗚呼金日成! 良心爾或萌, 中夜若無寐, 試思濟蒼生, 嗚呼李承晩! 爾才本聰明, 努力除欲障, 爲國造休禎. 我姑爲此歌, 勉爾試一呈.

53 이공찬, 「심산 김창숙의 赤心에 관한 연구」, 성균관대학교 박사학위논문, 2014, 110-113쪽 참조.

54 권기훈, 『심산 김창숙 연구』(서울: 선인, 2007), 25-26쪽 참조.

생이 노예 해방을 시켜준 분이라고 해서 아직도 당시의 이야기가 회자된다고 한다.[55] 심산에게는 옳음이 늘 현실을 이겨 왔다. 마지막 모습도 그는 하나도 가진 것 없이 빛나는 정신만을 남겨두었다.

심산의 독립운동과 투쟁 정신의 행동주의가 그 바탕을 유학 정신, 곧 의리사상에 두고 있다고 한다면 그의 현실관은 그 앞에 마주선 현실을 언제나 거듭 부정해 들어가는 데서 찾아볼 수 있다고 하겠다. 왜냐하면 불의와의 조건 없는 대결은 곧 현실 부정의 차원에서만 가능한 것이기 때문이다. 이것이 유학이 현실을 현실로서 용납하지 못하는 자기 한계성이거나, 심산의 경우에 있어서도 현실은 언제나 그대로 용납될 수 없는 것이었다. 이것이 심산을 끝까지 고난의 생애로 마치게 하였거니와 심산의 인간학적 가치와 의미는 오히려 그곳에 있고, 유학 정신의 가치 또한 그곳에서 찾을 수 있다고 하겠다.[56]

6. 대동사회를 위하여

1) 천리(天理)로 닦아 가는 길

세계사적으로 18세기~20세기는 크게 보아 두 가지 국가 유형이 있었다. 지배국이거나 피지배국이거나. 일본 기타규슈시립대학 교수인 김봉진은 "나는 내 나라가 남을 때린 나라가 아니라 맞은 나라여서 자랑스럽다."라고

---

55 김삼웅, 앞의 책, 520-521쪽.
56 송항룡, 「심산 김창숙」, 『한국인물유학사 4』 (서울: 한길사).

했다. 만일 이 두 가지 입장 중 하나만을 택해야 한다면 필자 또한 누군가를 때리지 않고 맞아서 그것을 견뎌서 자랑스럽다. 다음은 함석헌(1901~1989)의 말이다.

> 쓰다가 말고 붓을 놓고 눈물을 닦지 않으면 안 되는 이 역사, 눈물을 닦으면서도 그래도 또 쓰지 않으면 안 되는 이 역사, 써 놓고 나면 찢어버리고 싶어 못 견디는 이 역사, 찢었다가 그래도 또 모아대고 쓰지 않으면 아니되는 이 역사, 이것이 역사냐? 나라냐? 그렇다. 네 나라며 내 나라요, 네 역사며 내 역사니라.[57]

함석헌은 수난에서, 눈물에서 또는 절망에서 진리를 찾았다. 고난과 절망을 객관화시켜 철학적 물음의 첫째가는 대상으로 삼았던 것이다. 압도적 타자 앞에서의 공포만이 아니라 그 공포를 뚫고 치솟아 오르는 정신의 숭고를 아는 사람이었던 것이다.[58] 이것이 3·1운동이 조선의 것만이 아니라 세계사적인 의미로 쓰일 수 있는 이유이다.

백범(白凡) 김구(金九, 1876~1949)는 말했다.

> 나는 우리나라가 세계에서 가장 아름다운 나라가 되기를 원한다. 가장 부강한 나라가 되기를 원하는 것은 아니다. 내가 남의 침략에 가슴이 아팠으니 내 나라가 남의 나라를 침략하는 것을 원치 아니한다. 우리의 부력(富力)

---

57 함석헌, 『뜻으로 본 한국역사』, 『전집』 1, 154쪽.
58 김상봉, 「파국과 개벽사이-20세기 한국철학의 좌표계」, 『대동철학』 제67집, 2014, 36-37쪽.

은 우리의 생활을 풍족히 할 만하고 우리의 강력(强力)은 남의 침략을 막을 만하면 족하다. 오직 한없이 갖고 싶은 것은 높은 문화의 힘이다. 높은 문화의 힘은 우리 자신을 행복하게 하고 나아가서 남의 행복을 주겠기 때문이다. 지금 인류에게 부족한 것은 무력도 아니고 경제력도 아니다. 인류가 현재에 불행한 근본 이유는 인의(仁義)가 부족하고 자비가 부족하고 사랑이 부족하기 때문이다. (중략) 홍익인간(弘益人間)이라는 우리 국조 단군의 이상이 이것이라고 믿는다.[59]

백범은 또 다음과 같이 말했다. "최고 문화로 인류의 모범이 되기로 사명을 삼는 우리 민족의 각원(各員)은 이기적 개인주의자여서는 안 된다. 우리는 개인의 자유를 극도로 주장하되, 그것은 저 짐승들과 같이 저마다 제 배를 채우기에 쓰는 자유가 아니라, 제 가족을, 제 이웃을, 제 국민을 잘살게 하기에 쓰이는 자유다. 공원의 꽃을 꺾는 자유가 아니라 공원에 꽃을 심는 자유다."[60] 우리는 꺾여 봤기에 심는 가치를 아는 민족이다.

개인의 이기주의가 아니라 사랑을 이루는 사람으로서의 자유를 획득하는 공리적 자유를 추구하는 것이 오늘날 3·1운동의 피의 값이 살아나는 길이다. 주리(主理)란 천리(天理)로 하나 됨을 주로 한다는 말이다. 눈에 보이는 현실에 매몰되는 것이 아니라 고통 속에서도 그 공포를 뚫고 치솟아 오르는 정신의 힘. 이것은 내 안에 천리가 있기에 가능한 일들이다. 문화란 바로 그러한 정신의 숭고함, 일상의 거룩으로 삶에서 뚫고 솟아나는 천리의 흔적이다.

---

59 김구, 『백범일지』 (돌베개, 2005).
60 김구, 위의 책.

2) 3.1운동 백주년 종교개혁연대에 제안함

한국의 교회는 편의점보다 숫자가 많다.[61] 그리고 가톨릭에서 한국의 순교성인은 103위이며 숫자로는 이탈리아, 스페인, 프랑스에 이어 세계 4위이다. 한국은 세계 교회사에서 유일하게 선교사들에 의하지 않고 하느님 말씀과 직접 만나 교회가 시작되었다고 자처한다. 또한 지난 100년 동안 500개의 신종교들이 나타났다 사라졌는데, 지금까지 활동하는 있는 신종교 수는 문체부 추산 약 350개가 넘는다고 한다. '대체종교'들까지 합한다면 더 많을 것이다.[62] 한국에는 수많은 종교들이 자유롭게 공존하고 있다. 이것은 고대에서부터 조선 유교까지의 바탕에서 이루어 낸 기적이다. 다양한 종교의 터전이 되었던 우리의 아름다운 문화를 우리 스스로가 바로 세워야 세계 종교사에 기여할 수 있을 것이다. 그러나 종교백화점이 된 현실이 그저 반가운 것은 아니다. 자신의 종교만을 바라보는 종교인들의 이기주의 때문이다. 자신의 종교만 옳고 다른 종교는 이단이라 여기는 시선 폭력 때문이다. 한국의 종교인이 열린 마음으로 존중 속에서 공존할 때, 한반도는 새로운 종교 역사가 이루어질 것이다.

『맹자』에 "사람들이 기르던 개나 닭이 집 밖에 나가 들어오지 않으면 온 동네방네 찾아다닐 줄 알면서 자신의 잃어버린 마음을 찾을 줄 모른다."고 하면서 "학문이란 다른 것이 없다. 오직 잃어버린 마음을 되찾을 뿐이다."라고 했다.[63] 100년 전 전국적으로 3·1운동이 일어났는데 이것은 잃어버린

---

61 대한민국 통계청(2013년 기준) 교회 약 67,000여개, 성당 1,664개 / 편의점 약 21,221개.(2011년)

62 〈한국정신문화공동체〉, http://h-jmy.tistory.com/65.

63 『孟子』「告子上」: 孟子曰 … 人有鷄犬放, 則知求之. 有放心, 而不知求. 學問之道無他,

나라를 되찾고자 한 독립만세 운동이었을 뿐만 아니라 동시에 잃어버린 마음을 되찾는 운동이기도 하다. 앞으로의 100년 우리의 과제는 천리로 하나되는 대동의 정신을 되찾아 통일된 한반도를 만들어야 한다.

다음은 대동에 대한 내용이다.

> 대도(大道)가 행해졌을 때는 천하가 공공의 것이었고 어질고 능력 있는 자를 뽑아서 신의를 가르치고 화목을 닦게 하니 사람들은 그 부모만을 홀로 부모라 여기지 않았고, 그 자식만을 자식으로 여기지 않았다. 늙은이는 편안하게 일생을 마치게 했으며, 젊은이는 다 할 일이 있었으며, 어린이는 잘 자라날 수 있었으며, 과부 홀아비 병든 자를 불쌍히 여겨서 다 봉양했다. 남자는 직업이 있고 여자는 시집갈 자리가 있었으며, 재물을 땅에 버리는 것을 싫어했지만 반드시 자기를 위해 쌓아 두지는 않았다. 몸소 일하지 않는 것을 미워했지만 반드시 자기만을 위해 일하지는 않았다. 이런 까닭에 간사한 꾀가 막혀서 일어나지 못했고, 도둑이 훔치거나 도적들이 난을 일으키지 못했다. 그래서 바깥문을 여닫지 않았으니 이를 일러 대동(大同)이라고 한다.[64]

유교의 지식인들이 만들고 싶어 했던 유토피아는 대동사회였다. 대동에서 제시하는 공의 개념은 사사로움이나 불평등이 없는 공평무사의 의미이다. 사리(私利)를 중심으로 하는 사회가 아니라 공공성이 중심으로 하는 대동

求其放心而已矣.

[64] 『禮記』「禮運」: 大道之行也, 天下爲公, 選賢與能, 講信脩睦, 故人不獨親其親, 不獨子其子, 使老有所終, 壯有所用, 幼有所長, 矜寡孤獨廢疾者, 皆有所養, 男有分, 女有歸, 貨惡其棄於地也, 不必藏於己. 力惡其不出於身也, 不必爲己, 是故謀閉而不興, 盜竊亂賊而不作, 故外戶而不閉, 是謂大同.

사회를 바란 것이다. 개인의 양심과 사랑 그리고 상호 신뢰와 공존의식 등 도덕정신을 기반으로 하여 뭉쳐진 사회이므로 도적과 전쟁이 일어나는 일이 없는 평화로운 사회를 이룩할 수 있는 것이다.

마지막으로 3·1운동의 정신을 기억하는 일로 '3·1운동 백주년 종교개혁연대'에 다음과 같은 가치를 추진해 나가기를 제안한다. ①종교적 편견·경계 허물기, ②치유의 공론장 형성,[65] ③약육강식의 세계관을 버리고 대동사회의 지향하기. UCLA 한국학연구소 소장인 존던컨은 한국이 세계사에 기여하기 위해서는 '선진화된 유기적 사회 모델'을 지켜나가야 한다고 했다.[66] 이 선진화된 유기적 사회 모델은 우리 민족이 고대에서부터 가지고 있었던 이념인 '홍익인간(弘益人間) 이화세계(理化世界)'가 지향하는 세계이다.

---

65 남아프리가공화국의 우분투 운동의 일부이다. 분쟁 해결 전략으로 ①조사 이후 가해자는 책임을 인정하도록 해야 한다. ②가해자는 진정한 반성을 하도록 해야 한다. ③그들이 용서를 구하고 희생자들은 자비를 보여야 한다. ④범죄자에게 보상 또는 배상을 요구한다. ⑤모든 당사자들이 화해를 받아들이도록 하며 과정을 명확히 한다. 평화 정착 과정은 처벌이 아니라 용서와 화해에 있으며 신속한 재판이 아니라 평화를 구축하고 치유를 돕는 것이다.(김광수, 「남아프리카공화국의 인종 갈등과 화해 그리고 공존을 향한 '평화 개념'맥락에 대한 고찰」, 『아프리카학회지』 53, 2018, 25쪽.) 우분투 운동에서 가해자가 말하는 것은 다음과 같은 효과를 말하고 있다. "이것은 가해자들에게 그들이 치러야 할 대가를 삭감해준 것이 아니다. 대중 앞에 나와야 하는 것은 매우 큰 대가이다. 피해자들은 공식 토론회에 나와서 자신들의 이야기를 얘기하는 기회를 얻었다. 그것은 우리가 절대로 계산할 수 없는 가치를 가진 어떤 것이다. 가장 어려운 일은 기억하는 것과 잊는 것이다. 집단적인 기억 상실이란 의미에서 잊는 것이 아니라 완전히 다른 방법, 즉 과거의 무게와 짐으로부터 해방으로서의 방법이다."(27쪽) 이 논문 이외에도 우분투 연구로 기타지마 기신의 「한국·일본의 근대화와 민중사상-아프리카의 관점을 중심으로」(『한국종교』 제43집, 2018)가 있다. 우분투 운동에서 기독교는 서양의 개인주의식의 믿음이 아닌 공동체를 위한 믿음을 가르치는 노력도 동반된다. 한반도가 배워야 할 곳은 바로 여기에 있었다.

66 존던컨, 「한국사 연구자의 딜레마」, 『동아시아는 몇시인가?』 (서울: 너머북스, 2015) 133쪽.

한국천주교회와 3·1운동

: 공론장 논의를 중심으로

경동현 / (사)우리신학연구소 연구실장

1. 들어가며

2019년은 3·1운동 100년이 되는 해다. 1919년 3·1운동은 개신교, 천도교, 불교 등 종교계 지도자들이 연합하여 계획되었다. 오늘날 시민사회가 종교를 걱정하는 상황에 비추어 본다면, 100년 전 종교의 모습은 지금과는 사뭇 달랐던 것으로 보인다.[1] 이유야 어찌되었건 3·1운동 당시 종교의 모습은 우리 사회의 공적 영역에서 긍정적인 역할을 수행했던 사례로 역사는 기억할 것이다. 이 글은 이러한 문제의식에 착안, 한국천주교회가 공적 영역에 해당하는 공론장에서 책임을 다했는가 하는 문제의식에서 출발해 3·1운동을 중심으로 전후 시기의 한국천주교회의 모습을 살피고자 한다. 공론장 논의의 핵심 개념에 해당하는 '공공성' 담론은 신자유주의적 자본주의가 본격적으로 등장하던 1980년대 초로 거슬러 올라간다. 공공성 담론은

---

1 3·1운동을 종교계가 주도한 것은 조선총독부의 억압적인 종교정책과도 무관하지 않다. 이 시기 조선총독부의 종교정책은 종교 차별 정책이었다. 1915년 8월 조선총독부령으로 공포된 〈포교규칙〉으로 조선 총독은 사실상 모든 종교단체를 완벽하게 통제하는 것이 가능해졌다. 천주교는 안중근 의거 이후 정교분리정책을 더욱 강화하면서 총독부가 공포한 종교규제법령을 저항 없이 수용하였다. 이러한 사실들이 3·1운동을 왜 종교계가 주도했는지, 독립선언서에는 왜 개신교, 천도교, 불교, 대표만 서명했는지, 유교계의 참여가 왜 늦어졌는지, 그리고 개신교인들이 이 운동을 추진하면서 선교사들에게 왜 미리 계획을 알리지 않았는지 이해하는 데 실마리를 제공해 준다. 김승태, 「무단통치기 조선총독부의 종교정책과 한국 종교계의 동향」, 『한국기독교와 역사』 47, 한국기독교역사연구소, 2017, 참조.

전후 서구사회가 구현한 복지제도로 대표되는 공공의 인프라들이 무력화되는 현상, 공공의 영역을 사적으로 전환 혹은 확장하려는 초국적 자본들의 움직임에 대한 문제 제기와 자본 친화적이고 순응적으로 변모하는 국가와 시민사회에 대한 성찰 담론으로 등장하였다.[2] 한국사회에서도 공공성에 관한 담론이 서구와 대략 20년가량의 차이를 두고 비슷한 이유로 확산되었다.[3] 오늘날 '공공성'은 여러 가지 뜻으로 사용되는데, 종교 부문에서 공공성의 의미는 종교인이나 종교 기반 기관의 사회참여로 인식되는 경우가 대부분이다. 이 글에서는 공공성 개념을 오늘날 시민(민초)들이 어떠한 협박이나 위협에서 벗어나 서로 비판적인 논의들을 주고받을 수 있는 공적인 삶이자, 여론을 만드는 과정을 통해 도출되는 가치와 관념이라 정의하고자 한다. 이러한 공공성 개념에 기초해 사회적으로 동의 혹은 공감이 이뤄지는 영역을 '공론장'으로 정의하고 논의를 전개하고자 한다.

이러한 공론장의 정의에 기초해 한국천주교회의 3·1운동 시기의 '규범적' 공공성 문제를 다루고자 한다. 이때 '한국천주교회'는 실체로서의 교회가 아니라 표상으로서 교회이다. 즉, 한국천주교회 전체를 반영하는 용어가 아니라, 대중의 심상에서 집합적으로 인지되는 표상(representation)으로서의 한국천주교회가 분석 대상이다. 한국사회 대중의 동의와 공감이 이뤄지는

---

2 신진욱, 「공공성과 한국사회」, 『시민과 세계』 11, 사회평론, 2009, 19~22쪽; 고원, 「정치로서의 공공성과 한국 민주주의의 쇄신」, 『기억과 전망』 20, 민주화운동기념사업회, 2009, 320쪽. 신학계에서도 1984년 영국 에딘버러 대학에서 설립된 공공문제와 신학연구소(Center for Theology and Public Issues)는 대처정부에 의해 자행되는 복지의 형해화에 대한 신학적 비판과 대응의 과제를 수행했고, 이것이 영국 공공신학의 기원이 되었다.
3 홍성태는 언론 기사와 학위 논문 등에서 '공공성'이 사용되는 빈도를 근거로 한국에서 '공공성'은 '21세기의 개념'이라고 말한다. 홍성태, 「시민적 공공성과 한국사회의 발전」, 『민주사회와 정책연구』 13, 민주사회정책연구원, 2008, 74쪽.

'공론장' 안에서 한국천주교회는 어떻게 인지되었는지, 이를 통해 한국천주교회가 한국사회의 규범적 공론장 형성 과정, 제도화 과정에 어떤 역할을 수행했는지를 3 · 1운동 시기를 중심으로 살펴볼 것이다.

2. 3 · 1운동 시기 이전의 한국천주교회와 공론장

한국 교회사에서 최초로 수난 당했던 이가 조선시대 중인(中人)이었다는 사실은 그 이후 전개되는 교회사의 방향이 사회에서 혜택 받지 못했던 이들을 중심으로 형성되리라는 점을 예시한다. 당시 천주교 신자들은 신앙을 통해 자기 양심, 자기 인격을 확인하였다. 당시는 보편적 인간성이나 인격이 인정되지 않던 때였는데, 천주교에서는 모든 인간이 하느님의 다 같은 자녀요, 존엄하고 평등한 존재라고 하는 것을 애초부터 강조해 왔다. 이를 통해 볼 때 천주교 신앙은 일종의 평등사상이었다. 이는 조선 왕조가 유지하던 당시의 신분제적 질서에 의한 권위적 사회 체제라는 공론장에 대한 도전이자 저항이었던 것이다. 당대 권력자의 눈으로 볼 때 천주교 신앙은 일종의 혁명사상이었다.[4] 조선의 통치 계급은 '임금과 조상 제사'를 통치의 최종 근거로 설정했고, 천주를 최종 목적지로 삼는 천주교인과 논리의 평행선을 그을 수밖에 없는 것이 천주교와 조우한 조선의 모습이었다. 유교와 천주교의 대치는 이 평행선에서 한 발짝도 벗어나지 않았다. 이른바 인민이 통치 계급의 이론 체계에 반하는 '논리'를 내면화해서 죽음을 불사한 것은 천주교도

---

4   조광,『한국천주교 200년』(햇빛출판사, 1989), 36~37쪽.

가 처음이었다. 천주교는 인민을 논리로 무장시켰고, 그 논리는 조정의 탄압이 심해질수록 신념 체계, 곧 종교로 변해 갔다. 마테오 리치(Matteo Ricci)가 천주교를 유교와 친화성을 가진 논리로 해석하고 소개했던 『천주실의(天主實義, 1603)』는 조선의 양반에게는 지적 호기심을 충족해 주는 서학서였지만, 조선의 인민에게는 통치 이념을 불식하는 저항 이념의 지침서가 되는 데에 오랜 시간이 걸리지 않았다.[5] 18세기의 안정복(安鼎福, 1712~1791)의 저서[6]와 정조실록과 순조실록을 보면 조선왕조의 지식인들이나 관료들은 천주교 교리를 매우 부정적으로 인식하고 평가했다는 사실을 알 수 있다. 그들은 천주교를 왕조 질서를 지탱하는 양대 지주인 충효를 거부하는 사상으로, 국왕도 부모도 인정하지 않는 사상 체계로 파악했다.

천주교의 출현과 확산이 던진 충격은 세 가지로 요약된다.[7] 첫째, 정교일치를 근본으로 하는 유교의 사회적 구성 원리에 틈을 만들었다는 사실이다. 둘째, 그렇다면 조선사회를 떠받쳤던 통치의 삼중 구조 중 가장 핵심적인 것, 즉 유교의 의례화와 그것을 위한 각종 기제가 정당성을 상실한다는 사실이다. 셋째, 신분 체계와 수분공역(守分供役)을 근간으로 한 유교사회의 수직적 질서가 천주 앞에서는 만인이 평등하다는 수평적 질서로 바뀐다는 사실이다. 유교 이념 외에 다른 세계관을 전혀 허용하지 않았던 조선사회는 천주교의 이런 도전을 막아 낼 효과적인 방법을 고안할 수 없었다. 따라서 가장 융통성 없는 방법인 투옥, 고문, 매질, 사형이라는 극단적 조치로만 대

---

5 송호근, 『인민의 탄생, 공론장의 구조 변동』(민음사, 2011), 228쪽.
6 안정복은 1785년경부터 『천학고(天學考)』와 『천학문답(天學問答)』을 저술하고 이를 통해 천주교를 본격적으로 비판하는 척사론(斥邪論)을 전개하였다. 원재연, 「순암 안정복과 광암 이벽의 서학 인식」, 『교회사학』 제4호, 수원교회사연구소, 2007, 5~28쪽.
7 송호근, 앞의 책, 232~233쪽.

응했다. 천주교에 대한 탄압과 금지 정책은 1784년 조선에 천주교가 세워진 직후부터 신앙의 자유가 주어진 1886년까지 100여 년 동안 지속되었다. 1801년(신유박해), 1815년(을해박해), 1839년(기해박해), 1846년(병오박해), 1866년(병인박해)에는 전국적인 박해가 있었고, 국지적 박해는 수시로 있었다. 그 100년 동안에 대략 1만여 명의 신도들이 순교한 것으로 알려져 있다.[8]

3. 3·1운동 전후 시기의 한국천주교회와 공론장

19세기 후반기 우리나라 역사는 일대 격변기를 맞는다. 1876년 조선이 일본에 문호를 개방한 이래로(강화도조약), 이 나라는 외세의 침략 앞에 완전히 무방비 상태로 노출된다. 이러한 나라 상황을 직시한 조선의 지식인 일부는 국권을 수호하고 스스로 근대화를 진행하려는 운동을 전개하였다. 500여 년을 이어 오던 조선사회의 신분제적 질서에 의한 권위주의라는 공론장이 그 수명을 다하면서 개항 이후 근대화를 이룩하기 위한 공론장에 등장한 것은 반봉건 운동과 외세의 침략에 대항해서 국권을 수호하려는 반제국주의 운동이었다.[9] 반봉건, 반제국주의 운동이라는 두 가지의 가치는 당대 한국사를 볼 때 가장 중요한 공론장의 성격을 띠는 것으로 평가할 수 있다.

당시의 한국천주교회를 바라볼 때에도 이 두 가지 공론장이 표방했던 가치와 관련해 주목해야 할 것이다. 다시 말해 반봉건 운동과 반제국주의 운

---

8 오경환, 「국가와 한국천주교회」, 『한국교수불자연합학회지』 제15권 제2호, 한국교수불자연합회, 2009, 134쪽.

9 조광, 앞의 책, 51쪽.

동에 교회는 어떤 기여를 했고, 무슨 일을 했는가를 볼 필요가 있다. 3·1운동이 시작되었을 때, 조선천주교회는 파리외방전교회 출신의 프랑스 주교들이 관리하고 있었다. 개화기와 식민지 시대에 걸쳐 신·구교를 막론하고 이 나라에 있던 대부분 선교사는 일본에 의한 강제 합병을 지지하거나 묵인, 방조했다. 일제하 조선천주교회가 취한 공식적인 지침은 독립운동을 포함하여 정치적인 문제에 관여하지 않는 것이었다. 강제 합병을 지지하면서 그들은 일본의 문화적 통치로 한국의 그리스도교가 더 발전할 것이라 기대했다. 특히 프랑스 선교사들에게 조선 왕조가 멸망한다는 것은, 박해 시기 조선 교회가 걸어온 순교의 역사에 비추어 볼 때 그다지 아쉬울 게 없었다.

<표 1> 신자 증가표(1885~1944)
Compte Rendu 「파리외방전교회 연말보고서」 및 『경향잡지』

연도	신자수(명)	연도	신지증가율(%)
1885	13,625	1885~1900	7.87%
1900	42,441	1900~1910	5.65%
1910	73,517	1910~1919	2.10%
1919	88,553	1919~1944	3.00%
1944	183,666	1885~1910	6.98%
		1910~1944	2.73%

위 <표 1>에서 보듯이 국권 강탈 이후 10년간 교회의 신자 증가율이 연평균 2.10%로 이전 시기의 신자 증가율보다 매우 낮다는 점을 알 수 있다. 인구의 자연증가율에도 미치지 못하는 증가율인데, 이는 교회가 '반봉건', '반제국주의'라는 당대 우리 사회의 공론장에 부합하지 못하고 공공성을 상실했던 것이 주된 이유라 하겠다. 다시 말해 교회가 마땅히 민족을 위한 봉사를 다하지 못했고, 민족의 아픔을 치유할 능력을 상실했기 때문에 신자들의 숫자가 격감한 것이다.

4. 3·1운동에 대한 천주교회의 공식 입장

1919년 3월 8일 조선천주교회 서울교구의 뮈텔(Mutel) 주교와 대구교구의 드망즈(Demange) 주교는 주일과 축일에 평화를 구하는 기도를 바치도록 하는 사목교서를 반포하였다. 이 사목교서의 취지는 1차 세계대전이 종결된데 감사하고, 전후 유럽이 당면한 여러 난제들을 평화적으로 해결하고자하는 로마 교황청의 요청에 의한 것이었다. 하지만 당시 조선은 전후의 유럽보다 어려운 상황이었다. 강제 합병 이후 일제의 탄압은 날로 더욱 강화되었고, 민초들의 삶은 갈수록 비참해져 갔다. 그런데도 조선천주교회의 책임을 맡은 주교들은 전후 유럽의 평화를 구하는 사목교서는 반포하면서도, 자신들이 활동하던 조선의 평화를 위해서는 소극적이었다.[10]

서울교구장 뮈텔 주교는 조선인들이 전개한 3·1운동을 이해하지 못하였다. 그는 조선의 독립이 절대로 가능하지 않다고 생각하였기에[11] 천주교회가 만세운동에 가담하지 않음으로써 일제에 좋은 모범을 보였다고 생각하였다. 대구교구장 드망즈 주교는 조선인 신자들에게 만세운동에 가담하면 대죄를 범하는 것이라고 경고하였다.[12] 드망즈 주교는 일본 정부는 합법적인 정부이므로 천주교는 "카이사르의 것은 카이사르에게 돌려주라."는 말씀을 따라 신자들이 만세운동에 가담하지 않았다고 파리외방전교회 본부에 보고하였다.[13]

---

10 윤선자, 「3·1운동기 천주교회의 동향」, 『역사학연구』 제11집, 호남사학회, 1997, 459~460쪽.

11 "이 나라 백성들은 독립이 절대 불가능하다는 사실을 이해하지 못하고 독립을 희망하고 있다."(『뮈텔주교 일기 6』, 1919년 3월 1일자, 252쪽)

12 김진소, 「일제하 한국천주교회의 선교방침과 민족의식」, 『교회사연구』 제11집, 한국교회사연구소, 1996, 28쪽.

13 C-R-TaiKou, 1919. C-R(Compte-Rendu de la Societe des Missions Etrangeres de

서구 제국의 국민인 선교사들에게 운명을 맡기고 있었던 조선천주교회는 그들의 생각과 판단에 좌우될 수밖에 없었다. 민족보다 교회를 먼저 생각해야 하는 교회 중심주의, 선교를 우선하는 선교 우선주의와 선교지의 특성을 전혀 고려하지 않는 보수적인 파리외방전교회의 선교정책은 민족문제를 외면하게 하였다. 정교분리 원칙을 채택한 조선천주교회는 일제의 정책에 부응하면서 동조에서 협동으로, 봉사로 나아가 충성으로 치달았다.[14]

외국인 선교사들이 주장한 '정교분리'에는 많은 문제점이 있었다. 정교분리란 정치와 종교가 서로의 영역을 침해하지 않고, 침해당하지 않는 것이지만, 선교사들이 주장한 정교분리 원칙은 일제의 식민정책에 동조하는 것이었다. 1910년대 일제는 서구권과 비서구권 종교로 나누어 식민지 조선에서의 종교정책을 추진하였다. 불교 · 천도교 · 유교 등 조선인이 관할하는 종교는 경제권을 장악함으로써 지배하였고, 서구 세력과 연계된 그리스도교는 정교분리 원칙을 채택해 종교 규제 정책을 추진하였다. 결국 일제가 주장한 정교분리는 일제의 체제에 교회만이 관여하지 않는 일방적이고 체제 옹호적인 것이었다.[15]

한편, 일제시기 공식 교회 조직 안에서의 평신도 활동과 관련해서는 당시 한국 지역 교회의 법령집인 『한국교회 지도서(韓國敎會指導書, Directorium Eulesiae Coreae)』를 통해 살펴볼 수 있다. 이 지도서는 전례와 성사, 사목과 규

Paris)은 파리외방전교회 파리본부에서 소속 선교사들에게 제공할 목적으로 각 포교지로부터 접수한 교세보고를 하나로 묶어 연간으로 간행한 것이다. 서울교구 보고서는 C-R-Seoul로 대구교구 보고서는 C-R-TaiKou로 표기하였다.

14 윤선자, 앞의 논문, 462쪽.

15 윤선자, 「1910년대 일제의 종교규제법령과 조선천주교회의 대응」, 『한국근현대사연구』 6, 한울, 1997.

율 등 교회 생활 전반에 관한 지도 지침서에 해당한다.[16] 이 외에도 각 교구별 실정에 따라 교구 지도서를 반포하여 사목 지침서로 삼았다. 교구 지도서로 일제시기인 1912년과 1922년에 각각 반포된『대구교구 지도서』와『서울교구 지도서』, 1923년에 서울교구의 본당 회장들을 위한 지도서로 간행된『회장직분(會長職分)』을 살펴보자.

먼저 일제시기에 간행된 첫 번째 교회 지도서라 할 수 있는 것은『대구교구 지도서』이다. 이 지도서는 1911년 대구교구가 조선교구로부터 분리·설정되면서 기존의 지도서가 새 교구의 설정에 맞지 않게 되자, 초대 교구장인 드망즈(Demange, 安世華) 주교 명의로 1912년 6월 1일 반포되었다. 이전의『한국교회 지도서』와 달리『대구교구 지도서』는 신자들의 무분별한 단체 설립을 허용하지 않고, 사적인 목적을 가진 모임 역시 인정하지 않는다고 규정함으로써 처음으로 신자 단체에 대해 규제를 가하고 있다. 1922년 반포된『서울교구 지도서』는 비가톨릭 모임을 엄격히 금지한다고 규정함으로써『대구교구 지도서』의 규제보다 더 강화된 모습을 보여준다.[17] 한편,『서울교구 지도서』반포 1년 뒤인 1923년에 서울교구의 회장들을 위한 지도서로 간행된『회장직분』에서는 신자들이 단체에 가입하는 것에 대해 강제성은 없으나 권유하고 있으며, 더불어 단체에 가입하는 조건을 자세히 설명하고 있다. 구체적으로 청년회와 같은 단체를 조직하기 위해서는 반드시 교회 규정을 따라야 하며, 정치적인 모임을 해서는 안 된다고 명시하였다. 그리고 단체

---

16 『한국교회 지도서』는 현재까지 총 4차례 공포되었는데, 1857년 시작하여 1887년, 1932년, 1995년 세 차례 개정·간행되었다. 최석우,「한국 교회 지도서」,『한국가톨릭대사전』제12권, 한국교회사연구소, 2006, 9431쪽.
17 백병근,「일제시기 서울지역 신자 단체 연구」,『교회사연구』제32집, 한국교회사연구소, 2009, 114~115쪽.

의 힘을 빌려 성직자에 대항할 가능성에 대해서 우려하는 대목이 있는데, 이는 당시 일제의 통치를 받고 있는 상황에 대해 교회 내에서 항일을 목적으로 한 단체는 조직될 수 없으며, 신자들의 단체 활동은 단순 구호활동과 전교활동에 국한하는 한계를 보여주는 것이다.[18]

3·1운동에서 종교계, 특히 개신교와 천도교의 역할은 높이 평가되는 데 비해 천주교는 거의 참여하지 않은 것으로 이해되고 있다. 신자들의 개별적 참여에도 불구하고, 앞서 살펴본 것처럼 제도 교회 차원에서의 고민이 전혀 없었기에 더욱 그렇다. 이는 민족문제에 눈감은 외국인 선교사들이 당시 조선천주교회를 관할했다는 점과 주교를 정점으로 조직된 천주교의 중앙집권적 위계구조의 특성이 결합한 데서 그 원인을 찾을 수 있다. 나아가 민족보다 교회를 먼저 생각하는 교회 중심주의, 선교를 우선하는 선교 우선주의와 선교지의 특성을 전혀 고려하지 않는 보수적인 파리외방전교회의 선교정책은 민족문제를 외면하게 하였다. 이러한 교회 내적인 조건 외에 교회 외적인 조건도 작용하였다. 그것은 천주교와 개신교, 천주교와 천도교의 불편한 관계다. 3·1운동은 준비 단계에서 천도교와 개신교가 주도하고, 불교가 이에 합류하면서 전국적일 뿐 아니라 범종교적인 민족운동으로 계획되었다. 최린·손병희와 이승훈을 통해 천도교와 개신교가 연합하였고, 최린과 한용운·백용성을 통해 불교와의 연합이 이루어졌다. 그러나 천주교와 연합하려는 노력은 발견되지 않는다.[19] 이러한 상황에서 천주교 신자들이 개인적으로 3·1운동에 참여하는 것은 처음부터 어려울 수밖에 없었다.

---

18 이러한 교회의 경향은 1932년 간행된 『한국교회 공동 지도서』에서도 일관되게 나타나고 있다. 『한국교회 공동 지도서(Directorium Communc Missionum Coreae)』, 1932, 37~49쪽.

19 윤선자, 「3·1운동기 천주교회의 동향」, 『역사학연구』 제11집, 호남사학회, 1997, 486쪽.

개항 이후 근대화 시기의 공론장에 등장한 반봉건 운동과 반제국주의 운동이라는 가치에 천주교회는 일부 개별 신자들만 부응했을 뿐 교회 지도부는 그와 다른 길을 택하면서 공공성을 상실해 갔다. 이런 이유로 일반인들은 3 · 1운동에 천주교회의 태도가 소극적이라고 분개하였다. 그들은 '천주교 신자들은 조선인이 아니고 프랑스인인가'라며 책망하였으며,[20] 천주교 신자들을 반역자라고 비난하고 죽인다고 협박하기도 하였다.[21]

5. 천주교 신자들의 3 · 1운동 참여

프랑스 선교사들과 조선인 성직자들[22]은 신자들의 만세운동 참여를 금지하였지만, 평신도들이 3 · 1운동에 참여한 사례는 적지 않게 발견된다. 이는 반봉건, 반제국주의 운동이라는 당대의 가장 중요한 공론장 안에서 성직자와 신자들 간에 괴리감이 존재했음을 보여주는 것이다. 3 · 1운동 당시 88,000여 명이었던 천주교 신자들의 활동은 비록 교회의 공식 입장은 아니었을지라도 성직자들의 활동보다 소홀히 다뤄서는 안 될 것이다.

먼저 신자이면서 학생 신분이었던 대구의 성유스티노신학교 학생들이 3 · 1운동에 가장 먼저 관심을 집중시켰다. 3월 5일 저녁 약 60명의 신학생

---

20 『뮈텔 문서』 1920-제물포본당의 연말보고서, 드뇌 신부가 제물포에서 뮈텔 주교에게 보낸 1920년 4월 26일자 서한.
21 『뮈텔 문서』 1919-14, 서병익 신부가 의주에서 뮈텔 주교에게 보낸 1919년 3월 17일자 서한.
22 3 · 1운동 당시 외국인 선교사는 45명, 조선인 성직자는 23명이었고, 천주교 신자들은 약 88,000여 명이었다. 윤선자, 「3 · 1운동기 천주교회의 동향」, 『역사학연구』 제11집, 호남사학회, 1997, 469쪽.

들은 운동장에 모여 독립만세를 외쳤다.[23] 이후 대구에서 진행될 만세운동에 대한 소식을 접하고, 3월 9일 약전골목에서의 만세 행렬에 합류하기로 약속하고, 독립선언문 유인물 복사와 태극기 제작 등의 역할을 분담하였으나 이를 알게 된 샤르즈뵈프 교장 신부는 이를 모두 압수하고, 주동 학생들을 추궁하였다.[24] 성유스티노 신학교의 상황을 보고받은 드망즈 주교는 신학교 체육실에 학생들을 모아놓고 만세운동 참가를 금지시키면서, 신학생들의 만세운동 참가는 무산되었다.[25] 조직적인 만세운동 참가가 무산되자 신학생들은 수업 불참으로 학교측에 불만을 표시하였고, 4월 3일 다시 한번 만세운동에 참가하고자 계획하였으나 실행에 옮기지 못하였다. 상황이 개선되지 않자, 드망즈 주교는 5월 1일 조기 방학에 돌입하였고, 신학생들의 만세운동 참가를 독려한 교사 홍순일을 파면하였다.[26]

서울의 용산예수성심신학교 신학생들도 3월 23일 밤, 신학교 문을 나와 만세운동에 참여하였다.[27] 이 사실을 보고 받은 뮈텔 주교는 신학교로 달려가 신의 이름으로 학생들의 만세운동 참여를 금지하면서 만세운동에 참여하려면 신학교를 나가라고 명령하였다.[28] 뮈텔 주교는 만세운동에 참가한 신학교에 대한 징계의 일환으로 그 해의 서품식을 연기하였고, 만세를 주도한 신학생들을 퇴학시켰다. 이렇게 해서 천주교 신학생들의 만세운동은 제대로 시작도 해 보지 못하고 막을 내렸다.

---

23 『드망즈 주교 일기』, 1919년 3월 7일자.
24 김구정, 「3·1운동과 대구 유스티노 신학생」, 『교회와 역사』 122호, 한국교회사연구소, 1985, 9쪽.
25 『드망즈 주교 일기』, 1919년 3월 9일자.
26 『드망즈 주교 일기』, 1919년 5월 1일자.
27 『뮈텔 주교 일기』, 1919년 3월 23일자.
28 『뮈텔 주교 일기』, 1919년 3월 24일자.

시간이 흐르면서 3·1운동의 기운은 전국적으로 확산되었다. 만세운동 준비단계에서 배제되었던 천주교와 타종교와의 연합도 이루어졌다. 3월 10일 황해도 해주에서 일어난 만세운동은 천도교와 개신교, 불교 그리고 천주교 신자들이 협력하여 이끈 것이었다.[29] 이 운동에 참여한 종교인들은 종교의 차이를 떠나 반봉건, 반제국주의 민족 운동이라는 공론장 안에서 공감대를 형성함으로써 민족의 요구에 부응할 수 있었다. 천주교 신자들이 참가하거나 주도한 만세운동을 일별해 살펴보면 다음과 같다.

〈표 2〉 천주교 신자의 3·1운동 참가 현황(지역별/날짜별)

지역		날짜	전체 규모	천주교신자의 만세 참가 및 주도 현황 / 참가 신자수 / 주도 신자	체포된 신자수
경북	대구	3월 5일	약 60명	주도 / 약60명 / 유스티노신학교 신학생	
	대구	3월 8일	약 2,000명	주도 / ? / 김하정 및 김찬수	20여 명
황해도	해주	3월 10일		참가 / ?	
	신천	4월 7일	약 200명	주도 / ? / 김경두	1명
서울		3월 23일		참가 / ? / 용산예수성심신학교 신학생	
경기도	강화	3월 18일	약 10,000명	참가 / ?	3명
	인천			참가 / ?	2명
	광주	3월 27일	9명	주도 / 5명 / 김교영	6명
	용인	3월 27일	약 100명	주도 / ? / 한영규와 김운식	2명
	수원	4월 3일	약 2,000명	주도 / ? / 이순모	6명
	안성			주도 / ? / 김중묵	

출처 : 『드망즈 주교 일기』, 1919년 3월 7·8·26일자. 『뮈텔 주교 일기』, 1919년 3월 23일자. 『뮈텔 문서』, 1919-05, 비에모 신부가 약현본당에서 뮈텔 주교에게 보낸 1919년 5월20일자 서한; 1919-25, 김원영 신부가 갓뒤본당에서 뮈텔 주교에게 보낸 1919년 5월 22일자 서한; 1920-제물포본당의 연말보고서, 드뇌 신부가 제물포본당에서 뮈텔 주교에게 보낸 1920년 4월 26일자 서한. 『독립운동사』 2권, 1971, 226~227쪽, 289쪽. 『독립운동사자료집』 4권, 1972, 289~290쪽; 『독립운동사자료집』 5권, 1972, 289~290, 403, 335~343, 349, 351, 359~361, 363, 367, 370, 373, 375, 748, 749, 1266~1274, 1267~1269; 『독립운동사자료집』 6권, 1972, 605쪽. 윤정중, 「안성천주교회사」, 『가톨릭청년』 1965년 8월호, 76~77쪽.

---

29 독립운동사편찬위원회 편, 『독립운동사』 2권, 1971, 226~227쪽.

한편, 전국 각지에서 만세운동을 전개하다 체포된 천주교 신자는 5월 말까지 53명으로 집계되었다. 이 숫자는 구속된 이들을 말하는 것으로 체포되지 않았거나, 체포되었더라도 풀려난 사람들은 포함되지 않은 숫자다. 한편 3·1운동으로 구속된 이들 중 종교인의 비율은 아래의 〈표 3〉에서 보듯이 40%였고, 그중에 개신교 신자가 21.88%, 천도교 신자가 15.10%였다.

〈표 3〉 3·1운동 관련 입감자의 종교별 현황

구분		입감자수(명)			비율(%)	
		남자	여자	계		
천도교		1,361	2	1,363	15.05	15.10
시천교		5	–	5	0.06	
불교		105	1	106	1.17	1.17
유교		55	–	55	0.61	0.61
그리스도교	감리교	401	37	438	4.83	22.47
	장로교	1,322	119	1,441	15.91	
	조합교회	7	–	7	0.08	
	기타	81	16	97	1.07	
	천주교	45	8	53	0.59	
기타		7	–	7	0.08	0.08
무종교		5,455	31	5,486	60.56	60.56
미상		1	–	1	0.01	0.01
합계		8,845	214	9,059	100.0	100.0

출처: 『매일신보』, 1919년 6월 17일자; 국사편찬위원회, 『일제침략하 한국36년사』 4권, 981~984쪽

특이한 점은 3·1운동에 참여한 천주교 신자의 대부분이 공소신자라는 사실이다. 김경두가 만세운동을 주도한 황해도 신천군의 경우 신천본당이 설립된 것은 1930년 5월이었고, 용문면에는 만세운동 당시 은율본당 관

할 공소가 있었다.[30] 김교영이 이끌었던 경기도 광주군은 1958년 경안본당이 설립되었으며, 만세운동 당시 동부면에는 약현본당 관할 구산공소가 있었다.[31] 한규영과 김운식이 이끌었던 용인군 내사면 남곡리에는 1927년 남곡리본당이 설립되었으며, 3·1운동 당시에는 안성군 미리내본당 관할 공소 지역이었다.[32] 이순모가 주도하였던 수원군 장안면 및 우정면의 경우는 1888년 7월 설립된 갓등이본당의 관할 공소 지역이었다. 역시 강화군에는 1958년 본당으로 설립되었고, 만세운동 당시에는 인천본당 관할 공소였다.[33] 이상에서 알 수 있는 사실은 신자들에 대한 성직자들의 영향이 본당보다 약한 공소에서 활동하던 신자들이 3·1운동에 많이 참여하였다는 점이다.

3·1운동에 대한 신자들의 직접 참여는 아니지만, 3·1운동 이후 다양한 형태로 나타난 독립 투쟁은 1930년대를 전후해서 만주나 중국 대륙에서 활발하게 전개되었고, 이러한 독립운동은 무장투쟁이 주류를 이루었다. 이 무장투쟁은 신분이나 출신 지역 및 종교의 차이를 두지 않고 광범위한 지지를 받았고, 투쟁이 집중적으로 전개되었던 지역이 간도지방이었다. 이 간도지방에서 전개된 무장투쟁에 천주교 신도들이 참여한 흔적이 곳곳에서 확인되고 있다. 간도지방에서 전개된 무장 독립운동의 초기에 개신교, 천도교, 대종교 등과 같은 종교 계통의 무장 세력들이 활발히 참여하는 것으로 확인되고 있다. 간도지역의 이와 같은 분위기는 당시 그곳에서 적지 않은 교세를 확보하고 있던 천주교 신도들에게도 영향을 끼쳤고, 조선 본토에서와 달

---

30 『황해도천주교회사』, 439~448쪽.
31 천주교서울대교구, 『서울대교구 교구총람』, 가톨릭출판사, 1984, 781쪽.
32 위의 책, 781~782쪽, 785쪽.
33 인천교구사편찬위원회, 『인천교구사』, 가톨릭출판사, 1990, 628~629쪽.

리 무장독립운동에 참여하기에 이른 것이다.[34]

6. 해방 이후 한국천주교회의 지배적 공론장의 변동

미군정청이 조사한 자료에 따르면, "1946년 당시 남한사회는 사회주의
자와 공산주의자를 합한 좌익 성향이나 그 지지자들이 전체의 77%에 달했
다."[35] 일제시기 반봉건, 반제국주의 운동이라는 공론장을 거쳐 오면서 자연
스럽게 형성된 사회 분위기로 볼 수 있겠다. 이 당시는 아직 해방 이후 남한
사회 안에서 규범적 공론장이 형성되기에는 이른 시기였다. 하지만 이는 동
시대의 공론장에서 해방과 친일청산, 계급이나 통일 같은 이슈들을 중심으
로 하는 의미망이 빠르게 지배적 위치를 차지했음을 의미한다.[36]

한국천주교회는 해방 이후 좌익 이데올로기 지형 속에서 월남 개신교 신
자들[37]과 더불어 매우 강력하고도 공고한 내적 체계를 갖춘 반공 이데올로

---

34 간도지역에서 전개된 각 종교집단의 무장독립운동에 관해서는 이미 서굉일, 민경배,
최봉룡 등의 연구 결과가 나와 있다. 그리고 그곳에서 전개된 천주교의 무장독립운동
에 관해서도 조광, 최석우 등이 언급한 바 있고, 이 분야에 대해 시론 성격이지만, 본
격적으로 연구한 자료로는 다음을 참고하라. 조광, 「일제하 무장 독립투쟁과 조선천
주교회」, 『한국 근현대 천주교사 연구』, 경인문화사, 2010.

35 강정구, 「한국 보수주의 체제 확립의 역사적 기원: 해방공간을 중심으로」, 『진보평론』
11, 현장에서 미래를, 2002, 20쪽.

36 최미진, 「매체 지형의 변화와 신문소설의 위상(1)」, 『대중서사연구』 27, 대중서사학
회, 2012, 7~36쪽.

37 당시 남한사회에서 월남 개신교 신자들은 대표적인 극우 반공주의자들이었다. 그들
대부분은 서북 출신 장로교도들인데, 북한에서 공산주의 세력과 체제경쟁에서 패배하
고 집중적인 정치, 사회적 보복을 당함으로써 공산주의자들에게 강한 적대감을 갖게
된 자들이었다. 강인철, 『한국 개신교와 반공주의』 (도서출판 중심, 2007), 514~515쪽.

기를 고수하고 확산함으로써 남한 사회 전반의 보수화를 촉진하는 데 기여했다. 동시에 미군정의 지원을 제외하면 정치적, 이데올로기적으로 고립무원이던 이승만과 한민당 세력의 '반공 단정'으로의 행보에 강력한 동맹 세력이 되어 주었다.[38] 당시 남한에 진주한 맥아더 휘하의 미군 장교들은 일본, 대만, 필리핀, 그리고 남한을 그리스도교 반공주의 국가로 만들고 싶어 했다. 그는 그리스도교 신앙의 확산이 아시아를 통합하고 더 나아가 공산주의와 같은 악의 이데올로기에 대항하는 방어막을 세우는 것이라고 주장했다.[39] 그리고 자기가 교황 비오 12세[40]와 함께 공산주의 무신론자들에 대항해 공동의 전투를 한다고 강조했다.[41]

---

38 강인철, 「천주교는 반공이데올로기 강화에 어떤 역할을 하였나?」, 『사회평론 길』 92권 10호, 사회평론, 1992, 258쪽.

39 개신교와 가톨릭을 망라해서 선교사에 대한 미군정의 신뢰와 기대를 가장 잘 드러내는 것 중에 하나가 미군정 장관과 선교사들이 가진 정기 회합이었다. 1946년 12월과 1947년 3월, 미군정은 가톨릭과 개신교의 모든 선교사를 초청해서 회의를 가졌는데, 여기서 선교사들은 한국에 대한 '전문가'로서 미군정에 자문해줄 것을 부탁받는다. 선교사들을 활용하고자 했던 군정 당국의 의도는 당연히 그들의 기술을 활용하는 차원을 넘어서 선교사가 주도권을 가지고 있던 가톨릭과 개신교 교인들의 협력을 기대하는 것이었다고 추정할 수 있다. 강인철, 『한국 천주교의 역사 사회학』 (한신대학교 출판부, 2006), 241쪽.

40 1939년 3월, 비오 12세 교황으로 선출된 에우제니오 파첼리(Eugenio Pacelli)는 강력하게 반공주의를 추구한 교황으로 평가된다. 그는 1917년부터 1930년까지 바바리아와 독일에서 교황 대사를 지낸 경력이 있는데, 개인적으로 1919년 뮌헨에서 교황 대사직을 수행하는 도중 공산주의자들의 공격을 받은 적도 있다. 전임 교황인 비오 11세가 나치와 공산주의자 사이에서 큰 차이를 느끼지 못했던 것과는 달리, 비오 12세는 공산주의가 그리스도교 문명에 위험이 되는 훨씬 큰 악이라고 판단했다. 비오 12세의 반공주의 입장은 제2차 세계대전이 진행되고 국제 사회에서 소련의 위상이 높아질수록 한층 더 강화됐다. 강주석, 「공산주의를 만난 선교사들의 마음: 한국전쟁 시기를 중심으로」, 북한대학원대학교 박사학위논문, 2017, 42~44쪽.

41 이상호, 「전후 동아시아 보수주의의 산파 맥아더」, 『황해문화』 65, 새얼문화재단, 2009, 267쪽.

이러한 흐름 속에 남한사회의 규범적 공론장은 1950년대를 경유하면서 절대적 반공주의로 획일화되어 갔다. 그 과정에서 해방정국의 지배적 공론장이었던 '해방' '친일청산' '통일'의 가치들은 '멸공' '친미' '반북한' 같은 가치들로 뒤덮이게 되었다. 물론 아직 규범적 공론장이 형성되기에는 소통을 위한 사회적 제도들이 너무 미비한 것이 사실이었다. 하지만 이 지배적 공론장을 작동하는 요소는 대화와 소통의 이성적 영역이 아니라 증오와 공포의 감정적 영역이었다.[42] 신·구교를 비롯한 그리스도교는 앞서 보았던 지배적 공론장의 주요 의미망이 변하는 데 매우 큰 영향을 미쳤다.

해방 직후부터 혼란을 거듭하던 정국은 한국전쟁과 휴전 협정 이후에도 결코 안정되지 못했다. 이 과정에서 이승만 정권의 독재 정치는 강화되었고, 정권 초기 동맹세력 역할을 했던 교회는 비판적 입장으로 선회하였다. 이러한 입장의 선회는 한국천주교회의 공론장에도 적지 않은 영향을 끼친다. 이는 교회의 대 사회활동으로 대표되는 가톨릭 액션의 이념, 행동목표, 조직의 모든 면에서 큰 변화를 몰고 오는데, 이 변화의 결과는 1970년대에 뚜렷하게 가시화되었다. 특히 지학순 주교의 구속을 계기로 1974년에 발족한 '천주교정의구현전국사제단'이 결성 과정에서 보여준 놀랄 만한 응집성, 결성 이후의 대단히 조직적이고 과감한 활동상 등은 국제적 주목을 받았다. 사제단으로 결집된 새로운 성직자 집단은 상당수가 현장조직들과 직·간접적으로 연계되어 있었다. 그들은 방향전환의 필요성을 절감하고 있던 현장 활동가와 성원들에게 그 같은 움직임을 고무하고 적절한 신학적 자원

---

42 김진호는 해방 이후 월남한 개신교 신자들을 중심으로 무자비하게 자행된 폭력의 상황들을 '파괴적 증오의 신앙'으로 규정하였다. 김진호, 「한국교회의 과거, 현재, 미래 공공성에 대해 묻다: 규범적 공론장의 형성과 변화를 중심으로」, 『종교문화비평』 26권, 한국종교문화연구소, 2014, 52~74쪽.

들을 제공함으로써, 민중 속에서 그들을 교육하고 조직하는 '유기적 지식인 (organic intellectuals)'의 기능을 수행했다. 또 1970년대 거의 모든 주요한 저항 의 현장에서 발견됐던 사제들은 저항을 교회의 이데올로기적, 물적, 인적 자 원과 신속하게 연계하고 사회의 다른 영역으로 파급하는 가장 중요한 '통로 (channel)'였다.

사제단이 결성된 이후 1970년대에 천주교 사회운동의 발전 속도는 눈부 실 정도였다. 본격적인 천주교의 사회참여가 개시되었을 뿐 아니라, 이 같 은 사회참여는 점차 확대되어 가던 시민사회의 질식된 정치적(민주화), 사회 적(인권) 욕구를 효과적으로 대변하는 기능을 십분 수행했다. 그에 따라 종 교적으로나 인구학적으로 여전히 소수 집단에 불과했으나, 천주교의 사회 적 공신력과 영향력이 비약적으로 높아졌다. 1960년대 말부터 1970년대 초 까지 이어지던 신자 증가율 역시 1970년대 중반 이후 급성장세로 반전되었 다. 이러한 면에서 한국의 천주교는 개신교와 함께 종교의 공적-사회적 영 향력의 쇠퇴를 예언한 '세속화 이론'에 대한 가장 강력한 반증(反證) 사례다.[43] 1970년대 이후 수십 년간 천주교는 역동적인 교세 성장을 지속해 왔으며, 이 과정에서 천주교회의 '사회적 힘'은 급속히 증가했다.

7. 종교의 공공성 회복을 위한 평신도의 역할

3·1운동 시기를 중심으로 초기 천주교회에서부터 1980년대 한국천주교

---

43 강인철, 『종교권력과 한국천주교회』 (한신대학교출판부, 2008), 134쪽.

회의 모습에 이르기까지 교회가 규범적 공론장 형성에 어떠한 영향을 주고 받았는가에 따라 희비가 엇갈렸던 모습을 살펴보았다. 대체로 공론장에서 행한 교회의 역할이 당대 사회의 소외되고 가난한 이들로부터 동의와 공감을 받았던 시기의 천주교회는 신자는 물론이고 사회로부터도 인정과 지지를 얻는 데 어느 정도 성과를 거두고 있다는 사실을 여러 지표들을 통해 확인할 수 있다. 박해 시기 지배계급의 이론 체계에 반하는 평등사상의 논리로 인민에게 다가섰던 교회, 1970~80년대 독재의 시대 저항의 현장에서 시민사회의 질식된 정치적, 사회적 욕구의 가장 중요한 통로 역할을 했던 교회는 많은 이들의 심상에서 공공성을 지닌 종교로 인식될 수 있었다. 반면 3·1운동을 전후로 한 일제시기의 교회는 '반봉건', '반제국주의'라는, 당대 한국 사회가 지향했던 공론장에 부합하지 못하면서 공공성을 상실하였다. 또한 일제시기 반봉건, 반제국주의 운동을 거치면서 해방과 친일청산, 사회 개혁과 같은 진보적 이슈들이 지배적 위치를 자리잡아 가던 상황에서 한국 천주교회는 월남한 개신교 신자들과 더불어 매우 강력하고 공고한 내적 체계를 갖춘 반공주의를 제시하면서 해방정국의 지배적 공론장을 '멸공' '친미' '반북한' 같은 가치들로 전환하는 데 중요한 역할을 하였다.

여기서 주목할 점은 한국천주교회의 주류가 공공성을 상실하였던 일제시기와 해방정국 그리고 군사독재정권 시기에 주류와 다른 목소리를 낼 수 있었던 이들은 하위 성직자를 포함한 평신도들이었다는 점이다. 이렇듯이 천주교회의 공공성 회복과 관련해서 평신도의 역할의 중요성에도 불구하고, 오늘날 교회는 가난한 이들의 희생을 담보로 맘몬을 섬기는 자본주의에 맞서지 못하고, 자본주의에 포섭되어 부유함을 선택하는 일을 곳곳에서 벌이고 있다. 이런 이유로 지난해 불교, 개신교, 천주교 3대 종단의 평신도들이 모여 내놓은 '종교개혁 없이 사회개혁은 불가능하다'는 외침[44]은 오늘날 각 종단 처지의 상이함을 고려하더라도 여전히 유효한 선언이다. 종교의 공공성 회복을 위한 논의에서 평신도의 역할이 중요한 이유는 중앙집권적이고 수직적인 교계 구조상 성직자들의 참여가 쉽지 않은 이유도 포함된다. 종교 내부의 적폐를 외면하면서 세상을 향해서만 정의와 개혁을 논한다면 누가 동조할 것인가? 이를 위해서는 먼저 평신도들이 중심에 서고, 여전히 종교 권력의 일부를 나눠 갖고 있는 각성된 성직, 수행자들과 함께 종교의 공공성 회복 운동 전면에 서야 한다.

그렇다면 오늘날 한국천주교회의 공공성 회복을 위한 구체적인 개혁 과제는 무엇일까? 2017년 연말 발표한 '불교·개신교·천주교 종교 개혁 선언문'에는 천주교의 개혁과제로 다섯 가지를 언급하였는데, 이 과제들은 여전히 현재 진행형이라는 점에서 강조할 필요가 있다. 먼저 첫 번째, 교회는 대형의료 시설과 사회복지 시설을 통한 자본증식 활동에 사목 에너지를 낭비하지 말고, 이윤 추구 사업에서 물러나 가난한 이들을 위한 교회에서 가난한 교회로 나아가야 한다. 둘째, 한국천주교회는 성직자 중심의 교회 운영 방식에서 탈피하여 모든 그리스도인이 한 형제자매로 교회 운영에 참여하

---

44 2017년은 종교개혁 500주년과 원효 탄신 1,400주년을 맞는 종교계의 뜻깊은 한 해였다. 그럼에도 어느 해보다 종교계 문제가 사회적 이슈로 부각된 한 해이기도 했다. 종교인 과세, 대형 교회의 목회 세습, 성평등 개헌, 낙태죄 폐지, 종교 내부 적폐 등을 둘러싸고 종교가 시민사회와 신자단체, 정부·정치권과 갈등을 빚는 양상을 보였고, 이로 인해 종교의 공공성 논란이 적지 않게 불거졌다. 이에 한국 주요 종교의 시민단체와 지식인들로 구성된 불교·개신교·천주교 종교개혁선언 추진위원회는 2017년 12월 28일 '불교·개신교·천주교 종교 개혁 선언문'을 발표하였다. 이들은 선언문에서 "성직자와 수행자들의 타락은 이미 임계점을 넘었다"고 규정하고, 신자들이 교단의 구조적 병폐, 제도적 모순과 적폐를 청산하는 데 나설 것임을 천명했다. 엄주엽, 〈논란 컸던 종교의 공공성, 개혁 외침 커져〉, 《문화일보》, 2017년 12월 29일자.

도록 해야 한다. 셋째, 인간의 노동이 자본보다 우위에 있다는 교회의 가르침에 따라 해고노동자, 비정규직 노동자의 목소리에 귀 기울여 연대해 온 만큼, 같은 기준으로 교회도 돌아보아야 한다. 넷째, 한국천주교회는 지역공동체와 이웃종교를 외면하면서까지 벌이고 있는 순교성지 성역화 사업이 순교정신과 복음 정신을 바탕으로 이웃종교와 역사를 배려하는 진정한 성지가 되도록 노력해야 한다. 그리고 마지막으로 우리 신앙인들은 모든 피조물의 집인 지구가 상처받지 않도록, 4대강의 재자연화, 탈핵 등 자연을 중심으로 한 지속가능한 사회로의 전환을 위해 '즐거운 불편'을 몸소 실천할 것이다.

8. 3·1운동 100주년과 평화운동

2019년은 뜻깊은 해이다. 3·1운동 100주년의 의미 외에도 아시아에서 유럽에 이르기까지 평화의 의미를 되새길 수 있는 일들이 일어난 해이기 때문이다. 1919년 유럽에서는 제1차 세계대전이 끝나고 파리 평화회의가 열렸다. 같은 시기에 베트남, 중국, 인도, 중동, 라틴아메리카 등에서 비슷한 성격의 '탈식민 운동'이 동시적으로 일어났다. 그러나 폭력적 억압을 경험하며 우리의 탈식민 운동은 좌우로 분열되었고, 그 뒤 기나긴 냉전이 이어졌다. 권헌익에 따르면 1919년은 국가가 주도하는 서구 세계의 평화 담론과 '남녀노소'가 외친 비서구 세계의 평화 담론이 교차했던 분기점이다. 그는 파리 평화회의에서 서구의 지도자들이 논했던 평화가 '위로부터의 평화' '외교 행위로서의 평화'였다면 3·1운동이 보여준 평화는 '아래로부터의 평화' '사회적 실체로서의 평화'라고 해석했다.[45] 나아가 3·1운동은 당시 개신교, 천도교, 불교의 지도자들이 민족대표를 자임하고 독립선언서에 서명한 것을 시작으로 함께 참여한 시민, 학생 그리고 전국의 각 종교별 조직을 통하여 거족적 민족운동으로 승화되었다. 일제시기 반봉건, 반제국주의 운동이라는 당대의 공론장에 종교가 적극 부응한 모범 사례로 의미가 있다고 할 것이다. 3·1운동 100주년을 앞두고 꾸려진 종교개혁연대는 지난해 개신교, 불교, 천주교 3대 종단의 '종교개혁 500주년 종교 적폐 청산을 위한 종교인 선언'이 모태가 되었다. 100년 전 독립운동을 선도했던 종교가 어느덧 '종교개혁 없이 사회개혁은 불가능하다'는 선언을 할 정도로 무소불위의 권력이 되어, 공공성을 상실한 현실을 고발한 것이다. 이 선언의 후속 모임으로 꾸려진 종교개혁연대는 3·1운동 100주년을 기점으로 구체적인 실천을 모색하고자 하는데, 크게 두 가지 면에서 실천 방향을 잡아 갔으면 하는 바람이다. 우선 첫째로 3·1운동 100주년의 현재적 의미는 당면한 남북문제의 평화적 해결이고, 3·1운동이 보여준 '아래로부터의 평화', '사회적 실체로서의 평화'의 의미를 살린다는 의미에서 평화체제로 가기 위한 종교계의 협력과 공동실천 방안 모색이 중요하다고 본다. 두 번째로 평화체제를 향한 종교계의 사회적 역할과 기능 회복과 함께 당장 눈앞에 현안으로 불거진 종교 적폐 청산을 위한 연대와 협력 또한 그 어느 때보다 절실하다.

---

45 권헌익, 「세계평화와 한국학, 1919-2019」, 『제9회 세계한국학대회』 자료집, 한국학중앙연구원, 2018, 22~27쪽.

여성의 관점에서 성찰한
조선 천주교회의 신앙과
3 · 1독립운동

최우혁 / 서강대학교 종교연구소 선임연구원

1. 조선-식민지-한국의 역사 안에서 천주교의 정체성

3·1운동 백주년을 맞이하면서 한국천주교회가 지난 100년을 되돌아보며 반성하는 것은 한반도에 공존하는 이웃종교들과 더불어 다가오는 새로운 세기의 평화를 향한 한 걸음을 내딛는 것이기에 그 의미가 크다. 나아가 한국 사회에서 상대적으로 정상성을 인정받는 종교들 안에서 자기반성을 지향하는 종교인, 각 종교 내부의 신학자, 종교 운동가들이 모여서 지난 100년의 한국 역사 안에서 겪은 영욕의 흔적을 모으고 반성하는 것은 지금 시작하려는 출발선을 확인하는 작업으로서 의미가 있을 것이다.

그렇다면, 함께 과거를 반성하는 현재의 자리는 어디이고, 반성의 시작과 그 관점은 무엇에 기초하는가? 천주교가 한반도에 소개된 지 230년을 지나는 이 시점에서 지나간 교회의 역사는 어떤 공동체의 기억으로 자리할 것인가? 천주교회가 그 시작에서 박해를 견디며 지켜낸 신앙의 모습은 어떠했으며, 그 신앙이 망국과 일제 식민 강점기를 거치는 동안 국가와 어떤 관계를 맺었는지, 독립을 향해 어떤 노력을 했는지를 반성하는 것은 21세기 천주교의 위상과 신앙의 성격을 가늠하고 미래사회와 어떤 관계를 맺을지를 설정하는 시금석이 될 것이다.

종교는 신자들의 공동체를 기반으로 구성되어 그 존재이유와 가치를 획득한다. 그렇다면 한국천주교회의 지도자들은 공동체가 공유해야 하는 신앙의 내용을 예수 그리스도의 복음에 따라 제시하였는가, 나아가 종교 공동체 안에서 종교 지도자들과 신자들의 입장이 일치하지 않는 상황이 발생했을 때, 그 갈등의 원인은 무엇이었으며 어떻게 갈등이 해소되었는가를 분석하고 반성하는 것은 신자들이 어떤 관점에서 종교 지도자들을 따르고 비판할 수 있는가를 결정하는 전거가 될 것이다.

이 글은 이 땅에서의 역사가 시작된 이래 가혹한 박해의 시기를 견디어낸 조선천주교회의 제도가 3·1운동을 전후하여 일본제국의 조선 식민화 과정에서 변질되어 가는 과정과, 이에 반해 자유와 독립을 위해 항거한 신자공동체의 역학관계와 역사를 분석하고 비판함으로써 통일 이후 시대에 나아갈 교회의 방향을 전망하려는 의도로 집필되었다. 더불어 신자공동체의 2/3를 차지하는 여성신자들의 신앙생활과 활동을 발굴하고 복원함으로써 한국천주교회 역사의 한 축을 복원하려는 작업으로 시도되었다.

2. 조선천주교회의 시작과 박해의 역사 100년

그리스도교회는 사도들의 정통성을 주장하는 정교회, 로마를 기반으로 예수의 첫 제자인 베드로의 수위설을 따라 교황직을 정점으로 하는 가톨릭교회(천주교)와, 루터의 종교개혁을 기점으로 하는 개신교(기독교)로 크게 나뉜다. 천주교가 언제 한반도에 유입되었는가에 관한 논의는 임진왜란 때 일본의 무사가 조선의 어린이 200여 명에게 대세를 주었다는 1592-1593년 설과 일본으로 간 12세 소년이 1592년 12월에 예수회신부에게서 세례를 받은 것에서 시작되었다는 입장,[1] 북경을 왕래하던 사신들이 서양 선교사들이 쓴 책과 사상을 수입하여 '서학'으로 부르며 지식인들 사이에 전파되었다는 입장으로 나뉜다. 천주교회와 조선 사회 사이에 의미 있는 관계가 맺어진 것은 조선의 사신들이 북경에서 서양 선교사들을 만나고 그들의 문물을 받아들인 것이라 할 수 있겠다.[2] 권철신과 성호학파의 신진 학자들은 1779년 무렵에 주어사와 천진암에서 유교와 천주교의 가르침을 강학하면서 유교의 부족한 부분을 메울 수 있는 새로운 방법론으로 서학인 천주교를 수용하였다.[3]

1) 평신도 중심의 교회공동체-학문공동체와 신앙공동체의 공존

조선천주교회는 사신으로 북경에 간 이승훈이 1784년, 그라몽 신부에게서 베드로란 이름으로 세례를 받은 것에서 그 기원을 찾는다. 그는 귀국 후 이벽, 정약용, 정약전, 권일신 등과 신앙공동체를 형성하였다. 이벽은 이들 중에서도 서적을 통해서 익힌 대로 천주교의 신앙을 실천하였고, 10여 명의 결심자와 함께 이승훈에게서 대세를 받았다.[4]

---

1 한국교회사연구소, 『한국 천주교회사』, 1권, (서울: 한국교회사연구소, 2009), 115-116 쪽.

2 한국교회사연구소, 앞의 책, 117-124쪽: 청에 1637년부터 이승훈이 북경에 간 1783년 까지 총 167회 사신을 파견하였다. 이 기간에 천주교의 교리서와 함께 각종 과학 서적 이 유입되었다. 이수광은 이미 1611년까지 세 차례 북경을 다녀오고 348종의 책을 분류하여 『지봉유설』(1614)을 서술하였다. 그 내용 중에 마테오 리치의 『천주실의』와 천주교의 교황제도에 관한 언급이 들어 있다.

3 한국교회사연구소, 앞의 책, 227-236쪽.

4 한국교회사연구소, 앞의 책, 246쪽: 북경의 구베아 주교는 1790.10.6 로마 포교성성의 안토넬리 주교에게 서한을 보내서 조선에 천주교가 탄생한 것을 알리고 1,000여 명의

조선왕조의 통치이념인 유교의 질서를 상대화한 천주교 신앙의 등장은 하늘(天)의 관점에서 모든 인간을 평등하게 보는 사상으로 조선의 유교 질서를 개편하려는 경향을 가지고 있었다. 초기의 천주교회는 명동의 후미진 곳에 자리한 김범우의 집에서 모이고, 교세를 확장해 나갔다. 하지만 그들의 모임을 이상하게 여긴 이의 밀고로 '을사추조 적발사건'(1785)이 발생하였고, 중인이었던 집주인 김범우는 모진 고문을 당하고도 신앙을 포기하지 않아 유배를 가기에 이르렀고, 마침내 조선천주교회의 첫 순교자가 되었다.[5] 또한 조선천주교회의 시작은 성인 남성들이 주도하였지만, 여성들과 평민, 천민의 개종자가 급속히 늘어나기 시작한 것은 인간이면 누구나 하느님의 모습으로 창조되었기에 모든 인간의 관계가 평등하다는 교리 때문이었다. 양반과 상민으로 나뉘는 계급사회의 질곡에서 천주교 신앙을 통해서 새로운 사회의 해방을 맛보았고 인간으로서 존엄성을 누릴 수 있다는 희망을 갖게 된 것이었다.[6] 천주교 사상은 양반들이 앞장서 중국에서 유입된 책을 번역하고 전파함으로써 왕조사회의 대안이론으로서 새로운 삶을 가르치는 신앙 지침인 동시에 계급을 넘어서 새로운 사회를 꿈꾸는 이들에게 실천을 통한 기쁨을 주었다. 하지만 서학과 천주교 공동체는 곧 저항에 부딪치게 되었고, 100여년에 걸친 박해의 시대가 시작되었다.[7]

1789년 무렵, 중국에 입국한 아우구스티노 수도회의 오르티즈 신부가 쓴

신자가 세례를 받았다고 하였다.

5 한국교회사연구소, 앞의 책, 255-265쪽; 양반들이 중심이 된 교회의 첫 사건이었다.

6 황종렬, 『한국 가톨릭 교회의 하느님의 집안 살이』, 가톨릭사상총서 8, (경산: 대구가 톨릭대학교출판부, 2015), 76-78쪽.

7 신해박해(1792-1800), 신유박해(1801), 기해박해(1839), 병오박해(1846), 병인박해 (1866)로 이어지는 박해의 시대를 맞이하였으며, 그 기간에 순교한 이가 만여 명에 이르는 것으로 추산된다.

교리서『성교요절』은 조상제사에 관한 문제를 다루고 조상제사를 금지하는 내용을 담고 있었다. 1790년 윤유일은 신주와 제사에 관해 북경에 상주하던 구베아 주교에게 질문하였고, 주교는 단호한 금지 명령과 함께 제사 금지서를 주었다. 이에 1791년 신유년에 호남 진산군에 살던 윤지충은 모친상을 당하고도 제사를 지내지 않고 신주를 불태웠다. '진산사건'으로 불리는 이 일로 조선 천주교는 유교를 통치이념으로 하는 왕조국가와 돌이킬 수 없는 갈등 관계에 돌입하였고, 신해박해를 겪게 되었으며 양반 신자들의 많은 수가 신앙을 포기하는 계기가 되었다.[8] 또한 학자들이 중심이 되어 신앙을 지도하고 성직자의 역할을 하며 전례를 행하는 '가성직제도'가 올바른 방식이 아닌 것을 알게 되어서 사제를 영입하기 위한 노력을 시작하였다.

천주교를 신앙하는 남녀가 양반, 중인, 상인 계층의 차별을 무시하고 함께 모여 전례를 행하고, 결혼하지 않은 여성이 머리를 올리고 결혼한 것으로 꾸미는 등은 미풍양속을 해치는 반사회적인 행동으로 판단되었으며, 제사를 거부하는 것은 천륜을 어긴 심각한 죄로 참수형에 이르게 되었다.[9] 하지

---

8 한국교회사연구소, 앞의 책, 296-307쪽; 황종렬, 앞의 책, 87-104쪽: 상징이 담고 있는 역사적 실재로서 예수 그리스도의 하느님 나라 선포와 천명에 순종하는 동시에 부모의 자애에 대한 효를 보지 못한 바티칸의 오만한 결정이 내린 비극이라고 평가한다.

9 조광 엮음,『조선왕조실록 천주교사 자료모음』, 한국순교자연구 1, (서울: 한국순교자현양위원회, 1997), 30-32쪽; 66-69쪽. 천주교신자들이 조상제사를 거부한 것은 로마교황청에서 조상의 신위에 절하는 것을 우상숭배로 판단하고, 금지하였기 때문이었다. 이는 유교 사회에 정면으로 도전하는 행위로 판단될 수 있는 근거가 되었고, 초기 천주교회를 구성한 양반신자들이 신앙을 버리는 계기로 작용하였다. 교황 베네딕토 14세는 1742년 칙서 〈엑스 쿠어 싱굴라리〉(Ex quo Singulari)를 통해 조상제사에 대한 금지 명령을 내렸고, 1790년 북경의 구베아 주교는 교황령에 따라 조선천주교의 제사문화에 부정적으로 대답하였다. 이후 1791년 5월, 신자 윤지충이 어머니를 여의었는데, 그의 어머니 권씨는 평소에 자신의 장례식에 천주님의 법에 어긋나는 것을 하지 말라고 당부했다. 윤지충은 외종형 권상연과 상의 후 어머니의 유언과 교회의 지시에

만 곧 이어지는 오랜 박해에도 불구하고 천주교 공동체가 유지된 것은 바로 신앙을 수용한 이유가 분명했고, 조선 사회의 가치와 전혀 다른 평등사상을 실현하는 사회를 시작했다는 것에서 근대가 시작된 기점이 되었다고 할 수 있다.[10] 이렇듯 조선 천주교회의 탄생은 평신도들이 자발적으로 신앙을 받아들이고 공동체를 이루었으며, 신앙을 토대로 사회적 패러다임의 전환을 시작했다는 면에서 큰 의미를 갖는다.

2) 박해시대의 조선천주교회와 여성공동체의 활약

중국인 주문모 신부는 1794년 12월, 조선에 입국한 첫 천주교 사제였다. 박해의 시기가 시작되면서 공적인 활동이 불가능했던 주문모 신부는 여성 신도인 강완숙 골롬바(1760-1801)의 집에 은거하면서 사제로서의 직무를 시작할 수 있었다. 강완숙은 충청도 내포 양반의 서자 덕산 홍지영의 후처였다. 1791년 이전에 남편의 친척에게서 복음을 듣고 신앙생활을 시작하였으며, 1791년 신해박해 이후 서울로 와서 활동하였다. 주문모 신부는 그에게 세례를 주고 여성들을 가르치는 회장직을 맡겼다. 이어서 주문모 신부를 자신의

따라 상례는 갖추었으나, 음식을 차리거나 신주를 모시는 의식은 하지 않았다. 결국, 윤지충과 권상연은 배교를 거부하고, 그해 11월 8일에 사형이 선고되었다. 이를 진산 사건(정조실록 33권, 15년 10월 20일, 15년 11월 8일)이라 하고, 이후 천주교를 사교로 규정하여 미풍양속을 해치는 종교로 탄압하는 근거가 되었다.

10 한국교회사연구소, 앞의 책, 247-251쪽; 황종렬, 앞의 책, 63-69쪽: '천주는 만인의 아버지'라는 하느님 아버지 인식은 '모든 이가 천주의 자식'이라는 형제자매의식으로 이어진다. 국왕의 통치권을 인정하면서도 동등한 인권을 선언하는 평등의식이 형성된 것이며, 반상의 차별을 넘어서서 공동체를 형성하고 변혁을 향한 연대책임을 갖게 되는 것이다.

집에 모시고 교회공동체를 돌보았던 강완숙 골롬바와 여성들은 조선천주교회가 사제를 중심으로 정상적인 교회 활동이 가능하도록 하는 기반이 되었다.

강완숙과 생활공동체를 이룬 여성들은 대안가족을 형성하였고 강완숙의 집은 집회장소의 역할을 하였다.[11] 을묘 사건 이후 강완숙의 집은 주문모 신부를 비밀리에 모시고 여성들을 중심으로 신앙공동체를 키워 나갔다. 조선 천주교회의 여성들은 남성과 대등한 영혼을 가진 존재로 확인되었고, 남성 신자들과 대등한 수준에서 교회의 업무에 참여하였다. 천주교는 여성들이 자신의 의사에 따라 혼인하는 것을 장려하였고, 일부일처제의 원칙을 강조하여서 축첩제도와 중혼을 죄악으로 가르쳤다. 남녀차별을 금지하는 신앙을 통해서 여성들의 존엄이 확인되었고, 여성들은 남성들과 동일한 역할을 맡아서 활동했으며, 남성 신자들은 여성 신자들을 동료로 신뢰하였다.[12] 강완숙이 전교한 이들 중에는 왕족인 은언군의 부인과 며느리가 있었고, 여성 동료들 중에서 이름이 알려진 이는 과부를 자처한 동정녀 윤점혜와 정순매가 있었다. 그들은 순교한 윤유일의 동생과 정광수의 누이로 함께 생활하면서 초기 교회가 선교의 중심이 되도록 공적 영역의 역할을 분담하여 활동하였다. 또한 궁녀였던 김섬아, 과부인 김흥년, 김순이가 있었고, 그들의 활동은 배교한 하녀 복점이 실토한 내용이 담긴 『사학징의』에 전해질 수 있었다.

---

11 김정숙,「천주교와 조선 여성의 만남」,『여성, 천주교와 만나다. 한국가톨릭여성사』, (서울: 한국가톨릭여성연구원, 2008), 72-76쪽: 강완숙의 집에는 동정녀로 여성들의 교리교육을 담당하고 신부를 보좌하는 여성들이 있었고, 그들은 공동체를 이루었다. 그들은 각기 능력에 따라 교회조직을 유지하고 경제활동을 하였다.
12 조광,『조선후기 천주교사 연구의 기초』, 경인한국학연구총서 79, (서울: 경인문화사, 2010), 79-83쪽. 교회법에 근거하여 여성들의 권익이 신장되었고, 여성의 사회적 역할을 긍정적으로 인식하였다고 평가한다.

이처럼 천주교회의 여성들은 천주교의 사상을 이해하고 자발적으로 실천하여 신자들을 교육하고 경제활동을 하였으며, 이는 개화기 이전에 근대성의 맹아를 싹 틔운 것으로서, 그들은 근대 여성의 시초라 할 수 있다.[13]

사제 영입과 신자들의 헌신적인 전교 활동으로 1800년 즈음, 조선천주교회는 1만여 명의 신자로 구성된 교회로 성장하기에 이르렀다. 하지만 밀입국한 주문모 신부를 체포하려는 시도와 박해가 이어졌다. 1800년 6월, 정조 임금이 돌아가고 왕세자가 11살이라 증조모인 정순왕후가 수렴청정을 시작하면서 노론과 연합하여, 1801년 신유년 2월 22일(음1.10) 천주교를 '사교'로 규정하고 전국적인 박해를 개시하였다.

> 감사와 수령은 자세히 효유하여 사학(邪學)을 하는 자들로 하여금 번연히 깨우쳐 마음을 돌이켜 개혁하게 하고, 사학을 하지 않는 자들로 하여금 두려워하여 징계하여 우리 선왕께서 위육(位育) 하시는 풍성한 공렬을 저버리는 일이 없도록 하라 … 수령은 각기 그 지경 안에서 오가작통법(五家作統法)을 닦아 밝히고, 그 통내(通內)에서 만일 사학하는 무리가 있으면 통수(統首)가 관가에 고하여 징계하여 다스리되, 마땅히 의벌을 시행하여 진멸함으로 유종(遺種)이 없도록 하라. 그리고 이 하교를 가지고 묘당(廟堂)에서는 거듭 밝혀서 경외(京外)에 지위(知委)하도록 하라.[14]

정순왕후는 이 하교에서 오가작통법을 통해서 천주교 신자가 적발되면

---

13 김정숙, 앞의 논문, 79-87쪽.
14 조광 엮음, 『조선왕조실록 천주교사 자료모음』, (서울: 순교자현양위원회, 1997), 175-176쪽: 『순조실록』, 2권 1년 1월 10일(정해) / 대왕대비 사학 금지령.

연루자를 모두 처벌하는 가혹한 연좌제를 예고하였다. 이로써 주문모 신부의 입국에 관여한 윤유일과 지황, 사제를 숨겨준 최인길은 모진 고문으로 곧 순교하였고 정약용도 탄핵을 당했다.[15] 주문모 신부는 여신도 강완숙의 집으로 피신하여 성무를 지속할 수 있었지만, 지속되는 박해로 신자 400여 명이 유배당하고 주문모 신부와 황사영, 강완숙 등 공동체를 활발하게 이끌던 인물 100여 명이 처형당하였다. 이렇듯 극심한 박해가 시작된 것은 조선왕조 사회에서 천주 신앙이 필연적으로 변혁을 불러오는 시대적 사상인 것을 감지했기 때문이었다. 조선왕조의 조정에서는 천주교의 교리가 전파되는 것을 기득권에 대한 위협으로 인식하였고, 회유가 어렵다는 판단이 서자 국가의 질서를 전복하려는 집단으로 몰아서 극형에 처한 것이었다. 평신도 신학자 황종렬은 "근원적으로 천주교가 기존의 가부장제에 근거한 신분차별 질서와 여기에 근거한 정치 관계에 변화를 발생시킬 영성운동인 것을 충분히 감지하고 있었다."고 평가하였다.[16]

신유박해를 마주하면서 천주교 신자들은 전국으로 뿔뿔이 흩어져 교우촌을 형성하고 신앙과 삶의 공동체를 이루었으며, 이는 역설적으로 교세가 확장되는 계기가 되었다.[17] 신자들은 사제가 없는 상태에서 한글로 번역된 신앙 서적들을 함께 읽고, 구전으로 학습하여 신앙생활을 이어갔으며, 성화와 묵주 등의 성물 혹은 순교자의 자취를 간직하며 신심을 키웠다. 그들은 산

---

15 조광 엮음, 앞의 책, 186쪽;『순조실록』, 2권 1년 2월 9일(을묘) / 이가환, 이승훈, 정약용 탄핵.
16 황종렬, 앞의 책, 104쪽. 신유박해를 구체적으로 보도하는 자료인『사학징의(邪學懲義)』가 1971년 양화진순교자기념관에서 발견되어서 그 실상을 알게 되었다. (한국교회사연구소, 불함문화사, 1977 출판)
17 최선혜,「교회재건운동과 정해박해」,『한국 천주교회사』, 2권, (서울: 한국교회사연구소, 2010), 119-123쪽; 138-146쪽.

속에서 화전을 일구거나 옹기를 구우며 생활했으며, 비밀리에 모여서 첨례(미사와 의무축일의 전례)를 드리고 첨례를 통해서 성모마리아를 신앙의 모범으로 공경하는 신앙생활을 유지하였다. 신자들이 주로 옹기장이로 생계를 유지한 것은 옹기를 빚고 팔러 다니며 흩어진 식구들과 교우들을 찾을 수 있었기 때문이다. 사제가 없는 각각의 교우촌에서 회장의 역할은 매우 중요하였다. 이 시기 조선천주교는 전국적인 구심점이 없이 각 지역 교회가 비밀 연결망을 통해서 신앙을 이어나갔던 것으로 보인다.

이어 잠시 평온한 시기가 지나고 1827년 정해년에 전라도 곡성에서 사소한 다툼으로 천주교 신자를 밀고한 사건이 빌미가 되어서 박해의 불길이 다시 타올랐다[18]. 또 다른 기해박해(1839)에 이어 병인양요의 원인이 된 병인박해(1866)는 천주교 역사에서 가장 많은 8,000여명의 순교자를 낳은 박해로 기록되었다. 그리고 마침내 서구 세력이 물밀 듯이 조선의 땅을 넘어오면서 박해의 시대는 막을 내렸다. 이 시기에 관해 신앙을 지키기 위해서 대를 이어서 박해를 당해 온 조선천주교의 신자들이 조선왕조의 백성으로서 외세의 침략에 반대하여 국가의 위기를 걱정할 수 있는 여유와 미래를 전망할 수 있는 여력을 가지고 있었는가를 묻는 것은 섣부른 질문이라 할 수 있겠다.

---

18 최선혜, 앞의 논문, 179-190쪽: 정해박해를 겪은 신자들의 특징은 부유한 양반들이 있었고, 신앙을 위해 지방으로 이주한 이들이었으며, 서적을 통해 신앙을 보급하는 이들이 많았다. 옥중수기를 써서 박해의 상황을 알리고 영적 독서의 자료가 되도록 하였다. 긴 옥살이로 배교자도 많았고, 긴 옥살이로 순교한 이들도 많았다.

3. 대한제국 시기, 식민지배-저항운동기의 천주교

조선천주교의 신자들은 백성에게 이롭고 나라에 도움이 된다면 동서를 가리지 않고 새로운 문화를 받아들일 준비가 되어 있었다. 조선 후기의 정치가이며 사상가인 정약용은 유교와 천주교의 접점을 이루어 조선 후기 평등사회를 향하는 사상적 기반을 마련하였다. 그에게 중요한 것은 특정 종교나 사상을 따르는 것이 아니라, 하늘 아래 모든 인간이 존엄하게 살 수 있는 사회의 기반을 만드는 것이었다.[19] 그와 사상적 맥을 같이 하는 실학자들, 조선의 양반과 천민들이 천주 신앙을 받아들인 이유는 내세 이전에 현실을 개혁할 수 있는 논리와 방법을 천주교의 교리에서 발견했기 때문이었다. 한편 신앙공동체가 평등사상과 부활신앙의 가르침을 내면화한 것은 천주교 공동체가 지속적인 박해와 순교를 당하면서도 꺾이지 않는 힘의 근거가 되었다.[20] 부활을 통해 내세를 향한 신앙과 함께 현실을 바꿀 수 있는 희망을 포기하지 않았기에 고통을 넘어서는 근기를 발휘할 수 있었던 것이다.

1) 프랑스 선교사들의 입국과 교회공동체의 서구적 전환

조선 천주교 신자들의 지속적인 청원으로 바티칸은 조선천주교회에 관

---

19 조광, 『조선후기 천주교사 연구의 기초』, 경인한국학연구총서 79, (서울: 경인문화사, 2010), 101-102쪽. 정약용은 그의 논문 「탕론(蕩論)」에서 혈연에 기반을 둔 왕과 관리의 임명을 반대하고, 대중이 추대하여 선출하는 것을 주장하였다. 조광은 이를 천주교 사상의 영향이라고 평가하였다.

20 황종렬, 앞의 책, 107-115쪽: 하늘 사상의 혁명성과 하느님 가족으로서 고유한 이름을 갖게 된 것은 예수와 함께 자신들의 시대를 살아나갈 수 있는 힘의 근거가 되었다.

심을 갖게 되었고, 선교성의 여러 요인들이 작용하여 1831년에 조선 대목구가 설정되었다. 성직자를 요청하는 조선 신자들의 열정과 이에 감동한 교황과 포교성성의 관계자들, 조선 선교사를 자청했던 브뤼기에르 주교의 헌신적인 노력, 아시아에서 복음을 식민지 정복에 이용하는 포르투갈의 힘을 약화시키고 순수한 복음을 선교하려는 교황청의 의지가 어우러진 결과였다.[21] 하지만 선교를 위해서 조선에 입국한 프랑스의 파리외방전교회 소속의 사제들 엥베르, 모방, 샤스팅 세 명이 기해박해(1839)로 순교하였고, 병인박해(1866)로 8천여 명의 신도와 9명의 프랑스 선교사들이 순교하고 3명의 선교사들이 축출되었다. 이는 프랑스에게 자국의 선교사들을 보호한다는 명분으로 조선을 침략하는 빌미가 되었다.

홍선대원군은 1876년 일본과 강화도조약을 체결하고 쇄국의 빗장을 열었다. 이어 1882년 미국과 통상조약을 체결하고 서구 각국에 문호를 개방하였다. 1886년 한불조약을 맺으면서 프랑스 선교사들은 활동을 보장받고 변장을 위해 입었던 상복을 벗게 되었다. 또한 조선 안에서 여행도 할 수 있게 되었다. 1895년 조선정부는 1866년 병인박해 때 순교한 신자 일부에게 사면령을 내리고, 조선교구 8대 교구장인 뮈텔 주교는 고종을 알현함으로써 박해가 막을 내린 시기로 기록하였다. 선교사들이 치외법권을 인정받는 것에 이어서 1899년 교민조약을 통해 천주교 신자들도 일반인들과 마찬가지로 동등한 권리와 의무를 가지고 있음을 확인하였고, 1904년 선교조약을 통해서 선교사들은 선교의 자유와 지방 정착, 나아가 토지매입까지 가능하

---

21 조현범, 「조선 대목구 설정과 선교사의 입국」, 『한국 천주교회사』, 2권, (서울: 한국교회사연구소, 2010), 239-329쪽: 일련의 과정 끝에 1836년 처음 조선에 입국한 서양 선교사는 모방 신부, 두 번째 샤스탕 신부, 1837년 엥베르 주교가 입국하였다. 모방 신부는 1836년 김대건, 최양업, 최방제를 사제로 양성하기 위해서 마카오로 보냈다.

게 되었다.[22]

역사학자 조광은 '서학은 조선 후기의 신분제적 질서에 입각한 사회에 대하여 평등이라는 새로운 사상을 보급시킨 일종의 혁명사상'[23]이었다고 평가한다. 이렇듯 신자들의 공동체로 이어 오던 조선천주교회는 프랑스 선교사들의 입국으로 사제를 중심으로 구성되는 새로운 교회시대를 맞이하게 되었다. 박해시대를 마감한 조선천주교회가 자율적인 신자공동체의 시대를 지나서 프랑스 사제들에게 의지하게 된 이 시기의 신앙과 교계제도를 판단하기 위해서는 섬세한 잣대가 필요하다. 이후 천주교회는 바티칸의 교계제도에 순응하였고, 사제의 사목 활동은 복음에 못지않은 권위를 가지고 신자공동체를 이끌게 되었다. 내세 지향적인 복음 전파를 위해 순교를 마다하지 않았던 서구 선교사들은 조선의 국가적 위기를 인식하지 못하였고, 그들에게서 교육받은 한국의 사제들은 교계제도를 유학적 신분질서로 수용하는 한계를 보였다. 따라서 100년의 박해와 순교를 통해서 평등한 사회와 신분질서에서 해방되는 것을 희망했던 조선천주교회의 신자들은 목숨을 유지하는 대신에 교계제도에 순종해야하는 새로운 신분질서 안으로 급속하게 편입되고 있었다.

22 손숙경, 「박해를 딛고 세상으로 나온 교회」, 『여성, 천주교와 만나다. 한국가톨릭여성사』, (서울: 한국가톨릭여성연구원, 2008), 148-149쪽; 강인철, 『한국 천주교회의 역사사회학-1930-1940년대의 한국 천주교회』 (오산: 한신대학교 출판부, 2006), 34-39쪽 참조.
23 조광, 「신유박해의 성격」, 『민족문화연구』 13, 고려대학교 민족문화연구소, 1978.12, 86쪽.

2) 종교자유의 획득과 무너지는 국가질서, 신자공동체의 독립운동

일본제국은 본격적인 식민통치 이전에 외국인 선교사들에게 선교의 자유를 보장하고 신자들에게 종교의 자유를 인정함으로써 회유에 성공하였다. 신자들 또한 조선왕조에 의한 박해의 기억 때문에 가능한 중립적 입장을 취하려는 태도를 가지고 있었으며, 식민통치의 의미와 성격을 이해하지 못했던 것으로 보인다.

조선 천주교인들은 100년이 넘는 시간 동안 신앙을 지키기 위해서 국가로부터 박해를 당하고 순교에 이르는 모진 시간을 견뎌냈다. 신앙의 자유를 획득했지만, 또 다른 비극이 이미 싹트고 있었다. 그들을 억압했던 조선은 열강의 침략으로 흔들리고 고종은 을미사변과 아관파천을 겪으면서 1897년, 국운을 회복하기 위해서 국호를 대한제국으로 바꾸고 근대화와 개혁을 시도하였다. 급변하는 국제정세 속에서 1905년 11월 17일 제2차 한일협약 때 일본에 외교권을 강탈당한 대한제국은 일본 제국의 보호국 신세로 전락하였다. 1909년 7월 12일에는 대한제국의 사법권과 교도행정에 관한 업무를 일본에 넘겨주고(기유각서), 명목상의 국권만 보유하게 되었다. 일본은 전국적인 의병의 저항을 남한대토벌작전 등으로 무력 진압, 1910년 8월 22일 '일한병합조약'을 체결하고, 8월 29일 이를 공포함으로써 대한제국은 마침내 역사 속으로 사라지게 되었다.

1882년 조미통상조약 이후 천주교는 신앙의 자유를 바탕으로 급속하게 교세를 확장하여 1886년 14,039명이던 신자수가 1896년에는 28,802명으로 10여 년 만에 두 배로 늘었다. 교회는 안정을 위한 사회사업을 시작하였으며, 교회 건축과 특별히 고아원 설립에 관심을 가졌다. 역설적으로 1894년 동학혁명이 일어나자, 천주교인들은 서양 선교사들을 따른다는 이유로 다

른 조선인들에게서 적대시하는 대상이 되기도 하였다.[24]

조선천주교회를 지도하던 프랑스인 주교들은 박해 이후의 교회를 재건하기 위해서 노력하였다. 1857년 베르뇌 주교는 시노드를 열었고, 1887년 블랑 주교는 프랑스어로 『조선교회관례집』을 출판하여 조선의 선교사들에게 사목지침을 제시하였다. 그 내용은 7성사를 중심으로 신앙생활을 재건하는 것과 조선인들과 만날 때 주의해야할 사항들을 담아서 문화와 언어의 차이로 발생할 수 있는 갈등을 줄이기 위한 안내서라고 할 수 있는데, 이를 통해서 그들의 선교가 조선천주교인들이 겪은 박해시대의 의미와 신앙의 지평을 분명하게 인식하지 못했음을 알 수 있다.[25]

프랑스인 주교들은 식민지 조선의 천주교회가 종교기관으로서의 자립하기 위하여 일제의 제도에 적응하고 정치에 관여하지 않는 전략을 택하였으며, 따라서 조선의 독립을 위한 노력을 하지 않았을 뿐 아니라, 3 · 1운동에 참여하는 것을 금지하였다.

망국의 상황 안에서 발생한 사건들에는 1915년 8월 16일 일제가 발표한 〈포교규칙〉이 포함된다. 총 19개조로 구성된 통제안은 신도, 불교, 그리스도교만을 종교로 인정한다는 것과 대종교, 천도교는 유사종교로서 〈보안법〉과 〈집회취체에 관한 건〉의 적용 대상이 되었다.[26] 천주교의 경우, 특수한 상황은 교회의 수장이 서양선교사(프랑스인)이고, 프랑스 역시 제국주의적 침략을 하는 나라로, 자국의 입장을 반영한 주교들은 대한제국의 몰락보다는

---

24 손숙경, 앞의 논문, 160쪽.

25 조현범, 「《조선교회 관례집》의 간행」, 『한국 천주교회사』 4권, (서울: 한국교회사연구소, 2011), 106-113쪽.

26 양인성, 「일제의 식민지 지배와 한국교회」, 『한국 천주교회사』, 5권, (서울: 한국교회사연구소, 2015), 25-27쪽.

천주교의 교세를 확장하는데 더 큰 관심을 가지고 있었기에 일본정부나 일본교회에 의해 천주교회가 식민화 되는 것에 민감하지 않았다. 또한 일제는 선교회의 법인화를 승인함으로써 선교사들을 회유하는 데 성공하였다. 그 결과 1920년 5월 8일 〈재단법인 경성구 천주교회 유지재단〉이 설립되었고, 1924년 개편 과정을 거쳤다. 이어서 다른 교구들도 재단법인을 설립하였다.[27] 하지만 〈포교규칙〉 발표 이후, 천주교회는 교세 확장에 제한을 받게 되었고, 천주교 신자의 증가율이 감소하였다. 1900-1910년 사이에는 5.65%, 1910-1919년에는 2.10%로 인구증가율에도 미치지 못하게 되었다. 또한 생계가 어려운 신자들이 간도지방으로 대거 이주하여 1910년 1,723명에서 1914년에는 5,418명으로 증가하였다.[28]

조선천주교인들이 3·1운동에 참여한 기록을 구체적으로 소개한 교회사학자 윤선자는 교회가 교도권에 의지하는 것만이 아니라, 신자들의 공동체로서 그 의미를 회복해야 한다고 주장한다. 서울교구장 뮈텔 주교는 3·1 만세운동에 참여하지 않은 것을 모범적인 행동으로 생각하였고, 대구교구장 드망즈 주교는 만세운동에 참여하는 것은 신앙의 대죄를 짓는 것이라고 경고하였다. 하지만 개성에서 1919년 3월 3일에 시작된 천주교 신자들의 만세운동은 고양군과 시흥, 인천, 파주, 양평, 안성으로 경기도 지역에 들불처럼 확산되었다. 또한 단순한 만세운동만이 아니라, 폭력시위 양상을 보이기도 했다. 특히 1919년 4월 1일 밤에 안성군 양성면, 원곡면에서는 2,000여 명이 면사무소와 일본인 상점을 파괴하며 공격적인 시위를 하였고, 안성 본당

---

27 양인성, 앞의 논문, 21-34쪽 참조.
28 윤선자, 『일제의 종교정책과 천주교회』, 고려사학회 연구총서 8, (서울: 경인문화사, 2001), 77-81쪽 참조.

의 공베르 신부는 프랑스인으로는 유일하게 인도주의 입장에서 일본경찰에 쫓기는 만세운동자들을 성당에 보호하기도 하였다.[29] 만세운동에 적극적으로 참여한 대부분의 신자들은 성직자들의 제재 강도가 약한 공소의 신자들인 것을 볼 수 있다.[30] 3·1운동에 대한 신자들의 반응은 세 가지로 나뉘었다:[31] 첫째, 적은 숫자이지만 한국의 독립을 믿고 그를 이루기 위해서 당장에 필요한 일을 하는 신자들, 둘째, 천주교의 명예를 위해서 독립운동에 참여하는 것이 바람직하다고 보는 대다수의 신자들, 셋째, 모든 가능성을 체념하고 독립운동에 참여하는 것을 비난하는 신자들이다. 3·1운동 이후에 하우현 본당은 민족운동과 연관된 곳으로, 주임사제인 윤예원 신부는 처음에는 독립운동에 반대했지만, 상해임시정부의 선언서를 받고 입장을 바꾸어 독립운동에 협조한 것을 알 수 있다.[32]

초기 조선천주교에 정약용이 있었다면, 식민지 조선의 초기 독립운동의 중심에는 안중근이 자리한다. 한국 근대사에서 안중근 가문의 50여년에 걸친 독립운동을 이해하기 위해서는 그들 가문의 전통과 인적 구성, 사상적 기반, 경제력, 지지세력 등에 관한 종합적인 연구가 필요하다.[33] 1896년 천주

---

29 『한국근대사와 종교』, 한국사연구총서 42, (서울: 국학자료원, 2002), 296쪽.

30 윤선자, 앞의 책, 293-299쪽.

31 윤선자, 앞의 책, 301쪽.

32 윤선자, 앞의 책, 303-306쪽 참조.

33 오영섭, 「안중근 가문의 독립운동 기반과 성격」, 『교회사연구』 35 (2010), 228-240쪽. 안중근의 조부 안인수는 해주에서 부와 영향력을 가지고 진해현감을 지냈다. 아버지 안태훈은 동학농민란을 계기로 천주교에 귀의하고 1896년 말, 친지들과 가족들에게 복음을 전파하고 주변의 성인 남자들 99명이 세례를 받게 하였다. 그의 아들들은 독립운동에 깊숙이 관여하여 안중근의 하얼빈 의거(1909.10.26), 안명근의 독립운동(1910.11-1911.1)에 이어 안정근은 북간도를 거쳐 연해주 블라디보스토크에 이르는 지역을 오가며 독립운동과, 청산리 전투, 임시정부에서 활동하였다.

교 신앙을 받아들인 부친 안태훈의 인도로 안중근은 천주교 신앙을 따르는 적극적인 신자가 되었고 식민화되는 조선을 염려하는 그의 신앙과 달리 조선의 상황을 방관하는 외국 선교사들의 정치 불간섭주의를 비판하였고, 그 때문에 본당사제인 빌렘신부와 심한 갈등을 겪었다. 국가와 교회를 운명공동체로 인식한 안중근은 을사늑약 전후에 민족운동에 투신하려는 의도를 갖게 되었고, 애국 계몽운동을 시작하여 당시 한국인의 민족운동에 방관자로서 신앙만을 강조하던 프랑스 선교사들에 복종하는 것을 거부하였다. 다수의 무과 급제자를 배출한 무관의 가풍으로 경제적인 토대를 구축했으며 민족주의 정신이 강했던 안중근 가문의 사람들은 안창호, 김구와 구체적인 인연을 맺으면서 10여 명의 독립유공자를 배출할 만큼 독립운동에 깊게 참여하였다. "국가 앞에는 종교도 없다."고 했던 안중근의 결심은 천주교 신앙과 민족운동이 분리될 수 없다는 확고한 의식에 기초한 것이었다.[34] 교회사학자인 조광은 안중근이 애국계몽운동과 무장독립운동의 조화를 이룬 것을 우리 역사가 나아갈 방향을 제시한 것으로 높이 평가하고, 이제까지 올바른 평가를 거부했던 사회의 일부 세력들은 오히려 역사의 전개과정에서 도태되어야 할 존재들이었다고 비판하였다.[35]

나아가 안중근의 의거와 투옥, 서거를 목격한 그의 일족들은 천주교 신앙에 근거한 독립운동을 당연시하는 신앙과 사상의 일치를 보인다. 1919년 10월 15일 대한민국 임시정부가 발표한 선언서 〈천주교 동포에게〉는 30만 천주교신자들에게 신앙을 기반으로 독립운동을 하는 것이 천주의 명이라고

---

34 조광, 『한국 근현대 천주교사 연구』, 경인한국학연구총서 80, (서울: 경인문화사, 2010), 81-102쪽 참조.
35 조광, 앞의 책, 109쪽.

격려하였으며, 안중근의 동생인 안정근의 노력으로 발표된 것으로 추정된다.[36] 전문을 소개하는 것은 식민지 조선의 천주교인들이 박해와 순교의 열정에 이어 독립과 해방을 위해서 살아있는 신앙을 가지고 활동했던 것을 증언하고, 박해시대를 견뎌낸 자율적인 신앙공동체의 결기를 간직하고 있었음을 확인하기 위해서이다.

천주교 동포에게

여러분은 대한민족이 아닌가. 천주께서는 여러분의 선조를 우리 대한반도에 보내어 이 땅을 건설하고 여기에서 자유와 복락을 향유하게 하셨다. 여러분의 선조도 이 자비스러운 한국 땅의 우로(雨露) 가운데서 생장한 것이 아닌가. 그런데 대다수의 동포는 유혈의 괴로움을 맛봄으로써 자유를 획득하려고 급급하고 있는 이때를 맞아 30만에 가까운 천주교 동포의 침묵은 어떤 이유에서인가? 여러분은 한민족이 아님을 자처하려는 것인가? 아니면 천주님의 명령을 무시하는 저 민족의 노예가 되고자 하는 것인가? 만일 여러분이 진실로 천주님의 명을 받들려고 할진대 불의의 압박에 고통당하고 있는 이들을 위해서 솔선해서 일어나야 할 것이다. 그리고 정의와 자유를 위해서 죽는 사람은 천주님의 은총을 받을 것이다. 이것은 이민족간에 있어서도 그러하거늘 하물며 우리 동포 민족을 위함에 있어서랴. 듣건대 주교의 명령이 없어서 궐기하지 않을 것이라 한다. 그러나 주교는 프랑스인이다. 가령 여러분이 프랑스인이라면 이미 우리 운동의 필요성을 인정했을 것이다. 주교인 프랑스인에 있어서도 그러하다. 그런데 아무런

---

36 오영섭, 앞의 논문, 246쪽, 각주 72) 참조.

원조도 주지 않고 침묵을 지키고 있는 것은 다름이 아니라 외국인이 우리의 사업에 간여함으로써 장차 사랑하는 본국에 누를 끼치게 될까 염려하기 때문이다. 비록 종교적 관점에서는 주교가 여러분의 우두머리가 될지라도 민족적 관점에서 여러분은 일본인들에게 학살당한 한국민족의 남녀 형제자매가 아닌가? 만일 천주교도 동포 중에서 그러한 사람이 없다고 단언한다면 2천만 한국민족은 여러분을 일본인 이상으로 증오해야 할 원수로 간주할 것이다. 그러면 여러분 자신은 물론이요 천주교도 전체에 온갖 원한과 압박이 내릴 것이다. 30만 천주교 동포여, 아직 늦지 않았으니 궐기하여라. 민족이 자유를 획득하기 위하여, 그리고 자유의 국가를 건설하여 여기에 2천만 동포는 소리를 맞추어 천주님의 영광을 찬송할 것이다.[37]

또한 1919년 만주에서 천주교 신자들은 대한민국임시정부를 인정하고 무장독립운동을 시작하였다.[38] 간도지방에서 천주교인들이 중심이 된 무장

---

37 상해임시정부는 1919년 10월 15일에 '천주교 동포에게'라는 성명서를 발표하여 조선의 교회와 신자들에게 전파되도록 하였다. 『조선독립운동연감(1919)』, 『조선독립운동』 2, 207쪽은 이 사실을 기록하고 있다; 「천주교도에 대한 불온문서 - 1919년 11월 20일, 高警 제32899호, 지방민정휘보 평안북도지사 보고」, 강덕상 편, 『현대사자료』 25, 조선1, 3·1운동 1, 583쪽; 김정명 편 『조선독립운동』 I, 민족주의운동 편, 189-190쪽; 윤선자, 『한국근대사와 종교』, 한국사연구총서 42, (서울: 국학자료원, 2002), 255쪽, 각주 101) 재인용; 조광, 『한국 근현대 천주교사 연구』, 경인한국학연구총서 80, (서울: 경인문화사, 2010), 170쪽, 각주 75) 선언문 재인용.

38 조광, 『한국 근현대 천주교사 연구』, 경인한국학연구총서 80, (서울: 경인문화사, 2010), 160-181쪽 참조: 의민단은 1920년 6월 2일 이후, 왕청현 춘화향에서 천주교인이 중심이 되어 독립을 목적으로 조직한 무장 독립단으로 임시정부의 명령에 복종하였다. 단장 방우룡, 부단장 김연군, 참모장 김종헌, 영장 허은, 서무부장 정준수, 재무부장 홍림 등이 주축이 되었다. 대원은 약 300명이었으며, 소총 약 400정, 권총 약 50정, 수류탄 약 480발을 소유하여 충실한 군비를 갖추었다. 홍범도와도 제휴하여 활동을 하였으며, 이후 분리하여 독자적으로 행동하였다. 1920년 6월 이후 국민회·북로

투쟁은 3·1운동의 연장선에서 진행되었으며, 이미 1919년 2월 18일과 20일에 간도지역의 독립운동가 33인이 모여서 이후에 펼쳐갈 독립운동의 방향을 논의하였다.[39] 또한 "야소교, 천주교, 대종교, 공자교의 각 유력자의 연락을 밀접히 하고 같은 교도 및 지기를 권유한다."[40]고 합의하였고, 이에 따라 1919년 3월 13일 용정에서 독립만세 시위가 있었다. 이 시위 이후에 간도의 전 지역에서 치열한 독립운동이 시작되었고, 그 성격이 무장저항운동으로 전개되었다. 당시 무장단체의 인원은 3,700명으로, 그 중 종교단체를 배경으로 하는 이들이 67.5%를 차지하는 2,500명이나 되었다.[41] 1919년 3월 16일, 장백현의 천주교 신자 30여 명은 압록강 대안의 혜산에 있던 일본 경찰서를 무장 습격하였고,[42] 1920년 중국과 조선의 변방지역에서 1,631회에 걸쳐 무장독립투쟁을 한 기록이 있다.[43] 이는 조선천주교의 주교들이 비폭력을 강조하던 것과는 상당한 차이를 보이는 민족주의적 투쟁이었다. 1909년 10월 26일, 하얼빈에서 거사한 안중근은 바로 신앙인으로서 결단과 양심을 따라서 항거한 무장투쟁의 초기 모습이라고 할 수 있을 것이다.[44] 교회사학

군정서·광복단·의군단·신민단과 대한민국임시정부에서 파견된 안정근·왕삼덕의 조정으로 연합 활동을 폈다. 1920년 10월 청산리전투에도 참여하였으며, 그 뒤 노령 자유시에서 참변을 겪고 해산하였다. 이후 안중근의 친동생인 안공근은 천주교 신자로서 상해에 망명하여 임시정부에서 활동하였다.

39 조광, 앞의 책, 161-167쪽.
40 조광, 앞의 책, 161쪽, 각주 37):『조선독립운동사』3, 13쪽.
41 조광, 앞의 책, 162쪽, 각주 41.
42 조광, 앞의 책, 162쪽, 각주 39.
43 조광, 앞의 책, 162쪽, 각주 42) 재인용: 최봉룡,「재만 조선인 반일민족독립운동에서의 종교의 역사적 지위에 애하여」,『한국독립운동사의 제문제 - 김창수 교수 화갑기념 사학논총』, (서울: 범우사, 1992), 226쪽: 일본외무성, 1920.10.20『고경(高警)』34, 381호 문건.
44 조광, 앞의 책, 104-107쪽 참조. 안중근은 의병 참모중장의 자격으로 독립전쟁으로 일

자인 조광은 「천주교 동포에게」를 선언한 이들이 간도지역의 천주교 신앙 공동체를 기반으로 활동하였으며, 그들의 무장투쟁은 자기희생을 각오한 예언자적 행동이었고, 한국교회사의 중요한 부분이라고 평가하였다.[45]

4. 천주교 여성들의 희망, 좌절, 적응과 신앙의 성격

1) 가부장제 교회의 근대여성교육과 천주교 여성

개항기 천주교와 여성의 관계에서 중요한 주제 중 하나는 여성신자들의 학교교육이 시작된 것이다. 천주교회의 첫 여성교육기관은 샬트르 성 바오로회 수녀들이 1899년 8월 제물포에 설립한 여학교였다.[46] 1900년에는 서울의 종현본당과 약현본당에서 여학생 교육이 시작되었으며, 1908년에는 샬트르 바오로 수녀원에 기숙사를 세워서 지방의 여학생들도 수용하게 되었다. 1900년에 제주에 부임한 라크루 신부는 1903년부터 소규모 여학당을 운영하기 시작하여, 제주도 최초의 사립학교인 신성여학교가 되었다.[47] 서울에서는 수녀들이 여학생들을 지도하였고, 지방에서는 여성신자가 그 역할을 하였다. 여성교육은 생활에 필요한 내용-국문, 산술, 역사, 지리와 함께 바느질, 육아, 세탁, 의복수선, 청소, 세탁을 중심으로 이루어졌고, 윤리 교

제의 총독인 이토 히로부미를 살해하였으며, 이토의 죄악을 15항으로 분류하여 그의 거사가 정당함을 주장하였다. 그중 14항은 '동양의 평화를 깨뜨린 죄'이다.
45 조광, 앞의 책, 181쪽.
46 한국교회사연구소, 『한국 천주교회사』, 4권, (서울: 한국교회사연구소, 2011), 281쪽.
47 한국교회사연구소, 앞의 책, 281-283쪽.

육을 강조하였다. 집을 떠나서 공교육을 받게 된 것은 긍정적인 변화였다. 여성들은 성모신심을 통해서 가정을 지키는 역할을 교육받았고, 그 신앙 안에서 삶의 기반을 놓치지 않고 일상을 이어 나갔다는 것을 의미한다. 이는 선교를 위해 조선에 도착한 수녀들이 여성교육을 통해 신앙교육을 시작하였기 때문이었다. 샬트르 성 바오로 수녀회는 1911년 이후에는 24개 본당에서 의료, 자선활동을 하였다. 23개 초등교육기관을 세우고 무료진료소를 운영하였으며, 1927년 5월에는 계성여자상업전수학교를 세웠다. 메리놀 외방선교회는 1920년 교황청의 설립 인준을 받고 1924년에 조선에 진출하였다. 포교 성 베네딕도회 수녀원은 1925년 11월 18일, 네 명의 수녀가 원산에 도착하였다. 1931년에는 올리베타노 성 베네딕도 수녀회가 연길에 도착하였다. 관상수녀회인 가르멜회도 라리보 주교의 초청으로 1939년에 입국하였다. 이렇듯 다양한 여자수도원들이 모두 여성교육에 관심을 가지고 한국에 진출하였고, 수녀원에 따라 일부는 여성교육을 담당하는 기관으로 역할을 하게 되었다.[48]

근대교육을 받은 여성들은 새로운 가정을 위한 주체로서 헌신할 수 있는 자신감을 배울 수 있었다. 문맹 타파와 언론 출판 사업은 교육사업과 함께 여성들이 의식 있는 개체로 성숙할 수 있는 기반이 되었다.[49] 따라서 구체적인 무장항일투쟁에 참여하지 않았다 할지라도 일상에서 독립을 위한 노력을 게을리 하지 않았음을 확신할 수 있는 것은 박해를 이겨낸 강완숙 골롬바의 초기 여성신앙 공동체에서 확인할 수 있듯이 조상들의 신앙과 결기가

---

48 한국교회사연구소, 앞의 책, 244-261쪽 참조.
49 신영숙, 「겨레의 수난을 견뎌 낸 교회여성」, 『여성, 천주교와 만나다. 한국가톨릭여성사』 (서울: 한국가톨릭여성연구원, 2008), 190-212쪽.

여성의 관점에서 성찰한 조선 천주교회의 신앙과 3 · 1독립운동 | **225**

그들 안에 자리하고 있었기 때문이다. 하지만 당시의 교육사업은 여성들에게 근대적이고 주체적인 자각을 불러일으키기에는 매우 미흡하였다.[50]

2) 식민지 한국의 민족의식과 신앙의 연계

3·1만세운동에 천주교 대표가 없었고, 가톨릭교회의 공식적인 참여가 없었다는 역사 때문에 천주교가 소극적이었다는 일반적인 평가는 이제 새롭게 해석되고 평가되어야 한다. 소수의 성직자들이 정교분리의 입장에 머물렀던 것과 대조되는 신자들의 참여 사실을 발견할 수 있기 때문이다.[51] 한국 교회사의 기초를 놓은 최석우 신부는 그의 논문에서 독립을 위한 신학생들과 신자들의 항거의 예를 구체적으로 제시한다. 조선 천주교회가 선교사가 아니라 새로운 사회를 열기 위한 신자들의 노력으로 시작된 것을 성찰할 때, 식민지 시대의 천주교회가 결코 침묵하지 않았음을 밝히는 것은 매우 중요하며, 21세기의 천주교를 쇄신할 근거로 그 의미를 찾을 수 있겠다.

안중근 가문의 여성들, 특히 그의 어머니 조마리아는 투철한 독립정신을 가지고 안중근의 민족운동을 격려하였으며, 안정근, 안공근의 독립운동을 돕는 것뿐 아니라, 연해주와 바이칼호에 이르기까지 동포들을 격려하며 활동하였다. 그가 옥중의 아들 안중근에게 한 당부는 이제는 누구나 아는 명

---

50 오영섭, 앞의 논문, 179-181쪽.

51 최석우, 「일제하 한국 천주교회의 독립 운동 - 3·1운동을 중심으로-」, 『교회사연구』 11 (1996, 12) 37-58쪽: 1909년 안중근 의거와 1911년 105인 사건들은 천주교신자들이 중심이 된 독립운동으로 볼 수 있다; 윤선자, 『한국 근대사와 종교』, 한국사연구총서 42, (서울: 국학자료원, 2002), 242-262쪽 참조.

문으로 남아 있다.[52]

> 옳은 일을 하고 받는 형이니, 비겁하게 삶을 구걸하지 말고 대의에 죽는 것
> 이 어미에 대한 효이다. 언도를 받는다면 깨끗이 죽어서 가문의 이름을 더
> 럽히지 않도록 빨리 천국의 신 곁으로 가도록 하라.[53]

여성으로서 독립운동에 특별한 모범을 보인 조 마리아는 당시 한국독립
운동의 정신적인 지주 역할을 하였다. 1905년 조마리아와 안중근의 동생들
은 상해로 이주하였고, 이어서 1910년에는 러시아 연해주의 크라스키노로,
1914년에는 니콜라스크로 이주하여 무장독립운동을 격려하였다. 안중근
의 아내인 김베로니카(1878-1946) 역시 1920년대 후반 상해로 이주하여 안중
근의 미망인으로서 시어머니와 함께 독립운동의 기반으로서 그들의 자리
를 굳게 지켰다. 안중근의 동생인 정근의 부인 이정서 역시 부호인 친정의
자금으로 조선의 청년들을 중국군관학교에서 양성하도록 후원하는 역할을
하였다. 안중근의 딸인 안성녀는 할머니 조마리아처럼 굳세게 그리고 비밀
리에 독립을 향한 활동을 하였다. 상해임시정부에 연관하여 독립을 향해
헌신하는 그들의 삶 안에는 천주의 진리를 향해 순교를 감내한 조선 천주교
인들의 천주신앙과 사회개혁을 향한 의지가 함께 자리하고 있었음을 확인
할 수 있다.[54]
안중근 가문의 신앙과 독립운동은 일반적인 천주교 신자들의 활동과 달

---

52 오영섭, 앞의 논문, 254-257쪽.
53 오영섭, 앞의 논문, 255쪽, 각주 100) 참조: 〈당찬 모〉, 《만주일일신문》, 1910년 2월 13
　일.
54 오영섭, 「앞의 논문, 257-260쪽.

리 단계에 따라 실천적인 애국운동에서 방법론의 변화를 보였다. 첫 단계로 을사늑약 직후에는 국채보상운동, 학교운영, 애국계몽운동에 참여하였다. 그러나 1907년 이후 일제의 강점이 가시화되면서 둘째 단계인 의병운동과 의혈투쟁으로 발전하였다. 1910년 경술국치 이후에는 국외로 망명하며 독립군을 양성하고 독립기지의 구축을 시작하였다. 대한민국 임시정부 수립 이후에는 그 요원으로 북만주, 상해 등지에서 활동하였고, 1930년대 이후에는 일제에 적극적으로 대항하는 특무공작과 결사활동을 하였다.[55] 안중근을 비롯하여, 천주교 신앙을 바탕으로 집안 전체가 3대에 걸쳐 독립운동에 참여한 것은 매우 독보적인 신앙 활동의 예라고 할 수 있겠다.

3) 3 · 1운동과 독립운동에 참여한 여성들의 연대와 근우회

식민지 시대의 천주교 여성들의 활동에 관해서 안중근 가문의 여성들을 제외하고는 크게 알려진 것이 없다. 천주교회가 제도화되는 과정에서 여성들은 공적인 자리에서 급속히 물러난 것으로 보인다. 제국의 식민 지배와 가부장제 유교의 질서로 재편된 교회 안에서 강완숙의 후예로 인정될 만한 여성 개인들은 눈에 뜨이지 않는다. 하지만 천주교의 많은 여성들은 수도회에서 지향하는 소명을 실천하는 가운데 자신의 이름을 묻고 익명의 수도자로 살아간다. 그러기에 천주 신앙을 기반으로 활동한 출중한 여성 독립운동가가 있었다 할지라도 그의 이름을 밝히기 위해서는 더 깊은 역사적 발굴과 신학적 연구가 필요하다고 하겠다.

---

55 조광, 『한국 근현대 천주교사 연구』, 경인한국학연구총서 80, (서울: 경인문화사, 2010), 111-143쪽.

1920년대 이후 여성교육이 확산되면서 여성해방에 관한 관심이 확대되었고, 여성교육은 자주독립을 위한 방법으로서 그 필요성을 인정받게 되었다. 3·1운동에 대한 반성으로 그 후속 운동을 활발히 전개하기 위해 전국에 여성청년회, 기독여성청년회, 부인회 등이 결성되었다. 하지만 계몽활동을 넘어서는 진전을 보이지 못하다가 1923년 경성고무공장의 여성노동자들의 궐기를 시작으로 새로운 국면이 전개되었다. 1924년 5월에 결성된 여성동우회는 여성의 경제적 독립을 역설하면서 제국주의 경제조직의 변화를 모색하였다. 또한 교육을 받은 엘리트 여성들이 중심이 되었지만, 여성 노동자들과 농촌 여성들을 포함하는 여성해방운동으로 시야가 확대되면서 사회주의 사상을 수용한 여성운동단체였다. 1926년, 여성동우회는 사회주의 여성들과 민족주의 계열의 종교계 여성들이 함께 모임으로써 운동의 동력을 키워 나갔다. 마침내 1927년 5월, 조선여자기독교청년회연합회의 유각경, 교육자 차미리사, 김활란, 황신덕, 언론인 최은희, 조선불교여자청년회의 김일엽, 김광호, 사회주의 계열 항일운동가인 정칠성 등이 모여 새로운 민족운동을 표방하는 근우회가 탄생했다.[56]

3·1운동 이후 언론기관의 등장으로 보다 넓은 정보수집이 가능했고, 교육계몽 운동으로 민족의식이 근대적 차원으로 고양되었다. 3·1운동이 단순한 민족주의 노선이었다면, 3·1운동 이후의 변화는 산업 질서가 다양하게 분화되면서 사회계층과 사상 또한 분화한 결과라고 할 수 있다. 특히 여성들이 독립적으로 전국단위의 연합조직을 결성하게 된 것은 여성교육의 결실이라고 할 수 있을 것이다. 근우회는 1930년 전국에 70개 지회와 2,000

---

56 정세현, 「근우회 조직의 전개」, 『아시아여성연구』 11, 숙명여자대학교, 1972, 12, 93-103쪽 참조.

여 명의 회원을 확보하기에 이르렀다. 하지만 사회주의 노선과 종교계의 노선이 제휴한 그 구성에서 근우회는 이미 갈등의 싹을 안고 있었다. 특별히 농촌여성들을 포함해야 한다는 당위에 비해 현실적으로는 농촌의 부인들을 설득하는 것이 쉽지 않았고, 1929년 12월 1일 발생한 광주학생들의 만세사건과 연관되어 일제로부터 탄압을 받게 되면서 내부의 모순이 첨예하게 드러나게 되었다.

가부장적 가족제도와 경제적 문제들에 관해 기독교계 여성들은 민족해방과 여성해방을 분리해서 사고하며 농촌여성들을 대상으로 하는 계몽운동으로 체제내적 순응주의를 선택하였지만, 함경남북도와 경상남도 일부지역에서만 구체적인 효과를 얻을 수 있었다. 반면에 사회주의 여성운동가들은 계급적 민족해방운동으로 여성문제를 해결하려고 하였다. 3·1운동을 함께 겪었던 여성들이 주체적인 존재로서 정체성을 정립하고, 여성문제를 해결하고 민족해방과 함께 이루기 위해 근우회를 결성한 것은 한국여성운동사에 의미 있는 사건임에 분명했다. 하지만 일제의 탄압과 함께 내부적인 노선 분열로 1931년에 해체된 것은 아직 성숙하지 않은 여성운동의 이념적 한계와 전국 조직을 운영하는 어려움을 그대로 보여준 것이라 하겠다.

5. 21세기의 독립과 평화를 향한 신앙고백과 종교연대

일제강점기 후반의 신사참배와 무장 항일운동에 첫 한국인 주교인 노기남 대주교와 한국 천주교회의 대응은 근현대 한국 천주교의 역사를 반성하는 데 주요한 요인이 될 것이다. 또한 그 시기의 천주교 여성들이 의지한 성모 신심은 신앙의 내용으로 전수되었지만, 식민지의 근대 사회를 살아가는 저항의 힘으로 연결된 것을 확인하기 위한 조사와 재해석 작업은 이루어지지 않았다. 이는 개인의 구원을 지향하는 신앙이 국가공동체의 전망과 연결되지 않았고, 따라서 신앙에 따라 삶을 개혁하기 위해 실천하는 것보다는 내세지향적인 신앙과 체제순응적인 삶이 평화를 지향하는 것이라고 왜곡된 것임을 비판해야 할 것이다.

그 시작에서 새로운 사회를 향한 새로운 패러다임으로 수용되었던 조선 천주교회의 신앙공동체는 양반에서 시작하였지만, 복음과 해방을 갈구하던 중인과 상민들에게 더 환영받는 신앙으로 자리 잡았고, 내세를 향한 부활신앙은 박해시기를 견디면서 현실의 고통에도 저항할 수 있는 기반이 되었다. 또한 안중근 의거와 간도지역에서 의민단을 결성하고 무장독립운동을 주도한 천주교인들의 활동은 3·1독립운동의 맥을 잇는 사건들로 그 의미를 회복할 수 있게 되었다. 이후 일제강점기와 해방 이후의 역사공간에서도 천주교 신자공동체는 소수이지만, 그 의미가 분명한 활동들을 통해서 역사의 등불로서 그 역할을 하였다. 한 예로 1970년대에 가톨릭농민회의 주도로 이루어진 생명운동은 전국적인 연결망으로 먹거리 문화를 바꾸었고 도시와 농촌이 함께 사는 협력을 이루는 데 크게 공헌하였다.

서구화된 교계 제도 안에 고착된 사제 중심적 가부장제를 극복하는 것은 여전히 깊은 반성과 쇄신을 필요로 하는 부분이며, 이웃종교와 함께 공존하는 미래를 전망하는 것은 오늘 한국의 상황 안에서 공유해야 하는 필수적인 인식의 지평이다. 따라서 박해시기 조선천주교회 평신도공동체의 신앙이 3·1독립운동의 정신적 기반이었음을 재확인하고, 그 신앙의 지평을 회복하는 것은 앞으로의 백년과 통일을 위한 출발점이 될 것이다.

3·1운동과 천도교

김춘성 / 천도교교서편찬위원

1. 시작하며

2019년 3월 1일, 3 · 1운동 100주년을 맞이하여 대한민국은 정부를 비롯하여 각 지방단체 등이 앞장서서 기념사업회를 발족하고 각종 사업을 전개하고 있으며 종교계 또한 비상한 관심을 갖고 있다. 2018년 7월 3일 출범한 '3 · 1운동 및 대한민국임시정부 100주년 기념사업추진위원회'는 대한민국의 과거 100년을 기억하고 현재를 성찰하여 미래 100년을 준비한다는 목표 아래 활동을 시작하였다. 지방자치단체들도 앞서거니 뒤서거니 기념관 건립, 학술연구, 교육, 홍보 등 다양한 사업을 전개하고 있다. 한국인이라면 우리 역사에서 자랑할 만한 사건으로 3 · 1운동을 꼽는 데 주저하지 않는다.

천도교인들에게 3 · 1운동은 더욱 특별한 의미를 지니고 있다. 3 · 1운동은 대한민국의 역사이기 이전에 천도교의 역사이기 때문이다. 역사에서 동학혁명과 3 · 1운동은 천도교 역사를 받치는 두 기둥이라고 할 수 있다. 그러나 100년이 지나고, 다시 100년을 향한 출발점에 선 지금, 두 기둥은 천도교의 전유물이 아니라 사회적 공유물이 되었다. 그 결과 동학혁명과 3 · 1운동을 말할 때 천도교적 의미가 많이 퇴색되어 앞으로 100년이 더 지나면 동학혁명과 3 · 1운동이 천도교와 전혀 관계없는 것이 되어버릴지도 모른다.

심지어 오늘날 역사학계의 일각에서는 3 · 1운동 100주년을 맞아 3 · 1운동이 재평가 되어야 한다는 움직임 속에서 3 · 1운동의 주체를 종교인이 아닌 탑골 공원에 모였던 학생들과 시민들로 보아야 한다는 주장이 제기되고 있는 실정이다. 지금까지 3·1운동의 성격을 규정하고 평가하는 문제가 역사학계의 주요 관심사로서 대두되면서 그에 따른 논란도 적지 않다. 독립선언서 공약 삼장의 작성자 문제라든가, 태화관의 독립선언문 낭독자등에 대해서도 이견이 있고, 민족대표 33인과 장소 변경문제에 대한 평가도 의견이 분분한 것이 사실이다. 그러나 당시 민족대표 33인이 모두 종교인이며 종교계가 앞장서서 3·1운동을 주도했다는 사실에 대해서는 누구도 이의를 제기하지 않는다.

당시 독립선언서에 서명을 하는 일은 죽음을 각오하는 일이었다. 그 가운데는 해외로 도피하거나 심문과정에서 독립운동을 포기하겠다고 대답한 사람도 있었다. 그러나 대부분 기회가 된다면 독립운동을 계속 하겠다고 의연하게 대답하고 있음을 볼 수 있다.[1] 종교적 양심과 생사를 초월하는 종교적 신념이 없이 3·1운동은 불가능하였다. 사람들이 종교인들에게 기대하는 덕목은 무엇보다 종교적 양심에 입각한 용기와 이를 실천하는 삶일 것이다. 이는 100년 전 그때나 100년 후인 지금이나 앞으로 100년 후에도 변하지 않으리라 본다.

3·1운동의 기폭제가 되고 그 이념을 담고 있는 독립선언서에 서명한 '조선민족대표'는 대부분 1년에서 3년의 징역형을 선고받았는데, 양한묵은 재판도중 옥중에서 순국(1919.5.26.)했고 손병희는 회생 가능성이 없을 만큼 병이 깊어진 연후에 병보석으로 풀려나와 투병 중 순국(1922.5.19)했으며, 이종일과 이종훈 역시 고문 후유증으로 몇 년 뒤에 순국(1925.8.31, 1931.5.2)하였다.

---

1 李炳憲, 『三·一運動秘史』, 時事時報社出版局, 1959. '3·1운동 비사'는 민족대표 33인의 심문기록과 전국 각 지역별 3·1운동의 전개 과정에 대한 개요 소개, 각 단체별 3·1운동 참여 및 그 이후 운동 전개 내용으로 구성되어 있다.

살아남은 분들도 변절한 3명을 제외하고는 출감 후에 일제에 대한 비타협적 태도로 일관하거나 만주로 진출해 독립운동을 전개하였다.

요즘 언론에 소개되는 종교인들의 부패와 타락은 상상을 초월하고 있어 종교인들의 실망과 분노를 불러일으키는 것은 물론 이를 바라보는 시민들의 눈살을 찌푸리게 한다. 한편에서는 불교를 비롯하여 기독교 등의 성직자의 비리나 부패를 청산하기 위해서 평신도나 재가자들이 나서서 혁신을 하려고 하는 움직임을 보면서 신선한 충격과 감동을 받게 된다. 이러한 종교인들의 각성과 실천운동이 훗날 3·1운동 100주년을 맞이하면서 이루어진 가장 의미 있는 일로 평가 될지도 모른다.

천도교는 성직자 제도가 없어서 출가와 재가, 성직자와 평신도의 차별로 인한 갈등이 존재하거나 '성직자가 타락하고 부패'할 여지가 없다. 규정과 제도에서 남녀의 차별도 없으며, 모든 교인들이 동일한 의무와 권리를 가지고 있다. 그럼에도 불구하고 오늘날 천도교의 여성 활동이나 청년문화가 활성화되지 못한 것이 큰 약점으로 지적되고 있다. 또 모든 분야에 전문가가 부족하여 미숙한 일처리로 인한 부작용도 만만치 않다. 그런 점에서 젊은 지성인들의 관심과 참여가 요구되고 있다.

물론 오늘날 천도교의 사회적 위상은 3·1운동 당시와는 비교도 할 수 없을 만큼 변해 있다. 2018년 9월 18일-20일에 평양에서 열린 남북정상회담에서 각 정치 경제 문화 사회단체들과 종교계 인사들이 참여하였으나 천도교가 제외되었다는 사실을 놓고 의견이 분분하였다. 그리고 이는 천도교의 교세와 무관하지 않다는 것을 누구나 인식하고 있다. 이러한 결과는 천도교인들에게 엄청난 충격과 상처를 주었다. 그러나 한편으로는 3·1운동 100주년을 맞이하여 천도교인들의 각성과 분발을 촉구하는 의미로 받아들여야 한다고 본다.

3·1운동은 천도교인들에게는 민족운동이기 이전에 종교적 신앙과 신념의 실천이었다. 따라서 매년 3·1절 기념식을 중요한 종교행사로 자리매김하여 오늘에 이르고 있다. 그러나 한편에서는 매년 반복되는 기념식 보다는 3·1운동의 역사를 바르게 정립하고 그 의미를 오늘에 살려내야 한다는 목소리도 높다. 3·1운동은 오늘날 역사가들에 의해 독립운동, 민족운동, 민족해방운동, 혁명 등으로 평가되고 있다. 그러나 한편으로는 종교적 실천운동이었다. 불심(佛心)과 신심(信心)과 도심(道心)이 서로 조화를 이루어 하나가 됨으로써 3·1운동은 전국적으로 확대되고 지속될 수 있었으며, 세계 약소국가, 약소민족 해방운동에 불씨가 될 수 있었다. 따라서 3·1운동 100주년을 맞이하여 3·1운동을 누가 주도했는지를 따지며 공과를 밝히는 것보다 3·1운동 당시 종교인들이 보여주었던 그들의 꿈에 대해서 생각해 보고자 한다. 이를 위해 당시 천도교가 종교적 신앙과 수도의 힘을 역사 속에서 어떻게 구현했는지 살펴보고자 한다.

2. 3·1독립운동 계획과 준비

1) 조직 강화와 49일 기도

천도교는 경술국치 이후 배일사상을 고취시키는 한편 결정적 시기를 기다리며 만반의 준비를 진행하였다. 군마다 교구(教區)를 설치하고 해당 교구 산하에, 면 단위 이하에는 전교실을 설위(設位)하고 위로 중요 권역별로 대교구(大教區)를 두어 관내 각 교구를 수시로 연락하는 한편, 그 대교구마다 의사원(議事員) 1인씩을 선출하여 중앙에 38인의 의사원으로 구성된 의사원(議事

院: 叢仁院)이란 기관을 두고 수시로 지방과 연락하였으며, 등사기 한 대씩을 각 대교구에 비치하고 중앙에서는 보성사 인쇄소를 경영하였으니 이는 유사시에 격문을 인쇄 배포할 준비였다. 무오년(1918) 10월에 손병희는 중요 간부 중 박인호, 권동진, 오세창, 최린과 회합하여 독립선언 준비를 시작한다. 교회의 모든 일은 제4세 교주 박인호에게 일임하고 일반교인에게 105일간 기도를 행하게 하였다. 또한 어육주초(魚肉酒草)를 끊고 매일 밤 자정에 청수를 봉전하며 짚신 한 켤레씩 삼아서 장에 내다 팔아 그 대금을 독립운동비로 충당하기로 하였으며, 다음 해(1919) 1월 말까지 모인 금액이 5백만 원이나 되었다.[2]

천도교가 3·1독립운동을 주도할 수 있었던 것은 조직과 자금 등에서 조건이 우세했기 때문이다. 천도교의 조직은 서울에 중앙총부가 있고 지방에는 대교구-교구-전교실을 두었다. 1906년 3월 16일자『황성신문』에 의하면 당시 대교구의 수가 72개이며 각 교구마다 교인이 10만 명이나 된다고 하였다. 박은식의『한국독립운동지혈사』에서 3·1운동 당시 교적(敎籍)에 오른 자가 300만이고, 교인으로서 의무를 다하는 수가 백 수십만 명에 이르렀다고 한 사실로 보아 교인의 수가 백만 명 이상은 되었을 것으로 추정된다. 교인들 대부분이 농민과 상공인들이었기 때문에 천도교 조직망은 이들을 기반으로 주로 농촌 각지에 분포되어 있었다. 특히 시일과 3대 기념일(天日-地日-人日)에 전국 각지의 천도교 지방 간부들을 상경케 하여 친목을 도모하는 한편 긴밀한 유대를 맺도록 한 것은 교구 중심의 조직력 강화에 크게 일조하였다.[3]

---

2 앞의 책, 43쪽.
3 황선희,『동학·천도교 역사의 재조명』, 도서출판 모시는사람들, 2009, 294쪽.

손병희는 조직 강화와 함께 3·1운동을 추진하면서 49일 기도를 전국적으로 실시한다. 이는 49일 기도를 통해서 보국안민을 기원토록 하고 이신환성(以身換性)의 정신을 교도들에게 환기시키고자 함이다. 1918년 12월 24일 인일기념일에 지방 각 교구장 이하 다수 지방 간부와 중앙의 두목(頭目)들이 참석한 기회에 이 뜻을 강조하고 각 교구에 내려가면 내년(1919) 1월 5일부터 49일 기도회를 개최하도록 지시를 하며 '나라와 겨레를 위하여 때가 이르면 분발하라'는 의미심장한 말을 한다. 이 말을 듣고 그들은 소속 교구에 내려가 즉시 49일기도 개최 준비를 하였다. 그리고 손병희는 서울 해주(海州), 의주(義州), 길주(吉州), 원주(原州), 경주(慶州), 서산(瑞山), 전주(全州), 평강(平康)의 9개 처에 대표 기도지를 정하여 각처마다 4인의 대표를 파견하고 인근 지역의 49일기도를 지도하게 하였다. 이는 닥쳐올 대사에 대비하여 각 지방 교회 조직을 점검하려는 뜻이었다. 그리고 자신도 상춘원(常春園) 별저(別邸)에서 연성기도에 들어갔다.[4]

이러한 일들은 기미독립선언 50주년을 맞이하여 천도교의 기관지인 『신인간』에서 그때의 실황과 공개되지 못한 비화를 구체적으로 증언한 원로들의 담화에서 확인되고 있다.[5] 3·1운동에 직접 참가한 체험담과 보고 듣고 느낀 내용을 증언한 가운데 30여 개의 대교구에 등사기 한 대씩 비치했고 대교구에서 사원 한 사람씩 선발해서 우이동 봉황각에서 특별연성(特別煉性)

---

4 의암손병희선생기념사업회, 『의암 손병희선생 전기』, 324-325쪽.
5 일시: 1969년 2월 16일 오후1시 / 장소: 중앙총부 강당 2층 회의실 사회: 주간 이광순, 편집부장 / 참석자(좌담회 당시) : 주옥경(76세), 이병헌(75세), 백세명(71세), 이동락(80세), 이우영(67세), 이응진(62세), 김명진(62세), 박래원(68세), 박응삼(66세), 장병학(80세), 주동림(63세). 『신인간』 통권262호, 포덕 110(1969) 2·3월 합병호. 이 '신인간' 거의 전부가 회고담 또는 3·1운동 관련 기록이다.

을 하였는데 이들이 모두 독립운동 준비의 일환이었다.(이광순) 그 30여 명 사원은 자기 출신 교구의 연락원 격으로 유사시에 대비한 특별요원이었다. 자금조달을 위한 특별성금 등 모금 연락 또는 각종 교무행정의 중요 연락사무를 맡았다. 또 서울에 와 있으니 자연 견문이 넓어졌고 자기가 아는 새 지식으로 새로운 사조를 전달해 주는 역할까지 겸했다.(이병헌) 당시 의주에서는 기미년에 접어들자 중앙총부 지시로 49일 기도가 전국적으로 실시되었는데 그 주제가 이신환성이었으며, 이는 몸으로써 성령을 바꾸다, 즉 몸을 돌보지 않고 정신을 살려야 한다는 희생정신으로 그 실질적인 의미를 어렴풋이 알고 있었다고 증언하였다.(백세명) 또 함경도 북청에서도 기도회가 끝나면 무언가 큰일이 벌어지리라고 귓속공론이 분분했다고 한다.(이우영) 49일 기도, 등사기 준비, 실제 사용 사례는 조기주도 생생하게 증언한다(앞의 각주 5 참조).

이처럼 49일 기도는 교인들의 정신력을 기르는 한편 조직을 강화시키는 데에도 중대한 역할을 하였다. 천도교와 기독교가 완전 합류를 확인한 때는 49일 기도회가 종료(2.22)된 지 이틀 후인 2월 24일이었다. 49일 기도는 동학 시절부터 이어져 온 천도교의 중요한 수도법인 동시에 기도회였다. 수운 선생은 구도를 위해 천성산 적멸굴과 내원사에서 두 차례 49일 기도를 행한 바 있다. 그리고 해월 선생은 관의 지목을 피해 언제나 쫓기는 몸이었지만 위기가 닥칠 때 마다 49일 기도를 통해 동학의 새로운 전기를 마련하였다. 특히 이필제 난(1871)으로 동학이 절체절명의 위기에 처했을 때, 해월은 태백산 적조암에서 제자들과 함께 49일 기도를 통해 위기를 반전의 기회로 전환하고 동학 재건의 발판을 마련하였다.

동학-천도교 3대 교주 손병희 또한 풍전등화 같던 나라를 구하고 겨레의 앞길을 모색하고자 교회 간부들을 대동하고 1909년 말 양산 통도사 말사인

내원사를 찾아 49일 기도를 시행하였다.[6] 천도교의 지도자들은 49일 기도의 힘을 스승의 삶과 자신의 체험을 통해서 충분히 숙지하고 있었다. 사실 기도는 모든 종교인의 힘의 원천이며 원동력이라고 할 수 있다. 3·1운동이라는 거사를 도모함에 있어서 천도교뿐만 아니라 모든 종교인들의 기도의 힘이 곳곳에서 작용했으리라고 본다. 종교인의 구국의식은 그 자체가 곧 신앙과 연결되는 것이며, 이 신앙은 총이나 칼보다 더 강인하고 목적의식이 뚜렷한 인식체계를 민중들에게 심어주었다.[7]

2) 봉황각 건립과 인재양성

3·1운동을 준비하던 당시에 천도교의 최고 지도자(教主)였던 의암 손병희는 경술국치를 당한 후 국권 회복을 위한 준비에 들어간다. 그 가운데 하나가 인재를 양성하는 일이었다. 일찍이 손병희는 민족혼을 고취하고 독립 정신을 함양시키는 가장 중요한 길에는 두 가지가 있다고 보았다. 하나는 천도교가 동학 정신을 계승하여 그것을 실현시키는 것이요, 또 하나는 학교 교육을 진흥시켜 민지를 계발하고 기술을 습득하여 민족생활의 토대를 굳건히 함으로써 민족 역량을 북돋는 것이다.

따라서 1911년 11월 동덕여학교 보조를 시작으로 보성전문, 보성중학, 보성소학교를 인수·경영하면서 용산·마포·전주·대구·청주 등지에도 교육기관을 보조하거나 강습소를 운영하며 교육을 통한 인재양성을 실천하

---

6 내원사는 일찍이 수운이 1856년경 보국안민 광제창생을 위한 일념으로 49일기도를 하였던 곳으로, 손병희 또한 50년 만에 교회간부 6명을 대동하고 49일 기도를 하였다. 당시 기도회 참가자는 崔俊模, 林明洙, 趙基栞, 金相奎, 尹龜榮, 朴明善이다.
7 이현희, 『3·1혁명, 그 진실을 밝힌다』, 신인간사, 1999, 211쪽.

였다. 그리고 천도교 수련을 통한 인재양성을 위하여 경기도 고양군 우이동(현 서울시 강북구 우이동)의 임야 27,946평을 매입하고 이곳에 이듬해 봉황각(鳳凰閣)을 건축하였다.[8]

손병희는 1912년 4월부터 1914년 3월까지 중앙과 지방의 교역자 483명을 7차로 나누어 매회 49일씩 수도연성을 시켰다. 그 내용을 살펴보면 1차에 소집된 사람은 21인으로 봉황각 위쪽 삼각산의 도선암(현 도선사)에서 4월 15일부터 49일간 실시하였다.[9] 연성 시간은 오전 8시부터 12시까지, 오후 2시부터 5시까지, 오후 8시부터 밤 11시까지 하루에 총 10시간이었다.[10] 당시 수련은 꼼짝하지 않고 앉아서 진행되었는데 숨소리조차 들리지 않았다고 한다. 2차 수련은 49명이 8월 15일부터 49일간이며 시간은 1회 때와 같았다. 계속해서 3차 49명, 4차 49명 5차부터는 105명이 참가하였다. 6차는 1914년 12월18일부터 49일, 7차는 1914년 2월5일부터 105명이 참가하여 49일간 실시되었다. 그러므로 1912년 4월 15일부터 1914년 3월 25일까지 7차에 걸쳐 매일 10시간씩 연성수련을 시킨 것이다.[11] 당시 손병희는 이들을 직접 지도하면서 이신환성 설법[12]을 통하여 생사를 초월하는 고도의 정신적 수련을

---

8 鳳凰閣은 1912년 3월 7일 시공하여 6월 19일에 준공하였다. 건축당시 鳳凰閣 구조는 本殿, 內室, 附屬建物을 합하여 건평이 각각 二八平 二合, 一八平 二合, 八平 三合, 總 五十四平七合이다.

9 1차 49일기도 당시 鳳凰閣은 未竣工 상태였다.

10 조기주,『동학의 원류』, 천도교중앙총부출판부.

11 앞의 책, 310-317쪽 참조.

12 앞의 책, 310쪽. "연성의 묘법은 이신환성에 있는 것이다. 지금까지 그대들이 생각하는 '나'라는 것은 유형한 나이니 이 유형한 나를 무형한 나로 바꿀 것이요 신변세사의 나를 성중천사의 나로 바꿀 것이다. 그대들이 만일 육신의 나로부터 생기는 모든 인연을 끊는다면 본연한 성령의 나는 자연히 나올 것이다. 사람은 평소에 견실한 수양을 쌓지 않으면 위급한 경우를 당하여 마음이 흔들리나니 이것은 그대들로 하여금 반드시 꼭 수련을 해야 되겠다는 말이다. 사람은 누구나 일시적인 결심은 쉬우나 평생을

쌓은 인재를 양성하여 후일을 대비하였으며, 이들은 자기 지역으로 돌아가 3·1운동 때 주도적 역할을 하였다.[13]

3) 독립운동자금 비축

(1) 성미제와 목적성금

천도교는 1906년 친일에 경도된 일진회 간부 이용구를 비롯한 62명을 출교시키는 결단을 내린 이후 심각한 재정문제를 겪었다. 이용구 일파가 교회재정을 전부 가지고 나간 상태에서 직원들의 급료도 지급하지 못할 정도였다. 교인들의 의연금(義捐金)으로 버티기에는 분명 한계가 있을 수밖에 없었는데, 이를 성미제(誠米制)를 도입함으로써 해결하였다. 성미제도는 교인들에게 부담도 되지 않고 신앙통일과 규모일치를 위한 탁월한 방법이었다. 1907년부터 실시해 온 이러한 성미제도가 천도교 재정을 비축하는 데 결정적인 역할을 한 것이다. 천도교인은 누구나 오관(五款)[14]을 실천하는 신앙생활을 한다. 이중 성미는 유일한 물질적 정성으로 가정에서 조석으로 밥 지을 때에 식구마다 쌀 한 숟가락을 떠서 심고(心告)한 후 따로 모아두었다가

통한 결심으로 수양하기는 어려운 것이다."

13 이러한 전통을 이어 천도교에서는 한때 인재양성을 위한 대학생 49일 수련을 수년간 실시하였는데 필자도 오래전에 대학원을 졸업한 상태에서 참가하였다. 당시 수련생들은 일정표에 따라 새벽 4시에 기상하여 세면과 주변정리를 마치고 5시기도식을 시작으로 수련을 시작하여 밤 9시기도식 후 일과를 마치고 취침하였다. 식사시간과 약간의 휴식시간을 제외하고 하루 10시간씩 꼼짝없이 강행되는 천도교 수련은 고도의 정신력과 실천력을 길러주는 것이 분명하다. 만일 3·1운동 때와 같은 상황이 온다면 그들 또한 기꺼이 온 몸을 던졌을 것이다.

14 다섯 가지 정성으로 주문, 청수, 시일, 성미, 기도를 말한다.

교구에 납부하면 교구에서는 매월 말에 성미의 반은 교구경비로 지출하고 반은 중앙총부에 보낸다. 일제가 성미제를 폐지하도록 압박하여 한 때 폐지된 적도 있었지만, 1914년 3월부터 무기명 성미제가 실시되면서 교인수의 증가와 더불어 교회재정을 비축할 수 있었다. 3·1운동 전에는 교인 성미액이 매년 10만원에 이르렀고 그 반액이 중앙총부에 납부되었다. 또한 전국에서 49일 기도가 시행되면서 기도 성금도 모아졌다.[15] 무엇보다 중앙대교당과 중앙총부 신축을 위한 건축성금 모금 운동으로 거액을 모았으며 이 중에서 건축비를 지급하고 나머지는 모두 독립운동 자금으로 활용하였던 것이다.

(2) 중앙대교당 건축성금

천도교는 3·1독립운동 전 해인 1918년 4월 4일 부구총회(總部+敎區總會)에서 대교당과 중앙총부 건물을 신축하기로 결의하였다. 이에 따라 각 연원을 통해 교호당 10원 이상씩의 건축 특성금을 10월 28일 대신사 탄신기념일까지 내도록 하였다. 모금이 시작되자 총독부는 기부행위 금지법 위반이라는 이유로 한성은행에 3만원, 상업은행에 에 3만원, 한일은행에 6천6백원 등 모두 6만 6천6백 원의 예금을 동결시켰다. 이러한 일제의 박해를 무릅쓰고 교인들은 논밭과 황소 등을 팔아서 성금을 냈다. 교인들은 왜경의 감시를 피하기 위해 건축성금을 되돌려 받은 것처럼 위장을 하기도 하고, 성금 액수를 10분의 1로 줄여 기장(記帳)하기도 하였다. 이렇게 해서 교당건축성금으

---

15 남자들은 짚신을 삼고 여자들은 삯바느질 품삯을 모아서 보냈는데 부인들이 아랫배에 차고 오기도 하고, 허리띠에 눞혀 오기도 하고는 등으로, 부인들의 활약이 이만저만이 아니었다고 한다. 주옥경은 이를 장롱 깊숙이 보관하기도 하였지만 만약의 사태에 대비하여 분산하여 보관하였다고 한다.

로 약 1백만 원의 거액이 모아졌다. 그중 대교당과 중앙총부청사 건축에 사용된 27만여 원을 제외한 대부분의 건축성금이 3·1독립운동을 비롯한 독립운동자금으로 사용되었다.[16] 1919년 1월에 신한청년당에서 한송계, 선우혁, 장덕수, 김철 등을 국내와 일본에 파송할 때 선우혁은 국내의 기독교 측과 접촉하였고, 김철은 천도교 측과 접촉하였는데 이때 천도교에서 3만원을 교부하여 김규식의 파리행을 도왔다. 이와는 별도로 또 2월 중순에는 6만원을 2회에 걸쳐 만주에 보냈다. 이 밖에 독립운동을 위하여 천도교 자체 내에서 사용한 금액도 막대하였다.[17]

3. 3·1운동 준비 과정과 천도교의 역할

1) 범국민생활운동

한일 강제 병합이 이루어진 1910년 이래 천도교인은 지도자인 의암 손병희 선생을 비롯한 전 교도가 암암리에 독립운동을 모색하고, 기회가 될 때마다 실행코자 하였다. 그중 1912년, 1914년, 1916년에는 대규모의 전국적인 민중대회를 구상하였다. 이종일은 경술국치 이후 『제국신문』과 『황성신문』이 폐간되고 서북학회 등 많은 학회가 해산되는 상황에 자극을 받아 구국운동의 첫 단계로 천도교에서 솔선수범하여 대중 집회를 개최할 것을 교주인 손병희 선생에게 제안하였다. 그러나 일제가 105인 사건을 빙자하여 신민

---

16 www.chondogyo.or.kr/성지/〔3·1운동유적지〕천도교중앙대교당
17 『의암 손병희 선생 전기』, 341쪽 참조.

회 탄압을 강화하면서 공안 정국을 조성했기 때문에 1911년 7월 15일 범국민적 신생활운동을 명분으로 하는 대중집회를 개최하는 것으로 바뀌었다.[18] 손병희의 후원에 따라 보성사 사원 60여 명이 중심이 되어 범국민신생활운동을 추진하였으나 취지문, 결의문, 행동강령 등을 종로경찰서에 압수당하여 불발로 끝났다.[19]

2) 민족문화수호운동

이에 굴하지 않고 이종일은 중국이 국민당을 결성한 것을 알고 우리도 정치적 모임을 결성하는 것이 어떠한지 손병희에게 타진하였으나 과거 동학군의 무장운동이 일본에 의해 참패당하고 크나큰 희생을 치렀던 상황을 상기하며 신중한 태도를 보이자 이번에는 지식인을 상대로 민족문화수호운동을 추진하기로 하였다. 이에 손병희도 찬성하여 10월 31일 민족문화수호운동본부를 결성하여 보성사에 본부를 두었다.[20] 이전에 신생활운동이 일본의 방해로 달성되지 못했기 때문에 이번에는 비밀 결사의 성격을 띠고 천도교 중심으로 추진하게 되었다.[21] 손병희를 총재, 이종일을 회장으로 하고 여러 가지 구체적인 계획을 세웠으나 이는 비밀결사였던 관계로 활동과 조직

---

18 황선희, 앞의『동학ㆍ천도교 역사의 재조명』, 285쪽.
19 『옥파비망록』, '1912년 7월 14일 擧事 日字를 7월 15일로 정하고 모든 국민의 동원을 普成社 사원에게 맡겼는데 어제 趣旨文. 決議文. 行動綱領을 鐘路警察署에 압수당하고 나는 연행되어 취조를 받았다.'
20 손병희를 총재, 회장 이종일, 부회장 김홍규, 제1분과위원장 권동진, 제2분과 위원장 오세창, 제3분과위원장 이종훈, 기타 장효근, 신영구, 임예환, 박준승 등이 내정되었다. 『옥파비망록』.
21 『옥파비망록』, 483쪽.

을 구체적으로 파악하는 데 한계가 있다. 드러난 활동 중에서 대표적인 것은 『천도교회월보』의 간행이다. 강연회 개최와 『천도교회월보』의 간행으로 1913년까지 일반 대중의 독립의식 고취에 힘쓰는 한편 무기 구입 문제를 논의하는 등 무장투쟁 지원에도 참여하였다.[22]

3) 천도구국단 결성

1914년 제1차 세계대전이 일어나자 8월 31일 보성사 내에 독립운동의 중추적 역할을 수행 할 비밀결사로 「천도구국단(天道救國團)」을 조직했다. 이때도 손병희를 명예총재, 이종일을 단장으로 추대하여 독립운동을 단계적으로 추진, 실천해 나갔다. 첫 사업은 국제정세의 예리한 분석과 비판을 종합하는 것이었으며 천도구국단의 명예총재인 손병희가 사상적 재정적 뒷받침을 하였다. 1915년 천도구국단의 시국선언문이 압수당하는 등 수난이 겹쳐 사기가 저하되었으나 무기 비축과 군사자금 염출 등의 일은 일경이 눈치 채지 못하였다. 1916년 2월에 민중운동의 선봉으로 원로들이 나서 줄 것을 종용하였으나 거절당하고 「천도구국단」 50여 명이 주동이 되어 무장투쟁도 불사하겠다는 각오로 손병희를 찾아가 민중봉기에 앞장서 줄 것을 간청하였으나 확답을 듣지 못했다. 그러다 1917년 5월 처음으로 손병희는 자금 지원뿐 아니라 권동진, 최린, 오세창, 이종훈 등과 「천도구국단」이 함께하는 연합적인 민중운동을 협의하였다.

1918년 2월 대한문 앞에서 대대적인 시위를 벌이기로 계획하였으나 격고

---

22 앞의 책, 286쪽.

문이 무장시위를 유도, 제시하는 등 너무 과격하고 행동적인 특성을 가지고 있다고 하여 중단되고, 9월 손병희 중심으로 대중화, 일원화, 비폭력의 3대 원칙을 정하여 갑오, 갑진년의 민족운동을 계승한 「무오독립시위운동(戊午 獨立示威運動)」을 전개하기로 다시 결정을 했다. 선언문 작성은 처음에는 이종일에게 맡겼다가 최남선으로 교체하였으며, 거사일을 9월 9일로 하였으나 최남선의 선언서가 완료되지 않아 좌절되고 말았다. 원로급 인사들과의 교섭 지연, 자금 부족, 대중 동원의 조직력 미비로 지체되는 바람에 만주의 중광단이 먼저 무오독립선언서를 발표함으로써 선수를 놓치고 말았다.[23]

4) 국민대회

손병희는 1910년 대 초기부터 이종일 등 교도들이 자신을 찾아와 국권회복과 항일 투쟁을 위한 민중대회에 앞장설 것을 권유받았으나 신중론으로 관망하고 있었다. 당시에는 민중집회를 통한 항일투쟁 여건이 성숙되지 않은 것으로 판단하였기 때문이다. 그러나 1918년 말경 세계대전이 끝나자 의암은 민중대회, 즉 국민대회를 개최할 수 있는 여건이 성숙되었다고 판단하기에 이른다. 그리고 최종적인 국민대회를 알리는 격고문의 초안을 이종일에게 위촉하였는데 격고문이 너무 과격하고 무장 시위를 유도 제시하고 있어 중지하였다. 1919년 들어서면서 이종일에게 재차 온건하고 설득력 있는 문장으로 국민대회 집회를 알리는 격고문을 작성토록 지시하였는데 이 와중에 고종이 갑자기 시해되자 민중대회를 앞당기고자 하였다.[24]

---

23 앞의 책, 288쪽 참조.
24 이현희, 앞의 『3 · 1혁명, 그 진실을 밝힌다』, 154쪽.

손병희의 국민대회소집을 위한 「격고문」이 서지학자에 의해 1981년 3월 초에 처음으로 공개되었는데, 당시 고종이 독살된 배경과 경위가 상세히 밝혀져 있을 뿐만 아니라 1910년대의 국내외적 시대 배경이 소상하게 드러나 있어 역사학계의 비상한 주목을 받았다. 이 격고문(檄告文)에 대한 해제와 사료적 평가, 현대문 풀이 등을 맡았던 역사학자 이현희 교수가 이를 현대문으로 풀이한 내용은 다음과 같다.

국민대회 소집을 포고한다

슬프고 쓰라리도다. 우리 이천만 동포여! 우리 고종황제의 서거 원인을 알고 있습니까 모르고 있습니까. 평소 건강하시옵고 또 병환의 소식이 없었는데 평일 밤 궁전에서 갑자기 서거하시니 이 어찌 상식적인 이치이겠습니까? 또 목하 파리강화회의에서 우리 민족의 독립을 제출함에 반대하여 저 교활한 일본인의 간사한 계략이 한국 민족은 일본이 어진 정치에 기쁜 마음으로 순종하여 갈라져서 따로 사는 것을 원치 않는다고 증명서를 제출하였는바 그에 의하여 이완용은 국족(國族)대표요 김윤식은 유림대표요 윤태영은 종족(宗族)대표요, 조중응, 송병준은 사회대표요, 신흥우는 교육 종교계 대표라 꾸며 만들어 서명 날인하여 이를 고종황제에게 승인을 억지로 청탁함으로써 엄한 기강을 망극하게 하여 크게 진노하셔서 엄격히 끊어 준척하시니 나갈 바를 꾀함이 없었소이다.

또한 다른 변고를 두려워하여 마침내 완전히 반역할 것을 부탁하고 독주를 들게 하여 시해 할 것을 행할 때 윤덕영, 한상학의 두 명 적신으로 하여금 황제의 식사를 받드는 두 명의 궁녀에게 부탁하고 밤에 황제가 드시는 식혜에 독약을 섞어 잡수시게 드리니 이를 드신 황제의 옥체가 갑자기 물과 같이 연하게 되고 뇌가 함께 파열하였으며 구규에 피가 용솟음치더니 곧 세상을 떠나셨소이다.

이에 마음이 쓰라리고 맘이 슬퍼 말할 곳을 아지 못하겠소이다. 곧 두 명의 궁녀도 위협하여 나머지 독약을 먹여 처참히 죽게 하고 입을 틀어막았으니 차마 저 왜적의 마음이 점점 다 우쭐해질 수 있겠습니까?

지난 을미년(1895) 가을에 있었던 민비 시해에도 이를 갈고 골수에 사무치어 기어코 한번 보복할 것을 꾀하고 있는 때인데 옛날 원수도 아직 갚지 못하고 있음에도 불구하고 큰 변고가 또한 거듭 일어나고 있으니 이 어찌 잊어버릴 수 있겠습니까? 또 미국 대통령 월슨 씨가 13개조의 성명을 발표하여 민족자결의 음성이 일세를 뒤흔들어 폴란드 등 12개국이 아울러 독립이 되었는데 우리 한민족이 어찌 이 기회를 잃어버리겠습니까?

해외에 있는 우리 동포가 이 기회를 타서 국권회복을 널리 소리쳐 울음으로 호소하나 국내 동포가 편안히 움직이지 아니하므로 성원이 떨치지 못하고 대의가 아직 정해지지 아니하니 궐기합시다.

우리 이천만 동포여.

오늘은 세계가 개조하고 망한 나라가 부활함에 좋은 기회인 것입니다. 이미 잃은 국권도 가히 돌아올 것이고 이미 망한 민족도 가히 구할 수 있습니다. 고종황제와 명성황후 폐하의 큰 원한도 가히 씻을 수 있으니 봉기하고 궐기합시다.

우리 이천만 동포여!

융희 기원후 13년 기미 정월   일

국민대회가 인쇄하여 포고한다

격고문 내용을 보면 1919년 3월 3일 고종의 인산일 훨씬 이전에 대규모의 거족적인 민중 독립시위운동이 손병희를 정점으로 추진되고 있었음이 확인

되며 손병희의 독립 의지가 천도교단 내적 차원을 떠나 국민의 차원으로 발전해 갔음을 알 수 있다.[25]

5) 종교계 및 학생층 규합

천도교의 독립운동 계획은 국권이 탈취당한 직후인 1910년 9월 이후부터 시작되었으나 1919년 1월 초 동경 한국인 남녀유학생들의 독립선언문 초안과 고종의 독살 등에 크게 고무 자극되어 마침내 타종교계 및 학생, 일반 대중을 망라한 거족적인 3·1독립만세운동을 주동하게 된다. 그동안 내부적인 역량 강화와 국내외의 정세를 파악하면서 신중론을 펴오던 천도교는 이때야말로 독립운동의 적기라고 본 것이다. 일제의 재판기록에 의하면 천도교인이 독자적으로 독립운동을 전개해야겠다고 구체적으로 계획한 것은 대체로 1918년 11월에서 12월 사이라고 천도교계 중진인 오세창, 권동진의 답변에서 뚜렷하게 나타나고 있으며, 그 후 1919년 1월 20일경 최린, 오세창, 권동진이 손병희의 자택에서 회합하면서 보다 구체적인 거사 계획이 진행된 것으로 보인다.[26] 이때 3·1운동 행동지침으로 대중화, 일원화, 비폭력의 3대 원칙을 정하였다. 그리고 민족연합전선의 결성을 위하여 책임부서를 결정하였다. 오세창, 권동진은 천도교에 관한 것을, 최린은 대외 교섭을 맡기로 하였다. 최린은 최남선, 현상윤, 송진우 등과 회합하고 첫 번째 교섭 대상으로 민족의 신망을 받는 사회 중진급 인사로 정하였다. 그리하여 2월 상순경 박영효, 한규설, 윤용구, 윤치호 4인을 포섭하기로 하였는데 이때 박영

---

25 앞의 책, 158쪽.
26 이현희, 『3·1혁명, 그 진실을 밝힌다』, 174쪽.

효를 맡은 사람은 송진우였다. 한규설은 을사보호조약 때의 총리대신으로 조약에 반대한 유일한 각료로서 최린이 맡았고, 윤용구는 구한국의 대신으로 일제의 작위를 끝까지 고사한 인물로서 최남선이 맡았다. 그리고 윤치호는 광무년간(光武年間)에 독립협회 회장을 역임한 인물로 미국의 신임을 받고 있던 개화파 인사였는데 최남선이 교섭하기로 하였다. 그러나 한규설만이 신중히 고려해 보자는 정도의 응낙을 하였을 뿐이다. 이들의 소극적 태도로 독립운동의 주체를 인물 중심으로 형성한다는 계획은 실패하고 말았다. 그리하여 적극적 태도를 보이는 종교계 인사를 규합하는 것으로 계획을 바꿨다.[27]

이후 천도교는 기독교와 불교 등 다른 종교와의 실질적인 연합을 모색해 나갔다. 기독교 측은 천도교의 연합전선 제의에 여러 가지 논의 과정을 거쳐 합류를 결정하게 되는데, 장로교 측은 이승훈이 서울 · 경기 지역에서는 박희도와 이갑성이 중심이 되었다. 연합전선 결성 과정에서 가장 어려웠던 문제는 독립운동 전개 방식에 관한 것이었다. 기독교 측에서는 서울의 박희도를 중심으로 하는 감리교파가 독립청원 형태로 방법을 단일화 할 것을 주장했는가 하면 천도교 측은 독립청원과 독립선언 두 가지 방식을 거론하였다. 결국 독립선언 방식으로 합의를 보았다.[28] 2월 24일 기독교 측의 이승훈과 함태영은 천도교중앙총부로 가서 손병희를 만나서 이 사실을 알리자 이에 손병희는 최린으로 하여금 운동진행에 관한 절차를 논의하게 하였다.[29] 이승훈 함태영 최린 3인이 회동한 자리에서 결정된 진행절차는 선언서와 청

---

27 황선희,『한국 근대사상과 민족운동』, 혜안, 1996, 221쪽 참조.
28 앞의 책, 298쪽.
29 앞의 책, 208쪽.

원서 초안의 작성 및 출판의 책임은 최린이 맡았고, 미국대통령과 강화회의 참전국 대표들에게 보내는 탄원서의 전달은 기독교 측에서 책임지고, 일본 정부에 제출하는 것도 기독교에서 맡았다. 그리고 교섭자를 일본에 보내 일본정부와 직접 담판하는 일은 천도교 측에서 맡았으며, 선언서의 시내 및 지방 배포와 학생 및 시민동원에 관한 것은 기독교 측이 맡기로 하였다.[30]

불교계는 최린이 평소 교유하던 한용운을 만나 독립운동의 계획을 말하자 즉석에서 승낙하였다. 그러나 시일이 촉박하고 일경의 감시가 심하므로 한용운과 백용성 두 사람만이 불교계의 대표로 참가하게 되었다. 유교계는 거리도 멀고 시일이 지연되면 비밀이 누설될 염려도 있어 이후 여타의 단체에 대한 교섭은 하지 않기로 하였다. 손병희는 유림의 곽종석과 김창숙 같은 뛰어난 인사에게 미리 연락하지 못했음을 못내 아쉬워하였다.[31]

천도교는 3·1운동 과정에서 독자적인 운동을 추진하던 학생 측과의 연합전선도 도모하였다. 이를 위해 이종일 등은 기독교의 박희도를 통해 천도교가 대대적인 민중운동 준비가 되어 있다는 소식을 학생 측에게 전달함으로써 학생층과의 연대 추진이 본격화되었다. 박희도는 천도교의 자금 지원을 보장 받은 후 학생층을 본격적으로 규합하였으며, 학생 측도 이에 힘입어 서울시내 연희전문, 보성전문, 경성의학전문, 경성공업전문 세브란스의학전문 학생들의 동참을 이루어 냈다. 이들의 활약으로 서울시내의 전문학교와 중등학생들이 거의 다 동원, 동참하게 된 것은 박희도, 이갑성 등의 공로가 컸다. 그러나 천도교의 자금지원이 적지 않은 역할을 하였던 것이다. 학생들은 거사를 위한 준비 과정에서 선언서 배부와 군중 동원을 담당하기로

---

30 김양선, 「3·1운동과 기독교계」, 『3·1운동 50주년 기념논문집』, 253쪽 재인용.
31 앞의 책, 209쪽 참조.

하였다. 남학생뿐만 아니라 여학생들도 독립항쟁과 남학생의 독립만세 시위에 연결 가담하여 활동할 것을 결의하고 3월 1일 탑골공원에 동참키로 하고 시가행진도 약속하였다. 이 과정을 거쳐서 3월 1일 새벽을 기해 시내 요소와 집집마다 독립선언서가 배부되고 오후에는 각 학교 학생들에게도 선언서가 배부되었다.[32]

6) 독립선언서 기초, 인쇄, 배포

독립선언서 기초, 인쇄, 배포는 천도교가 주관하였다. 독립선언서는 처음에는 이종일이 작성하려고 하였으나 이전 『천도교회월보』를 편집 발행할 때 논조가 과격하였던 점이 문제가 되었던 같다.[33] 최남선이 자기는 학자로서 독립운동 표면에는 나서고 싶지 않지만 독립선언문만은 자신이 지어 보겠다고 자천하며 작성 책임은 최린이 지는 것으로 해달라고 요청하자 최린은 이를 수락하였다. 독립선언서 초고와 일본정부 귀족(貴族)·중의(衆議) 양원 및 조선총독부에 보낼 통고문(通告文), 미대통령 윌슨에게 보낼 청원서(請願書)와 파리강화회의 열국위원(列國委員)에 보낼 서한(書翰)을 작성키로 하였다.[34] 이러한 배경에서 최남선이 2월 11일 독립선언서 초고를 완료하고 2월 15일에 최린에게 가져왔다. 이를 천도교 지도부가 검토한 후 기독교 측에도 보내 검토를 마쳤다.

이후 천도교가 경영하는 보성사에서 이종일의 주도하에 장효근, 김홍규,

---

32 앞의 책, 212-217쪽 요약.

33 『옥파비망록』 1919년 2월 8일, '내가 독립선언서를 작성하려고 했으나 뜻과 같이 되지 않았다.' 1919년 2월 11일 육당이 선언서를 작성 완료하다.

34 앞의 『의암손병희선생전기』, 346쪽.

신영구 등과 함께 20일 오후부터 인쇄를 시작하여 25일까지 2만5천 장을 1
차로 인쇄하여 천도교중앙대교당 건립기지[35]로 운반하여 놓았다. 그리고 26
일 각계에서 온 7, 8명에게 2천 장, 3천 장씩 배포하였다. 그리고 27일까지 1
만부를 추가로 인쇄하다가 26일 밤 악명 높은 종로경찰서 조선인 형사 신승
희에게 발각되는 사건이 발생하였다. 모든 것이 수포로 돌아갈 위기에 직면
하여 이종일이 손병희에게 급히 달려가 이 사실을 보고하자 손병희는 거금
5천원으로 위기를 해결하였다. 27일 오후까지 인쇄를 완료하여 천도교 교
당으로 운반하다가 파출소 앞에서 검문 당했으나 족보라고 속이고 겨우 운
반을 마쳤다.[36]

　독립선언서 배포는 이종일이 오세창과 협의를 거쳐 쪽지를 가지고 오는
사람에게 한하여 독립선언서를 배포하기로 하였다. 독립선언서는 1차 인쇄
가 완료된 25일 다음 날부터 천도교, 기독교, 불교, 학생 측에 배포 전달되었
다. 천도교에는 인종익, 안상덕, 김홍렬, 이경섭 등에게 전달하였고, 기독교
에는 이갑성, 오화영, 김창준, 함태영 등에게 전달하였다. 불교계는 한용운
에게 5천 장을 주어 불교 중앙학림 학생들과 사찰을 중심으로 배포되었다.
또 학생 측은 이종일이 이갑성, 박희도, 김문진 등을 차례로 연결하여 김성
국과 보전, 연전 등 전문대 학생 강기덕, 김원벽에게 전달하였다. 박희도는
이종일로부터 독립선언서를 따로 받아서 서울시내 기독교계 여학교에도 배
포하여 3월 1일 여학생들을 다수 동원할 수 있었다.[37]

　천도교에서는 인종익에게 2천5백 장을 주어 충청도와 전라도 지방에, 안

---

35 오늘날 '천도교중앙대교당'은 당시 '건축공사 중'이었으며, 그 부지에 접하여 이종일의
　집이 있었다. 독립선언서는 이종일의 집에 보관되고 배포되었다.
36 앞의 책, 500쪽.
37 이현희 앞의 책, 231-232쪽.

상덕에게 3천 장을 주어 강원도와 함경도 지방에, 김홍렬에게 3천 장을 주어 평안도 지방에, 이필섭에게 5백 장을 주어 황해도 지방에 배포하도록 하였다. 또한 2월 28일 경운동 자신의 집으로 찾아 온 이관에게도 50장을 주어 시내에 배포하도록 하였다. 이종일의 손녀 이장옥도 선언서 배포를 거들었는데 노란색 종이 지참자에게는 3천 장, 빨간색 종이는 2천 장, 연녹색 종이는 1천 장을 내주었다.

안종익은 2월 28일 오전 7시 이종일로부터 독립선언서 2천 장을 받아 다음날 3월 1일 오전 11시경 열차로 서울을 출발하여 대전에 도착한 후 하룻밤을 묵고 2일 오전 6시경 호남선 열차를 타고 출발하여 오전 10시에 전주에 도착하였다. 인종익은 곧바로 전주교구를 찾아가 금융원 김진옥에게 독립선언서 1천6백 장 ~1천8백 장을 주면서 밤까지 사람들의 왕래가 많은 전주교구 관내에 배포하고 3일까지는 인근지역에 모두 배포하도록 하였다.

안상덕은 2월 28일 오전 10시경 독립선언서 약 2천 장을 이종일 집에서 받아 강원도 평강역에 이르러 평강교구장에게 7백 장을 전달하고 3월 1일 함남 영흥읍내에 있는 교구에서 교구장에게 나머지를 전달하여 일반인에게 배포하도록 하였다. 김상설은 2월 28일 이종일로부터 독립선언서 3천 장을 받고 평양교구장에게 평양역으로 나오라는 전보를 쳤다. 그리고 우기주의 명령으로 평양역에 나온 김수옥에게 독립선언서를 전달하였다. 평양교구에서는 독립선언서 1천5백 장을 전달받은 후 수 천장을 더 인쇄하여 그 가운데 1천5백 장을 기독교 측에 보내고 시위를 전개하였다.

이경섭은 2월 28일 오전 11시경 이종일로부터 독립서언서 2천 장을 받아 오후 8시에 서울을 출발, 3월 1일 오전 10시에 서흥에 도착하여 7백5십 장을 박동주에게 전달하고 오후에는 수안읍내 홍석정의 집에 도착하여 그 집에 모여 있던 홍석정과 홍석걸에게 필요한 매수를 주고 나머지 1백3십 장은 홍석정으로 하여금 곡산교구에 전달하도록 하였다. 이와 같이 천도교는 각 지방교구 조직망을 통해서 서울뿐만 아니라 독립선언서를 전국 각 지방에 배포함으로써 독립시위운동을 빠르게 전국적으로 확산될 수가 있었다.[38]

독립선언서 작성과 인쇄, 배포 등은 은밀히 진행되었기 때문에 자료에 따라 날짜와 작성 경위 등이 서로 달라 정확한 상황을 파악하기 힘든 점이 있다. 그러나 직접 이 일을 주관하였던 최린의 자서전과 인쇄를 총괄하였던 이종일의 비망록과 당시 독립선언서 인쇄와 운반을 돕고 태화관에서 탑골공원의 학생들과 연락을 주고받으며 민족대표들과 함께 있었던 이병헌의 진술과 그의 편저(『3·1운동비사』, 시사신보사, 1969)는 당시 상황을 파악하는 중요한 자료라고 할 수 있다. 그리고 역사학자 이현희는 3·1운동 80년을 맞이하여 3·1운동을 종합적으로 연구, 저술하고자 오랫동안 자료를 수집 정리 검토하여 지금까지의 3·1운동 연구에서 대두된 이견이 있었던 주장을 다각도로 검토하고 분석 정리하여 이를 단행본으로 발간한 바가 있다. 그의 저술(『3·1혁명, 그 진실을 밝힌다』, 신인간사, 1999) 또한 3·1운동에 대한 빼 놓을 수 없는 자료이다. 그러나 아직도 수많은 자료들이 주장하는 바가 달라서 정확한 내용을 파악하는 데 여전히 어려움이 많은 것이 사실이다.

---

38 이동초, 『천도교 민족운동의 새로운 이해』, 도서출판 모시는사람들, 2010, 138~140쪽.

4. 3 · 1독립선언과 영향

1) 3 · 1독립선언

독립선언서 서명은 2월 28일 밤에 가회동에 있는 손병희 자택에서 이루어졌다. 선언서에 각자 서명하였는데 불참한 기독교 대표들은 이승훈이 대리해서 서명 날인했다. 이날 재경 대표의 최초이자 최종 모임에서 거사를 위한 결의를 다졌다. 모두 23명이 모인 이 회합에서 손병희는 이번의 거사의 의의를 강조하는 인사를 하고 성공을 비는 기원을 올렸다. 이때 박희도의 긴급제의로 당초 예정된 탑골공원에서 장소를 태화관으로 변경하였다. 이는 탑골공원에 모인 학생들과 시민들이 민족대표들이 체포되어 가는 것을 보고 폭동을 일으킬 것을 우려한 때문이다. 다음 날 3월 1일이 되자 태화관에 민족대표 29명이 모였다.(정춘수, 길선주, 유여대, 김병조는 불참) 당시 이종일은 독립선언서를 배포하느라 식사도 못하고 태화관으로 급히 달려왔다.

오후 2시 태화관에서는 긴장이 감도는 가운데 손병희의 제안으로 독립선언서를 인쇄하였던 이종일로 하여금 독립선언서를 낭독하게 하여 그가 큰 소리로 낭독하였고 한용운이 독립운동의 결의를 다짐하는 간략한 인사를 하였다. 이종일이 독립선언서를 직접 낭독하였다는 증언이 있으므로, 사료적으로 좀더 연구가 필요하다. 이어 한용운의 선창으로 만세삼창을 끝으로 불과 15분 만에 전격적으로 선언식을 끝냈다. 그리고 손병희는 최린 통해 경무총감부에 민족대표의 소재를 알리게 하고 '우리는 당당하게 스스로 잡혀가는 것'임을 강조하였다. 민족대표들은 체포되는 것을 각오하고 있었고 목적은 이미 달성했다고 보았다. 이후 경찰 15명이 자동차 5대를 가지고 들이닥쳐 손병희를 필두로 차례로 체포해 갔다. 민족대표들은 체포되었으나 이미 그 전에 독립선언서를 전국에 배포한 까닭으로 탑골공원에서 시작된 만세운동은 전국으로 확산되어 나갔다.[39] 더욱 천도교는 이종일이 비밀리에 《조선독립신문》 창간호 1만 5천 부를 간행하여 3·1운동 기사를 보도함으로써 전 민족의 동참을 유도하였다.

독립선언식에서 사용할 독립선언서와 미국대통령과 파리강화회의의 열국대표에게 보내는 건의서, 일본정부와 귀족원, 중의원과 조선총독부에 보내는 청원서의 작성은 최린이 주관하고 인쇄는 이종일이 총괄하였다. 독립선언서는 최남선이 기초하였고, 기독교와 천도교의 인사들이 검토하고 한용운이 공약삼장을 추가하여 완성되었다[40]는 주장을 오늘날 역사학계에서 대체로 수용하는 것 같다. 그러나 이에 대한 확실한 근거가 없고 그날 상황에 대한 상반되는 증언도 있어 논란의 여지가 많다. 또한 3월 1일 태화관에서 있었던 독립선언서 낭독에 관한 내용도 각각 다르게 기억하거나 기록하고 있음을 볼 수가 있다. "3월 1일 오후 2시 태화관에 모인 민족대표 29명(4명 불참)은 이종일이 나누어 준 독립선언서를 받아 검토한 후, 독립선언서 낭독은 생략하고 한용운이 기념사를 하고 만세삼창을 하였다."[41] 또 "김완규 씨가 선언서를 낭독하고 한용운의 선창으로 만세삼창을 하였다."[42] "의암이 나(이종일)에게 독립선언서를 직접 인쇄, 배포했으니 크게 낭독하라기에 오자(誤字)를 고치고 그에 따랐다."[43] 등 태화관의 독립선언서 낭독에 대한 내용도 이렇게 다르다. 그런데 민족대표 29명이 독립선언식을 하고자 모인 자리에

39 이동초, 앞의 『천도교 민족운동의 새로운 이해』, 142쪽.
40 조규태, 「3·1운동의 전개과정과 의의」 13쪽.
41 위의 글, 14쪽.
42 현상윤, 「3·1운동의 회상」, 『신천지』, 1946.3/1950.3.
43 『옥파비망록』, 502쪽.

서 독립선언서 낭독을 생략했다는 것은 우선 납득이 되지 않는다. 또한 참석자 가운데 김완규가 거론된 것은 이름을 착각한 것 같다. 이종일의 비망록은 당일 이종일이 독립선언서를 낭독했음을 인정할 수 있는 근거자료라고 하겠다.

천도교인으로서 독립선언서를 운반하고, 3월 1일 태화관과 탑골공원의 학생들과 연락을 담당하였던 이병헌은 1959년에 『3·1운동비사』를 발간하면서 서문에서 "3·1운동이 시간이 지나면서 그 당시 투쟁하던 인사가 많이 생존하고 있음에도 40여 년이 지나면서 당시의 사실이 오전(誤傳)되는 바가 없지 않다."고 하며 자신이 직접 경험한 일기를 수록하는 동시에 33인과 17인에 대한 일의 경(警)·검(檢)·법원(法院) 등의 조서(調書)를 원문 그대로 문장을 가감하지 않고 책에 담았다고 하였다. 따라서 3·1운동을 연구하는 사료적 가치가 높아 자주 인용되고 있는데 최린의 자서전 원문도 실려 있다. 최린은 자서전에서 함태영과 최남선이 서명에 불참한 이유도 간단히 언급하였다.[44] 그러나 민족대표들의 재판 기록에 독립선언서의 제작 인쇄 배포 등을 묻고 대답하는 과정에서 공약 3장을 한용운이 따로 지어서 첨가하였다는 내용은 보이지 않는다.

---

44 함태영은 당초부터 기독교측을 대표하여 중요한 역할을 해온 관계로 당연히 서명할 일이지만 기독교 동지들이 투옥된 후에 그네들의 가족의 생활을 돌보아주는 책임과 사후의 모든 처리를 담당할 책임자로 선정된 까닭으로 불참하였다. 또 최남선은 선언문을 기초할 당초부터 그 책임은 최린이 지기로 약속하였으나 필경 발각될 것이고 그럴 바에야 서명할 것을 권고하였으나 정치운동의 표면으로 나서는 것은 자신의 主義가 허락지 않는 바라고 하며 끝내 서명을 거부했다고 한다.

2)《조선독립신문》 발행

천도교에서는 삼일운동에서 조선민중들에게 조선독립선언의 취지를 널리 알리고 독립사상을 고취하기 위하여 1919년 3월 1일 지하신문으로《조선독립신문》제1호를 발행하였다.

〈第一號 朝鮮獨立新聞(新聞社長 尹益善)〉

ㅇ 朝鮮民族代表 孫秉熙, 金秉祚氏 外 31人이 朝鮮建國 4252年 3月 1日 下午 2時에 朝鮮獨立宣言書를 京城 太華館에서 發表하얏는데 同代表諸氏는 鐘路警察署에 拘引되얏다더라.

ㅇ 代表諸氏의 信託, 朝鮮民族代表 諸氏는 最後의 一言으로 同志에게 告하야 曰 吾人齊는 朝鮮을 위하야 生命을 犧牲으로 貢하노니 吾神靈兄弟는 吾人齊의 素志를 貫徹하야 何年何月까지던지 我 2千萬 民族이 最後의1人이 殘餘하더라도 決斷코 亂暴的 行動이라던지 破壞的 行動을 勿行할 지어다. 1人이더라도 亂暴的 破壞的 行動이 有하면 是는 永千古不可救의 朝鮮을 作할지니 千萬注意하고 千萬保重할지어다.

ㅇ 全國民嚮應, 同代表諸氏 拘引되는 同時에 全國民이 諸氏의 素志를 貫徹하기 위하야 一齊嚮應한다 하더라.

朝鮮建國 4252年 3月 1日

《조선독립신문》 발행을 주도한 사람은 보성사 사장 이종일이다. 그리고 『천도교회월보』 주필인 이종린이 창간호 원고를 집필하고 발행 실무를 담당하였다. 이종일은 독립선언서 인쇄 배포를 담당 진행하는 한편, 이종린과 함께 그들이 계획하던 독립운동을 거국적으로 확산시키기 위해 신문 발행을 추진하였다.

이는 독립선언의 취지를 널리 알리고 독립운동의 전개 상황을 보도하여 민족의 독립 결의를 달성하고자 한 것이다. 《조선독립신문》의 제호는 이종 린이 정하였으며, 사장 명의는 이종일로 발행하려고 했으나 이종일은 독립 선언 후 일제에 체포될 것을 각오하였기 때문에 박인호의 의사를 쫓아 윤익 선(보성법률상업학교 교장)의 이름을 넣기로 한 것이다.

그러나 《조선독립신문》을 발행한 보성사는 3·1운동이 발발하자 일제에 의해 폐쇄되었으며 이종일은 태화관에서 독립선언 직후에, 사장 윤익선은 그날 밤 6시에 각각 일경에 체포되었다. 그러므로 창간 실무를 담당했던 이 종린이 몸을 숨기면서 3월 1일 밤 경성서적조합 서기 장종건과 논의하여 프 린트 판으로 속간하기로 하여 2호를 발행하였다. 같은 장소에서 3호 4호를 발행했으나 창간호에서 3호까지 발행을 주도했던 이종린도 3월 10일 일경 에 발각되어 신문원고와 등사기구 등을 압수당하고 체포되고 말았다. 그러 나 장종건 등이 4호를 발행하여 명맥을 이어 갔으며, 3월 10일 서적 조합에 서 몸을 피한 장종건은 경성전수학교 학생과 함께 인쇄 장소를 옮겨 4호, 5 호, 6호를 발행한다. 그러나 이 또한 일경의 단속으로 3회에 그치고 장소를 옮겨 8호, 9호를 발행하였다. 그러나 이 또한 3월 25일 발각되어 장종건과 최치환이 체포되고 인쇄기계와 수백 부의 신문을 압수당하고 말았다.

장종건과 최치환이 체포당함으로써 이 신문을 창간한 이종일과 이종린의 직접 후계자는 끊어졌다. 그러나 그 후에도 후계자가 스스로 나타나 《조선 독립신문》은 계속 명맥을 이어갔으며 《조선독립신문》을 발행한 사람이 체 포되면 스스로 신문발행을 계속하는 사람들이 나타났다. 이처럼 경향각지 에서 각종 제호를 붙인 독립신문들이 쏟아져 나와 막혔던 언론 재생의 길을 열어냈으며, 3·1운동의 확산에 크게 기여하였다.

제1호에는 민족대표들의 굳은 순국결의와 그들이 민족에게 보내는 신탁이 들어 있었다. 제2호에는 태화관에서의 민족대표들의 독립선언 소식과 탑골공원에서 발발한 만세시위 운동의 전개 모습이 생생하게 기술되고 있다. 뿐만 아니라 제2호에는 임시정부(臨時政府) 조직 계획을 담고 있다. 국내외에서의 임시정부 건립이 구체화되기는 3월 하순부터인데 이 신문에서는 이미 운동 초에 이를 예고하고 있다.

제3호에는 3월 5일 서울에서의 제3차 시위 광경을 보도하고 있으며 유림의 운동 참여를 전망하는 기사가 실려 있다. 제4호에는 일반에게 잘 알려지지 않았던 파리강화회의에 보낸 문서가 있었음을 알리고, 제6호에는 이미 파리강화회의에서 민족대표가 활동하고 있음을 알리어 민중에게 희망을 불어넣고 있다. 또한 한민족은 민족자결주의에 의하여 독립이 되지 않으면 반드시 세계전쟁의 원인이 될 것이라는 논설을 수록하고 있다. 제 9호에는 연해주의 블라디보스톡에서의 시위운동, 북간도의 무장독립선언 광경을 보도하고 있다. 또한 3월 28일자의 제17호 에는 파리강화회의 대표로 참석한 김규식의 활동상황을 알리는 기사를 싣고 있다.

일제 당국의 허가 없이 지하에서 발행된 이러한 신문들은 타블로이드판 정도에 프린트한 것이었고 내용도 3·1운동 과정을 간략한 기사로 실은 것이 대부분이었다. 그러나 전국적으로 퍼져 나갔으며 해외에도 보급되는 등 1910년대 일제의 무단통치하에서 굳게 닫혔던 우리나라 언론문화를 다시 살려냈다고 하겠다.[45]

---

45 이동초, 앞의 『천도교 민족운동의 새로운 이해』 154~165쪽 요약.

3) 천도교 여성의 독립운동

일제 강점기 독립운동사에 있어서 뚜렷한 이름을 남긴 천도교 여성은 별로 보이지 않는다. 『동학천도교인명사전』(이동초 편, 도서출판 모시는사람들)에 나타난 인물로는 주옥경, 양이제, 박호진, 김숙 등이 보일 뿐이다.

박호진은 신의주 출신으로 1922년 남경 금릉대학을 수료했다. 1926년 4월 남편 이황(李晄-이재곤)과 함께 귀국하여 남편은 청년동맹에서 자신은 여성동맹에서 활동하였다. 1927년 6월 6일 천도교여성동맹 창립에 참여하여 중앙집행위원을, 1930년 4월 여성동맹 선전부집행위원 등을 맡아 활약하였다. 또한 1929년 근우회 본부 집행위원장 및 경성지회위원장, 조선청년동맹 중앙위원 및 화요회 회원으로 활동하면서 전북공산주의자협회 결성에도 참여하는 등 폭 넓은 여성운동을 펼쳤다. 그는 여성의 지위 향상을 위한 주제로 많은 강연을 하였으며 1930년 5월에는 청년총동맹 사건으로 피검되기도 하였다. 또한 1930년 7월에는 조선공산당재건협의회 사건으로 피체되어 2년간 옥고를 치르기도 하였다.[46]

양이제는 28세 때 3·1독립운동이 일어나자 평양에서 만세운동을 주도하다 체포되어 평양감옥에서 수개월간 옥고를 치렀다. 이후 천도교 평양부 교구 순회교사 및 내성단 평양부 대표를 지내다 월남하여 용담정 천일기도 등 종교생활에 전념하여 천도교 최고 예우직인 종법사에 추대되었다.

주옥경은 명월관 기생으로 있다가 22세 때인 1915년 손병희의 세 번째 부인이 된다. 이후 가정생활에서부터 교회의 일까지 손병희의 오른팔이 되어

---

46 《중외일보》 1927.6.4.

헌신적으로 도왔다. 3·1운동을 준비하는 과정에서 집에 인사들이 찾아와서 모의를 할 때마다 문밖에서 일경이 눈치 채지 못하도록 망을 보는 일, 연락을 하는 일, 자금관리 등 비서 역할을 철저히 수행함으로써 거사의 성공에 결정적인 역할을 하였다. 3·1운동이 극비리에 추진되는 과정에서 주옥경은 손병희를 따라 우이동 봉황각이나 낙산 밑에 있는 상춘원에 드나들면서 왜경의 감시를 역으로 감시하는 역할을 하였다. 이에 대해 주옥경은 독립선언 반세기 회고담에서 다음과 술회하고 있다.

> 3·1운동에 대한 본격적인 준비는 기미년 전해부터 시작되었습니다. 하지만 그분(손병희)은 밤낮으로 경찰의 미행 감시가 심해 마음대로 출입을 못하고 주로 큰 윤곽만 지시한 다음 바깥일은 오세창, 권동진, 최린 세 분이 맡아 하셨습니다. 저희 가족들 중에는 아무도 아는 사람이 없었지만 나만 알고 있었지요. 밤낮으로 모여서 거사 준비 의논을 했으니까. 그럴 때 저는 문밖에 서서 혹시나 누가 가까이 오고 엿듣지 않는가 해서 파수를 보았습니다.[47]

그뿐만 아니라 손병희가 서대문감옥에 있을 때 지극한 정성으로 옥바라지를 한 일화 등은 너무도 유명하다. 그러나 1922년 손병희가 순국하자 1924년부터 천도교 여성운동에 투신하여 여성단체인 천도교내수단을 창단하였으며, 방정환의 권유로 1927년 동경유학을 떠나 앵정(櫻町)에 있는 정칙(正則)학교 영문과 2년 과정을 마치고 귀국 후 1931년 천도교내수단 대표로

---

47 김응조, 『수의당 주옥경』, 천도교여성회본부, 47~48쪽.

여성계몽운동과 여권신장을 위해 힘썼다. 주옥경은 모든 천도교인들로부터 존경을 받았을 뿐만 아니라 사회적으로도 광복 후 1965년 민족대표33인유족회 회장,광복회 부회장을 역임하고 1971년 천도교 최고 예우직인 종법사에 추대되었다.

3·1운동 때 지방에서 활약한 여성도 많았다. "북청에서는 교회간부들이 구속되었기 때문에 결국 천도교여성들이 중심이 되어 독립만세를 외쳤으며 천도교 부인들이 붙들려가서 많은 고초를 당했다."고 한다.[48] 또 평북 태천에서는 천도교 간부들이 주동이 되어서 만세를 부르다 잡혀갈 것을 대비하여 후임 간부도 미리 선출해 두는 등 만반의 준비를 했다고 한다. 황해도 금천교구에서는 당시에 신심이 두터운 비밀 교인을 두었는데 그 부인을 시켜서 황해도 일대에 연락을 하였다.(이동락)[49] 이는 당시 함경도, 평안도, 황해도 등 북한 지역의 상황을 보여주는 것이지만 이 밖에도 각 지방에서 3·1만세운동에 직간접으로 참여했던 여성들이 많았다. 그중에는 열사와 의사로 칭할 수 있는 분들도 있으리라 본다. 이를 발굴하는 것이야말로 3·1운동 100주년을 맞이하여 천도교가 시작해야 할 일인 것 같다.

5. 3·1운동, 미래로 열린 역사

3·1운동과 천도교를 살펴보면서 100년 전 종교지도자들은 종교적 도그마나 이기주의에 매몰되지 않고 시대적 문제의식을 공유하고 이를 함께 대

---

48 앞의 『신인간』 3·1운동 50주년 특집, 이우영 회고담.
49 앞의 『신인간』 3·1운동 50주년 특집 회고담.

처해 나가는 역량이 있었다는 사실을 확인할 수 있었다. 당시 기독교, 불교, 천도교의 종교지도자들은 조국의 독립을 위해 한자리에 모여서 의논을 하고, 독립선언서에 나란히 서명을 하고, 만세를 같이 부르고, 감옥까지 함께 동행을 하였다.

천도교가 3백만 교인들의 성미와 성금을 독립운동 자금으로 아낌없이 쓸 수 있었던 것은 천도교의 최고지도자였던 손병희 선생이 교회 간부들은 물론 교인들의 절대적인 신망을 받고 있었기 때문이었다. 3·1운동은 하루아침에 일어난 돌발적인 사건이 아니다. 3·1운동 이전과 이후에도 수많은 독립운동이 추진되었으나 모두 사전에 발각되어 결국 실패하고 말았다. 손병희는 이전에 교도들 가운데 일부가 거사할 계획을 말하는 것을 듣고도 신중론을 폄으로써 오해도 받았다. 그러나 때를 놓치지 않고 3·1운동에서 그가 보여준 모습은 지도자의 역할에 대하여 많은 생각을 하게 된다.

기독교에 독립운동자금 5천원을 무상으로 지원하고, 독립선언서를 인쇄하다가 발각되었을 때 고등계 형사에게 평생 먹고 살 돈을 지불함으로써 위기를 해결하였다. 또 거사 전날 민족대표들 가족을 위해 매월 생활비 10원씩을 천도교에서 지원하기로 하는 등 한편으로는 과감한 결단을 내리는가 하면 섬세한 배려를 잊지 않는다. 이런 모습은 종교 이기주의는 물론 종교의 경계조차 허물고 있다.

하지만 천도교에서 뚜렷한 활약을 보여준 여성 독립운동가가 나오지 않은 것은 아쉬움으로 남는다. 독립선언서를 인쇄, 배포하였던 이종일은 일찍이 『제국신문』을 간행하여 여성들의 의식을 고취시켰다. 또 독립협회의 여성회원들의 홍보 활동을 도와주기 위하여 많은 양의 관계기사를 써 준바 있다고 하였으며, 우리나라가 부강하려면 여성 자원을 잘 활용해야 한다고 말하고 있다. 그렇다면 분명 이에 영향을 받은 천도교 여성 독립운동가들이 많이 있었을 텐데 그동안 이에 주목한 사람들이 별로 없어 연구가 전혀 이루어지지 못했다. 또한 기록이 남아 있지 않아 묻혀 버린 독립운동가 들이 무수히 많을 것이다.

특히 천도교의 2세 교조 해월선생은 '부인이 한 집안의 주인'이라고 하며 앞으로 오는 세상에서는 여성의 역할이 중요시 되며 이는 '일남구녀(一男九女)의 운(運)'이라 하였다. 그러나 천도교 역사에 뚜렷한 여성 독립운동가가 보이지 않는 것은 인물이 없었는지 기록이 없는 것인지 알 수가 없다. 이제라도 천도교의 여성 독립운동가를 발굴하는 일에 착수해야 한다.

사실 천도교는 무수한 독립운동가들이 국내외에서 활약하였고, 수많은 교인들이 목숨을 바친 역사를 가지고 있다. 하지만 단편적인 기록들이 곳곳에 산재해 있을 뿐 그에 대한 종합적인 조사와 체계적인 연구가 제대로 이루어지지 못하였다. 그 결과 아직도 그분들의 업적과 희생정신이 제대로 평가받거나 우리 사회에 널리 알려지지 못했다. 이는 우리 사회의 역사의식에 대한 무관심과 무지를 탓하기 전에 이에 대한 각성과 노력이 부족하였던 천도교 교단과 교인들의 책임도 크다고 본다.

3·1운동 100주년을 맞이하여 각 지역에서는 3·1운동의 진실을 규명하는 각종 사업들이 본격적으로 추진되고 있다. 우선 경기 3·1운동기념사업회는 제암리와 고주리 학살 사건에 대하여 그동안 학술대회에서 발표된 연구논문과 자료를 수집하여 책자도 발간하고 이에 대한 성역화 사업도 진행하고 있다. 당시 수원 화성 지역은 천도교가 왕성하였던 곳이다. 천도교의 지도자들은 기독교와 연대하여 함께 만세운동을 준비하고 만세를 불렀으며 3·1운동에 있어서 가장 참혹하고 비극적인 사건으로 기록되고 있는 '제암

리(교회) 학살사건'에서 함께 희생되었다.[50]

당시 일제는 제암교회를 불태운 후 이어서 마을 곳곳을 돌면서 집집마다 방화를 하여 가옥 33채 중 31채가 불타 버렸다.[51] 이때 천도교 전교실도 함께 소실되었다. 그러나 그들은 여기에 그치지 않고 곧바로 이웃마을인 향남면 고주리로 향하여 의암 손병희의 절친한 동지로서 화성지역 천도교 최고 지도자였던 김흥렬 일가 6명을 비참하게 살해하였다. 당시 상황을 이병헌은 다음과 같이 기록하고 있다.

그 隣洞(고죽골) 天道敎人 金興烈 氏 집으로 가서 金聖烈, 金世烈, 金周男, 金周業, 金興福 等 六人을 逮捕하여 結縛하여 놓고 짚단과 나무로 덮어놓고서 石油를 뿌리고 또 生火葬을 하였다.[52]

천도교에서는 억울하게 죽어간 순국선열들의 넋을 위로하기 위해서는 무엇보다 역사적 평가가 정확하게 이루어져야 한다는 목소리가 높은 가운데 「제암·고주리학살사건」을 조명하는 학술대회와 순국선열들에 대한 합동위령식을 매년 거행하고 있다. 합동위령식은 천도교인뿐만 아니라 유족들을 포함한 지역주민들과 함께 제암리교회와 고주리에서 희생된 순국선열들

---

50 일본군 제20사단 39여단 78연대 소속 아리다(有田) 중위가 이끄는 1개 소대는 4월 15일 오후 2시 반경 제암리를 완전히 포위한 후 한 사람도 밖으로 나가지 못하게 하였다. 이어 '할 말이 있으므로 교회로 전원 다 모이라'고 하여 영문을 모르는 주민들이 교회로 모이자 수비대는 밖에서 문을 닫고 석유를 뿌린 후 방화를 하였다. 당시 불길을 피해 밖으로 도망 나오던 사람은 총으로 사살하여 전원이 희생되었는데 희생된 마을 주민은 천도교인 15명 기독교인 8명으로 총 23명이다.

51 김정명, 앞의 책, 606쪽 및 627쪽; 김선진 앞의 책, 147쪽 재인용.

52 이병헌, 「수원사건」, 『신천지』 통권2호, 서울신문사, 1946.3, 81쪽.

의 영령을 추모함으로써 선열들의 정신을 이어가고 있다.

3·1운동이 우리에게 주는 수많은 교훈이 있지만 무엇보다 소중한 것은 종교인들이 보여주었던 거룩한 희생정신 그리고 당시 종교지도자들이 보여준 상호 존중과 배려 그리고 협력의 모습이다. 이는 일원화, 대중화, 비폭력의 3·1정신과 함께 우리가 망각해서는 안 될 소중한 유산이다.

그동안 천도교는 동학혁명, 3·1운동 등으로 백만여 명이 희생되었다. 유족이나 후손들은 온갖 박해와 고난을 겪으며 마치 죄인처럼 살아야 했기에 조상과 부모님의 종교였던 동학과 천도교를 버린 사람들도 많았다. 동학혁명 당시 호남지역의 많은 동학군의 어머니들은 멸문지화(滅門之禍)를 피하기 위해 '동학을 버리라'는 유언을 남기기도 하였다. 또 천도교인 중에는 "3·1운동 때 부모님이 소 팔고 논밭을 팔아서 독립운동 자금을 지원하느라 정작 자식들은 교육도 제대로 받지 못하고 고생만 죽도록 하였다."는 분들이 많았다.

그러나 2004년 동학농민혁명 참여자 명예회복 등에 관한 특별법이 제정 시행되고 14년 만인 올해(2019)부터 동학농민혁명국가기념일 행사가 거행되는 등 최근 동학혁명과 3·1운동에 대한 정부의 관심이 높아지면서 천도교인들도 달라진 사회 분위기를 실감하고 있다. 최근에는 3·1운동을 동학혁명의 연장선으로 보아야 한다는 주장과 함께 민족대표 33인 중 동학혁명에 참여하였던 인물이 무려 9인이나 된다는 사실을 꼽기도 한다.[53]

더욱이 3·1운동 100주년을 맞이하여 남북통일에 대한 문제가 부각되는 가운데 천도교인들은 각오를 새롭게 다지고 있다. 그것은 통일을 위한 시공간에서 분명 천도교의 시대적 사명이 있다고 믿기 때문이다.

---

53 손병희를 비롯하여 권병덕, 이종훈, 박준승, 임예환, 나용환, 나인협, 홍기조, 홍병기 등 천도교인 9명.

끝으로 종교의 힘은 위기 속에서 더욱 빛을 발하거나 결정적인 순간에 진가가 드러난다고 하는데 지금이 바로 그 순간이 아닐까? 생각된다. 천도교가 오랜 침묵을 깨고 다시 한 번 역사의 전면에 등장하여 우리 겨레의 오랜 숙원인 통일시대를 온 겨레와 함께 열어 가기를 기대한다.

3·1운동과 다시개벽의 꿈

: 3·1운동과 독립선언서의 새로운 이해를 중심으로

박길수 / 천도교중앙도서관 관장

1. 기도와 상상력으로 3·1운동 바라보기

3·1운동 100주년은 두 개의 사건을 지나서 우리에게 다가오고 있다. 첫 번째는 남북-북미 정상회담과 판문점 선언이다. 이에 선행하여 촛불혁명이 있었고, 그에 앞서서 세월호가 있었다. 그리고 그것은 150-200년간의 한반도에서의 자본주의(서구세계)의 세계화와 연결된다. 두 번째는 2018년의 폭염이다. 이는 기후변화의 결과로 도래할 전 지구적 미래-생명의 종말-의 기미(幾微)를 한반도에서 보여준 사건이다. 이 두 사건을 통해 하나의 사실을 알 수 있는데, 그것은 우리가 '문명사적 전환기'라는 사건 속을 지나가고 있다는 것이다. 3·1운동 100주년이라는 말은 개념적인 사실일 뿐이고, 위의 두 사건-문명사적인 전환-이야말로 역사적이며 실존적이다. 이 글은, 이러한 전환기에 아래와 같은 하나의 물음을 던지고 그 답을 찾아보기 위한 탐색의 과정이다.

"3·1운동[1] 100주년에 종교인들은 어떤 문명세계를 바라며 심고(心告, 기도)할 것인가?"

그리고 이 물음은 기미년(1919)의 3·1운동을 다음과 같이 새롭게 이해하

---

1 '3·1운동'은 '3·1혁명'으로 호명되어야 한다고 생각한다. 이 글은 '3·1운동 백주년 종교개혁연대'의 공동발표의 일환이므로 여기서는 '3·1운동'으로 호명한다. 이에 대한 소명(疏明)는 별고(別稿)를 기약한다.

는 것을 전제로 한다; "첫째, 3·1운동은 종교인들이 주도하고 전 민족이 참여한 운동이었다. 둘째, 3·1운동은 각성과 학습의 수도장이자 종교운동·기도운동이었다. 셋째, 3·1운동의 독립선언서는 민족의 기도문이요 민족의 헌장이었다. 넷째, 3·1운동은 자주독립을 넘어 새 문명세계를 지향하는 운동이었다."

"3·1운동은 종교(인만의)운동이 아니라 전 민족이 궐기한 민족운동이었다."는 말은 "3·1운동이 종교(교단)를 위한 운동이 아니었다."는 뜻으로는 수긍할 수 있으나, 그 말을 강조하다 보니, '종교인'인 것이 마치 무슨 흠결이 되거나 '모자란 사람'인 듯 여기는 정서에 휘둘리는 느낌도 있다. 역사는 과거와 현재의 끊임없는 대화이지만, 오늘날의 종교·종교인·종교계의 위상에 비추어 과거의 위업마저 폄하해서는 안 된다. 3·1운동은 종교인들이 선창(先唱)하고 선도(先導·善導)하고 선구(先驅)하여 새로운 세계와 문명에 의 비전을 상상하고 기도한 '종교운동'이며, 선언서는 그 '기도문'이라는 것이 이 글의 요점이다.

3·1운동의 준비과정과 기미독립선언서를 둘러싼 '구구(區區)'한 해석에서 벗어나 자유로운 상상과 진심어린 덕담으로 그때의 역사를 돌이켜보고 미래를 내다보자는 것이다. 이때 필요한 것은 기도와 (종교적) 상상력과 사랑[2]이다. 그동안 종교인들조차 3·1운동에 관한 이해와 접근을 학술적, 객관적으로 (해야) 한다는 명분을 좇아, 실은 너무 세속적으로 해 왔다. 눈에 보이는 것(세속적)에 집착하여 3·1운동과 관련한 사료(史料)에 얽매이고, 눈에 보

---

2 기도는 개벽종교의 전통에서 말하면 수양(修養)이고, 상상력이란 학술적 용어로는 '해석학적 이해'이다. 또 여기서 말하는 사랑은 전적으로 "사랑하면 알게 되고, 알면 보이나니, 그때 보는 것은 전과 같지 않으리라."라는 시(詩)의 '사랑'이다.

이지 않는(종교적, 신적) 성령(性靈·聖靈)의 빛을 직관(直觀)하고 각득(覺得)하기를 포기하였다. 3·1운동의 민족대표들은 종교적인 상상력과 심성, 그리고 그 빛이 인도하는 길을 따라 종교적인 방식으로 3·1운동을 기획하고 종교적인 방식으로 선도하였다. 3·1운동이 오늘날 우리 민족의 위대한 역사적 자산이 되고, 전 세계에 자랑할 만한 혁명적 유산이 된 것은 바로 그 덕분이다.

오늘날 세상 사람들은 (종교인으로 구성된) 민족대표들이 태화관에서 한 독립선언이 미온적이고, 독립선언서도 '맹탕'이라고 비판한다. 그 말에 응대하는 방식이, 당시 종교인들이 충분히 투쟁적이고 헌신적이었음을 증명하는 방식이어서는 곤란하다. 3·1운동은 눈앞의 과제를 간과하지 않되, 거기에 집착하지 않음으로써, 다시 말해 '종교적임'으로 해서 100년의 역사에도 불구하고 여전히 살아 있는 운동으로 자리매김된다. 그것이 '종교적 생명력'[靈生·永生·長生]이다.[3]

또한 〈9·19평양공동선언〉에서는 "우리 민족의 기개를 내외에 과시하기 위해 다양한 분야의 협력과 교류를 적극 추진하"는 가운데 특히 "3·1운동 100주년을 남북이 공동으로 기념하기로" 합의했다.[4] 3·1운동은 남과 북의 공유할 수 있는 한국 근대사의 원점(原點)이며, 3·1운동의 기본정신인 비폭력 평화사상은 평화와 통일의 공존을 위한 기본정신이 되고, 새로운 문명을

---

3 다만, 3·1운동 당시의 '종교·종교인·종교계'의 위상과 오늘날의 '종교·종교계·종교인'의 위상이 같지 않다.

4 남과 북에서의 3·1운동의 위상과 역사적 위상(평가)는 같지 않다. 3·1운동 100주년을 남과 북이 공동으로 진행하는 것의 의의는 남북의 종교인들이 얼마나 그 의미를 확장·확대·확산하고 심화(深化)·체화(體化-실천)·성화(聖化)하느냐에 따라 달라진다. 북에서 3·1운동 100주년을 공동으로 기념한다는 것은 크나큰 통일의 진전이다.

지향하는 진취성은 통일의 미래상을 함께 그려 가는 토대가 된다.

그렇게 3·1운동의 종교운동으로서의 의의를 밝히고 3·1운동 100주년을 준비하는 지혜를 얻기 위하여 이 글은 3·1운동에서의 천도교가 주도적인 역할을 하기까지의 역사와 천도교 중심의 3·1운동 준비 과정을 살펴보고, 기미독립선언서에 담긴 '천도교의 사상'을 주목하는 데 주력할 것이다.

이 글의 논리 전개 방식은 논증이나 객관에 얽매이지 않고 '한울님'의 힘을 믿고, 신앙적 상상력의 날개를 펼치고, 주관적이고 감성적인 이해, 생략과 비약을 마다하지 않으며, 오로지 독립선언 정신과 선열들의 마음이 전해지기를 기도한다.

2. 3·1운동은 다시개벽 운동이다

1) 모심의 혁명 - 동귀일체 운동

동학에서 생명의 전일성은 시천(侍天)의 자각과 양천(養天)의 수행, 그리고 체천(體天)의 실천의 삼위일체-회삼귀일(會三歸一)로 완성된다. 3·1운동은 이 시천과 양천과 체천이 상즉상입한 채로 특히 체천으로 구현된 동학-천도교의 종교 활동이다. 이는 또 '모심의 혁명-동귀일체 운동'이라고 말할 수 있다.[5] 이때 모신다는 것은 동학-천도교의 신앙과 교리와 사상과 철학의 정점

---

5   졸고, 「유무상자 경제학과 모심의 혁명」(1)(2), 『개벽신문』 76호, 77호, 2018년 7월호, 8월호, 개벽의 창(2-3쪽); 「유무상자의 경제학과 우주 궁극의 이론-'세상에 공짜

이다. 동학의 만(萬) 진리는 21자 주문[至氣今至 願爲大降 侍天主 造化定 永世不忘 萬事知]에 귀결되고, 다시 주문 21자는 시·정·지(侍·定·知) 세 글자, 종국에 가서는 시(侍) 한 글자에 귀납된다. 시(侍), 즉 모심은 다시 안으로 신령이 있고[內有神靈] 밖으로 기화가 있어[外有氣化] 온 세상 사람이 각각 옮기지 못하는 것임을 깨닫는다[一世之人 各知不移]는 셋으로 분화하는데, 이 시(侍)에 모심의 혁명-동귀일체 운동의 모든 것이 들어 있다. 동귀일체(同歸一體)는 옮김[移=各自爲心]으로부터 각지불이(各知不移)함으로써, 생명의 전일성을 회복[復]하여 시천-양천-체천의 경지에 들어선 세상이다. 그리고 3·1운동 역시 그에 내포된다.

시(侍) 한 글자는 곧 인간 생명의 주체인 영(靈)의 유기적 표현입니다. 인간과 우주의 자연적 통일, 인간과 인간의 사회적 통일, 인간과 사회의 혁명적 통일이 이 시(侍) 한 글자, '모심' 하나에 다 통일되어 있습니다. '시(侍)' 안에는 최수운 선생의 인간과 우주의 자연적 통일로서의 시천(侍天) 사상뿐만 아니라, 뒷날 최해월 선생의 인간과 인간의 사회적 통일로서의 양천(養天) 사상, 나아가 동학혁명 민중 전체와 전봉준 선생, 3·1운동 민족 전체와 손병희 선생 등의 인간과 사회의 혁명적 통일로서의 체천(體天) 사상이 다 들어 있는 것입니다. 그러나 시천(侍天) 안에 양천(養天)·체천(體天)이 들어 있는 것만이 아니라, 양천 안에도 시천·체천이 있으며 체천 안에도 시천·양천이 있습니다. 씨앗 가운데 이미 성장과 열매가, 성장 가운데 씨앗과 열

는 없다'와 '덜문명'의 상관관계」, 『개벽신문』 78호(2018년 9·10월 합병) 2-3쪽. 참조.

매가, 열매 가운데 씨앗과 성장이 다 있는 것과 같이.[6]

　모심의 직접적인 효능은 우리 스스로를 각자위심(各自爲心)[7]의 세속으로부터 동귀일체(同歸一體)[8]의 신성(神性·神聖), 즉 종교적으로 승화하는 데 있다. 이것은 문명사적인 지평의 이야기다.

2) 해방 - 고비원주 운동

　지금은 8·15해방이라는 말보다 8·15광복이라고 쓴다. '해방절'이 아니라 '광복절'이다. '해방'이 강대국의 전승의 결과로 주어진 것을 의미하는 대신 '광복'이 광복군과 한민족의 끊임없는 독립전쟁의 결과로서 쟁취한 의미가 담겨 있다는 뜻에서라고 말한다. 해방은 '되는 것'이고 광복은 '하는 것'이라는 의미로 그렇게 쓴다고 한다. 절절(切切)하지만, 자칫 구구(區區)할 수도 있다. 그 둘은 갈라서 어느 한쪽을 버려서는 안 될 일이다. 광복은 해방하는

6　김지하, 「인간의 사회적 성화(聖化)-수운사상 묵상」, 『남녘땅 뱃노래』, 두레, 1985, 112쪽. 이 책은 최근 『남조선 뱃노래』(자음과모음)의 본래 제목으로 개정판이 간행되었다.

7　『천도교경전』「동경대전」「용담유사」등. 이 '세계'의 일체성(一體性)을 망각하고, 불순천리불고천명(不順天理不顧天命)하는 삶. 이것이 '억압과 분단, 정복과 전쟁, 왜곡, 소모, 파괴, 약탈, 질병, 오염, 변질, 멸종, 기만, 증오' 같은 전우주중생의 '죽임'을 불러온다. '죽임'의 의미는 김지하, 앞의 「인간의 사회적 성화」 참조.

8　『천도교경전』「동경대전」/「용담유사」등. 오심즉여심(吾心卽汝心)의 천인일여(天人一如)와 시천주(侍天主)-인내천(人乃天)을 깨닫고, 경천명순천리(敬天命順天理)의 자세로 살아가는 삶. '사람이 곧 한울님임'을 회복하므로, '죽임'에 대한 '살림'의 삶이 곧 '동귀일체'이다. 따라서 해방과 독립, 통일과 진리, 유무상자와 창조, 치유, 청신간결(淸新簡潔)과 자아완성(自我完成=본성의 회복='변질의 반대'), 영생, 진실, 사랑이 그 속성이다.

것이고, 해방은 광복되는 것이다.

3·1운동은 '해방하는' 운동이다. 죽음의 공포로부터 해방하는 순교(殉敎) 운동이요, 죄와 사망으로부터 자기를 해방하는 구원(救援)의 생명운동이요, 남녀노소, 빈부귀천을 각각의 사슬로부터 해방하여 스스로의 주인[自主]이 되고 주체[自由]가 되는 운동이요, 선천의 적폐로부터 해방하는 후천(後天)의 개벽(開闢)운동이요, 일체의 낡은 것으로부터 해방하는 개화혁신(改化革新) 운동이요, 암울한 식민체제로부터 해방하는 독립(獨立) 운동이요, 일본을 몽매한 군국주의, 침략주의의 속박으로부터 해방하는 계몽교화(啓蒙敎化)운동이요, 중국을 공포와 불안으로부터 전 세계 식민국을 압제와 수탈로부터 해방하는 평화(平和)운동이요, 이 세계를 강권주의, 제국주의로부터 해방하는 혁명(革命)운동이요, 우리 민족이 앞장선 인류의 고비원주(高飛遠走)[9]운동이다.

3·1운동은 이렇게 스스로를 해방함으로써 무왕불복(無往不復)하며, 원시반본(原始返本)하고, '광복되는' 운동이다. 해방하는 과정으로서의 줄탁(啐啄)이고 광복되는 완성으로서의 동시(同時)이다. 빛[光]은 '빛이 있으라 하시니 빛이 있었던' 그때 그곳의 빛이며, 그 원형이 한울님이다. 복(復)은 그 빛-원형으로 돌아가 다시 일치함(=同歸一體)함, 회복(=치유)함이다. 구원(救援)으로서의 구원(求原)이며, 구원(久遠)한 구원(求願)이다. 그러므로 광복은 다시 한울님과

---

9 '고비원주'의 의미는 졸고, 「고비원주, 고비원주, 고비원주」, 『개벽신문』 제75호, 2018.6. 2쪽. 기본적으로는 '높이 날고 멀리 뛰어라'라는 뜻이지만, 나아가 '과거로부터의 단절' '뜻을 펼침' 등의 의미하며, 결국은 '모심의 혁명'을 완성하는 다시-개벽, 신문명 세계 개척운동이다. 모심의 혁명에서의 자유, 평화, 정의, 인도 들의 의미를 새롭게 조명해야 한다.

하나 됨, 즉 시천주(侍天主), 인내천(人乃天)의 체천행도(體天行道) 운동이다.[10]

3) 보국안민운동사와 3·1운동

역사적으로 볼 때, 3·1운동은 천도교 보국안민운동사의 한 정점(頂点)이다. 보국안민(輔國安民)은 천도교(동학)를 창도한 수운 최제우 선생이 동학 창도의 과정과 그 의의(목적)를 밝힌 글[布德文; 天道와 天德을 펴는 뜻을 밝힌 글]에 이미 명시되어 있다. 3·1운동에 참가한 당시이 천도교인들도 그리 생각했다.[11]

보국안민에서 '국(國)'은 단지 우리나라만이 아니라, '치국-평천하'의 계기, 즉 평화 세계의 기점(起點·基點)으로서의 '나라'이다. 다시 말해 천도교는 창도 당시부터 한 나라의 평화로서 그 인민을 평안(平安)하게 하고, 나아가 온 세계[十二諸國]의 괴질(怪疾=帝國主義, 侵略主義, 强權主義)를 극복하고 새로운 문명 세계를 열고자 한 '다시-개벽'[12]운동이었다.

---

10 김지하, 앞의 「인간의 사회적 성화」, 148쪽, "(전략) 그러므로 민중과 중생 속에 살아 계신 생명이 민중과 중생의 줄기찬 생명운동을 통해서 중생 속에서 드러남 열림, 즉 생명이 스스로 생명에 이름, 생명이 스스로 생명답게 자기 자신의 주체에 돌아감, 자 아로의 단순반복이 아니라 극히 창조적으로 돌아감입니다. 즉 귀향이며 통일의 성취 입니다. 그리고 그것은 바로 해방이며, 자유이며, 해탈이며, 개벽입니다. 뭐라고 말해 도 좋습니다. 민중생명의 자아회복이란 바로 이것을 말합니다."

11 『천도교경전』「동경대전」〈포덕문〉, "이러므로 우리나라는 악질이 세상에 가득 차서 백성들이 언제나 편안할 때가 없으니 (중략) 보국안민의 계책이 장차 어디서 나올 것 인가."; 조기주, 「獨立宣言書의 傳達 責任을 맡고」, 『신인간』 제325호, 1975.3. 참조.

12 『천도교경전』「용담유사」〈안심가〉, "개벽시(開闢時) 국초일(國初日)을 만지장서(滿紙 長書) 나리시고 십이제국(十二諸國) 다 버리고 아국운수(我國運數) 먼저 하네."; 〈안 심가〉, "십이제국 괴질운수(怪疾運數) 다시개벽 아닐런가."; 〈몽중노소문답가〉. "십 이제국 괴질운수 다시개벽 아닐런가."

보국안민운동으로 건설할 새로운 평화 세계를 천도교에서는 '다시개벽'의 세계로 지칭하였고, 따라서 천도교 입장에서 3·1운동은 천도교 창도 목적인 보국안민 운동이며, 다시개벽[後天開闢] 운동의 한 계기로서의 자주독립운동이다. 다시개벽 운동으로써 이룩되는 새로운 평화세계를 천도교에서는 '지상천국(地上天國)'으로 지칭하였고, 따라서 천도교 입장에서 3·1운동은 이 땅에 한울님 세상(나라)을 세우는 지상천국 건설운동'[13]이었다. 이 보국안민-다시개벽-지상천국 건설운동은 천도교 창도(1860.4.5.) 이래 지금까지 끊어질 듯 끊어지지 않고 계속되어 오는 운동이다. 3·1운동 전까지 동학의 보국안민운동은 다음 몇 가지 단계를 거치며 전개되었다.

첫째, 교조신원운동과 척왜양창의운동으로서의 민회(民會=敎祖伸冤運動)운동이다. 1860년 4월 5일 동학(천도교)을 창도한 수운 최제우는 1864년 3월 10일 순도(殉道)[14]하였고, 이후 동학(천도교)는 해월 최시형(1827-1898)이 이끌었다. 1860, 1870년대의 어려운 시절을 견디고, 1880년대 들어서면서 동학에 대한 민중들의 기대가 폭발적으로 점증하며 세력이 확장되었다. 이러한 세력을 바탕으로 동학(천도교)은 1890년대 접어들면서 수운 최제우의 억울한 죄명을 풀어 줄 것[伸冤]을 요구하였다. 이것은 동학(천도교) 신앙의 자유를 획득하고, 동학도인들에게 가해지는 탄압을 제거하며, 동학이 지향하는 새 국가 건설운동을 본격적으로 전개하기 위한 최초의 대규모 민회(民會)운동이었다.[15]

---

13 졸고, 「東學思想과 地上天國 建設運動」, 『無極』 창간호, 東學無極思想研究會, 2001 참조.

14 핵심 죄목은 '左道亂正律(좌도난정률)'이다. 이때 左道란 비(非) 朱子學, 특히 西學을 가리킨다. 즉 수운 최제우는 '서학을 傳布했다'는 죄목으로 순도했다.

15 1800년대 일반적인 '民會'은 고을 단위였던 반면, 동학의 民會운동은 '범 지역'적 특성을 갖는다. 즉 공주-삼례-한양(光化門前 伏疏)-보은으로 이어지는 민회('敎祖伸冤運動'이라고도 함)에는 전국 각지에서 각 연원의 주요 지도자들이 1천명~3만 명까지 참

이러한 초기 교조신원운동-신앙의 자유 획득 운동에서 보국안민의 과제는 척왜양창의(斥倭洋倡義)라는 구호로 집중적으로 나타났다. 이 척왜양창의의 정신이야말로 기미년 3·1운동에서의 자주, 독립 정신의 직접적인 연원이 된다.[16] 또한 민회(民會)라는 명칭에서 알 수 있듯이, 이 운동은 훗날 3·1운동의 성과로 등장하는 대한민국임시정부가 공화정을 채택할 수 있는 사상적, 역사적(전통적) 연원이 된다.

둘째, 신(新)존왕주의 국가 기틀 강화운동으로서의 동학혁명[17]이다. 동학혁명의 성격을 두고 그 '혁명'성을 의심하는 학자들은 동학군이 조선왕조를 전복하고 새로운 근대 국가를 건설할 명확한 의지와 로드맵을 갖추지 못하였다는 점을 거론한다. 이들은 동학혁명의 핵심 지도자인 전봉준의 공초 등에서 오히려 군왕에 대한 충성을 강조하는 근왕주의(勤王主義)를 읽을 수 있다고 강조한다. 그러나 동학군이 지향한 것은 근대적 민주국가 건설-선거에 의한 정부의 구성-이 아니었다. 오히려 동학군들은 '신(新)존왕주의'를 기반으로, 권귀(權貴=부패 관료)를 배제한 가운데, 민권(民權)을 군권(君權)과 직결하여 국권(國權)을 강화하고, 이로써 서구적 근대(=帝國主義)의

집(參集)하였다. 2000년대의 '촛불시위'는 동학의 이 '민회'운동이 면면히 계승되어 온 것으로 본다. 김종철, 「촛불시위와 '시민권력'」, 『녹색평론』 제152호 2017년 1-2월호. "이 겨울, 우리가 경험하고 있는 것은 1894년 동학농민전쟁 이래 처참한 실패와 좌절을 거듭하면서도 끝끝내 꺾이지 않고 역사의 저류(底流)로 면면히 지속돼온 풀뿌리 저항정신이 다시 전면으로 분출하고 있는 장면임이 분명하다. 이 역사적인 순간을 지금 우리는 심히 긴장된 흥분 속에서 하루하루 보내고 있다."

16 이런 관점에서 일반적으로 '동학농민혁명'을 '반봉건반외세'운동이라고 규정하면서 제1차 동학농민혁명(3월-6월)은 '반봉건' 운동, 제2차 동학농민혁명(9월 이후)은 '반외세' 운동이라고 구분하는 것은 또 다른 의미의 역사왜곡이다.

17 필자는 현재 '동학농민혁명'이라고 통칭되는 역사적 사건의 올바른 명칭은 '동학혁명'이라고 본다.

쓰나미에 대항하는 자주의 신(新)조선을 만들어가자는 입장을 취했다고 할 수 있다.[18] 다시 말해, 동학혁명은 자생적(자주적), 토착적 근대화 운동이었다.[19]

셋째, 입헌군주국(立憲君主國) 건설운동으로서의 갑진개화운동(甲辰開化運動)이다. 동학혁명 좌절 이후 10여 년이 경과하는 동안 동학(천도교) 교단 내에서는 서구의 역사와 세계 정치상황에 대한 인식이 제고되었다. 이를 바탕으로 1900년 초부터 몇 차례의 시행착오를 더 거치며 동학(천도교)은 진보회(進步會)를 결성하여 대한제국을 입헌군주국[20]으로 전환하고, 부국강병이라는 서구적 근대화의 길을 통해 보국안민을 달성하려는 운동 목표를 설정하였다. 그러나 1904년 20만 명의 일제 단발(斷髮)과 흑의 착용 등으로 전개된 이 운동은 내부적인 혼선과 일부 세력의 배신으로 좌절되었고, 동학교주 손병희는 1905년 12월 1일에는 동학을 천도교(天道敎)라는 근대적 제도종교로 선포(宣布)하면서 새로운 진로를 모색하기에 이르렀다. 이때 내건 전략적 구호가 교정쌍전(敎政雙全)이다.[21] 동학에서 천도교로의 개신(改新)은 동학이 좁은 의미의 종교적인 틀로 폐칩(閉蟄)하는 운동이 아니라, 변화된 정세(동학혁명의 좌절과 일진회의 逸脫)에 대응하여 장기적으로 보국안민을 구현하는 운동이다. 이는

---

18 이영재, 『근대와 민 - 인간존중 · 신분해방 사상이 만든 민주공화국』(2018.5. 도서출판 모시는사람들)은 이런 관점에서 동학혁명을 재조명하였다.

19 이런 관점에서 인류학자 권헌익 케임브리지대 교수의 "1919년의 세계사적 의미를 되새기는 '평화 연구' 필요"라는 기사(《한겨레신문》 2019.09.13.)에서 적어도 한국에서의 평화 운동의 기점은 1894년으로 상향조정할 필요가 있다.

20 동학혁명 당시의 존왕주의와 갑진개혁운동에서의 입헌군주국 추진운동은 '근대' 운동의 제1기의 전기-후기로 구분하여 명명할 수 있겠다.

21 오문환, 「의암 손병희의 '교정쌍전'의 국가건설 사상: 문명계몽, 민회운동, 3 · 1독립운동」, 한국정치사상학회, 『정치사상연구』 제10집 2호, 2004, 59-84쪽.

훗날의 3·1운동까지 일관되게 이어진다. 이 교정쌍전은 동학혁명이 '국(國)'과 '민(民)'을 우위로 한 운동이었던 데서 '교(敎=宗敎)'와 '정(政=國家)'을 겸전(兼全=雙全)하는 것을 공개적으로 천명한 것이다.[22] 이는 천도교의 근대국가 건설운동이 영성운동(靈性運動)과도 불가분리의 관계임을 보여준다.[23] 동학을 천도교로 선포할 때 의암 손병희는 근대 국가의 헌법체계를 그대로 반영하여 〈천도교대헌(天道敎大憲)〉을 채택하였다. 이 천도교대헌은 그 구조상 입헌군주국 '헌법(憲法)'으로서도 손색이 없다.[24] 실제로 갑진개화운동 전후로 천도교가 내세우던 주요 주장 가운데 하나가 국교(國敎=主敎)의 필요성이었다.[25]

---

22 오문환, 앞의 글 참조.

23 오문환, 「천도교의 이상정치론: '교정쌍전(敎政雙全)'을 중심으로」, 동학학회, 『동학학보』 제16호, 2008, 125-144쪽 참조.

24 〈천도교대헌〉에서 국가의 君主 자리에는 '대도주(大道主)'라는 종교 수장이 자리매김 되어 있다. 이동초, 〈천도교제도변천사〉(미간행) 서문, "1906년 2월 10일 종령 제5로 발표한 대헌의 체재는 12장(대도주, 원직, 주직, 중앙총부직원, 대교구직원, 중교구직원, 소교구직원, 장실, 중앙총부, 대교구, 중교구, 소교구)으로 편제되고 부칙으로 총칙 36장과 총칙목차 및 의회(제1장 제9조)로 구성되어 있다. (중략) 대헌 제1장 대도주는 '천天의 영감으로 계승하고, 도道의 전체를 통리하며, 교敎를 세상(人界)에 선포한다'고 규정하여 절대적인 지위에 있는 대도주를 정점으로 하는 중앙집권적 체제를 갖추고 동학을 계승하여 천도교로 선포한 당위성을 천명하였다. 대도주가 종령을 발포하고 공안을 인준하며 모든 중요 교직을 선임하는 권한을 쥐고 있어 국가의 입헌군주제의 헌정 체제와 흡사한 교회 조직이라 하겠다."

25 오상준, 『初等敎書』 참조. 『初等敎書』는 1907년 천도교중앙총부의 오상준이 간행한 국민계몽 교과서. 근대 문명국가의 건설이념과 노선 등을 밝히고 있다. 여기서 가장 중시되는 것이 오교(吾敎-천도교 또는 국가의 정신을 대표하는 '國敎')와 오국(吾國)의 관계이다. 오상준은 의암 손병희의 주선으로 일본 유학을 다녀온 유학파 신지식인이다. 오상준의 이 책을 통해 우리는 독립선언서에 내포된 자유, 정의, 평화, 인도의 정신이 어떻게 조선인에게 내면화되었는지, 그리고 그것이 세계사적인 지평을 가지면서도 어떻게 그것과 차별화되어 '조선(東學)' 고유의 사상으로서 재해석되고 승화되어 갔는지를 엿볼 수 있다. 즉 독립선언서의 자유, 정의, 평화, 인도 등의 근본정신은 외래(外來)한 것이 아니라 자생(自生-靈生), 토착(土着-自主)의 사상이라는 점을 주목해야 한다.

이런 점에서도 3·1운동은 천도교의 '신국가 건설운동'의 연장선상에 있는 혁명운동이다.

넷째, 교육입국(教育立國)의 측면에서의 교육운동과 언론출판을 통한 계몽운동이다. 의암 손병희는 일본 망명(1900-1905) 시절 국내의 청년들을 일본으로 유학시켰으며 귀국 후에는 보성전문학교(현 고려대학교)를 포함하는 보성학교, 동덕여자의숙(현 동덕여대) 등 전국적으로 십여 개의 각급학교를 직접 경영하거나 정기적인 보조를 하였다. 또한 보문관(普文館⇒普成社) 출판사를 세워 각종 교서(教書)와 〈만세보(萬歲報)〉라는 일간신문, 〈천도교회월보〉 등을 간행하여 신문물과 사상을 소개하고, 일진회 등과 사상 노선 투쟁을 치열하게 전개하였다. 이러한 네 단계의 보국안민-다시개벽운동과 근대 국가 수립의 열망의 연장선상에서 일어난 것이 기미년의 3·1운동이다.[26] 실로 3·1운동은 조선 후기 이래 민족, 민중운동의 여러 갈래들이 흘러들어 이루어진 한바다였고, 이후 오늘 이 시간에 이르기까지 면면히 이어져 오는 민족 민주운동의 연원(淵源)이 되는 운동이었다.[27]

---

26 천도교단 내에서는 1914년, 보성사 사장 이종일은 보성사를 근거로 한 독립운동을 기획하여 의암 손병희 선생에게 교단적 차원의 독립운동 전개를 건의하였다. 이때 의암 선생은 '아직은 때가 아니니 기다리라'고 하여 무산되었다. 또 1917년부터는 이종일이 중심이 된 '민족문화수호운동본부'(총재 손병희)를 중심으로 새로운 차원의 독립운동이 기획되었다(cf. 『묵암비망록』). 갑오년(1894)의 동학혁명, 갑진년(1904)년의 개혁운동, 갑인년(1914)의 독립운동을 통칭하여 삼갑운동(三甲運動)이라고 호명한다.(이현희, 『3·1혁명 그 진실을 밝힌다』, 신인간사, 1999) 독립기념관, 『독립운동사교양총서』(PDF판)에서는 천도교 중심의 이러한 '전(前3) 3·1운동'의 역사를 일별하면서도, 3·1운동이 해외의 4개 단체(신한청년당, 만주와 노령, 미주지역, 동경유학생)에서 선도적으로 진행하던 독립운동이 국내에 유입된 것으로 서술하면서, 천도교에서는 '다섯 번째'로 독립운동을 추진하였다고 서술한다. 이것은 편향된 시각이라고 하지 않을 수 없다.

27 제1기 = (개화파·위정척사파) - 개벽파 - 동학혁명 - (의병운동) - 자주적 (서구형) 근

여기서 다시개벽은 '하늘과 땅과 사람'이 더불어 새로워지는 것으로, 하늘과 땅이 나뉘는 선천개벽이 물리적 개벽인 데 비하여, 다시개벽은 인문개벽이며, 영성개벽이며, 생명개벽이다.[28]

4) 천도교의 독립운동 준비 과정

이상에서 살펴본바, 창도(1860) 이래 면면히 이어 온 보국안민운동의 전통에서 얻은 경험과 교훈을 기반으로 의암 손병희 선생은 3·1운동을 일시적인 기분이나 일회적인 기회(이 운동으로 즉각적인 독립을 성취하겠다는)가 아니라, 영구적인 혁명, 새로운 문명과 새로운 세계를 향한 꿈을 전파하는 운동으로 기획하고 준비해 나갔다. 3·1운동에서의 '주도적이고 선구적인 역할'에 값하기 위하여 천도교는 '전심전력(全心全力)'-시쳇말로 올인(all-in)-하였다. 동학에서 천도교로 대고천하하면서부터 이미 천도교의 교단적 과제는 '독립'이었다.

첫째, 1907년 천도교인 및 일반인까지 염두에 두고 펴낸 신사상 교육 교재인 '초등교서'에서는 훗날의 3·1독립운동의 의의와 과정을 놀랄 만큼 직접적으로 예견하였다.

또한 우리 교[吾敎=天道敎-인용자 주]가 구활(求活)하는 목적으로서 우리가 살 길은 우리 겨레의 정신력을 이루어 천만의 입으로 자유가(自由歌)를 부르고,

---

대화(애국계몽운동, 민회운동) ; 제2기 = 3·1운동 ; 제3기 = 문화운동·무장투쟁·임시정부 ; 제4기 = 통일운동/민주화운동/근대화(산업화)운동/생명운동(한살림)·민족(종교)운동(반서구화·반기독교화) ; 제5기 = 3·1운동 100주년 이후의 운동
28 『천도교경전』「해월신사법설」〈개벽운수(開闢運數)〉;「의암성사법설」〈인여물개벽설(人與物開闢說)〉.

천만의 손으로 자유기(自由旗)를 잡으며, 천만인의 자유혈(自由血)로써 저 자유의 적(賊)에 대항할 것이다. 저들은 우리 겨레의 자유를 점탈(占奪)한 자라. 우리는 반드시 우리 겨레의 자유를 우리 동포에게 되돌릴 것이다. 그런 후에는 나의 하늘이 자유천(自由天)이요 나의 땅이 자유의 땅(自由地)이 되리니, 그때야 비로소 자유 천지에 자유인으로 살게 될 것이다.[29]

둘째, 1910년 8월 29일 일제의 '한일합병조약'이 선포되는 날 손병희 선생은 천도교중앙총부의 교역자들을 모아 놓고 "앞으로 국권회복은 내가 하지 않으면 안 될 터이니 내 반드시 10년 안에 이것을 이루어 놓으리라"고 천명하였다.[30]

셋째, 독립운동을 지도할 지도자를 양성하기 위한 학숙(學塾)으로서 봉황각(鳳凰閣)을 건립하였다. 1912년부터 1914년까지 3개년(만 2개년)에 걸쳐 전국 각지의 두목(頭目, 敎區 또는 淵源의 지도자) 483명을 7차에 걸쳐(21-49-49-49-105-105-105) 49일간의 특별 연성(煉性 = 性靈 修煉)을 실시하였다. 이들은 훗날 기미년 독립운동 당시 각 지역의 3·1운동을 기획하고 선도하였다.[31]

넷째, 1919년 1월 5일부터 2월 22일까지 전국의 천도교인들에게 일제히 49일 기도를 실시할 것을 지시하였다. 이 49일 기도에서 핵심적으로 강조된 덕목이 이신환성(以身煥性)이다. "이신환성은 육신(肉身)관념을 성령(性靈)관념

---

29 오상준, 『초등교서』, 천도교중앙총부출판부, 1907 참조.
30 천도교중앙총부 교화관, 『천도교와 3·1운동』, 천도교중앙총부출판부, 포덕155(2014).12. 2쪽.
31 이 밖에도 서울 시내 곳곳에는 3·1운동과 관련된 천도교 사적(史蹟)들이 수십 곳에 달한다. 박길수, 『서울, 3·1운동의 발자취를 따라서』, 천도교중앙총부출판부, 포덕 152(2011)년 12월 24일; 이동초, 『보국안민의 발길로 서울을 걷다』, 도서출판 모시는 사람들, 2017 참조.

으로 바꾼다."는 것이니, 한울님과 내가 둘이 아니며 생사(生死)가 무왕불복(無往不復=서로 통합)임을 깨달음으로써, 의(義)를 위한 길에서는 목숨을 가리지 않는 단단한 심성을 수양하는 덕목이다.

다섯째, 기미독립선언서를 인쇄한 〈보성사〉가 경영이 어려움에도 불구하고 "내가 생각하는 바가 있으니 그대로 두라"고 하면서, 거듭된 손실을 보전해 주며 계속 경영하게 하였다.

여섯째, 천도교중앙대교당을 건립한다는 명분으로 전국의 천도교인들로부터 성금을 모금하여 일부 자금으로 대교당을 짓고 대부분의 자금은 만세운동 준비 자금은 만주 방면의 독립운동 자금, 상해 방면(임시정부)의 독립운동 자금 등으로 제공하였다.[32] 그 결과로 3·1운동 후에 천도교단은 재정적인 면으로나 인적(조직)인 심대한 타격을 입게 되었다. 고려대학교의 전신인 보성전문학교나 동덕여학교(현 동덕여대) 등 천도교단에서 운영하던 여러 학교를 차례로 다른 사람(단체)에게 넘겨주었고, 북촌과 종로 일대에 수십 채에 달하던 교회 소유의 주택(당시 주요 천도교 두목들이 기거했다)들도 채무 변제나 기부(그때까지 지원하던 학교 운영 자금) 등의 형태로 넘겨주고 말았다.[33]

일곱째, 그러나 가장 중요한 것은 3·1운동의 이념과 이상과 이론을 천도교가 제공하였다는 점이다. 그리고 그 이념과 이상과 이론이 '기미독립선언서'에 고스란히 반영되어 있다.[34]

---

32 3·1운동 후에 천도교단은 재정적인 면으로나 인적(조직)인 심대한 타격을 입게 되었다.

33 이것이 훗날(일제강점기 - 해방과 분단 - 산업화시기) 천도교 쇠퇴의 원인(遠因)이자 근인(根因) 중의 하나가 된다. 이상 『의암손병희선생전기』 등 참조.

34 이에 대해서는 다음 장에서 구체적으로 소명한다.

3. 3·1운동은 종교운동이다

1) 종교인들이 앞장선 운동이다

그런데, 기미년 만세운동을 천도교만 준비했던 것은 아니다. 1919년을 전후해서 한국 사회에는 독립운동의 필요성 내지 가능성에 대한 암묵적인 동의가 비등하고 있었다.[35] 즉 당시 서울 시내의 분위기는 곧 무슨 일이 일어나고야 말겠다는 암묵적인 동의가 팽만해 있었다. 기독교는 기독교대로 3·1운동을 준비하고 있었고, 학생들 또한 특히 동경유학생의 2·8독립선언에 자극받아 학생 독자적인 3·1운동을 준비하고 있었다. 다만, 3·1운동이 3·1운동이게 된 까닭은 천도교(손병희)가 중심이 되어 그 모든 흐름을 하나의 운동으로 귀결시킨 덕분이다.[36]

독립 만세를 선언하는 대표, 즉 민족대표들은 우여곡절 끝에, 그러나 천

---

35 이병헌, 『3·1운동비사』, 시사신보사, 1959, 59-60쪽. "(윌슨의 민족자결주의의 영향으로) 독립 가능의 풍설은 자못 조선(과) 내지(日本)에 전파되며, 또 상해 재류의 조선인은 비밀히 서선(西鮮)에 출몰하여 독립운동을 선전하니, 경성 각지의 인심이 점차 동요하여, 도처에서 독립운동이 발발의 징조를 보였다." 그러나 이러한 외적(外的)인 조건의 성숙 이전에 중요한 것은 천도교단(기독교나 다른 조직도 마찬가지로) 자체적인 독립운동을 준비하고 있었고, 이러한 외적 조건을 '기회'로 삼은 것이다. 윌슨의 '민족자결주의'나 동경유학생들의 '2·8독립선언', 상해 신한청년단의 각종 공작 등은 독립만세의 시기를 결정하는 데에 영향을 끼쳤을 뿐이다. 3월 1일로 결정된 가장 직접적인 계기는 고종황제의 훙거(薨去)와 인산(因山)이었다. "3·1운동이 고종의 죽음 때문에 일어났다"고 말할 수 없는 것처럼, 3·1운동이 '민족자결주의의 영향으로' 일어났다거나 '2·8독립선언의 영향으로' 일어났다는 것은 본말이 전도된 주장이 된다.

36 가장 단적인, 그리고 직접적인 계기는 (1)역력한 투쟁의 경험, (2)재정역량 (3)조직 동원력이다. 당시 2,000만의 조선인 중 종교인의 분포로 보면 천도교는 최대 300만 명, 기독교(개신교)는 최대 30만 명, 즉 10:1의 비율로 나타난다.

명(天命-한울님의 계시)에 따라 종교인들로만 구성되었다. 그리고 바로 이런 관점에서 "3·1운동은 종교운동이었다"고 말할 수 있다. 물론, 3·1운동이 처음부터 '종교운동'으로 추진된 것은 아니다. 천도교는 처음부터 전민족의 일원화를 통해 독립만세운동을 전개하고자 하였다. 이를 위해 3·1운동 기획 단계에서 가장 먼저 연대의 대상으로 고려된 것은 구한국(대한제국)의 박영호, 윤치호, 한규설 등 관료들이었다. 나아가 이완용 같은 친일매국분자까지 함께하기를 권유하였다. 자칫 3·1운동의 낌새가 일제 당국에 노출될 수도 있는 위험한 시도였으나, 손병희 선생의 포부는 원대하였다.[37] 손병희는 단지 3·1운동을 성공시키는 데에만 관심을 둔 것이 아니라, 시련에 처한 민족의 상황을 스스로 참회하고, 스스로 닦아 새로워지고, 고난 속에서 배워 밝아짐으로써, 새 문명국가, 새 문명세계를 구현하는 밑거름으로 삼고자 하였다. 천도교단과 손병희 선생이 3·1운동을 바라보는 심층은 바로 이것이다.

1차 연대 대상이던 관료 출신들이 동참을 거부하자 교착 상태에 빠졌던 3·1운동 준비는 종교계가 연계하면서 반전을 맞이한다. 그리고 그것은 3·1운동이 종교(기도)운동으로서 오늘날 세계사적인 지평의 의의를 갖는 운동으로 자리매김하는 결정적인 순간이었다. 이렇게 해서 독립 만세를 선언하는 대표 즉 민족대표들은 우여곡절 끝에, 그러나 천명(天命-한울님의 계시)에 따라 필연적으로 종교인들로만 구성되었다. 여러 메신저들의 노력 끝에 2월 24일에는 기독교, 불교와의 연대가 최종 결정되었고, 종교계의 연대

---

37 이와 관련하여 또 한 가지 널리 알려진 사실은 1910년 일제의 강압에 의해 국권이 피탈된 이후 국내의 모든 정치(적인) 결사가 해산되었으므로, 종교 단체가 유일하게 '조직적인' 운동을 준비하고 전개할 수 있었다는 점을 들 수 있다. 이것을 '종교적'으로 이야기하자면, "한울님의 명령(命令)이 종교기관에 내려지는 과정"으로 이해할 수 있다.

소식을 접한 학생들도 25~26일 사이에 독립운동을 일원화하는 데 동의하였다. 이로써 '종교운동'으로서의 3·1운동이 완성되었다. 또 이런 관점에서 "3·1운동은 종교운동이었다"고 말하는 것은 '종교인들 만'이 또는 '종교인이 민족대표'라는 의미가 아니라, 종교인들이 그들 본래의 사명을 다하여 민족의 제단에 헌신한 운동이라는 의미이다.[38]

'민족대표'라는 이름에 대한 거부감을 갖는 정서가 최근 들어 팽배해지고 있다. 기미독립선언서의 서명자 33명을 선정하는 과정을 보면 몇몇 사람들을 제외하고는 그 한 사람 한 사람이 당대 각 교단의 실질적인 명망을 온전히 대표하는 분들은 아닐 수도 있다. 또한 이들이 시종일관 3·1운동 준비를 함께한 것도 아니다.[39] 때로는 편의에 따라(國葬에 拜觀코자 上京한 人物 중에서) 선정한 경우도 있으며, 지역에서의 명망이나 조직적 역량으로 보면 충분히 들어갈 만한 사람이 후사(後事)를 담당하기 위하여 자의반 타의반으로 빠진 경우도 있다. 또 단순히 '시간 관계상' 빠진 분들도 많다.[40] 그러나 선출(選出·先出)되지 않은 대표일지언정 '민족대표 33인'은 '독립선언서'의 정신을 선두(先頭)에서 선도(先導·善導)하는 선생(先生)으로서의 민족대표의 위상은 결코 폄하될 수 없다. 다만, 여기서 민족대표란 '민족을 대표'하는 것이니만큼, 주어(主語)는 민족 구성원 '최후의 일인(一人)'까지를 일컫는 것이며, 대표(代表·

---

38 이와 관련하여 또 한 가지 널리 알려진 사실은 1910년 일제의 강압에 의해 국권이 피탈된 이후 국내의 모든 정치(적인) 결사가 해산되었으므로, 종교 단체가 유일하게 '조직적인' 운동을 준비하고 전개할 수 있었다는 점을 들 수 있다. 이것을 '종교적'으로 이야기하자면, "한울님의 명령(命令)이 종교기관에 내려지는 과정"으로 이해할 수 있다.

39 김소진, 「1910年代의 獨立宣言書 硏究」, 박사학위논문, 숙명여자대학교대학원 사학과, 1995, 79쪽.

40 불교계 인사가 2명에 그친 이유나 김창숙을 비롯한 유림이 참여하지 못한 것이 바로 이런 이유에서다.

代身)란 말은 '용사(用辭)'로 이해함이 정당하다고 할 수 있다.

또한 3·1운동을 주도한 천도교의 역할은 당시에 국내외적으로 팽배하던 민족독립의 기운을 천도교의 조직력과 자금력을 활용하여 현실화하고, 대중화·일원화·평화화(비폭력)하는 것으로 완성하는 것이었을 뿐이다.[41] 그리고 보국안민-다시개벽운동이라는 역사적인 맥락에서 3·1운동에 즈음한 종교(계/인)의 역할은 '자주적이며 자유롭고, 정의로우며 평등한 민주공화국'을 산출(産出)하는 데서 그치지 않는다. 한 걸음 더 나아가 새로운 문명세계[新天地]의 비전을 세상 사람들에게 심어주는 보국안민-다시개벽-지상천국 건설운동의 근대적 버전이 바로 3·1운동이다.

2) 기도운동이자 각성 운동이다

3·1운동의 핵심 세력인 민족대표 33인은 왜 탑골공원이 아닌 태화관에서 독립 선언식을 거행하였는가? 왜 탑골공원으로 나아가지 않았는가? 등의 (잘못된) 물음들이 3·1운동에 대한 잘못된 이해를 낳고, 그것이 되풀이된다. 3·1운동을 '기도운동'이라는 관점에서 보면, 달라진다. 민족대표 33인 중 한 분인 권동진은 '독립선언'이 '뜻을 가지고 씨앗을 심는 일'이며, '장래 기필코 열매가 맺게 될 것'이라고 확신하였다. 이는 종교적인 신념을 넘어서는 '기원(祈願=祈禱)'이었다.[42]

---

41 특히, 무단통치가 횡행하는 국내에서의 독립운동에서 '비무장 투쟁'은 유일한 선택지였다. 그리고 위력의 야만 시대를 보내고 도의의 신 문명세계를 지향하는 천도교 보국안민 운동사의 맥락에서, 최선의 선택지이기도 했다.

42 이병헌, 앞의 책, 184-185쪽(4월 8일자 심문조서).
   (전략) 문 : 피고(권동진)는 한일합방에 반대하는가?

천도교에서는 거교적(擧敎的)인 독립만세 운동을 앞두고, 1919년 1월 5일
부터 2월 22일까지 전국의 교인들이 49일 기도를 실시하였다. 그 결과를 보
고하기 위하여 지방의 두목(頭目)들이 서울의 중앙총부를 방문하고, 손병희
선생을 배알(拜謁)하였다. 그때 손병희 선생은 독립운동의 의의를 이렇게 밝
혔다; "우리가 만세를 부른다고 당장 독립이 되는 건 아니오. 그러나 겨레의
가슴에 독립정신을 일깨워 주어야 하기 때문에 이번 기회에 꼭 만세를 불러
야 하겠소."[43]

같은 맥락에서 3·1운동에 참여하는 기독교 민족대표들의 회고담이나
자서전, 심문조서와 역사기록 들을 보면, 만세운동을 벌이기로 작심하
고, 천도교와 합동하기로 결심하고, 피검 이후 감옥에서 고난과 순교를
심정(審定)하는 매 순간 '하나님'께 기도하여 그 응답을 구하는 장면이 보
석처럼 박혀 있다. 이렇게 해서 발발한 3·1운동은 한마디로 민족 부활
의 난장(亂場)이자 축제로서의 '천제(天祭)'였으며, 민족 각성(覺性-修道·覺醒-

답 : 물론 반대한다.
문 : 피고는 금후로도 독립운동을 할 것인가.
답 : 그렇다. 독립이 될 때까지는 어떻게 하든지 할 것이다. 지금 독립이 안 된다 하더
라도 우리는 지금의 뜻을 가지고 씨를 심어 놓으면 장래 기필코 열매가 열게 되리라고
생각한다. (중략) 여하가 우리는 전통적 역사를 가지고 있으므로 어찌 하든지 독립을
하여야만 행복한 생활을 할 것이라고 생각할 뿐이다. (하략)
43 앞의 『의암손병희선생전기』, 343쪽. 이것은 동학-천도교의 역사에 있어서는 전통이
있는 강화(講話)이다. 일찍이 해월 최시형 선생은 동학혁명의 의의를 이렇게 강화(講
話)하셨다; "신택우 묻기를 「갑오 전란으로 인하여 우리 도를 비방하여 평하고 원망하
는 사람이 많으니 어떤 방책으로 능히 이 원성을 면할 수 있습니까.」 신사 대답하시기
를 「갑오 일로 말하면 인사로 된 것이 아니요 천명으로 된 일이니, 사람을 원망하고 한
울을 원망하나 이후부터는 한울이 귀화하는 것을 보이어 원성이 없어지고 도리어 찬
성하리라. 갑오년과 같은 때가 되어 갑오년과 같은 일을 하면, 우리나라 일이 이로 말
미암아 빛나게 되어 세계 인민의 정신을 불러일으킬 것이니라.」"(『천도교경전』, 「해
월신사법설」, 〈오도지운(吾道之運)〉).

啓蒙)의 수도장(修道場)[44]이자 민족학교였으며, 설교(說敎)와 통성기도(通聲祈禱)가 펼쳐지는 교당(敎堂/敎會)이자 부흥회장이었다. 그 천제에 전 민족이 동참하였고 학습하고 수도하고 계몽되었으며 교양[45]되고 마침내 각성(覺醒)[46]되었다.

3) 삼교포함-삼위일체 운동이다

우리 민족은 일찍부터 유·불·선을 아울러[包含三敎·會三歸一]하는 사상적 기반 위에 살아왔다. 신라의 〈난랑비서(鸞郎碑序)〉에 밝혀 놓은 그대로다.

우리나라에 현묘한 도가 있으니 '풍류'라고 한다. 가르침을 베푸는 바탕은 선사(仙史)에 자세히 실려 있는데, 그 내용은 안으로 유·불·도 삼교의 가르침을 포함하고 (밖으로) 변화를 일으켜[接化] 무리를 살린다.[47]

---

44 천도교에서는 '천인합일(天人合一)'의 인내천(人乃天) 경지에 도달하기 위하여 수도(修道)를 한다. 이러한 수도를 하는 장소가 '수도장(修道場)'이다.
45 권보드레, 「선언과 등사(謄寫)-3·1운동에 있어 문자와 테크놀로지」, 반교어문학회, 『泮橋語文硏究』 제40집, 2015, 398쪽. "하나의 사례로 시위에 참여했던 이발사 박응수의 상고문을 보자. 박응수는 흡사 독립선언서를 풀이하기라도 하는 양 "십년 전 침략주의의 낡은 사상에 접촉한 일본 정치가의 공명적 희생이 되어" 식민지가 된 지 10년, 민족자결주의의 본지에 의해 자주 독립을 결심하니 "정의 인도로써 세계를 개조하려는 이 시대에 가령 타국의 영토·식민지로서 그 기반 하에 있는 민족이라 할지라도 문명의 정도가 충분히 자주할 만하다면 민족자결을 할 수 있을 것"이라고 진술한다. 신문과 재판 과정을 통해 그의 진술은 마치 독립선언서가 인격화된 듯한 언술로써 가득차 있다. 대중 스스로 언어가 되고 또 언어를 실천한 이들 사례들은 3·1운동이 언어적 사건이었음을, 그러면서도 언어와 현실 사이 이분법을 꿰뚫는 수행적 사건이었음(perlocution; 발화효과행위)을 증명하고 있다.
46 『천도교경전』 『동경대전』 〈논학문〉, "일세지인 각지불이(一世之人 各知不移)."
47 "國有玄妙之道 曰風流 設敎之源 備詳仙史 實內包含三敎 接化群生 且如 入則孝於家

3 · 1운동은 앞서 말한바 시천, 양천, 체천의 삼위일체이면서, '셋이 하나
가 되어' 전개하는 운동이다. 기독교, 불교, 천도교가 하나 되어 추구한 운동
이며, 종교계와 시민사회와 학생단의 셋이 하나가 되어 추구한 운동이다.
중앙과 지역 그리고 해외가 하나가 되어 추구한 운동이다.[48]

끝으로 부언하고자 하는 것은 '3 · 1운동'의 명칭이다. 물론 3월 1일에 선언
서를 발표한 데서 온 것이지만, '3 · 1'은 삼위일체의 뜻으로 여러 가지로 적
용된다. 세 교단이 일체가 되어서 일으킨 운동이라는 의미도 되고, 영토 ·
국민 · 주권으로 세 요건으로서 일 국가가 성립된다는 의미로서도 삼위일
체가 부합되는 것이다. '33인'은 처음부터 계획적으로 정수가 된 것은 아니
었지만, 3 · 1운동과 수리적으로 관련성이 있고, 3월 1일을 독립선언일로
정한 것도 일리가 있다고 생각한다.[49]

出則忠於國 魯司寇之旨也 處無爲之事 行不言之教 周柱史之宗也 諸惡莫作 諸善奉行
竺乾太子之化也"《三國史記》〈新羅本紀〉眞興王條
48 민족대표 33인의 역할은 독립선언서를 준비하고, 태화관에 모여서 한용운의 선창으
로 만세 3창을 한 것으로 종료되고, 그 이후는 학생들의 주도로, 또 각 지역별로 자생
적(?)으로 전개되었다고 말하는 사람들이 있다. 이는 역사 왜곡이다. 천도교단의 10
년에 걸친 조직적인 독립운동 준비가 있었다는 것은 물론이고, 3 · 1운동에 임박해서
는 첫째, 2월 하순부터 기독교계 지도자들은 고향 또는 근거지를 순회하며 중앙의 궐
기에 지역에서 호응할 수 있도록 조직화하였으며, 둘째, 3월 1일 전후로 독립선언서가
각 지역에 '조직적'으로 분배되면서 3 · 1운동의 전국적 확산이 진행되었으며, 셋째, 3
월 1일에 '보성사'에서《조선독립신문》제1호가 발행된 이래 수십 호에 걸쳐 발행되어
독립만세의 확산을 독려하였고, 넷째, 각 지역별로 기독교나 천도교 단독, 또는 연합
으로 만세운동이 조직적으로 준비되고 결행된 점, 다섯째, 일본과 미국, 상해로 사전
또는 사후에 메신저를 파견하는 등, 3 · 1운동은 그 시작과 전개과정 그리고 1년 내내
지속되었던 것 모두가 민족대표(종교계)의 치밀한 준비와 계속적인 동력 제공을 통해
서 가능했다는 점이 3 · 1운동의 본질이다.
49 이병헌, 「내가 본 3 · 1운동의 일단면」, 『3 · 1운동 50주년 기념논집』, 동아일보사,

3·1운동에서 기독교, 불교, 천도교는 각각의 역할을 수행했다. 천도교는 민족운동사의 맥락, 물질적, 조직적 기반과 정신적 기원을 동원하고 제공하여 그 중심 역할을 하였였으며, 기독교는 신앙적 결단[50]으로써 종교운동으로서의 3·1운동의 내포를 강화하였고, 학생단의 참여나 기독교 선교사들이 3·1운동 실상을 전 세계적으로 전파한 일, 기독교 여성들의 헌신적인 독립운동 전개로 3·1운동의 외연을 확장하였으며, 불교는 '삼위일체' 완성하는 역할을 다하였다. 또 기독교, 불교, 천도교의 삼위일체는 지방 각지의 하부조직 차원에서도 체계적이고 조직적으로 이루어졌다. 1,400여 회의 만세 시위 중 준비 과정이 자료로 남겨진 323지역 가운데, 78개 지역이 기독교가 선도하고 천도교가 동참하였으며, 66개 지역에서는 천도교가 선도하고 기독교가 동참하였다. 또 42개 지역은 초기 기획단계에서부터 기독교와 천도교가 합동하여 거사를 일으켰다.

1969. 이병헌은 당시 천도교중앙총부의 직원으로 직간접으로 의암 손병희 선생의 행적을 지켜보았으며, 3월 1일 당일에는 태화관 별실에서 민족대표 33인들을 보좌하고, 탑골공원에 있는 학생들과의 연락을 맡아 하였다. "이때 이 자리(-태화관; 인용자 주)에 있던 이로는 현재(1969년-인용자 주) 33인 중 이갑성 선생이 생존해 계시고, 태화관 별관에서 당일 사건을 기록하고 (탑골)공원으로 연락을 하는 등의 일을 본 청년이 6인인데 청년들을 총지휘하던 이규갑 선생과 필자의 양인이 현재 생존해 있다."(앞의 글)

50 당시 천도교는 교주인 의암 손병희 선생의 절대적인 카리스마에 의거하여 대규모 조직이라도 일사불란하게 기포(起包)할 수 있는 조직 체계와 경험이 있었다. 그에 비하여 기독교는 각 지역별(교회별) 독립성이 상대적으로 강한 가운데서도, 민족 독립을 위한 궐기라는 기치(旗幟)에 주목하여 신앙적 결단(하나님에 기도하고, 하나님의 응답을 얻음)으로써 운동에 참여하였다. 또한 기독교는 이로써 3·1운동을 통해 "신앙-정치의 통섭(교정일치)"이라는 '동학적 세례'를 받았다고 할 수 있다. cf-신석구 목사("4천년을 전하여 내려오던 강토를 내 대에 와서 잃어버린 것이 죄인데, 찾을 기회에 찾아보려고 힘쓰지 아니하면 더욱 죄가 아니냐?").

(백세명) : (전략) 그때는 3월 1일(2일-인용자 주)이라 벌써 독립만세를 부르고 난 다음 날이었습니다. 그래서 우리 천도교구에 들러 그 경로를 물어보니까 3월 1일 며칠 전부터 의주 동교회 목사인 유여대(劉如大-33인 중 한 사람) 씨가 우리 천도교구에 찾아와서 서울서 무슨 소식이 없었느냐고 묻기에 아무런 연락도 없다고 했더니 또 몇 시간 후에 찾아와선 또 무슨 연락이 없었느냐고 수삼 차에 걸쳐 묻고 가고는 또 묻고 가서 천도교구에서는 다 이상하게 여겼답니다. 그런데 마침 평안남북도의 연락을 맡으신 선천(宣川)의 김상렬(천도교인) 씨가 찾아와서 독립선언서를 전달하고 서울 소식을 전했답니다. 그리고 이어 『천도교회월보(天道教會月報-천도교발행 잡지)』가 도착했는데 그 안에 3·1운동에 대한 비밀지령이 있었지요. 그 비밀지령이란 다름 아닌 기독교와 제휴해서 거사하라는 말씀이었거든. 그래서 의주에서 각 면에 있는 전교실까지 밤길을 육십 리나 뛰어 다니며 연락을 취하였답니다.[51]

이러한 사례는 전국 곳곳에서 찾아볼 수 있다.[52]

이처럼 3·1운동은 천시(天時)-'한울님(神)'의 감응과 지리(地理)-민족자결주

---

[51] 「독립선언 반세기의 회고」, 『신인간』 262호 (3·1운동50주년기념좌담회), 1969.3.(백세명 씨 談). 이 글에서 인용하는 회고(이갑성, 이종일(備忘錄), 이우영 등)를 포함한 회고는 역사적(학계, 공인기관)으로 드러난 '팩트'와 상위(相違)되거나 과장된 경우가 적지 않다. 그러나 '객관적인 사실'이 '진실'은 아니다. 객관적으로 행해진 실제 사실(事實)과 상관없이 '회고'는 그 본인이 의도했던 바를 드러내는 것이기도 하다. 또한 당시에는 미처 깨닫지 못했던 그 '행위들'의 의미를 사후적으로 부연(敷衍)하는 과정이기도 하다. 따라서 '사실과 다른' '과장된' '회고'는 사태의 또 다른 '진실'을 잘 드러내 주는 것이다.

[52] 이런 가운데 천도교여성들의 독립만세 참여 정황도 포착할 수 있다. 함경도 북청 출신의 군암 이우영 선도사는 회고담에서 북청 지역의 3·1운동 소식을 전한다. 앞의 「독립선언 반세기의 회고」(이우영 씨 談 참조).

의와 세계개조의 대기운, 그리고 인화(人和)-민족대단결, 다시 말해 천지인(天地人)의 삼위일체 운동이다.

4) 청년(신세대 · 신시대 · 신문명) 운동

3 · 1운동은 최소한 세 가지 측면에서 청년운동이다. 첫째, 구시대 인물들이 스스로 제2선으로 물러서는 계기가 되며, '새로운 세대'[53]가 등장한 시점이라는 의미에서 청년운동이다. 당시 민족대표들 가운데는 60세를 넘긴 이(이종일, 이종훈)도 있었으나, '육신'의 나이와 상관없이 이들은 새로운 신앙과 사상으로 스스로를 세례하고, 새로운 세계(문명세계)를 지향하는 '청년'들이었다(60대-2명, 50대-16명, 40대-12, 30대-3명). 이중 천도교인은 대체로 동학혁명 이전부터 참여하여 '반봉건 · 반제' 활동의 경력이 있는 인물들과 1900년 이후 동

---

53 이완용 등 친일파는 물론이고, 김윤식, 박영효, 한규설, 윤치호 등 구한국 관료 들에 대한 참여 권유가 무위로 돌아가자 최린은 "그 사람들은 이미 노후(老朽)한 인물들이오. 독립운동은 민족의 제전이오. 신성한 제수(祭需)에는 늙은 소보다도 어린 양이 더 좋을 것이외다. 차라리 깨끗한 우리가 민족운동의 제물이 되면 어떻소."(『의암손병희선생전기』, 330쪽)라며 손병희 선생을 '영도자'로 하고 '젊은이'인 자신들이 전면에 나서는 방향으로 '민족대표' 선정의 방향을 전환하였다. 민족대표 33인의 당시 연령은 다음과 같다(연령순). ▷이종일 62(1858-1925) ▷이종훈 62(1858-1931) ▷권동진 59(1861-1947 ▷손병희 59(1861-1922) ▷양한묵 58(1862-1919) ▷나용환 56(1864-1936) ▷오세창 56(1864-1953) ▷이승훈 56(1864-1930) ▷백용성 55(1865-1940) ▷임예환 55(1865-1949) ▷홍기조 55(1865-1938) ▷박준승 54(1866-1921) ▷권병덕 53(1867-1944) ▷길선주 51(1869-1935) ▷박희도 51(1869-1951) ▷양전백 51(1869-1933) ▷이필주 51(1869-1942) ▷홍병기 51(1869-1949) ▷나인협 47(1872-1951) ▷신홍식 47(1872-1937) ▷이명룡 47(1872-1956) ▷김완규 46(1876-1949) ▷최성모 46(1874-1937) ▷신석구 45(1875-1950) ▷정춘수 45(1875- 1951) ▷김병조 43(1877-1948) ▷유여대 42(1878-1937) ▷최린 42(1878-1958) ▷한용운 41(1879- 1944) ▷오화영 40(1880-1950) ▷박동완 35(1885-1941) ▷김창준 31(1889-1956) ▷이갑성 31(1889 -1981)

학-천도교의 근대화 과정에서 입도한 구한국 관료 또는 지식인 출신의 개화당 계열 인물들로 대별되며, 기독교계는 '목사'라는 신분의 특성상 근대 신학문을 이수한 사람이 다수를 차지한다. 천도교계의 대표들은 기독교계의 대표들보다 평균연령이 10세 이상 높은데, 이는 기독교-천도교의 경우 천도교가 당시로서는 '더 오래된 전통종교'였다는 데 기인한다.

둘째, 우리가 익히 아는 바대로, 3·1운동의 전개 과정에서 학생들의 역할은 지대하였다. 3월 1일 서울에서의 만세시위가 '성공적'으로 진행되고, 3월 5일 다시 학생 중심의 대규모 시위가 서울 시내를 휩쓸면서 이 운동은 '청년들(육신+정신)'이 이 사회의 주역으로 등장하는 결정적인 계기가 되었다. 지방에서도 학생들은 만세 시위의 주역이거나 대중 동원의 핵심 동력이었다. 당연히 청년운동은 여성(여학생) 운동과, 청년(+여성)이 지도하는 '소년·학생' 운동까지를 포괄한다.[54]

셋째, 3·1운동 이후 특히 1920년대는 청년운동의 시대였다. 3·1운동은 '신주류'의 산모였다. 국내에서는 문화운동이, 해외에서는 독립투쟁이 그 주류를 차지하며, 그것을 주도적으로, 그리고 새로운 시각과 새로운 동력으로서, 새로운 세계를 열어나간 주체로서의 청년이 형성되었다.

이러한 의미에서 '청년운동'의 역사적 전개야말로 민족대표 33인, 적어도/특히 의암 손병희 선생이 3·1운동을 기획한 핵심적인 목표였다. 3·1운동 후 천도교중앙총부의 한 두목(鄭廣朝)이 서대문감옥에 수감된 의암 손

---

54 1919년 9월 결성된 '천도교청년교리강연부'는 1923년 '천도교청년당(天道敎靑年黨)'을 개편하는데, 이때 청년당의 하부 조직으로 '청년회(靑年會)'가 있었다. 다시 말해 '청년운동'은 단순히 '계층으로서의 청년'이 아니라, 새로운 세대/시대의 주역이자 전위(前衛)로서의 청년을 의미한다. 천도교여성회는 1926년 결성되어 오늘에까지 이르고 있다.

병희 선생을 면회하여 교회의 청년들이 청년단체로서 '천도교청년교리강
연부'를 설립(1919.9.2.)한다는 소식을 전하자 손병희 선생은 이렇게 화답하
였다.

> (전략) "(정광조) 교중(敎中) 청년들의 신앙이 더욱 돈독하여 가오며, 요새 와서
> 는 청년교리강연부를 조직하여 교리의 연구, 선전과 조선신문화의 향상발
> 전에 노력할 각오들을 가집니다." 하고 말씀을 끝내자마자
> "(손병희) 응, 그래! 그럴 걸, 그러리라. 앞으로는 포덕이 더 많이 나니라. 그
> 리고 청년들이 하는 일을 부디 잘 도와 주어 '그것이' 잘 되어야지 '그것이
> 지' 다른 것이 아니여. 나도 그것을 위해 그러는 것이 아니냐!"라고 하시고
> 말씀을 그치시었다 한다.[55]

그 순간에 손병희 선생은 3 · 1운동의 성공을 재확인하시고, 성공자거(成
功者去; 공을 이룬 사람은 떠남)[56]의 자리에 들어갔다.

5) 독립선언서의 작성과 배포

1910년부터 1945년 사이 35년 동안 발표된 독립선언서는 모두 103개, 그
가운데 1910년에서 1919년까지만 61개의 독립선언서가 발표되었다.[57] 그중

---

55 천도교청년당 편, 『천도교청년당소사』, 천도교청년당본부, 1935.
56 이 말은 원래 1863년 8월 14일, 수운 최제우 선생이 해월 최시형 선생에게 동학-천도
   교의 도통(道統)을 물려주면서 한 말이다. "뜻한 바를 다 이룬 사람은 떠나도 여한이
   없다"는 뜻.
57 김소진, 앞의 「1910年代의 獨立宣言書 硏究」.

기미독립선언서는 '일반 민중이 이해하기는 너무 어렵다'거나 '투쟁성이 빈약하다'는 비판(오해)도 있지만 '한국독립운동사에서 가장 뛰어난 선언서'[58]라는 것이 정당한 평가라고 본다. 그러나 한국독립운동사상의 의의뿐만이 아니라, 그동안 독립선언서에 구현된 '종교적 상상력과 혜안(慧眼)'을 간과함(필자에 관한 오해)으로써 그것의 가치가 충분히 해명되지 못했다.

기미년 3월 1일 독립선언서 집필자는 1차적으로는 최남선이다. 그러나 최남선으로 하여금 독립선언서를 쓸 수 있게 한 사람은 의암 손병희다. 의암 손병희의 정신이 메신저인 최린을 통해 최남선에게 전달되었고 최남선은 그 정신을 현현(顯現)하는 메신저가 되어 문자화한 것이다.[59] 이때 '의암 손병희'는 한 자연인 또는 천도교의 교주로서의 정체성이 아니라, 민족대표 33인의 대표로서의 손병희요, 당대 민심(民心)의 대변자로서의 손병희이다. 그러므로 그 본질에서 독립선언서는 민족대표33인으로 표상되는 우리 민족의 집단지성의 산물이다. 그리고 그 집단지성은 인심(人心)이 아닌 천심(天心)이다. 다시 말해, 선언서는 진인사(盡人事) 대천명(對天命)한 결과의 한울님(하느님, 부처님)의 감응(感應·應答)의 결실이다. 무엇보다 선언서 말미에 명명백백

---

58 이윤상, 『3·1운동의 배경과 독립선언』, 한국독립운동사편찬위원회편, 독립기념관 한국독립운동사연구소, 2009. 86쪽, "이 선언서는 누가 읽어도 커다란 박력을 가지고 감명을 주고 있을 뿐만 아니라 (중략) 한국 독립운동사에서 가장 뛰어난 선언서라고 할 만한다."

59 이것은 오늘날 대통령의 각종 연설문을 '연설문 비서관'이 작성하는 것과 같다. 대통령 연설문 말미에 연설문 비서관의 이름이 기록되지 않고 대통령의 이름이 기록되는 것과 마찬가지로, 기미독립선언서의 말미에는 33인의 이름이 들어가 있다. 그리고 그 33인은 모두 '종교인'이다. 연설문 비서관의 역할은 대통령이 하고자 하는 말을 충분히 알고, 그 말투까지도 대통령에 적합하도록 써 내는 것이다. 최남선은 당대 최고의 문필가였다. 그는 '최남선의 선언서'를 쓰지 않고, '민족대표의 독립선언서'를 썼다고 나는 확신한다.

하게 33인의 성명을 기재하여 '이것은 우리의 말씀이요!'라고 선언하고 있지 않은가. 최소한 지난 20년(1900-1919)년간의, 좀 더 길게 보면 1860년 이래 면면한 위정척사(衛正斥邪)-개화혁신(改化革新)-보국안민 · 다시개벽 운동의 노정에서 축적되어온 민중 · 민족의 지혜와 성심(性心 · 聖心 · 誠心)의 결실로서 민족대표들의 성력을 모아 독립선언서는 지어진 것이다. '최남선이 독립선언서를 썼다'는 말이 선언서 집필자 관련 화제(話題)의 중심이 된 것은 전형적인 본말전도이다.

기미년 독립선언서가 명문이라면 그 명문에 대한 찬사와 그 내용에 대한 책임이 종교인(민족대표33인)에게 돌아갈 것이요, 독립선언서가 졸문(拙文)이라면 그 비난과 그에 따르는 책망이 역시 종교인(민족대표33인)에게 돌아가야 한다. 독립선언서 작성을 자천(自薦)하고 나선 최남선이 '그 작성상의 책임은 최 형(최린-인용자)이 져야 합니다.'[60]라고 말할 때에, 그는 자신의 역할을 '문안작성'에 국한시키고 그 내용은 종교 지도자들의 독립 선언의 취지에 입각한다는 사실을 전제하고 있었다고 보아야 한다. 그리고 3 · 1운동이 종교운동인 한에 있어서, 그 종교인들은 현실주의자가 아니라 이상주의자인 한에 있어서, 기미년 독립선언서는 '세계로, 미래로, 그리고 하늘로' 열린 명문 중의 명문이라고 하지 않을 수 없다(독립선언서의 내용에 대한 종교적인 이해는 다음 장에서).

1910년 후반에 이르러 의암 손병희 선생은 최린, 권동진, 오세창 세 분과 국내외 정세를 두고 깊이 교감하고 있었다. 1919년 1월 이들 세 사람은 상춘원에서 연성수련 중이던 손병희 선생을 찾아뵙고 정세를 보고하였다. 의암

---

60 『의암손병희선생전기』, 346쪽.

손병희 선생은 이때 독립운동 추진의 원칙을 다음 세 가지로 제시하며 본격적으로 독립운동을 추진할 것을 승인하였다.

一. 독립운동을 대중화할 것
一. 독립운동을 일원화할 것
一. 독립운동을 비폭력화할 것[61]

독립선언서에 나타난, 특히 공약삼장에 나타난 정신은 이러한 3대 원칙을 시대와 상황에 맞추어 충실히 구현하였다. 이런 점에서 독립선언서는 먼저 공약삼장이 작성되고, 뒤이어 본문이 집필되었다고 보는 것이 정의롭고 온당하다. 이러한 사실을 전제로 하고, 『의암손병희선생전기』에 나타난 독립선언서 작성과 인쇄 및 배포가 이루어진 과정을 약술하면 다음과 같다(쪽수는 위 책의 쪽).[62]

1단계 - 최린이 최남선에게 독립선언문 작성을 의뢰하다 : "최남선은 '나는 내 생애를 통하여 학자의 생활로 관철하려고 이미 결심한 바 있으므로 독립운동 표면에는 나서고 싶지 않으나 독립선언문만은 내가 지어볼까 하는데 그 작성상의 책임은 최 형이 져야 합니다.' 하고 최린에게 물으며 자천(自薦)하고 나섰다. 최린은 (중략) 의암 선생의 뜻이 비폭력 무저항주의를 내세우니 이를 반드시 선언문에 반영하도록 부탁하고 속히 착수하도록 말하였다. 그 후 최남선은 독립선언문과 일본정부 귀족 중의 양원 및 조선총독

---

61 『의암손병희선생전기』, 326쪽.
62 당시 독립선언서를 인쇄하였던 보성사의 사장이며 민족대표 33인 중 한 분인 묵암(默菴) 이종일(李鍾一)선생의 일기(『默菴備忘錄』)에 이와 관련된 이견(異見)이나 보충 자료는 각주로 보완하였다.

부에 보낼 통고문(通告文), 미국대통령 윌슨에게 보낼 청원서(請願書)와 파리강화회의 열국위원에 보낼 서한을 작성키로 하고 두문불출 초고작성에 힘썼다.(345-346쪽)[63]

2단계 - 최남선, 초고를 작성하여 최린에게 보내다 : "그는 2월 25일 우선 완료된 선언문의 초고를 최린에게 가지고 와 교부하였는데 (중략) 오세창, 권동진에게만 보여주어 문안에 대하여 별 이의가 없음을 확인하였다."(346쪽)

여기서 논란이 되고 있는 공약삼장[64] 문제를 살펴보자. 김삼웅은『만해 한용운 평전』에서 이에 관한 이설(異說)이 등장하고, 반론과 재반론이 전개되어 온 과정을 소개[65]하고 최종적으로 "여러 가지 정황과 증언을 종합할 때 '공약삼장'은 만해의 작품으로 보는 것이 타당할 것 같다."고 했다. 『의암손병희 선생전기』에도 이와 관련된 대목이 나온다.

> 그 후 한용운은 독립운동에 직접 책임 질 수 없다는 최남선으로 하여금 선언문을 작성케 함은 불가하니 자기가 짓겠노라고 주장하였다. 최린은 책임이야 누구 지든지 선언문만은 최남선이 짓는 것이 옳다고 그의 요구를 거절하였다. 다소 불쾌히 여긴 한용운은 최남선이 지은 선언문을 보고 선언

---

63 『黙菴備忘錄』, 1919.2.8. "내(이종일-인용자 주)가 독립선언서를 작성하려 했으나 뜻과 같이 되지 않다." 1919.2.11. "육당이 선언서를 작성 완료하다."

64 『獨立宣言書』, "公約三章 一. 今日 吾人의 此擧는 正義, 人道, 生存, 尊榮을 爲하는 民族的 要求ㅣ니, 오즉 自由的 精神을 發揮할 것이오, 決코 排他的 感情으로 逸走하지 말라. 一. 最後의 一人까지, 最後의 一刻까지 民族의 正當한 意思를 快히 發表하라. 一. 一切의 行動은 가장 秩序를 尊重하야, 吾人의 主張과 態度로 하야금 어대까지던지 光明正大하게 하라."

65 김삼웅, 『만해 한용운 평전』, 시대의 창, 2011(3쇄), 172-181쪽 참조.

문 말미에 공약삼장을 첨가하자고 주장하므로 최린도 이를 수락하였다.[66]

(346쪽)

그러나 필자는 여러 가지 측면에서 최남선 소작(所作)으로 본다.[67] 특히 이 공약삼장은 최린이 의암 손병희 선생으로부터 신칙(申飭) 받은 독립운동의 3원칙(대중화, 일원화, 비폭력)을 명시적으로 드러낸 것으로, 독립선언서의 근본정신은 최남선의 필력(筆力)이 아니라 의암 손병희, 나아가 종교인들의 마음으로부터 비롯된다는 것을 증거하는 대목으로 본다.

한용운 선생이 이르기를 "독립선언에 참여치 않는 사람이 독립선언서를 쓰는 것은 옳지 않다"고 하며 "내가 다시 쓰겠다"고 하였다 함은 하나의 사실(事實)적인 이야기일 수는 있어도, 진실은 아니며, 우리가 기록해야 할 사실(史實)의 전부도 아니다. 그 이면을 보아야 한다.[68]

---

66 이 대목은 이갑성 선생의 증언을 반영한 것이라고 전한다. 이 『의암손병희선생』 전기가 쓰여질 무렵, 공약삼장에 대한 최초의 이론(異論)-한용운 선생 소작(所作)이라는-이 비등하는 때였다.

67 (1) 최린 자서전에서 육당의 제의(독립선언서 초안 작성)를 거절했다고 밝힌 점 (2) 만해가 스스로 공약삼장을 자신이 썼다고 밝힌 사실이 없는 점 (3) 만해가 공약삼장을 추가할 여지(시간과 상황)이 없었던 점 (5) 최린이 명시적으로 선언서 초안을 육당에게 일임했다고 밝혔던 점 (6) 최남선이 '학자적 양심'을 걸고 선언서 초안만은 자신이 작성하겠다고 자임하였던 점 (7) 일각에서 주장하는 것과 달리 공약삼장이 선언서 본문의 취지와 다르지 않다고 본다. 뿐만 아니라, 최남선 자신도 독립선언서와 대일본 통고문, 윌슨대통령에게 보내는 의견서, 파리강화회의에 보내는 메시지 등 일체의 '내 의사로서 작성해서 그대로 사용'되었다고 했다. 최남선, 「3·1운동에 대한 역사적 고찰」, 『신세계』, 1956, 18쪽(이윤상, 앞의 책, 85쪽 재인용).

68 기전(김기전), 「오호의암선생(嗚呼義菴先生)」, 『개벽』 제24호, 1922년 6월호, "그와 얼마 동안의 고초를 같이 한 한용운(韓龍雲) 씨는 일전(日前)에 말하되 '내가 그(의암 손병희 선생 : 1922년 5월 19일 동대문 밖 상춘원에서 환원-인용자 주)를 대한 후로는 곧 나의 평소의 결처(缺處)이던 편급성(偏急性)을 깨달았노라.' 하였다."

"독립선언서 서명에도 참여하지 못한 육당의 인격이 '최후의 일인까지 최후의 일각까지'와 같은 혁명적인 행동 강령을 쓸 수 있었겠느냐'라는 의문을 제기"(『만해 한용운 평전』, 180쪽)하는 것은 최남선이 독립선언 준비과정에 깊이 관여하고 있었으며, 독립선언 준비 주체(최린, 권동진, 오세창·손병희)의 내심을 충분히 인지하고 있었다는 점을 고려할 때 최남선의 훗날 행적(친일)으로부터 선입관을 갖고 예단한 견해라고 본다.

대다수의 독립선언서 서명자(민족대표)들은 이 '최후의 1인까지, 최후의 1각까지'를 '폭력적 투쟁'으로 인식한 것이 아니라, '앞의 사람이 구속되더라도 그다음 사람이 그 뜻을 계승하여' 진행하는 것, 서울에서뿐만이 아니라 지방 각지 고을고을마다에 이르기까지 독립선언을 계속해 나가라는 뜻으로 이해하였고, 실제의 만세운동도 그렇게 전개되었다.[69] 선언서 문장 전체와 마찬가지로 공약삼장에서 우리가 깊이 논의해야 할 것은 누가 썼느냐가 아니라, 그것이 무엇을 의미하는가이다.[70] 또 공약삼장의 나머지 부분은 '배타적 감정'을 발휘하지 말고, 일체 질서를 존중하며, 광명정대하게 뜻을 밝히라는, 선언서 본문의 논조를 그대로 반영하는 내용이라는 점도 '한용운 소

---

69 김소진, 앞의 글, 104-105쪽 참조.
70 필자의 의견은 이렇다. 첫째는, 앞에서도 언급했듯이 이것은 일찍이 천도교에서 3·1운동을 기획할 당시에 염두에 두었던 3대원칙의 구체적 반영이라는 점이다. 둘째, 공약삼장의 '자유적 정신 - 배타적 감정'이 대를 이룬다. 따라서 배타적 감정은 단지 일본(의 무단통치)에 대한 것만이 아니라, 만세운동에의 참여가 자주적이고 자발적인 의견·의사·의지에 의한 것[自由]임, 다른 말로 주체적임을 의미한다. 또 감정으로부터 '정신'으로의 초월을 전제로 한다는 점도 중요하다. 셋째, '최후의 1인까지, 최후의 1각까지'는 동학-천도교의 '영세불망(永世不忘)'의 사회적 천명이요, 불교 '돈오점수(頓悟漸修)' '환멸연기(還滅緣起)'의 민족적 구현이다(김지하, 「인간의 사회적 성화」 137-138쪽). 넷째, '질서존중-광명정대'가 호응하는데, 질서존중이 광명정대(光明正大)의 조건이 됨을 볼 때 질서란 단지 사회적 질서만이 아니라, 종교적·철학적·교육적으로 요구되는 일체의 수행 행위까지를 포괄하는 것으로 볼 수 있다.

작' 주장을 무색케 한다.

3단계 - 보성사[71]에서 독립선언서를 인쇄하다[72] : "독립선언문 초고가 완성된 후 인쇄는 천도교가 경영하는 보성학원 내 보성사 인쇄소에서 행하였다. (중략) 최남선이 경영하는 신문관 인쇄소에서 조판한 후 (중략) 27일부터 보성사 인쇄소에서 인쇄에 회부하였다. 극비의 문서를 인쇄해야 될 사장 이종일은 (중략) 하오 6시부터 인쇄에 착수하였다. 야간의 인쇄 작업에 켜놓은 등불이 외부에 새어나지 않도록 공장 내의 창을 모두 가리고 신임할 수 있는 공장 감독 김홍규와 사동(使童)의 셋이서 독립선언문의 인쇄에 들어갔다. 김홍규가 인쇄한 후 이종일이 교정을 보고 다시 인쇄에 돌려 오식 탈자가 없음을 확인한 후 인쇄를 시작하였다."(346-347쪽)[73]

4단계 - 독립선언서와 《조선독립신문》을 배포하다 : 독립선언서는 1차 인쇄가 완료(25일, 묵암비망록에 따름)된 다음날인 26일부터 이종일의 주도하에 미리 약속된 표식(청색 쪽지)을 가지고 오는 사람에게 나누어 주었다. 천도교, 기

---

71 보성사는 1910년 천도교에서 보성학교(보성전문, 보성중학, 보성소학; 현 조계사 경내에 자리 잡고 있었음)를 인수할 때 함께 인수한 '보성학교 구내 인쇄소'이다. 현재 조계사 뒤편 '수송공원'에는 보성사가 조계사 자리에 있었음을 알리는 표지석과 당시 보성사 사장 이종일 선생의 동상, 그리고 3·1운동 80주년이 되던 1999년에 '종교지도자협의회'가 주최하여 건립한 '보성사기념조형물'이 건립되어 있다.

72 『默菴備忘錄』에 따르면, 2월 20일에 독립선언서를 인쇄하기 시작하였다고 되어 있다. 그러나 이는 독립선언서를 기독교계에 회람했던 등의 일정을 감안하면, 기억의 착오로 보인다. 묵암비망록에는 이런 식의 오류가 다수 있다는 주장이 제기되고 있다.

73 이때 인쇄소 불이 꺼져 있는데 인쇄기 돌아가는 소리가 들리는 것을 수상히 여긴 종로경찰서 신승희(申勝熙)가 들이닥쳤다. (중략) 의암 손병희 선생은 종이뭉치(일금 오천 원)을 내어 와서 신승희에게 전하라 하였다. 신승희는 그 돈을 받고 순순히 물러나 3·1운동 발발 시까지 함구하였다. 후에 만주에 출장하였다가 5월 14일 서울로 귀경하던 신승희는 체포되었고, 체포된 후 미리 준비하였던 독약을 마시고 자살하고 말았다(당시 40세).

독교, 불교는 각 각 지방으로, 학생단은 주로 서울 시내에 배포를 담당한다.[74]
학생들은 3월 1일 새벽에 서울 시내 각 가정에 독립선언서를 배부하였다.[75]

> (3월 1일 아침) 이윽고 최린이 (의암 손병희 선생 댁에 - 인용자 주) 나타났다. 그는 아침 일찍 자기 집 대문에 뿌려졌던 독립선언문 2매를 보고 선생께 달려왔다면서 선언서가 발표된 이상 일경이 선언문에 서명한 사람을 그냥 둘 리 없으니, 집에 앉아서 연행되어 가느니 차라리 예정된 장소에 가서 동지들과 합동함이 좋겠다고 제의하였다. 선생은 천천히 옷을 갈아입고 이들 3인(최린 외 권동진, 오세창-인용자 주)과 함께 인력거에 몸을 실어 12시경 인사동 명월관 지점 태화관에 이르렀다.[76]

기미 독립선언에서 가장 심혈을 기울인 것은 '선언서'를 배포하는 일이다. 비폭력 무저항이었기에 세세한 전략과 전술이 필요치 않았다는 것으로 설명할 수도 있으나, 그보다는 '선언서'의 보급과 그 정신의 전파가 기미 독립만세운동의 더 큰 목표였다는 차원에서 이해함이 더 정당하다.

6)《조선독립신문》, 또 하나의 독립선언서

독립선언서의 인쇄 및 배포와 더불어 빼놓을 수 없는 것이《조선독립신문》이다.《조선독립신문》은 기미독립선언서와 함께 3월 1일 보성사에서 제

---

74 이현희, 『3·1혁명, 그 진실을 밝힌다』, 신인간사, 1999, 221-222쪽.
75 앞의 『의암손병희선생전기』, 356쪽.
76 앞의 책.

1호가, 이튿날 2호가 발행된 이래로 '신출귀몰한' 방식으로 수개월간 전국 각지에서 발행되면서 3·1운동의 확산에 지대한 공헌을 했다. 장문(長文)인 데다 한자어 투성이인 독립선언서는 그 대의(大義·大意-뜻)를 선포하고, 독립 운동의 방략을 전포하는 데 이바지했다면, 독립운동을 실질적인 경험을 공 유하고 선포·전포하는 데는 이《조선독립신문》이 좀더 직접적으로 기여했 다.[77] 훗날 일제 당국이 민족대표를 비롯한 독립운동 참가자들(주동자들)을 검 거하여 심문하는 과정에서 독립운동을 얼마나 주도적으로 준비하고 실행했 는지를 가늠하는 준거가 바로 《조선독립신문》을 언제 어떻게 보았느냐' 하 는 점이었다. 민족대표에 대한 대부분의 심문조서에서 《조선독립신문》은 빼놓지 않고 등장한다.[78]

> 3·1운동 와중에 발행된 매체로서 대표 격인《조선독립신문》은 당시 매체 의 증식과 변형 과정을 전형적으로 보여준다. (중략) 제4호까지의 원고는 이 종린이 작성했으나 그가 체포된 후에는 장종건이 "스스로 독립신문의 발간 을 계속하고자 생각하여" 최기성 등 학생 여럿의 협력에 의지해 제9호까지 를 발행해 냈다. (중략) 장종건까지 검거된 후에도《조선독립신문》은 계속 발행된다. 무명씨들의 자발적 속전(續戰)이었으리라 짐작된다. (중략)《조선 독립신문》이 3·1운동을 상징하는 이름이 되고 임시정부의 기관지로까지

---

77 《조선독립신문》의 제작과 배포 과정은 이동초, 『천도교 민족운동의 새로운 이해 - 분 열의 역사를 넘어서는 통섭적 천도교 민족운동사를 위한 시론』, 도서출판 모시는사람 들, 2010 참조.

78 이병헌, 앞의 글, "한편 손병희 선생의 명으로 '조선독립신문'이 발행되었다. 윤익선 선 생을 사장, 이종린 선생을 편집인으로 한 이 신문은 독립선언서를 인쇄할 때에 함께 인쇄하였다. 이것은 3월 1일 탑동공원을 위시하여 시내 각처에 철포되었는데, 천도교 청년들이 그 배포를 담당하였다."

계승된 것은 이 때문이라 할 터이다. 《조선독립신문》은 창간호 1만 부 인쇄에 그치지 않고 자발적 릴레이에 의해 여러 달을 발간할 수 있었으며, 이로써 증식과 변형의 운동성을 상징해 냈다. 그것은 곧 3·1운동 자체의 생리이기도 했다.[79]

《조선독립신문》의 이러한 발행 방식이야말로 독립선언서의 공약삼장에서 밝힌 '최후의 1인까지 최후의 1각까지'의 실질적인 실천이기도 하다.

4. 종교적 상상력으로 독립선언서를 읽자

3·1운동에서 종교의 위상은 시나브로 거세되어 왔다. '3·1운동은 세계 역사상, 종교문화의 역사상 유례를 찾을 수 없는, 민족자주독립을 위해 서로 다른 종교가 연합하여 비폭력 정신을 앞세워 전개한 운동'이라는 종교-친화적인 평가가 여전히 인구에 회자되고 있지만, 3·1운동에서 종교의 역할을 한정적으로 이해하려는 경향("3·1운동은 종교인들이 시작하였지만, 종교운동이 아니라 민족운동이었다")은 종교계 안팎을 막론하고 두루 힘을 얻어가고 있다.

게다가 오늘날 탈(脫)종교 문명이 시대의 대세가 되고, '종교가 세상과 사회를 걱정하는 시대가 아니라 세상과 사회(국가)가 종교를 걱정하며 원조'하는 시대가 되면서, 종교에 대한 세간의 인식은 나날이 악화되고 있다. 또한

---

79 권보드레, 앞의 글, 379-381쪽.

무신론(無神論)에 입각한 근대(과학)문명이 전 세계를 풍미하는 이 시대에 '종교'의 역할을 강조하고, 일찍이 니체가 '신의 죽음'을 선언한 이래 '만들어진 신'[80]이라는 말이 득세(得勢)하고, 당대 최고의 과학자는 유언에서조차 "신은 없다"[81]는 말을 강조하는 세상을 살아가는 지금, 종교의 미래는 있는가를 진지하게 묻지 않을 수 없다.

그러나 다른 한편에서 보면 신과 인간이 지금만큼 가까워진 적이 없는 것도 또한 사실이다. '호모데우스'[82], 즉 '신이 되는 · 될 수 있는 · 된 인간'이라는 말이 '신은 죽었다'는 말보다 더 널리 회자되는 것이 지금의 상황이기도 하다. 확실히 지금 우리는 신 없는 · 사막의 · 황량한 절망의 세계 · 문명 · 우주로 가는 길과 신과 더불어 · 한 몸으로 사는 세계 · 문명 · 우주로 가는 길의 갈림길에 서 있다.[83] 어느 세계 · 문명 · 우주가 우리의 실제 미래가 될 것인가. 그것은 전적으로 우리가 어떤 미래를 '상상'하고, 이야기하느냐에 달려 있다.[84] 이러한 종교적 상상력의 계발(啓發)을 촉구하면서, 그 출발점으

---

80 리처드 도킨스 지음, 이한음 옮김, 『만들어진 신 - 신은 과연 인간을 창조했는가?』, 김영사, 2007.

81 스티븐 호킹 유고집, 『큰 문제에 대한 간략한 대답(Brief Answers to the Big Questions)』, 2018. - 내용에 대해서는 출간 당시의 신문기사를 참조함.

82 유발 하라리 지음, 김명주 옮김, 『호모데우스 - 미래의 역사』, 김영사, 2017.

83 이것을 달리, "나는 생각한다, 고로 나는 존재한다"의 이성중심 세계에서, "나는 소비한다, 고로 나는 존재한다"의 물질만능주의 시대를 거쳐, "나는 연결한다, 고로 나는 존재한다"라는 제4차 산혁명시대(인공지능과 사물인터넷)로 이행되어 온 것이다. 오늘 이 시대 부가가치의 원천은 '연결(사이)'에서부터 나온다. 이것이 '초월'의 방향으로 성숙해 가느냐, 다시 말해 '사이 - 너머'를 지향하느냐, '연결' 그 자체에 매몰되느냐(플랫폼 기업 - 빅브러더)의 갈림길에 우리는 서 있다. 이때 연결(사이)와 초월을 조화(造化)하는 것이야말로 미래 종교의 역할이자, 영역이다.

84 데이비드 코튼 지음, 김경식 옮김, 『이야기를 바꾸면 미래가 바뀐다』, 지영사, 2018. 12쪽. "지금이야말로 살아 있는 우주로부터 출현한 살아 있는 지구의, 살아 있는 존재로서 인간이, 우리의 진정한 본성과 가능성에 따라 살 수 있는 전례가 없는 순간이다.

로 기미년의 독립선언서를 종교적 상상력을 기반으로 하여 낭만적인 낙관론의 태도로서 새롭게 읽어 보자. 이러한 종교적 상상력과 낭만적 태도의 부활이야말로, 미래의 종교를 재구하는 출발점이 될 것이다. 종교적 상상력이란 다른 말로 종교의 '예언자적 사명'이라고 한다.

'선언서'는 '선언함'으로써 미래를 선취하는 작업이다. 미래를 선취하는 것이야말로 '예언'이 아니고 무엇이랴!

또한, 미래를 선취하는 종교인의 상상력에 의한 독법이란 기미독립선언서가 종교인의 '기도문'이라는 관점을 도입한다는 것이요, 낭만적인 독법은 '지금 여기'에서 '그날 그곳(하느님 나라, 佛國土, 地上天國)'를 지향cf.발은 땅에 머무는 하늘로하는 종교인의 이상 지향의 정서를 적용한다는 것이다.[85]

1) 기도문이자 민족의 주문-만지장서와 말씀의 선포

독립선언서의 첫머리는 "① 조선은 독립국이며 조선인은 자주민임, ② 인류평등의 대의, ③ 자손만대에 민족자존의 정권을 영유케 함을 ④ 선언하고 포명하고 주장하며 제기한다. 그리고 이것이 ⑤ 하늘의 명령이며, 시대의 대세이며, 전 인류 공존동생권의 발동"임을 밝힌다.

신성한 삶과 살아 있는 지구의 진정한 이야기가 떠오르고 있다. (중략)이야기를 바꾸면 미래가 바뀐다." 이런 의미에서 미래 종교의 '신'은 결국 '살아 있음'을 신화(神化)한 것이라고 할 수 있게 될 것이다. 어떻게든 종교는 존속될 것임을 주장하는 말이 아니라, '종교' 역시 '차원' 변화가 일어날 것이라는 말이다. 인간의 마음, 인간의 가능성, 인간의 살아 있음을 '신격화'할 수 있느냐 아니냐에 따라 무신론자와 종교인이 갈라진다. 즉, 무신론자의 반대는 유신론자가 아니라 '종교인'이다.

85 그러나, '하느님 나라'는 이 땅에 임할 것이며, 지상천국은 '지금 여기'를 벗어나지 않는다.

여기서 '선언'은 그 자체로 종교적이다. "개벽시(開闢時) 국초일(國初日)의 만지장서(滿紙長書) 나리시고, 십이제국(十二諸國) 다 버리고 아국운수(我國運數) 먼저 하네"[86]의 만지장서가 독립선언서이다. 하느님이 천지를 창조할 때 "하느님이 이르시되 '빛이 있으라' 하니 빛이 있었고, 빛이 하느님이 보시기에 좋았더라"라고 하신 화법(話法)과 용법(用法)과 문법(文法) 그대로, 독립선언서는 말씀의 선포로서 기도문이다. 하느님에게 오늘의 일을 돌이키는 원시반본(原始返本)이다. 석가모니 부처님의 탄생게(誕生偈) '천상천하유아독존(天上天下唯我獨尊)'의 화법과 용법 그대로가 독립선언서가 되었다. 다시 말하면, 선언서는 그 자체로 '발화(發話)'와 동시에 완성되는 '수행적 발화'이다.[87] 진인사(盡人事) 대천명(待天命)에서 '진(盡)-대(待)'가 완결된다는 말이다. 이러한 관점과 입장은 독립선언서에서 수미쌍관(首尾雙關)하고 전일(全一)하다.

오등은 자(玆)에 아조선의 독립국임과 조선인의 자주민임을 선언하노라. (중략) 착수가 곧 성공이라! 다만 전두(前頭: 앞쪽)의 광명으로 맥진(驀進; 힘차게 나아감)할 따름인데!

독립선언서의 지상(至上)의 위력은, 그것이 선언함으로서 완수된다는 데 있다.

---

86 『천도교경전』「용담유사」〈안심가〉.
87 '선언으로써 완성되는 글(말)'을 언어학적으로 '수행적 발화(遂行的 發話, performative utterance)'라고 한다. "수행적 발화는 '말하는 행위'를 수행한다. 그런데 오스틴은 (중략) 참, 거짓과 관련 없는 문장들 또한 문장을 발화하는 것 자체가 어떤 행위를 수반하는 것이라 보고 이를 모두 수행문으로 분류하고 있다. 즉, 계약적 발화이거나 선언적 발화를 모두 수행적 발화의 한 형태로 보았다." [네이버 지식백과] 수행적 발화 (문학비평용어사전, 2006.1.30., 국학자료원)

독립선언서는 1919년 2월 27일 2만1천매가 인쇄되어 그날로 서울에서 전국 8도로 분포되었다.[88] 그러나 그것이 전부가 아니다.

독립선언서 중 상당수는 기독교 혹은 천도교 조직을 타고 전국적으로 배포됐다. (중략) 중앙에서 온 선언서를 전달받아 배포하는 역할에 그치는 단순 대리인들은 3·1운동에 거의 존재하지 않는다. (중략) 선언서는 빠르게 전염되고 증식하고 변형됐다. 서울에서 작성한 선언서의 일부만 인쇄하거나 '민족대표'의 명의만 비는 등 변형의 사례는 무수했다. 위에서 든 원산에서는 2월 27일 서울 발 선언서를 수취했지만 그 사이 자신들이 작성한 선언서에 33인의 명의를 삽입해 식장에 살포했다. 평안남도 진남포에서는 독립선언서 전체를 쓰는 대신 서두와 대표 서명 부분만 발췌해 인쇄에 부쳤다.[89]

이렇게 해서, 독립선언서는 '종교인의 기도문'에서 민족의 공동창작이자 집단지성의 소작(所作)으로 승화되어 갔다. 그뿐인가. 만주는 물론 유럽과 미주에도 이 독립선언서의 기운은 퍼져나갔다. 무엇보다, 해방 이후 오늘에 이르기까지 지난 100년 동안 얼마나 많은 교회와 교당과 사찰, 그리고 얼마나 많은 학교와 관공서에서 이 민족독립선언서는 낭독되고 또 낭독되고, 되풀이해서 낭독되었는가(呪文의 핵심은 '되풀이'해서 외는 것이다). 아마도 지난 100년 역사상 우리 민족이 가장 많이 읽은 글은 이 독립선언서가 아닐까 한다. 그런 점에서 독립선언서는 '민족의 헌장'[90]이다(이에 대해서는 후술). 이런 '집단성'

과 '되먹임'에 주목하여, 천도교 용어로 말하자면, 독립선언서는 주문(呪文)이다. 주문(呪文=한울님을 위하는 글, 布德文)이므로 옛날에도 있었고, 지금(기미년)에도 있고, 그 이후에도 있다(cf-제2의 독립선언서).[91] 주문은 비는 글이며, 지극히 한울님(조국)을 위하는 글이다. 우리 민족의 주문[92]이다.

2) 믿고 정성들이며, 성찰하고 용서하는 글

그러나 무엇보다 종교인의 본령은 믿고 정성들이는 것[93]이다. 독립선언서는 정의(正義)와 인도(人道)라는 시대정신으로 현현(顯顯)한 한울님 감응과 천백세 조령(祖靈)의 음우(陰佑)에 대한 믿음을 기반으로 한 글이다. 믿음 앞에는 당적(當敵)할 자가 없는 법이다. "우리가 나아가 취하고자 함에 어떠한 강적을 꺾지 못하랴, 우리가 물러나 미래를 가늠함에 어떠한 뜻을 펼치지 못하랴" 한 것이 그것이다.

3·1운동 당시 언어는 이렇듯 수행적이었다. '선언'이라는 말 그대로 그것

고 썼다. cf. "겨레의 가슴에 독립정신을 일깨워 주어야 하기 때문에 이번 기회에 꼭 만세를 불러야 하겠소.(손병희)"

91 기미년 독립선언서를 인쇄한 보성사 사장이던 이종일은 만세운동으로 수감되었다가 출옥한 후, 기미만세운동 3주년이 되는 1922년 3월 1일, 보성사 직원들과 함께 제2의 3·1운동 기념식을 거행하기로 하고 그때 낭독할 〈자주독립선언문〉 초고를 2월 20일에 직접 작성, 김홍규 선생에게 인쇄하도록 지시하였다. 그러나 이것이 사전에 탄로나 실패하고 말았다.

92 『천도교경전』「동경대전」〈논학문〉, "묻기를 「주문의 뜻은 무엇입니까.」 대답하기를 「지극히 한울님을 위하는 글이므로 주문이라 이르는 것이니, 지금 글에도 있고 옛 글에도 있느니라.」" cf. 중구삭금(衆口鑠金)

93 '정성 드리는 것'은 기복적이라면, '정성들이는 것'은 수행적이다.

은 미래를 당겨쓰는 방법이었으며, 목표한 미래를 일궈내려는 자기 결의의 표현이기도 했다.[94]

믿는다는 것은 자기 말에 책임을 지고 정성들이는 것이다.(亻+ 言 = 信 / 言 + 成 = 誠) 책임지기 위하여 다짐하고 맹세하는 것이다. 자기의 맹세한 바를 돌이켜 보고, 그 맹세를 안고 나아갈 길을 내다보는 것이다.[95] 그 믿음은 이미 완성된 형태로 그날 그 자리에서 발휘된 것이 아니다. 믿음의 완성을 향해 나아가는 도상(途上)에 독립선언서가 있었다. 독립선언서를 통해, 종교인 스스로 자기 믿음을 믿게 되었고, 자기 믿음을 완성하였다.

3·1운동은 한반도 역사상 문자 언어가 최대의 효과를 발휘했던 순간이다. (중략) 천도교·기독교 조직을 통해 일부 지역에 사전 배포되기도 했지만, 그 못지않게 국상 때문에 상경했던 이들이 품에 한두 장 숨겨 온 선언서의 역할이 중요했던 것으로 보인다. 3·1운동 전후에 제작·공개된 독립선언서 및 청원서는 총 57종에 이른다. 마치 1980년대의 민주화운동이 '제록스 맑스', 복사기의 대중화에 의해 가속화됐듯 1919년의 3·1운동은 등사기의 보급을 타고 전국적 봉기로 확장됐다. (중략) 3·1운동 당시의 언어는 그야

---

94 권보드래, 앞의 글, 385쪽.
95 『천도교경전』「동경대전」〈논학문〉, "대저 이 도는 마음으로 믿는 것이 정성이 되느니라. 믿을 신자를 풀어 보면 사람의 말이라는 뜻이니 사람의 말 가운데는 옳고 그름이 있는 것을, 그 중에서 옳은 말은 취하고 그른 말은 버리어 거듭 생각하여 마음을 정하라. 한번 작정한 뒤에는 다른 말을 믿지 않는 것이 믿음이니 이와 같이 닦아야 마침내 그 정성을 이루느니라. 정성과 믿음이여, 그 법칙이 멀지 아니하니라. 사람의 말로 이루었으니 먼저 믿고 뒤에 정성하라. 내 지금 밝게 가르치니 어찌 미더운 말이 아니겠는가. 공경하고 정성들여 가르치는 말을 어기지 말지어다."

말로 살아 있는 텍스트로서, "읽는 것, 다시 읽는 것, 쓰는 것, 다시 쓰는 것, 이것이야말로 세계를 변혁하는 힘"임을 증명해 내고 있다.[96]

또한 독립선언서는 종교인의 덕목 그대로 성찰하고 용서하는 글이다.

日本의 無信을 罪하려 안이 하노라. (중략) 日本의 少義함을 責하려 안이 하노라. 自己를 策勵하기에 急한 吾人은 他의 怨尤를 暇치 못하노라. 現在(현재)를 綢繆하기에 急한 吾人은 宿昔의 懲辨을 暇치 못하노라. 今日 吾人의 所任은 다만 自己의 建設이 有할 뿐이오, 決코 他의 破壞에 在치 안이하도다. 嚴肅한 良心의 命令으로써 自家의 新運命을 開拓함이오, 決코 舊怨과 一時的 感情으로써 他를 嫉逐排斥함이 안이로다. 舊思想, 舊勢力에 羈縻된 日本 爲政家의 功名的 犧牲이 된 不自然 又 不合理한 錯誤狀態를 改善匡正하야, 自然 又 合理한 正經大原으로 歸還케 함이로다.

독립선언서의 주체, 즉 우리 민족은 일본[他]을 죄책(罪責)·원우(怨尤)·징변(懲辯)·파괴(破壞)하는 것이 아니라 자기 스스로[吾人]를 책려(策勵)·주무(綢繆)·건설(建設)하며, 자가(自家)의 신운명(新運命)을 개척할 뿐 타(他)를 질축배척(嫉逐排斥)하지 아니하며, 일본의 착오 상태를 개선 광정하여 바르고 큰 새 세상[正經大原]으로 함께 나아가기를 선도(先導)하는 것이 목적이다.[97]

종교인의 신앙행위의 출발점은 참회(懺悔)이다. 천도교에서 수도(修道)하는

---

96 권보드래, 앞의 글, 396-397쪽.
97 『천도교경전』『동경대전』〈탄도유심급(嘆道儒心急)〉, "남의 작은 허물을 내 마음에 논란하지 말고 내 마음의 작은 지혜를 다른 사람에게 베풀라(他人細過 勿論我心 我心小慧 以施於人)."

것도 참회문을 낭독하는 것으로부터 시작하며, 기독교나 불교에서 참회나 세속으로부터의 거리두기도 바로 자기 성찰을 위한 장치이다. 그런 의미에서 독립선언서는 용서하는 글이다. 용서는 참회와 표리(表裏)를 이룬다. 타인을 용서함으로써 스스로 용서 받(고자 하)는 글이며, 타인을 구원함으로써 스스로 구원을 받(고자 하)는 글이다.[98] 그런 한에서 용서는 "자기 십자가를 지고 하느님을 따라가는 일"이다. 공자님이 말씀하신바 죽을 때까지[終身]토록 행할 만한 것이다.[99] "남에게 대접을 받고자 하는 대로 남을 대접하라"라는 『신약성서』의 황금률이 이와 다르지 않다. 그 자체로 '종교적'이다.

3) 서로 살리는 유무상자(有無相資)의 글

독립선언서는 동학 천도교의 살림 철학 그대로를 반영한 유무상자(有無相資)하는 글이다. 유무상자는 "있는 사람과 없는 사람이 '서로(相)'의 생명(生命)됨을 완성한다"는 뜻이다. 유무상통, 환난상휼, '불우이웃-끼리돕기'의 뜻도 들어 있다.[100]

---

98 〈주기도문〉, "하늘에 계신 우리 아버지 이름이 거룩하게 하시고 나라가 임하옵시고, 뜻이 하늘에서 이루어진 것 같이 땅에서도 이루어지이다. … 우리가 우리에게 죄 지은 자를 사하여 준 것 같이 우리 죄를 사하여 주옵시고, 우리를 시험에 들게 하지 마옵시고 악에서 구하옵소서. …"

99 『論語』「衛靈公」, "자공이 묻기를, '한마디 말로 종신토록 행할 만한 것이 있습니까?' 하니, 공자 말씀하시기를, '아마도 서(恕)일 것이다. 자기가 하고자 하지 않는 것을 남에게 베풀지 말라.'"

100 유무상자의 의미에 대해서는 앞의 졸고, 「유무상자 경제학과 모심의 혁명」(1)(2) ; 「유무상자의 경제학과 우주 궁극의 이론-'세상에 공짜는 없다'와 '덜문명'의 상관관계」 등 참조.

利害相反한 兩民族間에 永遠히 和同할 수 없는 怨溝를 去益深造하는 今來實績을 觀하라. (중략) 友好的 新局面을 打開함이 彼此間 遠禍召福하는 捷徑임을 明知할 것 안인가. (중략) 今日 吾人의 朝鮮獨立은 朝鮮人으로 하야금 正當한 生榮을 遂케 하는 同時에, 日本으로 하야금 邪路로서 出하야 東洋 支持者인 重責을 全케 하는 것이며, 支那로 하야금 夢寐에도 免하지 못하는 不安, 恐怖로서 脫出케 하는 것이며, 東洋平和로 重要한 一部를 삼는 世界平和, 人類幸福에 必要한 階段이 되게 하는 것이라. 이 엇지 區區한 感情上問題ㅣ리오.

세계를 구제하는 것은 모든 종교인의 사명이다. 독립선언서는 자주(自主)로서 자립(自立)하고 자생(自生)하여 일본과 중국, 동아시아, 세계를 두루 살리는, 나를 살리고, 너를 살리고 서로를 살리는 길을 제시한다. 동학-천도교로 말하면 보국안민과 제인질병(濟人疾病)이요, 유무상자(有無相資-相生)이다. 기독교나 불교에서 구원과 구제가 그것이다. 인(仁)과 사랑(愛), 자비(慈悲)의 근본도 이와 다르지 않다고 믿는다. 독립선언서에서 강조되는 것이 바로 서로 살림의 종교인 윤리이다. 우호적 신국면(新局面)을 열어서, 화를 멀리하고 복을 부르는(遠禍召福) 길로 나아가는 것이며, 조선인의 생영(生榮), 일본과 중국(支那)의 공영(共榮), 동양평화와 세계평화, 나아가 생명평화의 신천지(新天地)로 함께 나아가는 것이다.

또한 유무상자는 운동의 정신이며 원리이자, 방법론이기도 하다. 독립만세 전개 과정에서 의암 선생의 결단으로 기독교에 운동자금 5천원을 교부한 것도 바로 이 '유무상자'의 실천이다.[101]

---

101 이병헌, 앞의 글, "운동의 준비과정에서부터 대부분의 경비는 천도교에서 부담해 왔지만 거사 후 33인의 가족생활비도 주로 천도교에서 맡게 되었다. 기독교 측은 함태영

4) 꿈(希望 · 祈願)의 기록

모든 종교의 성자(聖者)들은 꿈꾸는 사람들이었다. 새로운 하늘, 새로운 땅, 새로운 사람과 만물을 꿈꾸는 이들이었다. 그 성자(聖者)들의 꿈을 좇는 사람들이 모여 종교를 이루었다. 종교를 한다는 것(신앙)은 그분들의 꿈을 믿는다는 것이다. 따라서 가장 종교적인 행위는 꿈꾸는 것이다.

독립선언서는 꿈의 기록이다. 그러므로 3 · 1운동은 꿈꾸는 자들의 향연이었다. 그리고 꿈꾸는 자들에 의해서 이 세상은 이루어져 왔다. 꿈을 선언하는 한에 있어, 독립선언서는 승리의 헌장이다. 왜냐하면, 패자가 과거를 자랑하는 동안, 미래를 준비하는 것이 승자이기 때문이다. 미래를 준비하는 승자의 모습을 훗날 김구 선생의 〈나의 소원〉은 여실히 보여준다.

나는 우리나라가 세계에서 가장 아름다운 나라가 되기를 원한다. (중략) 오직 한없이 가지고 싶은 것은 높은 문화의 힘이다. 문화의 힘은 우리 자신을 행복하게 하고 나아가서 남에게 행복을 주겠기 때문이다. (중략) 인류가 현재에 불행한 근본 이유는 인의가 부족하고 자비가 부족하고 사랑이 부족한 때문이다. (중략) 나는 우리나라가 남의 것을 모방하는 나라가 되지 말고 이러한 높고 새로운 문화의 근원이 되고 목표가 되고 모범이 되기를 원한다. 그래서 진정한 세계의 평화가 우리나라에서, 우리나라로 말미암아서 세계에 실현되기를 원한다. 홍익인간이라는 우리 국조 단군의 이상이 이것이라

선생이 담당하기로 하였는데, 그 자신도 체포될 것을 각오하여 천도교중앙총부 직원이었던 필자에게 2개월분을 미리 맡기면서 '내가 투옥된 후에는 군이 맡아 지불하라.'고 하였다. (중략) 그러나 필자도 미구(未久)에 수감됨으로써 이러한 지불이 정지되었다가 공판 때부터 다시 전일 미불액까지 합쳐서 모두 지불한 일도 있다."

고 믿는다. (김구, 『나의 소원』)

이것이 꿈이 아니면 무엇이냐? 이것이 국조단군의 꿈(이상)이기만 하겠는가. 인의(공자님), 자비(부처님), 사랑(예수님)의 꿈도 이것이다.

독립선언서는 꿈꾸는 자들의 함성이었다; "아아, 新天地가 眼前에 展開되도다. 威力의 時代가 去하고 道義의 時代가 來하도다. 過去 全世紀에 鍊磨長養된 人道的 精神이 바야흐로 新文明의 曙光을 人類의 歷史에 投射하기 始하도다."

독립선언서는 꿈을 믿은 자들의 몸짓이었다; "新春이 世界에 來하야 萬物의 回蘇를 催促하는도다. (중략) 和風暖陽에 氣脈을 振舒함은 此一時의 勢ㅣ니, 天地의 復運에 際하고 世界의 變潮를 乘한 吾人은 아모 躊躇할 것 없으며, 아모 忌憚할 것 업도다."

독립선언서는 꿈을 좇는 자들의 질주[cf-驀進]였다. 그 꿈은 새로운 나라가 되고, 새로운 세상을 향한 출발점이 되었다. 독립선언서는 그 꿈의 출발점이고, 그 꿈의 귀결이었다.[102]

그러므로 이 글에서 독립선언서를 살펴보는 일은 독립선언서를 베고 누워서, 다시 꿈꾸는 일이다. 꿈같은 일이며, 꿈같은 글이 되기를 바라며 쓰는 글이다. 새로운 나라, 새로운 세상, 새로운 사람과 새로운 만물을 꿈꾸는 것이야말로, 독립선언서를 다시 읽고, 스스로 선언서가 되어 세상으로 나아가

---

102 다시 한 번 말하지만, 최남선이 그 글을 썼다고 하나, 최남선으로 하여금 그 글을 쓰게한 것은 그분들이었다. 그분들은 시대정신으로 스스로 하생하여 그 시대 백성들의 꿈속에 현몽하였고, 그 백성의 꿈에 접신하여, 신내림한 것이 최남선일 뿐이다. 최남선은 신대일 뿐, 그 신대에 내림한 것은 그분들이었고, 그 신대의 떨림을 만들어낸 것은 그 시대 백성들이 꾸었던 꿈의 염력[念力/夢力]이었다.

는 길을 만들어 가는 목적이며, 방법이며, 유일한 가치이다.

我의 固有한 自由權을 護全하야 生旺의 樂을 飽享할 것이며, 我의 自足한
獨創力을 發揮하야 春滿한 大界에 民族的 精華를 結紐할지로다. 吾等이 玆
에 奮起하도다. 良心이 我와 同存하며 眞理가 我와 幷進하는도다. 男女老
少 업시 陰鬱한 古巢로서 活潑히 起來하야 萬彙群象으로 더부러 欣快한 復
活을 成遂하게 되도다.

이미 우리에게 알려져 있고 주어져 있으나, 우리가 제대로 보지 못하였던
것, 우리가 제대로 알지 못하고·알려고 하지 않았던 것을 새롭게 보아 내
고, 새롭게 알아가는 데 역점을 두어 나가고자 한다.

꿈꾸는 자는 달을 본다. 꿈꾸는 자는 달을 가리키는 손가락(역사적 사실·논
거·사료)을 보지만, 금세 눈을 돌려, 그것이 가리키는 달을 본다. 꿈꾸는 자는
달을 보며 님을 그리워한다. 꿈꾸는 자는 달을 보며 빈다. 빌고 빈다. 빌고
빌다가, 달이 되어 버린다. 한울님, 하나님, 부처님, 예수님, 대신사님 모두
달님이고 하늘님(해님)이다. 꿈꾸는 자는 위험하다. 세상에 대하여 위험하고
불온하며, 스스로에게도 위험하다. 위험하기 이를 데 없다.[103] 우리가 이렇
게 꿈꿀 수 있는 것은 우리가 '억눌린 자'였기 때문이다. "오순수천명 여고비
원주(吾順受天命 汝高飛遠走)를 밀전(密傳)해 본 민족, "하느님, 하느님, 어찌하여
나를 버리셨나이까"를 외쳐 본 민족이기 때문이다. 그런 가운데서도 우리가

---

103 cf. 그날 노회찬은 왜 자살했는가. 그가 꿈꾸는 자였기 때문이다. 그가 아름다운 꿈을
꾸었기 때문이다. 그가, 그 꿈을 결코 배반하며, 배신하며, 배도하지 못하였기 때문이
다. 그렇게 죽어서, 그는 영원히 살아 있다.

평화에의 의지와 믿음과 희망을 버리지 않은 민족이었기 때문이다.

千百世 祖靈이 吾等을 陰佑하며 全世界 氣運이 吾等을 外護하나니,[104] 着手가 곳 成功이라. 다만, 前頭의 光明으로 驀進할 따름인뎌.

5) 순교의 서(書)이며, 부활의 약속(約束)

의암 손병희 선생은 1919년 2월 28일자로 천도교의 대도주(大道主)인 춘암 박인호(朴寅浩, 天道教 4世 大道主·민족대표 48인 중 1인)에게 〈유시문(諭示文)〉[105]을 남겼다. 이 글은 "나는 세계적인 기운에 편승하여 정치적인 운동(만세운동)에 참여하게 되니, 이미 10년 전에 도통(道統)을 물려준 대로, 종단의 명맥(命脈)을 계속 보존(保存)하고 앞으로 나아가라"는 당부이다. 즉, 당신은 죽음을 각오하고 독립운동에 참여하게 되니, 오만년 이어갈 천도교의 일은 춘암(박인호)가 책임을 지고 맡아 나아가라는 당부이다. 이 글은 실질적인 유서(遺書)였다.

---

104 『천도교경전』「동경대전」〈논학문〉, "「시」라는 것은 안에 신령이 있고 밖에 기화가 있어 온 세상 사람이 각각 알아서 옮기지 않는 것이요~(侍者 內有神靈 外有氣化 一世之人 各知不移者也~)."

105 앞의 『의암손병희선생전기』, 356쪽, 〈유시문(諭示文)〉. "불녕(不佞)이 오교(吾教)의 교무(教務)를 좌하(座下)에게 전위(傳委)함은 기위(己爲) 10년(1908. 1. 18.-인용자주)이라 갱설(更說)할 필요(必要)가 없거니와 금일(今日) 세계(世界) 종족(種族) 평등(平等)의 대기운하(大機運下)에서 아 동양종족(東洋種族)의 공동행복(共同幸福)과 평화(平和)를 위하여 종시일언(終始一言)을 묵(黙)키 불능(不能)하므로 자(玆)에 정치방면(政治方面)에 일시(一時) 진참(進參)케 되었기 여시일언(如是一言)을 신탁(信託)하노니 유(惟) 좌하(座下)는 간부(幹部) 제인(諸人)과 공(共)히 교무(教務)에 대하여 익익면정(益益勉精)하여 소물망동(小勿妄動)하고 아(我) 오만년(五萬年) 대종교(大宗教)의 중책(重責)을 선호진행(善護進行)할지어다. - 1919년(大正八年) 기미(己未) 이월이십팔일(二月二十八日) 대도주(大道主) 좌하(座下)"

민족대표 33인 중 기독교 대표의 한분인 이갑성(李甲成, 1889-1981)의 증언에 따르면 기독교 측 민족대표를 정할 때에 70여 명이나 되는 참여자들이 독립선언서에 서명을 하면 '필경 고문과 죽음을' 면하지 못할 것을 알면서도 서로 "죽는 자리에 먼저 들어가겠다"고 나서는 바람에 애를 먹었다. 결국 1회, 2회, 3회로 나누어 차례로 '사형대'로 나아가기로 하였는데, 이갑성 선생은 다른 일 때문에 다음 기회에 참여키로 하였으나 기다릴 수 없어서 첫 번째 기회에 서명키로 결심하였다.[106]

독립선언서가 좋은 글인 까닭은 그것이 꿈의 기록일 뿐만 아니라, 순교의 서이며, 부활의 약속인 덕분이다. 성경이 좋은 글인 까닭도, 불경이 좋은 글인 까닭도, 동학의 경전이 좋은 글인 까닭도, 그것이 꿈의 기록이며, 순교의 서이며, 부활(장생·영생·해탈)의 기록인 덕분 아닌가.

1919년의 한반도뿐이라, 중국대륙에서, 만주벌판에서 독립만세 이전과 이후, 해방의 그날까지 순교한 모든 분들은 모두 독립선언서 안에서 부활한

---

106 이갑성, 〈3·1운동 54주년기념회고담〉, 창천교회 1973년 3·1절 기념예배(3·1운동 100주년기념총람 재수록). "시작을 한 후에 우리의 민족대표 33인의 이름으로 선언문을 마련할 것을 의논할 때, 일선에서 운동하던 사람으로는 학생, 청년 모두 합하면 70여 명이었는데, 70여 명은 모두가 한꺼번에 선언서에 날인하고 세계에 선포하려고 했었는데, (중략) 3월 1일 며칠 전 어느 날 정오에 기독교 측 대표들은 한강 건너편 송림 속으로 가서 선언서에 서명할 인원을 정하는 판이다. 서명은 물론 자원이니 바꾸어 말하면 단두대를 자원하여 먼저 뛰어 올라가는 순간이다. 그때 장면은 실로 비장하였다. 고 이상재, 심세관 양 선생은 일본에 파견하여 동경에서 활동하고 있는 고 임규 선생과 연락하여 일본 정부와 조야 정객들에게 조선독립을 통고하고 선전하는 임무를 일임한고로 동경행을 무사히 하기 위하여 선선서에는 서명치 않기로 결정되었다. 함태영 선생 말로는 천도교 측 다수는 후사를 위하여 서명을 아니하도록 되었으니[인용자 주-33인 중 15명과 48인 등에 속한 사람 이에 지방의 여러 두목 들을 말함] 불행히 제1회 선언 후 지도자로 인정된 당시 동지들[인용자 주-민족대표48인]은 거의 전부가 잡히고 말았다."

다·할 것이다·해야 한다. 그러므로 독립선언서는 좋은 글이며·좋은 글일 것이며·좋은 글이어야 한다. 지금 우리가 할 일·하고 싶은 일·할 수 있는 최선의 일이 바로 그것이다.[107]

6) 선지자가 광야에서 외치는 생명의 서(書)

국내에서 독립선언을 미국에까지 전파하는 것은 이미 독립선언을 준비하던 단계에서부터 기획된 일이었다. 그러는 동안 미국 내의 한인들도 국내의 만세운동 소식을 구미 각국의 정계와 시민사회에 이를 알려 나갔다. 그중 미국 샌프란시스코를 중심으로 활동하던 '대한인국민회(大韓人國民會)'의 기관지 『신한민보(新韓民報)』 1919년 4월 24일자와 26일자에는 그해 4월 6일자 『LA타임즈』 사설로 게재된 독립선언서의 내용 소개를 2회에 걸쳐 전재(轉載)하였다.[108]

이 사설의 제목은 '생명(生命)의 존귀(尊貴).' 사설은 "'현금(現今) 손병희 씨와 다른 한인들이 선고(宣告)한 한국독립선언서'의 글 가운데서 '생명의 존귀'라는 말을 찾았다"는 문장으로 시작하여 "이 독립선언서(한국독립선언서)가 우리 아메리카 독립선언서보다도, 또 캘리포니아(비어플릭) 전쟁 시대에 윌리암 아

---

107 이러한 관점에서 필자는 '2·8독립선언서'와 '무오독립선언서'도 '기미독립선언서'와의 '차별성'보다 '동질성'에 주목하여 검토할 필요가 있다고 본다. 이 비교작업은 후일을 기약한다. 그 과정에서 기미독립선언서의 종교적 특장(特長)이 더 잘 드러날 수 있다는 가능성도 보았다는 점만 우선 밝혀 둔다. cf. 정태욱, 「조소앙의 〈대한독립선언서〉의 법사상」, 한국법철학회, 『법철학연구』 제14권 제3호, 2011. 13쪽.
108 『신한민보(新韓民報)』(『3·1운동100주년 공동자료집』(3·1운동100주년기념사업추진위원회), 2017, 55-58쪽 참조). 최근 11월 22일의 필자의 발표를 접한 '서울역사박물관' 전문가로부터 이 'LA타임즈' 데이터 및 신 한글 번역본을 입수하였다.

디가 저술한 캘리포니아 독립선언서보다 더 한층 높고 거룩하다"고 하면서 "만일 시 세계의 모든 문명을 깨뜨려 버리고 오직 이 세 독립선언서만 남겨 둔다면, 이 세계 인류가 오히려 그 인류를 지도할 만한 계명 (모세 씨의 십계명과 같은)이 될 만하"다고 평가한다. 이어 한인(韓人)의 독립선언서는 "최고등의 고상하고 탁월한 인류의 정신이 인류의 사상과 희망에 적합한 것이 언사에 나타난 것"이라고 하면서 당신들(LA타임즈 독자들)이 이것을 연구하면, "이것이 창이나 총으로 된 것이 아니요 사람의 이상(理想)을 발표하는 데서 된 것이며, 흑암(黑暗) 무지(無知)한 산곡(山谷)에 앉은 시대를 지나 광명한 높은 산상에 올라선 사람"이라고 하였다. 이어 "우리는 과거에 흑암하고 희망이 없던 혼돈 시대에 살았"던바, '생명의 존귀란 말'을 잃어버렸었으나, "현금 유럽과 아시아가 그네들의 생명을 티끌 속에 파묻는 현상이 있었다"고 하였다.

또한 이 선언서는 생명의 존귀함을 주장하는데 "생명! 이 말 한마디 가운데 이 세상 만물이 다 포함"되어 있으되, "생명만 있고 존귀가 없으면…사람의 존귀가 없는 생명을 중히 여기겠는가?"라고 반문하면서 "이것을 위하여 한국의 손병희 씨가 말하였다. '하느님께서 악한 세상에 (스스로 악을 제거할-인용자) 능력을 주시사 그 말을 듣게 하실는지"라고 이야기한다. 이어서 이 글은 서구 유럽의 경우 켈트(Celts)족이 생명의 존귀함을 위하여 노력하여 온 결과 근대 서구 문명을 일구었는데, 동양에서는 "한인이 지금 부르는 말이 켈트의 것보다도 오랜 역사를 가졌"을 뿐만 아니라, "무한한 고초를 견디어 가며 몸을 바르게 하고 두 발을 땅에 튼튼히 딛고 태양의 영광스러운 빛을 바라보"는 쾌거라고 하면서, 이는 "모든 사람의 고초와 요구를 위하여 부르짖는 소리에 대답한 것"이며, "우리(서구인-인용자 주)보다 제일 먼저 와서 생명의 존귀를 위하여 경정(更定-인용자)한 결과가 우리에게까지 미친 것"이라고 하였다. 결론적으로 "우리가 저마다 생명의 존귀는 누가 공격치 못하는 것으로 인증(認證)할 것 같으면 다만 이 세상을 구원하는 데 십자가로만 할 것이 아니요, 온 세계에 대한 문제를 해결함으로 할 수 있는 것"이라고 하면서 "우리는 손병희 씨가 부르는 소리를 들읍시다! 이는 선지자가 광야에서 외치는 소리외다!"라고 하였다.

5. 독립선언서는 한민족의 대헌장(大憲章)[109]이다

1) 오래된 미래의 비결

독립선언서는 기도문이자 비는 글이므로 그 안에는 당연히 '바라는 바'가 들어 있다. 자주, 독립, 정의, 인도, 평화 등도 그중 핵심적인 주제어이기도 하지만, 전일(全一)적인 관점에서 독립선언서는 우리 민족의 천지(天志·天智)가 빚어 놓은 비결(祕訣)로서 그 속에서 우리 민족과 인류의 미래 비전(祕典)을 발견하는 것이 지금 우리가 할 일이다.

이 글은 근대 이후 우리 민족 전체를 통틀어 아마도 가장 널리, 가장 지속적으로, 그리고 가장 많이 되풀이되어 읽고 공감한 글이다. 그런 점에서 '민족의 헌장'이기도 하다. 그러므로 이 헌장에는 우리 민족의 비전이 들어 있다. 이미 3·1운동 80주년을 앞둔 1999년 전후로 기미독립선언서에서 새천년에 우리 민족과 인류 사회에 귀감이 될 정신을 발견하고자 하는 시도가 있었다. 그때 독립선언서에서 '미래지향적인 삼일정신'으로 일곱 가지를 발

---

109 독립선언서는 일찍부터 '최고유일의 대헌장'(설의식,《동아일보》1946.2.26.) '민족자존의 대헌장'(사설,《동아일보》1946.2.28.)이라고 호명되었다.

견하였다. 필자는 그러한 미래지향적인 삼일정신을 가능케 한 근본 동력이 바로 종교적인 상상력으로부터 기인한다고 믿으며 그런 관점에서 이를 재구성해 본다.[110]

첫째, 독립선언서는 자유와 평등, 평화와 행복의 새로운 인류 사회를 제시하였다. "독립선언서는 자주 독립의 선언인 동시에 헌장(憲章-21世紀大憲章)으로서의 특성을 지니고 있다. (중략) 1942년 이후에 제정된 유엔헌장보다 20~30년이 앞선다는 점에서 자부심을 갖게 된다. (중략) 독립선언서는 자유, 평등, 평화뿐만 아니라 인류 행복까지 다루었다."(80쪽) 자유와 평등, 평화와 행복은 종교가 이 땅에 존재하는 이유이며, 신(神)이 인간에게 약속한 복락(福樂)이다. 동서고금의 무수한 경전(經典)에서 거듭거듭 교화(敎化)하고 교훈(敎訓)하고 교양(敎養)하는 덕목이 바로 자유와 평등, 평화와 행복이다. 이것을 세계 개조, 민족 자결의 기운의 흐름 속에서 이야기하는 것은 이미 우리(종교) 안에 있던 것을 세속 세계에서도 주장하고 있다는 발견이자, 그 정당성을 재확인하는 절차일 뿐이지, 종교인들이 세속으로부터 계발(啓發)을 받는다는 의미는 아니다.

둘째, 미래(未來) 사회를 적극적으로 전망하였다. 독립선언서를 발표하던 당시는 '침략주의, 강권주의'가 득세하던 때였다. 민족자결주의가 선포되기는 하였으나, 우리 민족, 특히 민족대표들은 그것은 강대국 중심의 나눠먹기라는 사실도 모르지 않았다. 그럼에도 불구하고, 독립선언서의 주체들은 도의(道義)가 펼쳐지는 신천지를 예상(豫想)하였고, 인도적 새 문명을 예기(豫期)하였고, 생명(生命)의 잔치[繁榮]가 벌어지는 새 봄을 예감(豫感)하였다. 최악의

---

110 하인호, 『미래를 읽는 9가지 방법』, 일송북, 2008, 77-97쪽의 내용을 종교적인 관점에서 해석함. 이하 이 책에서 인용하는 대목은 괄호 안에 쪽수를 표시함.

상황에도 믿음과 신념을 버리거나 굴하지 않고, 기도하는 그 정신, 다시 말하면 '미래를 개척하는 불굴의 정신(84쪽)'이다. 미래지향성과 개척정신이야말로 종교의 본성이다. 그리고 그 미래가 '지금-여기'에서 현현(顯顯)되는 것을 믿는 것이다(地上天國-佛國土).

셋째, "독립선언서는 글로벌 사상이 그 기반이다."(84쪽) 3·1운동 당시만 해도 지구촌을 지배하던 주류 이데올로기는 약육강식, 적자생존과 같은 것이었다. 그런데 '조선 사람의 정당한 생존'으로써 '일본으로 하여금 그릇된 길에서 벗어나'게 하고 '동양의 지지자로서의 중책을 감당하게 하며' '중국에게 안녕을 제공하고' '동양평화'와 '세계평화'까지를 기약(期約)하고 기대(期待)하고 기필(期必)하는 것이 독립선언서이다. 종교적인 견지에서 볼 때 '글로벌'은 단지 '지구촌' 차원이라는 의미를 넘어서 지구 안의 모든 족속(族屬; 민족, 국가, 공동체, 인간-생물)은 물론이고 무생물(사물)[111]까지를 아우르는 것이다.

넷째, "독립선언서는 21세기 사회의 경쟁원리를 (중략) 즉 윈윈(win-win)게임의 원리를 제시하였다는 점에서 세계사에 길이 빛날 업적임에 틀림없다."(86쪽) 이것은 단순한 구두선이 아니라 우리 민족의 독창성을 십분 발휘함으로써, 우리 민족이 세계와 인류사회, 그리고 생명세계 전반에 기여보비(寄與補神)할 수 있는 덕목이다. 상생(相生)의 덕목 또한 이 세상만물이 모두 나와 한 동포(同胞; 한배에서 나온 형제자매)라는 인오동포(人吾同胞), 물오동포(物吾同胞)의 동귀일체(同歸一體) 사상,[112] 하나님의 한 자손(형제님, 자매님)임을 기반으로 한다.

---

111 『천도교경전』「해월신사법설」〈삼경(三敬-敬天, 敬人, 敬物)〉, "셋째는 물건을 공경함이니 사람은 사람을 공경함으로써 도덕의 최고 경지가 되지 못하고, 나아가 물건을 공경함에까지 이르러야 천지기화의 덕에 합일될 수 있느니라."

112 『천도교경전』「해월신사법설」〈삼경〉, "사람은 (중략) 敬天함으로써 人吾同胞 物吾同胞의 全的 理諦를 깨달을 것이요 (중략) 敬天은 모든 眞理의 中樞를 把持함이니라."

다섯째, "독립선언서는 전체적으로 이성(理性)이나 지성(知性)보다는 감성(感性)을 가장 중요하게 다루고 있다 (중략) 21세기 사회는 바로 감성중심의 사회이다."(88쪽) 여기서 감성은 공감능력(共感能力)으로 표현된다. 이는 '세계개조의 대기운'을 읽고, 우리 민족이 처한 주관적 객관적 실상을 낱낱이 드러내며, 일본-중국까지 아울러 그 처지를 광정(匡正)하는 길을 제시하는 것으로 나타난다. 동학을 창도한 수운 선생은 공감의 가치를 극대화하여 "내 마음[한울님 마음]이 곧 네 마음(수운-인간)의 마음이니라(吾心卽汝心)"라는 천어(天語)를 들었다. 여기서는 한울님-인간(수운)만이 아니라, 귀신(鬼神)까지 아울러 공감하고 공존하는 이치를 설파한다.[113]

여섯째, 독립선언서는 "21세기 지식사회의 핵심적인 요소를 제시하고 있다."(92쪽) 이것은 구체적으로 자기건설(自己建設)과 자기운명개척(自己運命開拓), 자기생명번영(自己生命繁榮)으로서의 '자기실현'의 정신, 새롭고 날카로운 기운과 독창력으로 '민족문화의 창달', '새로운 세계문화 창달에 이바지함' 그리고 뉴 에이지 시대의 도래로서의 '새 하늘 새 땅에 사람과 만물이 또한 새로워지는'(천도교경전과 성경에 공통되는 말) 뉴 에이지(New age) 시대의 도래를 예견한다. 과연, 오늘 이 시대는 '새로움'이 득세하는 시대이다. 그 새로움을 종교적으로 뒷받침하는 것이야말로 독립선언서의 지향점이다.

일곱째, "독립선언서는 21세기 참여민주주의의 이념을 보다 구체적으로 제시하고 있다."(95쪽) 참여민주주의의 덕성(德性)을 가장 전면적이고 근본적으로 제시하는 장면이 바로 공약삼장(公約三章)이다. 제1장의 '배타적 감정의 배제'하고 '자유적 정신을 발휘'하여 참여하기, 제2장의 '최후의 1인까지, 최

---

113 『천도교경전』「동경대전」(논학문), "대답하시기를「내 마음이 곧 네 마음이니라. 사람이 어찌 이를 알리오. 천지는 알아도 귀신은 모르니 귀신이라는 것도 나니라.」"

후의 1각까지' 참여하기, 제3장 '질서를 존중'하고 '광명정대'하게 참여하는 정신이야말로 지난 100년 우리 민족의 역사와 현실 속에서 면면히 살아서 계승되어 왔고, 가장 최근의 촛불혁명에서 생생하게 재현된 바 있다. 이러한 참여정신은 종교인의 기초덕목이자 근본덕목인 '지행합일(知行合一)'의 구현에 다름 아니다.[114]

이 참여민주주의는 '자주(自主)' 정신을 기반으로 하는 것인바, 대외적으로 국가 대 국가의 자주뿐만이 아니라 대내적으로 중앙과 지방 사이의 자주, 관과 민 사이의 자주, 남녀노소 사이의 자주를 포함한 자치정신(自治精神)을 전제로 하는 것이다. 이러한 자치정신 또한 동학-천도교의 포접제(包接制)에서부터 기원하여 집강소(執綱所)로 면면히 이어져 온 것에 다름 아니다.

2) 영성적 · 개벽적 · 자주적 근대 문명운동 선언

1900년대 초 천도교의 신지식인(新知識人) 중의 한 사람인 오상준(吳尙俊)은 1907년 『초등교서(初等教書)』라는 '교과서'적인 서적을 펴냈다. 이 책에는 모두 28개 장에 걸쳐 근대국가 체재(體裁)와 그 국가의 국민으로서의 덕목(德目)을 일목요연하게 제시하고 있다. 특히 '독립'이라는 단어에 대한 다각도의 이해, 우리나라의 독립이 위협(탈취)받는 상황에서 어떻게 (근대)독립 국가를 건설할 것인지, 공화제(共和制)에 대한 이해와 전파가 상당한 수준에서 전개

---

114 70, 80년대 민주화운동에서 종교계가 앞장을 서거나 87년 민주항쟁 당시 명동성당이나 성공회 성당 중 종교 기관이 민주화운동의 '성지'가 된 것은 국민들의 종교 · 종교계 · 종교인에 대한 기억—3 · 1운동 당시에 국민들에게 각인되었던—을 소환하여 민주화운동이 운동권의 운동이 아니라 범국민(시민)운동으로 승화시키고자 하는 전략의 일환이었다. 이것은 모두 3 · 1운동의 역사적 · 종교적 계승이다.

되고 있다.

이것은 동학-천도교 운동사에서 면면히 이어져 온 보국안민-다시개벽으로서의 영성적 근대의 추구, 개화(改化) 아닌 개벽(開闢)으로서의 자생적·토착적 근대의 추구, 침략주의-강권주의의 서구적 근대에 대한 저항적 근대로서의 자주적 근대의 추구가 1910년대 직전 어떻게 정리되고 있는지를 보여주는 생생한 전거(典據)이다.[115]

영성적 근대운동으로서의 3·1운동의 현대적 의의는 '영혼의 탈식민지화'[116] 담론으로 계승되고, 개벽적 근대운동으로서의 3·1운동의 현대적 의의는 '토착적 근대화' 담론으로 계승[117]되며, 자주적 근대운동으로 3·1운동의 현대적 의의는 '3·1운동의 완성으로서의 통일운동론'으로 계승되고 있다. 동학-천도교의 운동을 영성적 근대라고 하는 것은 서구의 근대가 '탈종교'인 반면에, 동학(을 위시한 근대 개벽종교)에서의 근대화는 종교를 중심으로 하여 전개되는 '재종교화'라는 특질[118]을 설명해 주는 근거가 되기도 한다. 이것은 동학-천도교와 한국사회뿐만 아니라, 비서구 지역에서 '보편적'으로 나타나는 경향이기도 하다.

---

115 이 책은 읽기 쉬운 형태로 곧 재간행될 예정이다. 이러한 1910년대 이전의 '영성적 근대' '개벽적 근대' '자주적 근대'의 흐름을 조금이라도 공부한다면 "식민지근대화론"은 터무니없는 것임을 재확인할 수 있을 것이다.

116 김태창-후카오 요코(深尾葉子, 오사카대학 준교수) 대담, 「영혼의 탈식민지화·탈영토화와 미래공창(未來共創)」, 『개벽신문』 제65호, 2017년 7월호, 9-16쪽; 또 다른 장소에서, 최진석 교수는 최근의 연작(단행본과 건명원)에서 일관되게 이 작업을 수행하고 있다. 최진석, 『탁월한 사유의 시선』, 21세기북스, 2018.

117 학술대회 〈근대 한국종교의 토착적 근대화 운동〉(2018년 8월 14일-15일, 원불교사상연구원 주최); 조성환, 「한국은 '어떤 근대'를 추구하였나?」, 『개벽신문』 제77호, 2018년 8월호, 28-29쪽.

118 정경일, 〈종교 이후의 사회적 영성〉, 《불교평론》 68호, 2016년 12월 01일.

동학이 한국철학의 옛날식 표현이라면, 그것의 별칭인 천도는 영성운동을 의미하고, 그들이 내걸었던 개벽은 영성운동 중심의 한국적 근대를 상징하는 말이다. 동학은 인간평등이나 정치참여와 같은 근대적 가치, 더 나아가서는 생명 중심의 탈근대적 가치들을 수양을 통한 영성실천을 통해서 구현하고자 하였다. 이 점은 동학을 이은 천도교나 원불교 역시 마찬가지이다. 서구의 근대가 공적인 영역에서 종교가 물러나는 형태로 시작되었다면, 비서구 지역에서는 반대로 종교를 중심으로 새로운 시대를 열고자 했던 것이다. 이 점은 한국뿐만 아니라 인도의 간디나 아프리카의 투투 대주교(인종차별 철폐정책) 등의 사례를 보아도 마찬가지이다. 제국주의에 저항하고 식민지 상태에서 벗어나기 위해서는 강력한 실천성을 동반하는 영성 운동이 요청되었기 때문이다.[119]

이처럼 '영성적 근대' '개벽적 근대' '자주적 근대'로서의 3·1운동의 성격을 밝히는 것은 3·1운동이 세계사적·문명사적·개벽적 지평의 사건이라는 점을 주목하는 일이다.[120]

6. 3·1운동, 다시 100년을 향하여

100년 전 3·1운동을 돌아보며, 그 실상(實相)을 재발견하고, 그 혼백의

---

119 조성환, 『한국 근대의 탄생-개화에서 개벽으로』, 도서출판 모시는사람들, 2018.11, 131쪽.
120 〈1919년의 세계사적 의미를 되새기는 '평화 연구' 필요〉, 《한겨레신문》 2018.09.13. (다음뉴스).

결정체인 독립선언서를 재음미해 보았다. 독립선언서를 살려 읽음으로써, 3·1운동은 '3·1운동 이상의 것'이 될 수 있음을 알았다. 역사상의 3·1운동, 구현된 3·1운동, 학살과 좌절로 점철된 3·1운동이 아니라 우리 민족이 세계 인류 및 생명 공동체와 더불어 도달하고, 개벽하고자 했던 신문명 세계의 이상적 비전을, 그 꿈을 들여다볼 수 있게 되었다. 그렇게 함으로써, 3·1운동은 100년 전 과거의 사건이 아니라, 앞으로 다시 100년 후로 열린 예언의 사건임을 얼풋이 알게 되었다. 그러나 상상과 서세동점의 끝물을 바라는 꿈은 현실을 기반으로 하지 않으면 안 된다. 현실에 기반하여, 다시 100년을 향한 길을 모색하는 것으로 결론을 삼고자 한다.

1) 3·1운동 이후 - 서세동점의 100년

2018년 9월 18일부터 20일까지 진행된 제3차 남북정상회담에는 공식수행원 14명과 특별수행원 52명이 참석하였다. 그중 종교계 특별수행원으로 기독교, 불교, 원불교, 천주교의 수장(대리) 네 분이 참여하였다. 한반도 위에서, 3·1운동의 현재적 재현이라고 하는 민족통일의 도상(途上)의 중대한 자리에 천도교의 수장이 참석하지 못하였다. 이 일은 천도교인에게 비감회심을 불러일으키고도 남음이 있었다. 확실히 이번 사건은 천도교인에게 새삼스런 사실을 확인시켜 준다.

첫째, "역사는 흐른다"는 것이다. 3·1운동 100주년 기념사업이 실효성 있게 진척되기 위해서는, 그리고 무엇보다 3·1운동의 '다시개벽'으로서의 의의, 새로운 문명세계 구축, 종교적 이상세계로서의 한반도를 향한 이정표로 삼기 위해서는 사실 3·1운동을 '보국안민'운동의 정점으로 여기는 천도교단이 앞장서야 한다. 그러나 현재의 천도교단의 역량(교세)은 이 과제를 선도적으로 추진할 여건이 되지 않으며, 정부(청와대) 차원에서도 이에 대한 유의미한 고려가 제대로 이루어지고 있지 않은 듯하다. 3·1운동 100주년 기념사업이 실효성 있게 진척되기 위해서는, 그리고 무엇보다 3·1운동의 '다시개벽'으로서의 의의, 새로운 문명세계 구축, 종교적 이상세계로서의 한반도를 향한 이정표로 삼기 위해서는 사실 3·1운동을 전 교단적 차원의 역사적 성과로 여기는 천도교단이 앞장서지 않으면 안 된다. 3·1운동 100주년에 대한 이러한 관점을 제안할 수 있는 천도교가 배제되었다는 것이, 특별수행원 문제의 핵심이라고 생각한다. 아무튼 현재의 천도교단의 역량(교세)은 이 과제를 선도적으로 추진할 여건이 되지 않으며, 정부(청와대) 차원에서도 이에 대한 유의미한 고려가 제대로 이루어지고 있지 않은 듯하다. 그중에는 정부차원에서 2019년을 3·1운동 100주년보다는 3·1운동 100주년을 계기로 수립된 '(상해)대한민국임시정부' 100주년에 더 큰 비중을 준비하고 있다는 이유도 포함된다. 이런 관점에서 볼 때 3·1운동에 대한 그동안의 역사 왜곡보다 더 결정적인 역사 왜곡이 3·1운동 100주년을 전후로 하여 부지불식간에 전개되고 있다는 의심과 두려움을 지울 수가 없다.

둘째, 3·1운동의 성과로 우리는 대한민국임시정부를 수립하였고, 만주를 비롯한 중국 일원, 그리고 세계 곳곳에서의 독립운동을 줄기차게 전개하였고, 마침내 광복을 성취하였다. 우리는 3·1운동의 성과로 건국하였음을 자랑스럽게 내세우지만 정작 '기미독립선언서'의 근본정신을 오늘 우리가 온전히 계승하였는지, 특히 6·25 이후의 남한 사회의 민주화운동과 최근의 촛불혁명에서—대부분 주장하듯이—유루(流淚) 없이 구현되었는지 의구심을 갖게 되었다. 실제로 해방(1945.8.15.) 이후 이 땅에서 실현된 것은 분단의 고착화와 서구화, 물질문명의 득세, 종교의 타락, 외세 의존적 근대화(신자유주의의 득세)의 길이 아니었는가. 여전히 한반도의 남과 북은 주변강대국의 입김과 서구적 근대문명(물질주의)로부터 자유롭지 못한 채, 그 언저리에서의 '통일'이라도 선취하기에 급급한 것이 아닌가.[121] 그리고 그것이 극명하게 드러난 사태가 바로 이번 방북에서 천도교의 탈락한 사건의 의미가 아닌가.[122] 다시 말해, 1860-1919년까지 한 갑자(60년)의 시기가 서세동점의 쓰나미에 휩쓸린 시기라면, 1920-2019년까지 한 세기(100년) 세월은 그 '서세동점'에 무젖어 가며 스스로 체화(體化)해 간 영혼의 식민지 시대가 아니었는가.[123]

---

121 무엇보다 3·1운동의 결실로 구축된 '대한민국임시정부'의 '대한민국'과 오늘 '남한만의 대한민국'은 동일한 실체가 아니라는 점을 이제는 말해야 한다. 3·1운동-대한민국임시정부의 대한민국은 '남측과 북측'을 아우르는 이름이다. 이제 70년이 넘는 시간 속에서 '대한민국'이 '남측만의 국가이름'으로 고착되었다면, 통일 이후의 '대한민국'을 위한 새로운 이름을 찾아가는 인식의 전환이 필요하다. 우리가 남북 단일팀의 이름을 '코리아'라고 한다면, 고려(高麗)가 그 대안일 수도 있고, '대한조선'일 수도 있다.

122 이 단락은 '비관론적'으로 넋두리하듯 쓴 대목이지만, 이러한 역사인식 내지는 비관론을 뒤집어 우리 역사와 근대 사상사를 새롭게 조명하자는 연구와 노력이 최근 들어 활기를 띠고 있다. 우리나라의 근대화를 바라보는 관점과 무게중심으로 "'개화(서구적 근대)'에서 '개벽(자생적·토착적 근대)'으로" 전환하는 것, 동학-증산도-천도교-대종교-원불교 등 일련의 종교적·사상적·철학적 움직임을 '개벽종교'라는 틀로 묶어서, 다시개벽(영성적 근대화)의 중심으로 자리매김하는 것, 이러한 다시개벽의 주체세력을 '개화파' '척사파'에 대하여 "개벽파"라고 호칭하자는 것 등이 이런 연구, 노력의 성과들이다. 조성환, 『한국 근대의 탄생-개화에서 개벽으로』, 도서출판 모시는사람들, 2018.11. 및 『개벽신문』 참조.

123 그런가 하면 2018년 9월 14일에는 서울 시내에 3개 코스에 걸쳐 "천주교 서울 순례길"을 로마 교황청이 승인한 일을 두고 이를 기념하고 공식화하는 선포식이 서소문역사공원 공사현장에서 진행되었다. '서소문역사공원'은 현재 수조 원(부지포함)의 공사비를 들여 '서소문 밖 네거리 순교성지'로 조성되고 있다. 서소문은 동학혁명 당시 동학군들이 처형되거나 그 수급이 효시되기도 하였으며, 조선시대 내내 개혁적 운동가들이 참형된 명실상부한 '한국개혁운동사'의 현장이다. 그런데 그곳에 교황이 다녀가고, 결국은 민관(천주교단-중구청 등)이 협력하여 '천주교 성지'로 거듭나는 중이다. 그 자리에서 1년여에 걸친 천막농성을 비롯한 다양한 노력을 통해 '가톨릭 순교성지화 반대'를 외쳐온 천도교와 시민단체 회원들의 목소리는 메아리조차 찾아보기 힘들다. 힘없이 쪼그라든 동학-천도교의 현실을 여실히 절감하는 현장이다. "독립운동을 하면 3대가 망한다"는 말은 '한 개인'의 문제가 아니라, 한 단체(천도교)에게도 그대로 적용

이것이 진실의 한 모습이라면, 천도교는 가장 아래에 있기에, 그리고 가장 극적으로 쇠락을 경험하였기에, 그 모습이 잘 보이는 것이라 할 수 있다. 3·1운동 당시의 천도교의 모습과 오늘날의 천도교인의 모습을 비교해 보면, 한마디로 "불효한 이내 마음, 비감회심 절로난다."[124] 여기서 불효란 천명(天命)을 따르지 못한, 즉 한울님[天地父母]에 대한 불효, 사명(師命)을 일일이 어겨가며 살아온, 즉 스승님에 대한 불효, 그리고 (遺業)을 계승하지 못한, 즉 선열에 대한 불효의 심정이다. 이러한 사태의 책임은 당연히 '보국안민-다시개벽' 운동의 형해화(形骸化)를 자초하고, 방지하지 못한 천도교에 먼저 물어야 한다. 그러므로 종교인의 감수성으로 3·1운동의 의의를 재조명('종교운동')하고 그 정신을 관(觀·'독립선언서-기도문')하며, 그 안에 녹아 있는 '다시개벽의 꿈'을 조명하자고 제안하는 이 글은 결국 한 천도교인의 참회문(懺悔文)일 뿐이다.

2) 다시개벽의 꿈

종교인은 '보이는 것'만 쫓는 사람이 아니라, '보이지 않는 것'(cf.없이 계신 한울님!)[125]을 좇는 사람이다. 명백히 그런 것(其然)만을 믿는 사람이 아니라 오직

되고 있다.

124 『천도교경전』「용담유사」〈용담가〉.

125 『천도교경전』「동경대전」〈논학문〉, "밖으로 접령하는 기운이 있고 안으로 강화의 가르침이 있으되, 보였는데 보이지 아니하고 들렸는데 들리지 아니하므로 마음이 오히려 이상해져서 수심정기하고 묻기를 「어찌하여 이렇습니까.(하략)"; 이기상, 『우리 말로 철학하기』, 살림, 2013(4쇄), 19-20쪽. "다석은 '태양을 꺼라'고 외친다. 태양을 끄면, 그때 비로소 없는 것들이, 즉 무(無)가 보이기 시작한다. (중략) '태양을 꺼라'는 다석의 화두 속에는, (근대-이성-합리의 - 인용자 주) 서양 사람들이 매달린 단 하나의 진리.이성.존재라는 우상을 깰 때 그들은 비로소 더 넓은 세상을 보게 되리라는 의미가 들어 있다."

한울님을 믿어야만 믿을 수 있는 멀고 어렵고 불가능한 것(不然)까지를 믿는 사람이다. 그 진리와 진심과 진정의 세계를 알고, 믿고, 마음으로 기쁘게 느끼는 사람[126]이다. 그 진리와 진심과 진정의 세계를 '알고, 믿고, 마음으로 크게 느끼는' 사람이다. 지금 민족대표 33인과 기미독립선언서가 폄훼되고 저평가되는 까닭은 사실은 지금의 종교·종교계·종교인의 모습을 거기에 투영하기 때문이다. 그러므로 3·1운동과 독립선언서의 의미와 의의를 되살리는 길은 지금 여기의 종교·종교계·종교인이 되살아나는 것이어야 한다.

이 글은 "3·1운동 100주년에 종교인들은 어떤 문명세계를 바라며 심고(心告, 기도)할 것인가?"라는 물음에 대한 답을 찾아가는 과정이었다. 이 물음을 던진 2018년은 '전 지구적 파멸을 예감케 하는' 위기감을 절대 다수의 국민들이 실감하는 첫 해였다. 그렇다면 3·1운동 100주년 이후 우리가 한울님(하느님, 부처님)께 갈구하는 문명세계[新天地]는 하늘과 땅과 인간이 본래의 '조화로움'을 회복한 세계일 터이다. 그 조화로움은 무엇보다도 '인간에 의한 천(天)-지(地)의 훼손이 더 이상 없을 뿐만 아니라 기왕의 상처들도 온전히 치유(治癒)되는 것을 전제로 하는 것일 터이다. 하늘-땅-사람의 조화로움의 회복은 한울님과-자연과 사람, 사람과 사람 사이의 증오와 원망이 사라지는 것을 포함한다. '민족의 평화통일'도 그중의 하나일 뿐이다.

이제 남은 질문은 이것이다; "이 시대에 우리는 '다시개벽'할 수 있는가?" 그

---

126 『천도교경전』「해월신사법설」〈대인접물〉. "그 그러함을 아는 사람과 그 그러함을 믿는 사람과 그 그러한 마음을 기쁘게 느끼는 사람은 거리가 같지 아니하니, 마음이 흐뭇하고 유쾌하게 느낌이 있은 뒤에라야 능히 천지의 큰일을 할 수 있느니라."; 『천도교경전』「동경대전」〈불연기연〉, "이러므로 기필키 어려운 것은 불연이요, 판단하기 쉬운 것은 기연이라. 먼 데를 캐어 견주어 생각하면 그렇지 않고 그렇지 않고 또 그렇지 않은 일이요, 조물자에 부쳐 보면 그렇고 그렇고 또 그러한 이치인저."

에 대한 답을 찾아가 보자. '게임체인저'란 말이 있다. '일의 결과나 흐름의 판도를 바꾸어 놓는 사람이나 발명품(cf.스마트폰)'을 뜻한다. 다시개벽은 다르게 말해 게임체인저로서의 역할을 수행하는 것이다. 우리는 그 게임체인저가 될 것인가(선택/의지), 될 수 있을 것인가(가능). 생각해 보면 우리(종교개혁연대-3·1운동 100주년 기념 제2독립선언서)의 위상은 기미년 당시의 민족대표나 종교인들의 역량에 비할 바가 못 된다. 게다가 앞에서도 지적했듯이, 종교계에 대한 세간의 시선과 인식도 그때와는 판이하게 다르고, 보다 근본적으로는 '종교'가 이 세계에서 감당하는 '존재감'이 100년 전과는 차원이 다르게 변하였다. 이런 주관적, 객관적인 조건을 고려하여 제2의 독립선언서를 준비해야 한다.

위의 질문의 첫 번째 답은 이것이다; "다시개벽의 길은 이야기를 새롭게 쓰는 것이다."[127] '이야기'는 과거의 역사이되, '새롭게 쓴 이야기'는 미래의 역사이다. 다시 말하면, 이야기를 새롭게 쓴다는 것은 그것이 과거 이야기를 새롭게 쓰는 것이라 하더라고 결국 새로운 미래를 발명하는 것이다. 발견은 아무리 해도 과거의 틀(팩트)에 구애된 채 새로워지려고 노력하는 것이라고 한다면, 발명이란 그 틀마저도 과감히 탈피하는 것이다. 실제로 있었던 역사와 있기를 바랐던 역사, 있었으면 좋았을 역사 사이의 거리는 그리 멀지 않다. 그중에 '실제로 있었던 역사'에만 얽매여 살아갈 필요는 없다는 데까지 나아가야 발명-다시개벽이 시작된다.

위의 질문의 두 번째 답은 이것이다; "다시개벽의 길은 패러다임을 바꾸는 것(전환)이다." '패러다임'은 인식의 틀이다. '틀'이 되려면, 한번쯤 생각을 새롭게 하는 것이 아니라, 학(學)하여 신념으로 승화시키고 체질화되어 자

---

127 데이비드 코튼 지음, 앞의 책, "이야기를 바꾸면 미래가 바뀐다(12쪽)." "우리의 미래는 우리가 선택한다. 우리는 우리가 기다리던 바로 그 사람이다(217쪽)."

연스럽게 우러나오도록 습(習)해야 한다[學而時習]. 그것이 수행이고 수양이다. 다시 말하면, 패러다임 전환이 현란한 논리의 전개나 설득, 장황한 역사적 맥락의 서술이나 당위론의 나열로 가능한 일이 아니다. 그것은 바로 지금 여기의 종교·종교계·종교인이 새로운 패러다임을 얼마나 실제 생활, 역사에서 실현하느냐에 따라 좌우된다. 패러다임 시프트는 3·1운동을 '종교운동'으로 바라보고, '종교운동'으로 자리매김하고, '종교운동'으로 계승하는 것이다. 그것은 '어설픈(=서구화, 세속화, 합리적) 근대화'에 휘둘렸던 19세기말-20세기초를 반성하면서, 나아가 한울님/하나님을 거스르고[不順天理], 망각[不顧天命]하였던 지난 시절을 참회하면서 다시금 신앙화, 영성화, 생명화하는 운동으로서의 종교운동으로 3·1운동을 '패러다임 전환-다시개벽'하는 일이다. 종교·종교계·종교인이 당면한 과제를 해결하는 온 과정이 그 시종(始終)이다. 지행합일(知行合一)이 아니면, 무지(無知)·무명(無明)일 뿐이다.

이런 바람에 더하여 우리가 운동해 나갈 3·1운동, 이후 100년의 방향을 전망해 보면 다음과 같다; "첫째, 탈종교 시대에 걸맞은 종교(인)의 자기정화와 구원-신인합일의 길을 실천·실행·실현해야 한다. 둘째, 순교-부활의 본성을 회복하여 시민/인민을 생명 세계로 인도할 길을 개통·개척·개선해야 한다. 셋째, 종교적 상상력을 발휘하여 새로운 문명세계/생명세계에 대한 비전을 공감·공창·공유해야 한다. 넷째, 인간-인간의 평화, 인간-자연의 상생, 생명-우주의 다시개벽의 기도를 상생·상호·상달해야 한다."

이미 다시개벽의 길은 부활[無往不復]의 조짐을 뚜렷이 보이고 있다. 그 출사표 같은 글을 소개하면서 글을 마친다.

서세동점의 끝물이다. 서구적 근대의 말세이다. 동과 서는 비로소 재균형을 찾아가고, 구대륙과 신대륙의 위상 또한 전변한다. (중략) 지난 백년, 개화파가 주류였다. 민주화 세대 또한 진보/보수, 좌/우로 갈리었으되, 개화파의 후예이기는 매한가지였다. 20세기, '구시대의 막내'였던 것이다. 21세기, 다른 백년으로 진입했건만 여태 개화우파와 개화좌파의 철지난 길항이 지루하다. 적체이자 적폐이다. 백년간 고독했던 '개벽파'를 다시 호출해야 할 시점이다. 3·1운동 일백주년, 2019년이 적기이다.[128]

---

128 이병한, 〈추천사〉, 조성환, 앞의 책. 표4.

3 · 1운동과 개신교[*]

: 선교사들의 공감적 선교와
여성 독립 운동가들의 리더십을 중심으로

손은실 / 장로회신학대학교 교수

---

* 본 논문은 『선교와 신학』 47(2019.02)에 게재된 논문을 조금 수정한 것이다.

1. 3·1운동에 헌신한 개신교

'기독교윤리실천운동'의 의뢰로 만 19세 이상 성인을 대상으로 시행된 '2017년 한국교회의 사회적 신뢰도 여론조사'에 따르면 한국교회의 전반적 신뢰도를 묻는 질문에 응답자의 51.2%가 '(별로+전혀) 신뢰하지 않는다'고 답했다.[1] 성인 절반 이상이 한국교회를 신뢰하지 않는다는 사실은 한국교회가 얼마나 큰 위기에 직면해 있는지 극명하게 보여준다.

한국 개신교가 국민들에게 '개독교'라는 오명으로 조롱받는 오늘의 현실과는 정반대로, 한 세기 전 3·1운동을 전후한 시기에 개신교인들의 사회적 신뢰도는 매우 높았다.

> …혹자는 한국에 잇는 교인도 모다 일인의 세력 범위로 들어 갓다 말하나 결단코 그렇지 않소. 그 실상은 조국정신이 데일 풍부한 인격을 찾으려면 모다 교회 안에 있소 … 나라에서 제일 유공한 자는 교인이라고 나는 담보라도 하겠소이다.[2]

---

1 『2017년 한국교회의 사회적 신뢰도 여론조사』 (서울: (사)기독교윤리실천운동, 2017), 14.
2 『신한민보』 1911년 10월 4일자 안창호 씨의 연설, 최기영, 「도산 안창호의 기독교 신앙」, 『도산사상연구』제5집(1998) (서울: 도산사상연구회, 1998), 237쪽에서 재인용.

인용문은 서북인을 중심으로 신민회라는 항일비밀결사체를 만들었던 도산 안창호(1878-1938) 선생이 1911년 재미한인신문인 『신한민보』에 기고한 글의 일부이다. 이 글에서 도산은 국내 개신교 신자들에게 매우 큰 신뢰를 표하고 있다.[3]

본고는 3·1운동 100주년을 맞는 역사적 시점에 개신교가 어떻게 땅에 떨어진 신뢰를 회복하고 복음을 전할 수 있을까 하는 문제의식에서 출발한다. 이에 3·1운동 전후, 실의에 빠진 민족에게 희망을 불어넣고 사람들에게 두터운 신뢰를 받았던 개신교의 활동을 살펴보려 한다. 그리고 거기서 오늘 한국교회와 선교를 위한 역사적 교훈을 얻고자 한다.

3·1운동은 1919년 3월 1일 민족대표 33인이 서명한 독립선언서를 발표한 당일부터 거의 1년에 걸쳐 직업, 성별, 나이, 계층과 그 외의 모든 범주를 초월하여 온 겨레가 국내뿐만 아니라 해외에서도 거족적으로 참여하여 일본제국주의에 저항한 민족독립운동이다.

지난 한 세기 동안 3·1운동은 시대상황에 따라 다양한 의미로 재해석되어 왔고, 우리 민족의 현대사에서 끊임없는 영감의 원천이 되었다. 게다가 3·1운동의 의의는 단지 민족사에만 국한되지 않는다. 3·1운동이 당시의 다른 약소민족 독립운동에도 큰 영향을 끼친 세계사적 의의를 가진 독립운동이었다는 것은 그동안의 연구를 통해 충분히 밝혀졌다. 여운형은 이미 오래 전에 3·1독립운동의 의의를 적극적으로 역설한 바 있다. 여운형에 따르면 조선독립운동은 단순히 조선만을 위한 것이 아니고, '일본을 세계적 정의

---

3 그는 언더우드가 창설한 구세학당에서 수학하고 개신교에서 세례를 받았지만, 내세만을 강조하며 일제침략으로 도탄에 빠진 민족의 현실을 등한히 하던 일부 외국 선교사들과 한국교계의 일부 지도자들과 1907년 대부흥운동에서 열광적으로 회개하던 신자들의 태도에 대해서는 매우 비판적이기도 했었다.

의 나라로서 인도하려는 희망에 의한 것'[4]이었다. 조선의 독립을 위한 3·1 운동은 동양 평화의 기초로서도 중요한 의미를 가진다. 조선의 독립이 승인 되면 조선과 일본 사이에 '결코 끊어지지 않는 유대가 맺어지고, 일본이 중 국에서 받는 모든 의념(疑念)이 불식될 것이기 때문'[5]이다.

이렇듯 3·1운동은 조선의 독립뿐만 아니라, 정의로운 세계질서, 세계 평 화의 일부를 구성하는 동양의 평화, 한마디로 자유, 정의, 인도(人道) 그리고 평화라는 인류보편의 가치를 위하여 남녀노소 온 민족이 하나가 되어 비폭 력 평화시위로 대한독립을 세계에 선언한 쾌거였다.[6] 그러므로 이는 앞으로 도 계속 기억되고 연구되어야 할 영원한 현재로서의 우리 민족사이다. 망각 에 저항하는 역사 연구는 우리의 현재를 밝히고 미래를 준비하는 데 필수적 인 과업이기 때문이다.

그러나 기미독립운동에 관한 불후의 고전이 된 박은식의 『한국독립운동 지혈사』[7] 이래 한 세기 동안 일반 국사학자들과 교회사가들의 연구가 축적 되어 온 이 주제에 대해 지금까지 아무도 다루지 않은 전혀 새로운 연구를 시도하는 것은 서양사 전공인 필자에게는 무리이다. 본고에서 선택한 연 구 방법은 지난 한 세기 동안 다수 연구자들의 진지한 자료발굴과 연구로 축적되어 온 상당량의 실증적 연구사[8]의 토대 위에서 선행연구자들의 성과

---

4   미야지마 히로시, 「민족주의와 문명주의-3·1운동에 대한 새로운 이해를 위하여」, 박 헌호, 류준필 편집, 『1919년 3월 1일에 묻다』 (서울: 성균관대학교 출판부, 2009), 59.

5   Ibid. 60.

6   처음에는 비폭력 만세시위로 시작되었으나, 3·1운동 전개과정에서 일제의 잔혹한 탄압에 대응하기 위한 물리적 방법이 사용된 경우도 적지 않다.

7   1920년에 출판되었던 이 책은 한국학술진흥재단 학술명저번역총서 동양편 107(서울: 소명출판사, 2008)로 재출간되었다.

8   신용하, 『3·1운동과 독립운동의 사회사』 (서울대학교출판부, 2001), 93쪽.

를 비판적으로 수용하고 선행연구 조각들을 본고의 문제의식에 맞춰 재조립하여 종합을 시도하는 것이다.

개신교의 3 · 1운동에 대한 역사적 연구는 이미 상당수가 존재한다.[9] 이 연구들은 대체로 3 · 1운동의 배경, 준비과정, 전개과정에서 개신교가 수행한 역할과 위상을 소개한다. 본고에서는 이런 선행 연구의 결실을 십분 활용하여 당시 종교계가 중심이 된 3 · 1운동에서 개신교의 두드러진 공헌을 보여주는 몇 가지 지표에 초점을 맞추고자 한다. 먼저 종교계가 중심이 되어 3 · 1운동을 준비하게 된 배경을 질문하고, 개신교가 당시 그 어떤 종교보다 적극적으로 참여하게 된 역사적, 신앙적 배경을 살펴볼 것이다. 그리고 3 · 1운동에서 개신교가 당시 다른 교파나 종교에 비해 더 두각을 드러낸 측면으로서 선교사들과 여성 독립운동가들의 역할에 초점을 맞출 것이다. 이들의 입장과 활동에서 오늘날 사회적 공신력을 잃고 날로 쇠락해 가는 한국교회의 신뢰 회복과 복음 선교를 위한 교훈을 얻을 수 있기를 기대한다.

---

9 개신교의 3 · 1운동에 관한 연구사는 다음 논문에 잘 정리되어 있다. 이덕주, 「3 · 1운동과 기독교-준비단계에서 개신교의 3 · 1운동 이루어진 종교연대를 중심으로」, 『한국기독교와 역사』47(2017), 107-163쪽. 이 논문의 각주 1에서 두 페이지에 걸쳐 연구사를 자세히 소개한다. 3 · 1운동 일반에 관한 연구사는 불후의 고전인 박은식의 『3 · 1운동지혈사』(1920)에서부터 신용하, 『3 · 1운동과 독립운동의 사회사』(서울대학교출판부, 2001)에 이르기까지 이루 헤아릴 수 없이 많다. 신용하의 책 239-294쪽에 3 · 1운동 연구사가 정리되어 있다. 물론 그 이후에도 많은 연구가 있다. 용어에 관해 언급해야 할 사항은 선행연구들에서는 개신교를 주로 '기독교'로 지칭하고 있다는 점이다. 그러나 '기독교'는 본래 개신교와 천주교와 정교회와 성공회를 총칭하는 용어이다. 한국사회에서는 '기독교'로 개신교를 지칭하는 것이 매우 일반화되어 있지만 이는 잘못된 용어 사용이다. 따라서 본고에서는 기독교의 한 교파인 개신교를 '기독교'가 아니라 '개신교'로 지칭한다.

2. 종교계가 3 · 1운동의 중심이 된 배경

3 · 1운동이 종교인을 중심으로 준비된 것은 주지의 사실이다. 이와 관련한 역사를 연구하지 않은 사람에게 궁금한 것은 다음과 같은 문제일 것이다. 왜 종교인이 민족대표로 서명하게 되었는가? 종교 간의 연대는 어떻게 이뤄졌는가? 이 두 가지 질문에 답하는 것은 이 운동의 준비과정을 이해하는 데 매우 중요하다.

1) 왜 종교인들이 3 · 1독립선언서에 민족대표로 서명하게 되었는가?

3 · 1독립선언서를 준비할 때 민족대표로 추대하기 위해 천도교에서 처음으로 접촉한 인물들은 구한말 정치 관료와 사회단체 지도자와 원로급 인사였다. 그러나 민족대표로 나서 줄 것을 부탁받은 명망가들이 이를 거부한 까닭에 3 · 1운동은 천도교와 개신교를 중심으로 진행되었다.[10] 사실 당시 사회단체는 물론 학술단체까지도 해산당하고 종교단체만이 명맥을 유지하고 있었던 상황을 감안하면 왜 종교계에서 서명자를 찾게 되었는지 쉽게 이해할 수 있다.[11]

잘 알려진 대로 서명을 제안 받았으나 거절했던 좌옹 윤치호(1865~1945)는 만세시위를 무모한 것으로 보았고 현실적이고 단계적인 준비가 필요하다는 준비론을 주장했다. 그는 일기에 다음과 같이 쓰고 있다.

---

10 장석만, 「3 · 1운동에서 종교는 무엇인가」, 『1919년 3월 1일에 묻다』, 189쪽.
11 최린은 자서전에서 민족을 대표함에는 오직 종교단체뿐이었다고 말한다. 『최린 자서전』, 164-165쪽. 이덕주, 「3 · 1운동과 기독교-준비단계에서 이루어진 종교연대를 중심으로」, 『한국기독교와 역사』 47(2017), 138쪽에서 재인용.

오도된 사람을 성실한 종교적 삶으로 인도하는 사람이야말로, 우매한 민중에게 '만세'를 부르도록 만들어 감옥을 가게 하는 이들보다 조선 민족에 훨씬 더 크게 기여하는 것이다. 지금은 조선인들이 배우며 기다릴 때다.[12]

과연 3·1운동을 준비한 종교인들의 생각은 윤치호가 본 것처럼 무모하고 소박하기만 한 것일까? 3·1운동 당시 우리나라가 즉각 독립을 쟁취하지 못했던 것은 사실이다. 그러나 장기적인 안목에서 독립을 쟁취하기 위한 중요한 씨를 뿌렸다는 사실을 인식한다면, 3·1운동은 결코 실패한 역사로 볼 수 없다. 이병헌은 3·1운동의 이런 역사적 의의를 그의 편저인 『3·1운동비사』서문에서 매우 생동감 있게 서술하고 있다. 대대로 읽고 기억해야 할 글이라 판단되어 조금 길게 인용한다.

> 3·1운동은 기미 3월1일 민족대표33인이 독립을 선언하여 세계만방에 우리나라가 독립국임과 자주민임을 고하는 동시에 자손만대의 가슴속에 민족정기의 긍지를 마련해 준 거룩한 일대 민족운동이었다. 이 운동은 전국 삼천리강산 방방곡곡에서 일제히 남녀노소가 적수공권(赤手空拳)으로 일적의 총검 아래 생명을 초개같이 여기고 분연히 일어났던 성업(聖業)이었던 바, 이때 독립의 씨를 뿌림으로 해서 오늘날 대한민국이 독립국가로서 세계만방에 공인된 바이다.[13]

---

12 1920년 6월 5일 일기. 『윤치호 일기: 한 지식인의 내면세계를 통해서 본 식민지 시기』 (서울: 역사비평사, 2001), 177쪽. 장석만, 위의 논문 190쪽에서 재인용.
13 이병헌 편저, 『3·1운동비사』(서울: 시사시보 출판국, 단기 4292=서기1959년), 7쪽.

'3·1운동이 장기적으로 성공한 측면을 조명하게 된 것은 현 단계의 중요한 연구 성과의 하나'[14]라는 후세의 평가가 아니더라도, 종교인과 종교조직이 3·1독립선언을 추진한 것은 국권을 상실하여 정치체제가 무너진 상황에서 민족의 혼을 담는 종교가 살아 있었음을 보여주는 일이 아니었겠는가? 당시 독립선언서에 서명하는 일이 죽음을 각오하는 행위였음을 기억하면, 종교인들이 민족을 대표하여 서명자로 나섰다는 사실은 정치체제가 무너졌던 시대에 민족의 대변자 역할을 감당하고자 한 신앙적 용기와 결단이었다고 볼 수 있다. 이는 서로마제국 멸망 이후 게르만족의 침략이 계속되던 시대, 정치체제의 공백기에 대 그레고리우스(Gregorius Magnus, c. 540-604) 교황이 로마의 평화와 질서 유지와 시민 보호와 복지를 제공하는 데 적극적으로 헌신하여 큰 존경을 받았던 것에 비견될 수 있다. 또한 20세기 후반 미국종교사회학자들이 제시한 종교민족주의에 비추어 보면, 3·1독립선언서에 서명한 종교인들의 행위는 다른 정치조직의 공백 상황에서 종교가 민족공동체의 정치적 기능을 수행한 것으로 해석될 수 있다.[15]

2) 종교 간의 연대는 어떻게 이루어졌는가?

3·1운동을 준비하고 촉발시킨 민족대표 33인 중 한 명인 최린(1878~1958)을 당시 경성지방법원에서 신문한 조서내용에 따르면, 천도교가 개신교에

---

14 신용하, 『3·1운동과 독립운동의 사회사』(서울대학교출판부, 2001), 276쪽.
15 미국종교사회학자들이 식민지 같은 억압 상황에서 민족주의 이념의 확산과 민족국가 형성에 종교가 수행하는 역할을 살펴보고, 식민지의 피억압민족이 종교민족주의를 형성한 기반을 네 가지로 제시한다. 자세한 내용은 다음 책을 참고하라. 신기영, 『한국기독교의 민족주의, 1885-1945』(도서출판 동혁, 1995), 23-27쪽.

합동을 제안하면서, 이는 종교상의 문제가 아니고 민족문제라고 설득했다는 사실을 알 수 있다.[16] 이에 대한 개신교의 반응은 역시 33인 가운데 한 명인 이갑성(1889~1981)의 신문조서에 나온다. 최남선으로부터 합동 제안을 받은 이승훈이 그 내용을 전하자 개신교계에서는 찬성과 반대 의견이 있었으나, 목적이 같으므로 합병해도 좋다는 것으로 결론이 났고, 그 일을 이승훈에게 일임했다.[17]

이런 과정을 거쳐 천도교와 개신교는 적극 참여하였으나 불교와 유교의 반응은 미미했다. 불교에서는 한용운(1879~1944)과 백용성(1864~1940)이 참여했다. 반면에 유교 지도층과는 소통이 제대로 되지 않아 유림의 참여는 이뤄지지 않았다. 이는 당시 불교와 유교의 상황을 반영하는 것이기도 하다.[18] 불교계에서는 1895년 승려의 도성 출입금지령이 해제되자 이것이 일본의 영향력이라 간주하고 일본 불교세력의 힘을 빌려 조선조에서 억압받았던 불교를 재건하려는 시도가 있었다. 유교는 한말 과거제 폐지 및 의병전쟁 좌절 이후 쇠퇴를 거듭하다가 박은식과 이병헌이 유교를 개혁하려는 움직임을 보였지만 사회적 세력화에는 역부족이었던 것으로 보인다.[19]

천도교와 개신교의 연대는 대등하게 이루어졌다. 이 점은 처음에 독

---

16 〈최린 심문조서〉, 『한민족독립운동사자료집』 11, 삼일운동 I (국사편찬위원회, 1990), 21쪽.
17 〈이갑성 신문조서〉, 『한민족독립운동사자료집』 12, 삼일운동 II (국사편찬위원회, 1990), 59-60쪽.
18 당시 일본에서 한국으로 파견한 육군대장 데라우치((寺)內正毅)가 이완용을 비밀리에 만나 한일합방 이후 민심 수습책을 묻자, 이완용은 그의 질문에 대답하면서 종교계를 다음과 같이 묘사한다. "유도는 차차 글 읽은 사람이 줄고 학교에 다니는 사람이 많고 불교는 산간에서 절을 지킬 따름이라 그리 많은 신도가 없고…." 이병헌, 『3·1운동비사』, 28쪽.
19 장석만, 위의 논문, 193쪽.

립선언 서명자를 양측에 나란히 15명씩 두기로 정한 사실에서도 나타난다. 서명자를 구성하던 정황은 남강 이승훈으로 더 많이 알려진 이인환(1864~1930)의 신문조서에 나타나 있다. "선언서에 연명할 사람은 천도교와 예수교 측에서 몇 사람으로 정했는가"라는 질문에 이승훈은 다음과 같이 답했다. "처음에는 천도교와 개신교가 각각 15명씩으로 하자고 했으나 중간에 승려 두 명이 참가했기 때문에 예수교 사람 1명을 추가하여 결국 33인이 되었다."[20] 서명자를 대등하게 분배한 것처럼 일도 양쪽이 분담했다. 선언서의 인쇄는 천도교 측에서, 배포는 개신교에서 담당하기로 일을 나누었다.

그런데 운동 방향에 있어서는 천도교와 개신교 사이에 의견 차이가 있었다. 천도교는 독립선언을 무게를 두었고, 개신교는 독립청원에 무게를 두었기 때문이다.[21] 천도교의 최린은 강력한 선언론자로서 개신교의 협상자인 이승훈과 함태영에게 독립운동의 일원화가 아니면 민족의 혼을 발휘할 수 없다고 강조하면서 선언론에 개신교가 동참할 것을 호소했다. 이승훈과 함태영은 최린의 주장을 받아들여 개신교 측의 동의를 받아내기로 했다. 이승훈은 천도교와의 연대를 유지하기 위해 방법론 부분에서 개신교가 양보하자고 호소하였고, 결국 개신교를 설득하는 데 성공했다.[22]

---

20 〈이인환신문조서〉,『한민족독립운동사자료집』12, 41쪽.
21 그런데 류청하의 연구에 따르면, 천도교의 독립운동 계획 초기 회의에서 일치된 의견은 〈일본정부, 의회, 조선총독부에 대한 독립을 위한 건의서〉이며 독립선언서와 청원서를 병행하기로 결의한 것은 그 이후의 일이다. 그러나 대부분의 천도교 지도자의 의도는 선언보다 청원에 있었으며 청원서 선언서의 병행으로 결정된 것은 주체의식 · 운동의식이 강한 몇 명의 강력한 주장에 의한 것이었다. 류청하, 「3 · 1운동의 역사적 성격」, 안병직 외,『한국근대민족운동사』(서울: 돌베개, 1980), 459-460쪽.
22 이덕주, 위의 논문, 147쪽. 이덕주 논문은 종교간 연대 과정을 정교한 펜으로 그린

반면에 거사일 결정에 있어서는 고종 국장 전날인 3월 2일을 계획했으나, 그날이 예배의 날인 일요일이라 좋지 않다는 개신교의 입장을 받아들여 3월 1일로 정했다.

마지막으로 천도교가 개신교에 운동경비 5천원을 대여함으로써 종교간 연대는 성공적으로 이루어질 수 있었다. 당시 천도교에서는 교주 손병희의 지휘 하에 중앙총부 재정으로 활동비를 충당했다. 그러나 개신교에서는 모두 개인적 차원에서 결단하고 운동에 참여했기 때문에 중앙조직의 지원을 받기 어려웠다. 개신교 인사들이 얼마씩 분담해서 경비를 마련할 계획도 있었지만 급박한 시일로 어려운 상황이어서 당시 엄청난 교세와 재정을 지닌 천도교에 5천원을 빌려줄 것을 요청했고, 손병희는 즉각 개신교 측에 운동비를 제공했다.

이렇듯 3·1운동에서 빛을 발한 천도교와 개신교의 연대는 종교 간의 타협과 양보와 협력의 산물이었다. 이와 같은 종교연대의 빛나는 역사는 민족사에서 끊임없이 재조명되어야 하고, 특히 오늘 분단된 조국의 허리를 다시 잇는 민족의 성업(聖業)인 통일과 평화를 위한 길에서 재현되어야 한다.

3. 개신교의 3·1운동

3·1운동이 시작되었을 때 개신교는 전래된 지 겨우 35년이 지났고, 불과

세밀화처럼 상세하게 묘사한다.

25만의 신자를 가진 종교였다. 그러나 그 활약상은 명부 등재자 300만 명(의무 부담자 100만 명)의 교세를 가지고 당시 최대의 민족종교임을 표방하던 천도교와 전통종교인 불교와 유교를 능가했다.[23] 이것은 당시 일제의 통계자료만 보아도 드러난다.

우선 운동 주체 세력이 뚜렷한 311개 지역 가운데 개신교가 주도한 곳이 78개 지역이고, 천도교 66개 지역, 개신교와 천도교가 합작한 지역이 42개소, 개신교와 천도교가 아닌 지역이 125개소였다.[24] 3·1운동에서 가장 헌신적이고 적극적으로 활동한 사람을 나타내는 지표가 될 수 있는 입감자, 즉 일제의 의해 체포되어 정식으로 투옥된 사람의 통계에서도 개신교인의 수는 종교인 가운데 가장 많다. 5월 말까지 입감된 9,059명 가운데 개신교인은 1,983명으로 21%를 넘는다. 천도교인 입감자 수는 1,363명이었고, 무종교가 절반이 넘는다. 이 통계를 당시 인구 분포에 비추어 보면 개신교인의 주도적 역할이 더욱 뚜렷해진다. 당시 인구는 1,600만 명이었는데, 개신교인은 25만 명으로 전체 인구의 1.5%를 차지했다. 이에 비해 3·1운동에 참여한 개신교 단독 주동 세력 비율은 25%였고, 투옥된 사람 비율은 21%였다. 이 통계는 이웃종교에 비해 개신교가 3·1운동에 압도적으로 참여했음을 더 분명하게 보여준다. 이 외에도 일제의 진압에 의한 피해 규모에 대한 일제의 통계를 봐도, 개신교가 얼마나 적극적으로 참여했는지 알 수 있다. 소실된 가옥이 724채, 소실된 학교가 2개인데 반해 교회 건물은 59채나 소

---

23 김형석, 「한국기독교와 3·1운동-서북지방의 기독교 민족운동과의 관계를 중심으로」, 335-382쪽. 이만열 외 7인 지음, 『한국기독교와 민족운동』 (서울: 종로서적, 1986), 335쪽.

24 이만열, 「3·1운동과 기독교」, 『한국기독교와 역사』 제 7호 (한국기독교역사연구소, 1997), 16쪽.

실되었다.[25]

그렇다면 개신교가 이렇게 적극적으로 참여한 배경은 무엇일까? 먼저 서
북지방의 개신교 민족주의자들과 그 지역 출신 인사들이 주류를 형성했던
사실이 매우 중요하다.[26] 그러나 본고에서는 앞에서 밝힌 논지 전개에 필요
한 개신교 선교사들의 입장과 역할, 그리고 그 시대 여성 가운데 가장 주도
적으로 참여한 개신교 여성들의 활약을 소개함으로써 오늘 한국교회와 선
교를 위한 역사적 교훈을 도출할 것이다.

1) 개신교인들이 적극 참여하게 된 배경

개신교인들이 3·1운동에 적극 참여한 이유는 여러 가지가 있겠지만, 여
기서는 정치사회적 배경과 영적인 배경을 간략하게 짚어보고자 한다.[27]

(1) 정치사회적 배경

한말에 개신교가 전래되었을 때 많은 사람들이 개신교 신자로 등록했다.
당시 언론에 따르면 그들의 개신교 입문 동기 가운데 사회적 측면은 두 가

---

25 *Ibid.*
26 이 내용은 위에 인용한 김형석의 논문에 매우 잘 밝혀져 있다.
27 이만열은 개신교가 민족독립운동에 적극 참여한 이유를 다음과 같이 제시한다. 1)신
   앙적인 민족관. 민족을 보존하는 것은 하나님의 창조와 섭리의 질서에 동참하는 것이
   다. 2)한말부터 개신교인들의 민족의식형성과 민족운동 참여 전통 3)개신교의 교단
   조직화(1907년 독노회 조직에서부터 1912년에 총회를 조직하여) 전국적 연락망을 구
   축함으로써 조직적으로 참여하는 것이 가능해짐. 4)일제 강점 후 개신교 예배를 방해
   하여 종교의 자유를 박탈하고, 105인 사건을 조작하여 개신교 지도자들을 탄압하여
   신앙의 자유를 위해서도 궐기했다. 이만열, 「3·1운동과 기독교」, 『한국기독교와 역
   사』 제7호(한국기독교역사연구소, 1997). 18쪽.

지로 분석된다. 하나는 개화를 통한 부국강병과 독립을 위한 것이었고, 다른 하나는 당시 부패한 관리로부터 생명과 재산을 보호받기 위한 것이었다. 전자는 주로 양반 관료와 지식인이, 후자는 일반 민중이 입교한 동기였다.[28] 당시 사람들이 개신교를 받아들인 것은 순전히 종교적인 이유라기보다는 사회적인 요인이 더 크게 작용했음을 엿볼 수 있다.[29]

개신교에 입교한 개화파 정치인들은 1896년에 결성된 독립협회를 참여하며 항일 민족운동의 거점으로 삼았다. 한국의 본회퍼라 칭할 수 있을 법한 상동교회의 전덕기 목사를 중심으로 을사오적 척결을 모의한 사람들, 이른바 상동파로 불리는 개신교 민족 운동가들은 다양한 형태의 민족계몽운동을 전개했다. 일본 제국주의가 1905년 '을사 5조약'을 강제하자 안창호는 1907년 국권 회복을 위해 독립운동 비밀결사체인 신민회 창립을 제의하고, 양기탁과 상동교회의 애국 인사들을 중심으로 신민회를 결성했다.[30] 일제는 신민회를 포함하여 서북지방 민족운동 지도자를 말살하기 위해 '105인 사건'을 날조하여 개신교인들을 폭력적으로 탄압했다.[31] 1910년 강제병합 이후에 일제는 식민지 무단통치를 통해 잔혹한 탄압을 이어갔지만, 민족운동

---

28 이만열, 『한국기독교와 민족의식』 (서울: 지식산업사, 1991), 297쪽.

29 보다 자세한 내용은 한말 시대 상황에 비추어 개신교 신자들의 사회의식 변천을 반봉건-자주-항일로 연결되는 일련의 과정에서 추적한 다음 논문을 참고하라. 이만열, 「한말 기독교인의 민족의식 형성과정」, 이만열 외 7인, 『한국기독교와 민족운동』 (서울: 종로서적, 1986), 11-73쪽.

30 신용하, 『3·1운동과 독립운동의 사회사』 (서울대학교출판부, 2001), 5쪽.

31 일제는 1907년 서북지방의 개신교인을 중심으로 창립된 항일결사 신민회를 비롯한 서북지방 기독교 세력의 뿌리를 뽑아 독립운동을 미연에 방지하지 하기 위해 105인 사건을 날조하여 이 지역 지도자들을 말살하려 했다. 일제는 이들이 총독 살해 음모를 꾸몄다고 조작했다. 105인 사건에서 서북기독교인 78명이 기소되었다. 이 사건에 연루되어 옥고를 치른 선우훈이 밝힌 날조 원인은 위에서 인용한 김형석의 논문 343쪽에 자세히 소개되어 있다.

지도자들은 항일투쟁의 역량을 축적해 나갔고, 그 역량이 3·1운동에서 분출될 수 있었다.

여기에 개신교가 그 시기에 준비해 온 조직력도 큰 몫을 했다. 장로교 4개 선교회 소속 교회들은 1907년 대한예수교 장로회 독노회를 조직했고, 1912년에는 총회를 조직하여 전국적 연락망을 구축했다. 3·1운동이 전국적으로 전개되는 데 개신교의 이런 조직망이 크게 기여했다.[32]

(2) 영적인 배경

개신교인들이 3·1운동에서 주도적 역할을 할 수 있었던 것은 사회정치적 배경보다 더 근본적인 '기독교 신앙'에서 기인한다. 함석헌은 3·1운동 60주년을 맞은 해에 쓴 「3·1운동과 기독교 신앙」에서 다음과 같은 열변을 토한다.

> 3·1운동을 분석하고 설명하는 글들을 보면 답답해 견딜 수가 없다. 민족정신이요, 민주정신이요, 반항정신이요, 밖에서 왔느니 안에서 나왔느니 하지만, 왜 간단명료하게 있는 사실대로를 파악하지 못할까? 한 말로, 기독교 신앙 없는 3·1운동이 없다. 이것은 설명도 해석도 아니요, 사실의 지적이다. 나는 당파주의, 더구나 종교 안에서의 파벌주의를 극히 싫어한다. 그러나 내 믿는 종교가 제일이라고 내세우자는 사람은 아니다. 내 종교, 내 믿음이란 것이 없다. 그저 믿음이 있을 뿐이다. 다만 그 산 믿음이 그 어디에서부터 시작되어 불이 붙기 시작됐느냐를 밝히기 위해서 하는 말이다.

---

32 이덕주, 「3·1운동과 기독교-준비단계에서 이루어진 종교연대를 중심으로」, 『한국기독교와 역사』 47(2017), 118쪽.

불씨를 찾아내야 불은 일어난다.

조선의 말년에 정치는 극도로 타락되어 있었다. 그러나 악한 것은 지배계급이었지 씨알이 아니었다. 씨알은 다만 가난하고 무식해 비참할 뿐이었다. 당시에 있던 불교 유교도 다 타락해 그 씨알을 건질 힘이 없었다. 그때에 기독교(개신교)가 들어왔으므로 그 가르침은 마른 장작에 불처럼 번져갔다. 물론 그 기독교라고 완전한 것은 아니지만 그래도 거기는 인생의 뜻을 모르고 비참 속에 헤매는 씨알 속에 새 희망과 믿음과 사랑을 가르쳐줄 만한 것이 있었고 거기 덧붙여서 당시의 세계의 형편과 과학에 대한 새 지식을 가지고 왔었다. 그렇기 때문에 현대사를 말할 때에 어떤 사람도 기독교를 빼놓고는 말할 수가 없을 것이다. 동학, 혹은 천도교를 말하지만 그것은 그 이름 자체가 말하고 있듯이 기독교의 영향으로 일어난 것이다. 그러면서도 순수한 인생의 종교이기보다도 다분히 정치적인 동기가 들어 있고, 또 그 때문에 그 정신적 순수도나 도덕적 높이에 있어서 아무래도 기독교에 따라가지 못한다.[33]

3·1운동 전후의 종교적 상황과 개신교 신앙이 강력한 힘을 가질 수 있었던 역사적 배경을 생동감 있게 묘사한 글이라 상당히 길게 인용했다. 천도교에 대한 함석헌의 해석은 천도교에 대한 몰이해라는 비판도 있을 수 있지만, 당시 개신교가 한말 민중들 속에 들불처럼 퍼져나간 배경은 잘 서술하고 있다. 함석헌은 3·1운동이 기독교 신앙에 의해 일어난 사건이라고 주장하면서도 세 종교가 연합하여 거족적으로 일어난 운동이었음을 모르지 않는

---

33 함석헌, 「3·1운동과 기독교 신앙」, NCC 1979년 3월 회보.

다고 명시한다. 그러나 그는 다시 세 종교의 연합도 개신교의 주도에 의해
가능했다고 주장한다.

> 그 연합은 기독교가 앞장을 서지 않았더라면 도저히 불가능 했다는 것을
> 잊어서는 아니 된다. 더구나 신앙은 인격적인 것이므로 기독교인 안에도
> 한 몸을 온전히 내놓고 나서서 했던 남강 이승훈이 아니고는 그것을 하나
> 로 묶을 수는 없었다는 것을 알아야 한다. 그렇기 때문에 그의 비문을 쓰는
> 정인보가 "기독교인을 하나로 묶은 것은 실로 그이었다"(基督教公實聯之)고
> 했고, 그 공적을 찬하여 "이십 년간 몇 번을 살고 몇 번을 죽었다" (二十年間且
> 生且死)고 해서 그것을 세상이 명문이라고 한다.[34]

함석헌의 글에 나타난 개신교 주도론은 이웃종교의 관점에서는 논란이
있을 수 있다. 하지만 이 문제를 다루는 것은 본고의 범위를 벗어난다. 여기
서는 그가 3·1운동의 핵심적 동인이라고 강조한 '기독교 신앙', 그것도 세
종교의 연합을 가능하게 했던 바탕으로 기독교인들을 하나 될 수 있게 한
인물, 실로 '일치의 장인(匠人)'이라 일컬을 수 있는 남강 이승훈의 신앙을 단
편적으로라도 소개하는 것에 초점을 맞추고자 한다.

> 남강 이승훈(1864-1930)은 자수성가한 실업인으로서 오산학교를 설립하여
> 민족교육에 힘쓰고, 3·1운동에서 주도적인 역할을 한 인물로 잘 알려져
> 있다. 역사학자 이만열은 남강이 탁월한 민족운동가이며 교육자로서 활동

---

34 *Ibid.*

할 수 있었던 동력은 바로 그의 기독교 신앙이었다고 주장한다.[35] 남강이 사상적 전환을 하고 민족운동에 투신하게 된 계기는 당시 세치 혀로 백만 대군의 힘을 낸다고 일본인마저 두려움에 떨게 한 도산 안창호(1878-1938)의 연설을 들은 것이었다.[36] 안창호는 평안남도 강서 태생으로 1894년 16세 나이로 상경하여 언더우드가 창설한 구세학당에서 수학하고 개신교에 입교했던 인물이다.[37] 남강은 도산의 연설을 듣고 1907년 오산학교를 설립해 민족주의 교육을 전개하고 위대한 인물들을 수없이 양성했다.[38]

남강이 개신교에 입교하기로 결심한 배경은 1910년 일제가 한국을 강점한 직후, 평양 산정재예배당에서 한석진 목사의 '십자가의 고난'이라는 제목의 설교를 듣고 예수를 믿기로 작정한 것이었다는 주장이 있다.[39] 그러나 그가 기독교 신앙을 더 깊이 체험하게 된 계기는 일제가 날조한 '105인 사건'에 연루되어 1913년과 1914년 2년간 겪은 감옥 생활이었다. 감옥에서 그는 신앙생활에 전념하였다. 남강 연구의 기초가 되는 전기를 쓴 김기석은 『남강 이승훈』에서 다음과 같이 서술한다.

민족운동에 대한 신념은 도산을 만나고 나서 굳어졌거니와 종교 신앙은 감

---

35 이만열, 『한국기독교와 민족의식』 (서울: 지식산업사, 1991), 292쪽.

36 오자일, 「감당하기 어렵소」, 『새벽』 1954, 9쪽. 주요한, 『안도산전집』, 869-871쪽, 이만 열, 위의 책, 303쪽에서 재인용.

37 이만열, 위의 책, 303-304쪽.

38 Ibid., 332-333쪽.

39 Ibid., 304쪽, 307쪽. 그러나 김승태는 남강이 예수를 믿게 된 것은 그보다 앞선 1908 년이었다고 주장한다. 김승태, 「남강 이승훈의 신앙 행적에 관한 몇 가지 문제」, 『한국 기독교와 역사』 17(2002), 25쪽.

옥 속에서 얻어진 것이었다. 감옥이 이를테면 남강 혼의 탄생지였다. 남강
이 성경을 여러 번 거듭 읽은 것도 감옥에서였고, 울면서 기도를 올린 것도
감옥에서였고, 동지들을 위로한 것도 감옥에서였고, 창살로 새벽빛이 비칠
때 그리스도의 성상을 멀리 우러러본 것도 감옥에서였다. 남강이 나중에
술회한 말이거니와, 신이 그리스도의 은혜를 알게 하기 위하여 자기를 감
옥에 둔 것이라고 생각하기까지 했다.[40]

남강이 감옥에서 출소한 후에도 계속 민족운동가로서 활동하고 3·1운동
주역으로 참여한 사상적 동기와 용기의 바탕에는 바로 그의 기독교 신앙이
있었다. 이것을 보여주는 일화가 적지 않다. 3·1운동으로 일제의 법정에서
왜 독립운동을 했느냐고 심문을 받았을 때 그는 단호하게 "하나님의 명령에
따라서 했다."고 답변했다. 바로 이 신앙을 토대로 감옥에서 최린이 사별시
를 써서 감방의 분위기가 비감해졌을 때 남강은 "우리가 죽을 각오 없이 감
옥에 들어 온 것이냐."라고 외치며, 사형설로 공포에 질려 있는 동지들의 혼
을 흔들어 깨웠다.

예수 그리스도를 본받아 십자가의 고난을 달게 받고자 한 십자가 신앙이
그의 삶을 움직인 원동력이었기에 감옥생활도 그에게는 괴로운 일이 아니
었다. 오히려 그는 "의를 위해서 당하는 것이라고 생각하니 기뻐서 감옥 안
에서 춤을 덩실덩실 추었다."[41]고 후일 제자들에게 고백했다.

남강은 만 3년 4개월 20여 일 동안 경찰서와 감옥에 갇혀 있다가 1922년
7월 21일 3·1운동 민족대표 가운데 맨 마지막에 출옥하였다. 그러나 그는

---

40 김기석, 『남강 이승훈』, 104-105쪽, 이만열, 위의 책, 313쪽에서 재인용.
41 *Ibid.*, 324쪽.

출옥하면서 즐거워하기보다는 감옥에 더 있으면서 같이 고생하고 있는 동 포들을 위로하고 싶다는 말을 남겼다.[42]

남강이 일제의 불의에 저항하고 민족의 독립을 위해 십자가의 고난을 사 랑으로 껴안게 해 준 이 기독교 신앙이야말로 삼천리강산을 뒤흔들고 전 세계에 파문을 던진 3·1운동 정신의 원천이었다고 함석헌은 역설했던 것 이다.

2) 개신교 선교사들의 입장과 역할

위에서 살펴본 것처럼 개신교 신자들이 사회역사적 배경과 신앙을 바탕 으로 3·1운동에 적극적으로 참여한 것과는 대조적으로 천주교인의 참여는 소극적인 편이었다. 이것은 3·1운동으로 구속된 사람 수만 비교해 봐도 쉽 게 확인된다. 앞에서 이미 인용한 1919년 5월 말 조선 총독부 통계보고에 따 르면, 전체 입감자수 9,059명 가운데 천도교인 수는 1,363명이고, 모든 교파 를 포함한 기독교인 수는 2,036명(22.5%)이다. 그 가운데 천주교인 수는 53명 이다. 개신교인 구속자 수는 1,983명으로 압도적으로 많음을 단번에 확인할 수 있다. 이 통계자료는 개신교인들이 얼마나 온 몸을 던져 만세시위에 참 여했는지 단적으로 보여주는 하나의 표지이다.

---

42 *Ibid.*, 324-325쪽.

<표 1> 3 · 1운동 입감자 종교별 상황 (1919년 5월 말, 조선 총독부 통계보고)[43]

종교별		남	여	소계	계(비율)
천도교		1,361	2	1,363	1,368(15.1%)
시천교		5	-	5	
불교		105	1	106	106(1.2%)
유교		55	-	55	55(0.6%)
기독교	감리교	401	37	438	2,036(22.5%)
	장로교	1,322	119	1,441	
	조합교회	7	-	7	
	개신교 기타	81	16	97	
	천주교	45	8	53	
기타		7	-	7	7(0.1%)
무종교		5,455	31	5,486	5,486(60.6%)
미상		1	-	1	1
합계		8,845	214	9,059	9,059

천주교의 소극적 참여의 원인 가운데 하나는 당시 천주교를 지도했던 파리외방전교회 선교사들의 신자 지도 방침이었다.[44] 파리외방전교회에서 파송된 프랑스인 주교들은 '정교분리' 원칙을 내세우며 조선천주교회가 독립운동을 포함한 정치적 문제에 관여하지 않는 것을 공식 입장으로 정했다. 이 입장에 따라 주교들은 천주교인들에게 만세운동 참가를 일절 금지시켰다. 대교구장 드망즈 주교는 한술 더 떠서 신자들에게 만세운동에 가담하면

43 김승태, 「종교인의 3 · 1운동 참여와 기독교의 역할」, 『한국기독교의 역사적 반성』 (서울: 다산글방, 1994), 307쪽에서 재인용.

44 3 · 1운동 당시 외국인 선교사는 45명이었고, 조선인 성직자는 23명에 불과했다. 천주교 신자수는 88,000여 명이었다. 윤선자, 「3 · 1운동기 천주교회의 동향」, 『역사학연구』제11집(호남사학회, 1997), 469쪽. 경동현, 「한국천주교회와 공론장의 변동-3 · 1운동 시기를 중심으로-」, 5쪽, 각주 18)에서 재인용.

대죄를 범하는 것이라 경고했다.[45] 감독제(episcopacy)라는 천주교의 중앙집권적 교회정치구조의 특성상 주교의 명령은 신자들에게 상당한 영향을 미칠 수밖에 없었을 것이다.[46]

그렇다면 개신교 선교사들의 입장은 어떠하였을까? 3·1운동 당시 개신교 선교사들의 수는 400여 명에 이르렀고, 대부분은 미국 장로교와 감리교 선교사들이었다. 이들 또한 중립적인 입장을 표방했다. 그 이유는 대략 세 가지를 들 수 있다. 첫째, 당시 미국 정부 정책이 선교사들은 한국 독립운동에 가담해서는 안 된다는 입장이었다. 둘째, 일본정부가 선교사를 추방할 것을 염려했다. 마지막으로 그들의 최대 관심사는 하나님 나라 건설이지, 한국독립이나 일본제국 확장이 아니었다.[47] 그러나 현장에서 선교사의 입장은 개인의 정치 성향에 따라 친일과 반일로 나뉘었다. 장로교 내에서 한때 친일 성향을 보였던 선교사로 지목된 게일은 한국인이 항일운동에서 보여준 과격한 행위를 언급하며 '비논리적인 애국심의 광란(a mad sort of spurious patriotism)'이라 표현하기도 했다.[48] 감리교의 스크랜튼, 존스 해리스 감독도 친일 성향을 보여주었다. 이들은 "정치는 통감이, 정신적 교화는 종교가 맡아야 한다."는 통감부의 정책에 깊이 동조했던 것으로 알려져 있다. 정교 분

---

45 경동현, 위의 논문, 4쪽.

46 정교분리 입장에 머물렀던 외국선교사들과 성직자와 대조적으로 식민지 시대 천주교 신자들 가운데서는 일본 제국주의 앞에서 침묵하지 않고 독립운동에 투신한 이들이 있었다는 것을 기억해야 한다. 열렬한 천주교신자로서 조선의 상황을 방관하는 외국 선교사들의 정교분리 주의를 비판했던 안중근 의사 가문의 사람들이 대표적이다.

47 김형석, 위의 논문, 368쪽.

48 James S. Gale, *Korea in Transition*, 38. 이만열, 「한말 기독교인의 민족의식 형성과정」, 이만열 외 7인, 『한국기독교와 민족운동』 (서울: 종로서적, 1986), 56쪽, 각주 137)에서 재인용.

리를 강조한 총독부의 방침은 당시 한국인의 강력한 조직체로 등장한 교회를 정치에서 소외시켜 한국의 항일운동을 저지하려는 것이었다.[49]

그러나 통감부의 정책에 동조했던 선교사들도 일본의 잔혹한 침략 행위를 목도하면서부터는 조금씩 입장의 변화를 보여주었다. 통감부에게 정치적 중립을 강요당하고 있었음에도 한국인에게 독립정신과 배일사상을 직간접적으로 고취시킨 선교사도 적지 않았다. 일제가 대표적 배일 선교사로 지목한 선교사 맥큔은 조선인에게 예수를 믿되 독립국의 사람이 되어서 예수를 믿어야 함을 철두철미하게 언행일치로 보여주었다.[50]

3월 1일 만세시위에 참여한 선교사들 가운데 한 명만 언급하자면, 현 장로회신학대학교의 전신인 평양신학교 설립자 마펫(Samuel Austin Moffett,1864-1939)을 들 수 있다. 평양 장대현교회의 종소리를 신호로 시작된 평양만세시위에서 장로교 교인들은 숭덕학교 교정에서 찬송가과 기도로 의식을 진행했다. 이때 선교사 마펫은 내빈석에 참석했다.[51] 이로 인해 일제는 마펫을 평양 3·1운동의 배후 조종자로 지목하기도 했다.[52]

3·1운동 당시 일제가 저지른 최대의 만행인 수원 제암리 사건을 전 세계에 알린 것도 선교사들이었다. 4월 16일 일본군 중위가 병사들을 이끌고 수원 제암리에 와서 개신교인과 천도교인 30여 명을 제암리 교회에 모이게 하여 창문을 잠그고 총을 난사한 후 불을 지르는 만행을 저질러 예배당에서 22명, 뜰아래에서 6명이 사망하는 참사가 생겼다. 선교사 언더우드는 바로

---

49 이만열, 위의 책, 56쪽.
50 김형석, 위의 논문, 372쪽.
51 평양의 3·1운동 상황에 관하여는 박은식, 『한국독립운동지혈사』 하권, 44쪽과 김용복 편역, 「기미독립운동과 한국교회」, 『기독교사상』 1980.12, 54-55쪽.
52 김형석, 위의 논문, 373쪽.

다음 날 현장을 방문하였고,[53] 그와 함께 선교사 스코필드도 이 참사를 국제 사회에 알려 일제의 잔학상이 전 세계에 폭로되었다.[54]

일제가 잔인하게 조선인을 탄압하는 현장을 목도한 선교사들은 더 이상 중립에 머물러 있을 수 없었다. "야만성에 대해서는 중립이 없다(no neutrality for brutality)"는 슬로건처럼 선교사들은 일제의 야만적 탄압에 도덕적으로 분개했다.[55] 선교사들의 이런 태도의 변화는 3·1운동 50주년 기념논문집에 게재된, 위에서 언급한 마펫의 아들인 사무엘 휴 마펫(Samuel Hugh Moffett, 1916-2015)의 글에 생생하게 묘사되어 있다.

그는 먼저 "위대하고도 비폭력적인 1919년의 운동은 오로지 한인에게만 그 명예가 돌아가야 한다. 전국적인 운동이 너무도 치밀하게 잘 조직되었으므로 한인의 가장 가까운 친구로서 선교사들도 경탄을 금할 수 없었던 것이다"라며 3·1운동에 대한 찬사를 아끼지 않는다. 그리고 3·1운동에 외국 선교사가 관여한 부분을 다음과 같이 묘사한다.

> 외국인의 관여는 1차적인 것이 아니고 2차적인 것에 불과하였으나 충분한 효과는 거두었다. 외국인의 관여는 인간의 고난에 대한 그리스도의 자비를 반영한 단순한 기독교적인 호응으로 시작되어, 선교사들은 경찰서와 형무소에 접근할 기회를 요구하며 고문을 정지시키는 데 노력을 하였다. 그 후 일본의 불의와 만행이 폭로되자 선교사들의 감정은 단순한 동정에서 의분

---

53 지명관, 「삼일운동과 선교사들」, 『기독교사상』 1972년 3월, 54쪽.

54 김형석, 위의 논문, 361쪽.

55 F. Baldwin, "Missionaries and the March First Movement", 197. V. Timothy S. Lee, "A Political Factor in the Rise of Protestantism in Korea: Protestantism and the 1919 March First Movement", *Church History* 69/1(2000), 136에서 재인용.

3·1운동과 개신교 | **369**

으로 치솟았다. 그리고 한국에서 일어나고 있는 비참한 사태의 진상을 전 세계에 호소하기로 한 결정에 이르러, 선교사의 감정은 마침내 행동으로 폭발하게 되었다.[56]

선교사들이 3·1운동에 관여하게 된 1차적 계기는 일제에 무자비하게 탄압받던 조선인들을 향한, 그리스도의 자비에 기초한 공감이었다. 그들은 고난 받는 사람에 대한 공감을 시작으로 일제의 만행을 저지하기 위해 노력했고, 더 나아가 일제의 식민지 탄압을 국제 여론화하기에 이르렀다. 선교사들이 조선 독립 문제를 국제 여론화하기 시작한 것은 3·1운동보다 훨씬 이전으로 거슬러 올라간다. 그들은 1896년 선교부 기관지인 The Korea Repository를 통해 일본의 한국 주권 침해를 발표했다. 그리고 을사조약 시기에는 The Korea Review 와 The Japanese in Korea를 통해 한국의 자유를 말살한 일본인에 대항하는 한국의 상황을 호소하여 세계 여론을 환기시키기 위해 노력했다.[57]

3·1운동 앞에서 천주교와 개신교 선교사들이 보여준 서로 다른 태도의 차이가 어디서 연유하는지 좀더 자세한 분석이 필요하다. 그러나 주목해야 할 것은 개신교 선교사들은 정치적 중립을 공식적 입장으로 삼았지만, 일제의 폭력적 탄압을 받는 신자들에게 공감을 표함으로써 3·1운동 직후 5년간의 두드러진 개신교 성장에 적지 않은 영향을 주었다는 사실이다.[58]

---

56 S.H. Moffett, 「삼일운동과 외국인 선교사」, 『삼일운동 50주년 기념논문집』, 350쪽.
57 김형석, 위의 논문, 369쪽.
58 3·1운동 직후 5년간 개신교 신자의 가파른 상승세를 보여주는 도표는 다음 책을 보라. 한국기독교역사학회 편, 『한국 기독교의 역사』 II (서울:기독교문사, 2011), 261-262쪽.

개신교 3·1운동에서 이웃종교와 비교해서 활약이 가장 두드러졌던 또 다른 점은 주도적으로 참여한 여성들이 압도적으로 많았다는 것이다.

3) 3·1운동에서 주도적 역할을 한 개신교 여성 독립운동가들

최근 천도교의 3·1운동에 대한 연구를 발표한 김춘성 교수는 천도교 여성의 독립운동에 짧은 지면을 할애하면서, 3·1 만세운동에 직간접으로 참여했을 여성들을 찾아 조명하는 일이야말로 3·1운동 100주년을 맞아 천도교가 시작해야 할 일이라고 역설했다.[59] 천주교와 유교와 불교의 경우도 여성들의 3·1운동에 대한 연구는 아직 활발하게 이뤄지지 않았다.[60] 남성 위주의 역사 기술에서 잊힌 여성 독립운동가를 발굴하는 것은 더 이상 미룰 수 없는 시급한 과제다.

반면에 개신교 여성 독립운동가 연구는 상대적으로 큰 진전을 보여준다. 그러나 이 연구는 별도로 '개신교 여성 독립운동가'라는 제목으로 진행된 것이 아니고, 대부분 일반 여성 독립운동가 연구의 일부로 진행된 것이다. 사실상 3·1운동 전후로 항일독립운동에 가담한 여성의 압도적 다수가 개신교인이었음을 감안하면, 이는 매우 자연스러운 현상이다. 3·1운동에 가담

---

59 김춘성,「3·1운동과 천도교」, 종교개혁연대 공동 세미나 발표 원고, 19쪽.
60 천주교의 경우는 위에서 언급했던 안중근 의사 가문 여성들의 항일독립운동에 대한 연구가 있다. 안중근의 어머니 조 마리아는 한국독립운동의 정신적 지주 역할을 했고, 아내 김 베로니카도 시어머니와 함께 활동했다. 안 의사의 딸 안성녀와 동생의 부인 이정서도 독립운동에 가담했다. 최우혁,「3·1 만세운동과 식민지 한국 천주교회의 여성들」, 8-10쪽; 오영섭,「안중근 가문의 독립운동 기반과 성격」,『교회사 연구』35(2010), 219-265쪽; 최석우,「일제하 한국 천주교회의 독립운동-3·1운동을 중심으로」,『교회사연구』11(1996, 12), 37-58쪽.

한 여성 가운데 개신교인이 두드러지게 많았다는 사실은 3·1운동으로 투옥된 전체 여성 수 214명 가운데 기독교인이 180명이었고, 그 가운데 천주교인 8명을 제외하고 나머지 172명이 개신교 여성이었다는 사실만 봐도 짐작할 수 있다. 여성 수감자 가운데 기독교 외의 종교를 보면, 천도교 2명, 불교 1명, 무교 31명이다. 그러니까 전체 여성 수감자 가운데 개신교 여성은 80%를 넘는다.[61]

항일여성운동사 연구에 많은 공헌을 한 박용옥은 700여 쪽에 달하는 『여성독립운동사 자료총서I』(3·1운동 편)[62] 서문으로 붙인 「3·1운동에서 여성의 활약과 그 의의」 마지막 부분에서 항일여성단체 지도층과 참여자들 대부분이 개신교 신자였고, 학교나 교회를 통해 근대 지식을 접한 여성들이었음을 명시한다.[63] 그리고 그는 이렇게 개신교 여성이 항일운동의 지도층이 된 원인을 다음과 같이 분석한다. 1) 독립운동은 극비를 요하는 일이므로 신뢰 기반이 튼튼한 조직이 필요한 바, 개신교 신자들은 교회 조직을 독립운동 조직으로 전용할 수 있었다. 2) 여학교는 대부분 종교계 학교, 특히 개신교 학교였기에 지식 여성은 대부분 개신교 신자들이었다.[64] 근대 지식 여성 중 80%

---

61 1919년 5월 말, 조선 총독부 통계보고.

62 『여성독립운동사 자료총서I』(3·1운동 편) (대전: 국가기록원, 2016).

63 박용옥은 근대(독립)여성운동사를 저술하면서 개신교는 '기독교'로 표기했다. 그는 한국사회에서 기독교가 개신교의 의미로 사용되기 때문에 그렇게 함을 밝히며 자신의 책에서 기독교는 곧 개신교를 의미한다고 명시한다. 박용옥, 『한국여성 근대화의 역사적 맥락』(서울: 지식산업사, 2001), 247쪽. 그러나 박용옥도 자신의 책에서 명시한 것처럼, '기독교'의 원뜻은 천주교와 개신교를 포함할 뿐만 아니라, 정교회와 성공회도 포함한다. 따라서 본 논문에서는 박용옥의 책에 개신교의 의미로 사용된 '기독교'를 단어의 본래 의미를 살려서 '개신교'로 바꾸어 표기했다.

64 1918년 말 보통학교 및 각종 학교 통계를 보면 남학생은 일반계 학교 학생수가 17,124명이고 종교계 학교는 11,813명으로 일반계 학교 학생 수가 더 많다. 그러나 여학교는 일반계 1,065명인데 비해 종교계는 거의 5배에 달하는 5,174명이다. 박용옥, 「기독교

이상이 개신교 학교 출신이었다. 게다가 개신교 측에서는 정규학교 외에도 주일학교, 유년학교, 각종 성인학교를 통해 신자들에게 교육을 하였으므로 근대교육을 받은 여성들은 거의 개신교 교인이었다고 해도 과언이 아니다.[65]

여성들의 3·1운동 준비는 먼저 상대적으로 자유로운 해외에서 이뤄졌다. 만주 길림에서는 3·1운동 이전에 〈대한독립선언서〉와 자매선언서로 평가되는 〈대한독립여자선언서〉가 순한글로 작성되어 여성 8명의 서명으로 발표되었다.[66] 도쿄에서는 2·8 독립선언서가 발표되었다. 국내에서도 3·1운동 초기에 서울, 평양, 개성, 부산, 광주, 전주 등 큰 도시에서 여성들은 주동적으로 참여했다. 여성들의 적극적인 참여는 하루아침에 이뤄진 것이 아니고, 을미의병 이래 구국을 위한 여성들의 조직적 저항운동의 축적된 경험에서 비롯된다.

긴 세월 동안 가부장제의 그늘 아래서 억눌린 삶을 살다가 주체적으로 역사의 중심부에 뛰어들었던 위대한 여성들을 빠짐없이 호명하고, 그 고귀한 유산을 다각도로 재조명할 필요가 있다. 그러나 한정된 지면상 3·1운동 준

와 여성의 개화」, 『여성! 깰지어다, 일어날지어다, 노래할지어다-한국 기독교 여성 100 년사』, 한국기독교 100주년 기념사업협의회, 여성분과위원회 편 (서울: 대한기독교출판사, 1985), 98쪽.

65 박용옥, 「3·1운동에서 여성의 활약과 그 의의」, 『여성독립운동사 자료총서I』 (3·1운동 편) (대전 : 국가기록원, 2016), 31-32쪽.

66 박용옥은 이 선언서의 서명 여성들이 개신교 여성일 것으로 추측하나, 최근에 이 선언서를 연구한 하희정은 박용옥이 제시한 근거들이 충분한 근거가 되지 않는다고 비판한다. 하희정, 「국내외 독립선언문 다시 읽기: 3·1운동과 시민주권」, 『응답하라 1919: 3·1정신과 교회의 미래』, 한국기독교학회 제47차 정기학술대회 자료집 제 1권, 338쪽. 3·1운동을 전후해 발표된 독립선언서, 요망서, 청원서, 격문류는 100여 종이 있다. 그 가운데 여성들이 선포한 것도 여러 편이 있는데, 박용옥은 7편을 예시하고 있다. 박용옥, 『한국 여성 근대화의 역사적 맥락』 (서울: 지식산업사, 2001), 421쪽.

비와 전개 과정에서 주도적 역할을 한 개신교의 여성조직과 운동가 가운데
서 기독교 신앙을 원동력으로 삼았던 조직과 인물에 초점을 맞춘다. 이런
취지에 따라 낯선 인물 발굴보다는 잘 알려진 인물 중심으로 간략히 소개한
다.[67] 이 부분은 박용옥과 각주에 밝힌 다른 선행 연구자들의 연구에 큰 빚
을 지고 있다.

(1) 송죽결사대

평양에서 장로교와 감리교가 합동으로 설립한 학교인 숭의여학교 교사
김경희는 일제의 강제합병 이후 학생들에게 항일구국정신을 심어주기 위
해 1913년 황에스더와 박정석과 함께 학생들을 비밀리에 선발하여 송죽결
사대를 조직했다. 이들은 모두 개신교 신자로서 신앙심을 바탕으로 이 결사
대에 참여했다.[68] 김경희는 숭의여학교의 학생들의 지역 분포가 전국적이었
던 점을 감안해서 독립운동을 전국으로 확대할 수 있으리라 기대했다. 실제
로 이 결사대 회원들은 졸업 후 각자 고향으로 가서 조직을 확대시켜 나갔
다. 일례로 박현숙은 전주 기전여학교 교사로 부임하여 기도동지회를 조직
하고 학생들과 매일 밤 구국기도회를 열고 항일구국정신을 배양했다. 전주
의 3·1만세 시위 때 기전여학교 학생들이 눈부신 활약을 할 수 있었던 것
은 바로 이 송죽결사대의 준비에 기인한다.[69]

---

67 박용옥과 다른 연구자들의 여성독립운동 연구에서 대부분의 내용을 가져왔지만, 개
   신교 여성 독립운동가에 초점을 맞추고, 종교적 관점에서 그들의 활약상을 소개한다.
68 박용옥, 앞의 「기독교와 여성의 개화」, 99쪽.
69 박용옥, 「3·1운동에서 여성의 활약과 그 의의」, 12쪽.

(2) 김마리아(1892-1944)

김마리아는 독립을 위해 헌신한 위대한 개신교 여성 지도자이다. 3·1운동으로 체포되어 행해진 김마리아 신문조서에 따르면 그는 동경여자학원 영문과에 수학하던 당시 동경여자유학생친목회 회장으로서 1918년 12월 30일 동경의 조선기독교청년회관에서 조국 독립을 주제로 개최된 웅변대회에 황에스더 외에 다른 4명의 여학생과 함께 참석하고 30원을 운동비로 납부하였다. 2·8독립선언에도 여학생들과 함께 참여하여 만세를 부르고 동경 경시청에 구인되었다. 이후에 일경의 눈을 피하기 위해 기모노를 입고 품 안에 2·8독립선언서를 숨겨 입국하여 3·1운동에 적극 가담하였다.

2월 17일 부산에 들어와 광주, 춘천, 황해도 등을 돌며 만세운동 참여를 독려했다. 서울에서도 정신여학교에 머물며 교육계와 종교계 지도자들을 만나 일본에서의 독립운동 상황과 세계정세를 알리며 거족적 독립운동의 때가 도래했음을 알렸다. 김마리아는 천도교 본부에 찾아가 거족적 운동을 권하기도 했다. 이종일의 비망록에는 다음과 같은 기록이 나온다.

> 김마리아가 천도교 본부 및 보성사를 찾아와 동경 한국인 남녀 학생들의 구국열의 근황을 설명하였다. 김마리아는 본국에서도 거국적인 운동을 행할 것을 힘써 권하였다. 나는 김마리아에게 우리도 이미 계획 실천 중이며 또 지난 1914년 이래 민중이 함께 일어나 일제의 질곡을 벗어나려고 암암리에 모색하여 왔다고 말하니 김마리아는 천도교의 원대한 이념을 격려하며 기뻐했다.[70]

---

70 『묵암비망록』 1919년 2월 26일자. 박용옥, 『여성운동』, 한국독립운동사편찬위원회, 한국독립운동의 역사31 (천안 : 독립기념관 한국독립운동사연구소, 2009), 127쪽에서

묵암의 이 기록은 김마리아와 같은 개신교 신자가 먼저 천도교에 연대를 제의한 사례를 보여준다는 점에서 흥미롭다. 김마리아는 3·1운동을 위해 전국 도처에서 활약하다가 3월 15일 체포되어 악형과 고문을 받고 기소되어 서대문 감옥에서 5개월간 고초를 겪었다. 출감 이후에도 여성동지들과 조선독립운동 자금 모집을 목적으로 대한민국애국부인회를 조직하고 회장으로 선출되었다. 이것은 상해 임시정부가 승인한 첫 여성단체였다.[71]

그는 이 조직을 통해 독립운동을 하다가 일경에 체포되어 수감생활을 하였다. 1921년 상해로, 2년 후에는 미국으로 망명하여 수학하다가 1932년 귀국하고 이듬해부터 원산의 마르다윌슨 여자신학교 교수로 부임하여 신사참배 거부로 학교가 폐교될 때까지 후학을 양성하였다.[72] 결혼을 권유받았을 때 "나는 대한의 독립과 결혼하였다."며 사양했다는 일화처럼, 독립을 위해 일평생 헌신한 김마리아를 두고 1923년 도산 안창호 선생은 이렇게 말했다 한다. "그 같은 여성동지가 10명만 있었다면, 대한민국은 독립됐을 것이다."[73]

(3) 개성 만세시위를 주동한 어윤희 전도사

3·1운동이 거족적 독립운동으로 전개될 수 있었던 요인 가운데 매우 중요한 것 하나는 근대 남녀평등 의식의 성장이 아닐 수 없다. 독립선언서의

재인용.
71 이달순, 「독립운동과 김마리아」, 『한국여성독립운동가』, (사)3·1여성동지회 창립50주년 기념 논문집 (파주: 국학자료원), 2018, 49-50쪽.
72 김마리아의 빛나는 독립운동 활약상과 사상은 다음 책을 참고하라. 박용옥, 『김마리아: 나는 대한의 독립과 결혼하였다』 (서울: 홍성사, 2003).
73 최상도, 「김마리아의 리더십과 사상에 대한 소고」, 제21회 한중(푸단대)학술대회 (2018.11.2) 자료집(『동북아시아의 평화와 종교의 역할』), 137쪽.

전달과 인쇄 그리고 태극기 제작에서도 여성들의 역할은 지대했다. 1919년 2월 27일 오후 6시부터 10시 사이에 보성사에서 인쇄된 21,000부의 독립선언서는 28일 아침부터 지방 도시로 비밀리에 전달되었다.

개성은 서울에서 가까운 도시로 배일사상이 강한 지역이어서 1910년대 무단통치 하에서도 개신교 학교인 호수돈여자고등보통학교와 한영서원이 중심이 되어 애국창가운동을 전개하기도 했다. 그러나 선언서가 도착한 2월 28일 밤 개성남부예배당에 남감리교 강조은 목사 등 여러 명이 회동하여 선언서 배부를 논의했으나 모두 뒤로 물러났고 보관 장소도 서로 떠밀다가, 북부예배당에 감추어 두자는 데 의견을 모았다. 이렇게 개성에서는 선언서가 예배당 지하실에 파묻혀 있었다. 이 사실을 처음 안 개성호수돈여자고등보통학교 유치원 교사 권애라는 북부 예배당 전도사 어윤희[74]와 의논을 했다. 어윤희 전도사는 3월 1일 독립선언서를 찾아서 용기와 지혜를 내어 대낮에 보따리 장사를 가장하고 집집마다 돌렸다. 어윤희 전도사의 용기를 보고 힘을 얻은 개성 시민들은 마침내 만세 시위를 일으켰다. 일제의 비밀 기록은 개성만세시위 발발 광경을 다음과 같이 기술하고 있다.

개성 예수교 부속 호수돈여학교 생도 35명은 3일 오후 2시경부터 삼삼오오 대열을 이루어 찬미가며 독립가를 부르며 만세를 고창하면서 시위운동을 개시함으로써 경찰서에 연행되어 설유를 받았다. 그러는 중 약1천 명의 군중이 몰려오므로 문전에서 막고 설유를 했지만도 용이히 응하지

---

74 어윤희 전도사는 1877년 충북 충주생으로 16세에 결혼했으나 남편이 결혼 3일 만에 의병으로 나가 싸우다가 전사하여 청상과부가 되었다. 32세에 개성 북부교회 교인이 되었고, 34세에 개성 미리흠여학교 기예과에 입학하여 신학문에 접했다.

않아…. (하략)[75]

어윤희 전도사는 3월 2일 예배를 마치고 귀가 후 체포되어 헌병대로 끌려가고 심문을 받았다. 이후 서울로 이송되어 2년 징역형을 언도받고 서대문 감옥 8호 감방에서 옥중생활을 했다. 당시 같은 감방에서 만난 유관순의 상처를 돌봐주고 금식하면서 먹지 않은 밥을 주기도 했다는 기록이 남아 있다.[76]

(4) 경남 만세시위를 처음으로 점화한 일신여학교

부산의 만세시위는 3월 11일 밤 9시에 일신여학교가 주도하여 일어났다. 이것이 경남 3·1운동의 출발점이었다. 일신여학교의 교사 주경애와 박시연은 고등과 학생 11명을 규합하여 선언서를 입수하기 이전부터 만세시위를 준비하고 있었다. 3월 10일에 11명 학생에게 벽장 속에 숨어서 밤새 태극기를 만들게 하였다.[77] 일제 사찰기록은 부산 만세시위의 시발점이 된 이들의 활동을 다음과 같이 기술한다.

---

75 김정명 편, 『조선독립운동』 1 (원서방, 1969), 32쪽. 박용옥, 『여성운동』, 한국독립운동의 역사 31 (천안 : 독립기념관 한국독립운동사연구소, 2009), 136쪽에서 재인용.
76 어윤희의 감방생활에 대한 회고담이 있다. "감방 안에서 민족의 독립과 수다한 애국지사들의 분투를 위하여 금식 기도를 할 때마다 또 금식기도를 핑계로 나이 어리고 몸이 장대한 유관순에게 자기 몫의 밥을 먹였고 무서운 고문을 당할 때마다 어루만지고 위로하여 주었다." 추영수, 『구원의 햇불』, 중앙여자중고등학교, 114쪽, 박용옥, 148쪽에서 재인용. 어윤희의 개성 만세시위 주동에 관한 보다 자세한 내용은 다음 책을 참고하라. 박용옥, 위의 책, 131-136쪽.
77 보다 자세한 내용은 다음 책을 참고하라. 박용옥, 위의 책, 137-140쪽.

부산진 소재 야소[예수에 대한 한자 음차]경영 일신여학교 선인[조선인]여교사 임
말이 외에 생도 1명을 취조한바 동교 교장인 캐나다 여선교사 데이비스 및
선인 여교사 주경애가 주가 되어 교원 일동에 대해 '각지에서 독립운동을
개시하고 있으므로 우리 학교에서도 거행하자'고 협의하고 이를 생도에게
전하여…. (하략)[78]

이 사찰기록에서는 선교사도 만세시위 주동에 협조한 사례를 확인할 수
있다.

(5) 아우내 만세시위를 주동한 유관순

유관순은 한국인의 집단 기억에 살아 있는 3·1운동의 대표적인 상징이
다. 그런데 필자는 50년 넘게 살아오면서 해마다 3·1절이 돌아오면, 유관
순 열사의 이름이 호명되는 것을 들었지만, 정작 그가 3·1독립운동에서 어
떤 일을 했는지 구체적인 내용에 대해서는 별로 들은 바가 없었다. 이것은
단지 필자 개인의 무관심과 게으름 때문이었을까? 우리 역사교육에는 아무
문제가 없었던 것일까?

유관순 열사가 태어난 천안 지령리 마을에는 1901년 전후로 개신교가 전
파되었고 마을이 집단적으로 개종을 했다. 유관순 집안도 그의 부친만 빼
고 모두 개신교로 개종했다. 이런 성장 배경은 훗날 유관순이 이화학당에
유학하게 된 요인이었다. 그는 이화학당에 입학한 후 1915년 4월에서 1918
년 5월까지 학교 가까이에 있는 정동교회에 다니며 신앙생활을 했다. 당시

---

78 김정명 편, 『조선독립운동』 1, 367쪽.

그 교회를 담임하고 있던 손정도 목사(1882~1931)는 설교단에서 교인들에게 민족혼을 불어넣어 주었고, 유관순도 손 목사에게서 신앙과 민족애를 배웠다.[79]

3·1운동이 일어나기 전부터 태극기를 온 교실과 기숙사 벽에 붙이기도 했던 유관순은 3월 1일 이화학당 프라이 교장의 제지를 뿌리치고, 학교 담을 넘어 서울 시내에서 일어난 시위운동에 동참했다. 3월 5일 남대문역 학생단 시위에도 참여했다가 학교가 휴교하자 3월 13일 서울서 고향 천안으로 귀향했다.[80]

유관순은 고향 동네가 조용한 것을 보고, 서울 소식을 먼저 부모와 교회지도자 조인원, 전도사격인 속장 등에게 전했다. 그리고 이들이 흔쾌히 독립선언 시위에 동참하기로 동의하자, 4월 1일 아우내 장날에 청주 진천 청원 일대를 망라한 대규모 시위를 벌이기로 결정하고 치밀하게 준비해나갔다. 4월 1일의 시위를 치밀하게 준비하면서 20여 일을 사방을 돌아다니며 사람들의 참여를 독려했다. 유관순 기념비에 쓰인 비문을 보면 그의 용기 있는 행동은 신앙에서 비롯된 것임을 알 수 있다.

---

79 손정도 목사는 1915년 4월 정동교회 담임으로 부임했다. 그때 그의 목회활동의 주요 대상이 정동 지역에 있는 배재학당과 이화학당 학생들이었다. 그는 학생들에게 기독교 신앙과 민족의식 배양하였고 학교를 졸업한 학생들은 전국으로 퍼져 나가 한국의 민족지도자로 활동하게 되었다. *Annual Report of M.E.C.* 1916, 290; *Annual Report of M.E.C.* 1917, 276. 김창수, 김승일, 『해석 손정도』(서울: 넥서스, 1999), 95-97에서 재인용. 손정도 목사는 독립운동 혐의로 두 차례나 구속 또는 유배되기도 했고, 상해 만주 등지에서 독립운동을 하였다. 그는 정동 강단에서도 독립운동을 멈추지 않은 것으로 보인다. 나달숙, 「유관순 열사의 정신과 문화유산」, 『한국여성독립운동가』, (사)3·1여성동지회 창립50주년 기념 논문집 (파주: 국학자료원, 2018), 579쪽.

80 *Ibid.*, 566쪽.

때로는 여우와 범도 만나고 대낮에 장정도 꺼린다는 높은 재를 밤에 몇 개 나 넘어 발이 짓물러서 촌보가 어려울 때도 있었으나 오직 찬송가와 기도 로서 힘과 용기를 얻었다. 이같이 20여 일을 돌아다니며 교회, 학교, 유림 대표들을 만나 취지를 설명하고 거사의 장소와 시일을 약속한 다음 마침내 음력 2월 그믐날 밤에 관순은 매봉에 올라가 내일을 알리는 봉화를 높이 들 었다.[81]

어린 17세의 학생 유관순이 위의 인용문에 묘사된 두려움을 뛰어넘을 수 있었던 용기는 '오직 찬송가와 기도', 즉 신앙의 힘에서 비롯된 것이었다.

4월 1일, 아우내 장터에는 아침부터 장보러 온 사람으로 가장한 군중 3천 명이 모여 들었다. 유관순과 그의 동료들은 미리 짜놓은 대로 장터 길목마 다 서서 태극기를 나누어 주었다. 마침내 약속된 1시가 되자 유관순이 준비 한 대형태극기가 장터 한복판에 세워지고, 가마니 더미를 쌓은 단 위에 조인 원이 올라가서 독립선언식을 거행하였다. 시위 장소와 50보 거리에 있던 헌 병주재소에서 헌병들이 쫓아와 평화적 만세시위를 하던 군중을 향해 발포 하며 총검을 휘둘렀다. 19명이 즉사하고 30명이 중상을 입었으며 유관순 부 친도 살해되었다.

유관순은 체포되어 최고형인 3년 선고를 받고 서대문감옥 8호 감방에 수 감되었다. 8호 감방에는 개성 만세운동을 이끈 어윤희 전도사 등 여러 여성 투사들이 함께 투옥되어 있었다. 감방 동료들은 1919년 7월과 8월에 모두 가출옥했고, 12월에 대동단사건의 주모자 항일 여투사 이신애가 유관순 감

---

81 박용옥, 『여성운동』, 한국독립운동의 역사 31, 한국독립운동사편찬위원회, 2009, 144 쪽.

방에 들어왔다. 둘은 감방동지들과 비밀리에 연락을 주고받으며 3·1운동 1주년 기념식을 준비하였다. 1920년 3·1운동 1주년 일에 감옥이 떠날 듯이 만세를 부르자 3천명이 넘는 죄수들이 모두 동참했다. 이 사건으로 두 사람은 죽도록 구타당했다. 하지만 유관순은 끝내 굴하지 않았고 더 심한 매를 맞아 방광이 파열되는 등 온몸에 심한 손상을 입어 1920년 9월 28일 감옥에서 순국하였다.[82]

(6) 전주 기전여학교 학생들

전주에서는 1919년 3월 13일 장날 만세시위 이래 4월 초까지 여러 곳에서 만세시위가 일어났다. 시위 준비와 실행은 천도교와 예수교의 신자, 신흥학교와 기전여학교 학생들이 도맡았다. 전주 만세시위에서 검속된 기전여학교(개신교학교) 학생들은 나흘 동안 단식투쟁을 하고, 일본 관리들 앞에서 당당하게 항변하였다. "우리들은 너희의 판결에 불복한다. 너희들은 우리의 강토를 모두 빼앗고 우리의 부형을 학살한 강도 도적인데 오히려 삼천리의 주인이 되는 우리를 판결함은 불법이다." 그러자 일제 관리는 칼을 뽑아 학생의 왼쪽 귀를 잘라내어 위협하고, 여학생들을 발가벗겨 조롱하는 만행을 저질렀다. 그때 임영신이 일본 관리의 뺨을 때리면서 "너희 야만놈들!"이라고 하자, 일본 관리는 "누가 너희들을 교사하여 이런 일을 하였는가?"고 다그쳐 물었다. 임영신이 "하나님의 감동으로 거국적으로 의기하여 만세를 부른 것인데 누가 시켰다고 함이 무슨 말이냐? 너희들은 정의 인도가 없고 세계적인 안목이 어두운 섬 오랑캐구먼!" 하고 답하자 그 뜻을 알았는지 일본

---

82 *Ibid.*, 140-149쪽.

관리는 크게 부끄러워하였다 한다.[83]

　임영신이 일제 관리에게 당당하게 말한 내용에서 두 가지를 주목할 수 있다. 첫째 만세시위의 동력은 하나님의 영감에 의한 것, 즉 독립운동의 원천적 동기가 신앙에서 비롯된 것이라는 점이다. 둘째 임영신의 답변은 그가 독립선언서의 내용을 잘 이해하고 있음을 보여준다. 즉 일제의 침략 행위는 정의와 인간의 도리를 벗어난 것이고, 당시 윌슨의 민족자결주의 원칙이 거론되던 세계정세의 변화에도 어긋난 일임을 임영신은 일제 관리에게 똑똑히 알려 주었다. 그의 말을 들은 일본 관리마저 부끄러움을 배우게 한 임영신의 의분은 신앙에 뿌리를 둔 깊은 정의감과 용기를 보여준다. 이는 위에서 언급한 송죽결사대 회원 박현숙이 전주 기전여학교 교사로 부임하여 기도동지회를 조직하고 학생들과 매일 밤 구국기도회를 열어 신앙으로 무장한 것의 결실이라 할 수 있다.

　(7) 여성 독립운동가들에 대한 선교사 게일의 증언

　한국에서 오랫동안 선교 활동을 하였고 김마리아와도 친분이 두터웠던 장로교 선교사 게일(Gale) 목사는 위에서 본 것처럼 한국인의 항일 투쟁이 과격한 성격을 띠자 그 배경을 깊이 이해하고 공감하기보다는 그 현상을 부정적으로 묘사하기도 했다. 그러나 그는 많은 신자들이 3·1운동에 참여하여 투옥되고 일제의 폭력적 탄압을 받는 모습을 목격한 후에는 생각이 바뀌어 「한국인의 용기」라는 글에서 위에서 살펴본 개신교 여성들처럼 용기 있게 일제에 저항한 한국 여인들의 용기를 칭송하였다.

---

83 박용옥, 『여성독립운동사 자료총서』 1, 25쪽.

특히 한국 민족의 용기로운 특색이 청년 여자로 하여금 표현되었다. 저들은 발길로 채이고 맞고 마침내는 옥에 들어가 가장 용장한 남자라도 견디기 어려운 악형을 당할 줄 알면서도 태극기를 휘두르면서 만세를 불렀다. 3월 5일 만세를 부르다 잡혀간 여학생들 중의 한 사람의 서한을 보면, '우리는 그 추운 밤에 발가벗기어 일인 남자의 앞에 오래 서 있었습니다. … 비록 저들이 나를 발가벗기고 흉악한 악형을 가한다 하더라도 조금도 마음에 원통치 아니합니다. 이것도 다 내 나라를 위하여 당하는 것임에 달게 받을 뿐입니다.'라고 하였다. … 일찍이 나는 한국인을 유약한 민족으로 알았으나 현대의 한국민족은 세계의 역사상 유례없는 용기와 자제력을 가졌다.[84]

이 인용문에서 게일이 언급한 용기 있는 청년 여성들의 모습은 유관순과 임영신을 떠올리게 한다. 이들의 용기의 뿌리는 단순한 애국심을 넘어 신앙에서 나온 것임을 위에서 확인할 수 있었다. 이들의 깊은 신앙에서 비롯된 민족에 대한 사랑이야말로 어떤 고통도 달게 받고, 죽음도 불사하는 용기를 주었을 것이다.

4. 개신교의 3 · 1운동 참여의 역사적 교훈

3 · 1운동 당시 전체 인구의 1.5%에 불과했던 개신교인들은 일본 제국주

---

84 〈독립신문〉 1919년 9월 23일. 박용옥, 『김마리아: 나는 대한의 독립과 결혼하였다』 (홍성사, 2003), 169쪽에서 재인용.

의의 불의한 국권 침탈에 저항하는 독립운동에 헌신적으로 참여하였다. 이로써 당시 개신교인들은 우리 민족에게 희망을 주었고 개신교는 민족의 신뢰를 받았다.

개신교가 전래된 19세기 말에 한국은 안으로는 봉건사회를 개혁하고, 밖으로는 제국주의 침략 세력에 대처해야 하는 이중의 과제를 안고 있었다. 당대의 시대적 과제를 풀기 위해 씨름하던 사람들에게 개신교는 희망을 주는 종교로 인식되었다. 그들은 개신교에 등록했고 신앙에 힘입어 항일운동의 역량을 축적하여 3·1운동에 헌신적으로 참여하였다.

본고에서 초점을 맞추어 살펴본 개신교 여성 독립운동가들은 어떤 고난도 두려워하지 않고 그리스도의 십자가의 길을 따르는 순교자적인 신앙으로 3·1운동에서 주도적인 역할을 하였다. 공덕귀 여사가 표현한 것처럼 이들은 "민족의 고난을 맨 밑바닥에서 짊어졌고 민족과 여성의 자유를 위해 매진했다."[85] 본고에서 살펴본 김마리아와 유관순 같은 위대한 신앙의 여성들은 여성 독립운동가로서는 자주 호명되어도, 정작 교회 안에서는 한국교회의 위대한 신앙의 여장부 '드보라'들로서는 제대로 기억되지 않고 있다. 이는 안타까운 일이 아닐 수 없다. 3·1운동에 주도적으로 참여한 한국의 드보라들을 매년 기억하고, 교회 안에서 여성 리더십을 키워나가는 것은 오늘 한국교회의 갱신과 복음 선교를 위해 시급한 과제이다. 사회보다 낙후된 교회 안의 젠더 불평등이 오늘날 많은 젊은 여성들에게 복음 선교의 문을 닫고 있는 현실을 고려할 때 더욱 더 그렇다.

---

85 『여성! 깰지어다, 일어날지어다, 노래할지어다-한국 기독교 여성 100년사-』, 한국기독교 100주년 기념사업협의회, 여성분과위원회 편 (서울: 대한기독교출판사, 1985), 서문.

개신교의 3 · 1운동을 다루면서 본고에서 여성 독립운동가들과 함께 조명한 선교사들의 태도도 오늘날 교회와 복음 선교에 커다란 역사적 교훈을 준다. 선교사들의 공식적 입장은 정교분리 원칙이었지만, 선교사들은 개인의 성향에 따라 친일과 반일로 양분되는 경향이 있었다. 그러나 일제의 사악한 탄압 아래 고난 받던 식민지 조선인들의 상황을 목격한 선교사들은 '야만성 앞에 중립은 없다'라는 구호 그대로, 더 이상 침묵하지 않고 일제의 만행을 세계에 폭로함으로써 간접적으로 한국의 독립운동을 지원했다. 선교사들의 이런 태도와 행동은 오늘 교회와 선교에 교훈을 준다. 그것은 고난 받는 이들의 아픔에 공감하고 그들 곁에 함께 하는 것이야말로 복음 선교의 첫 걸음이 될 수 있다는 사실이다.

1910년대 전체 인구의 1.5% 미만이던 개신교 신자들이 민족의 희망이 되고 신뢰를 얻을 수 있었던 것은 그들이 고난 받는 민족의 십자가를 지고 민족을 섬긴 것에 기인한다. 반면에 오늘날 개신교인의 수는 총인구의 거의 20%에 육박할 정도로 증가했지만 개신교가 받는 사회적 신뢰도는 반비례하는 것이 한국 개신교의 실정이다.[86] 그 원인에 대해서는 이미 많은 연구가 있지만, 2017년 기윤실의 '한국교회의 사회적 신뢰도 여론조사' 결과 발표 세미나가 보여주는 것처럼 윤리와 도덕성의 하락, 이웃종교에 대한 배타적 태도, 교회성장제일주의 등이 그 원인으로 지목된다. 가장 큰 문제로 대두되는 개신교 신자들의 기대에 못 미치는 낮은 도덕성은 질적 성숙을 동반하지 못한 교회의 양적 성장의 그림자를 크게 보여준다. 교회가 많은 교인 수로 사회 내에서 거대한 몸집으로 성장하고 세력을 불려 나갈 때, 십자가의

---

86 참고. 통계청의 2015년 인구주택총조사 표본집계 결과에 따르면, 개신교인 인구는 전체 인구의 19.7%에 달한다. http://kosis.kr/index/index.do

신학을 등한시하고, 사회의 약자들을 대변하기 보다는 교회 자체가 하나의 권력기관으로 변신하여 권력자들의 입장을 대변하는 기관으로 타락하는 위험에 노출된다. 이것은 세계교회사가 공동적으로 보여주는 '번영의 위기'이다.

오늘날 개신교가 도덕성의 하락, 이웃종교에 대한 배타적 태도, 그리고 교회성장제일주의로 공신력을 상실한 모습은 우리의 신앙 선조들이 높은 정의감으로 3·1운동에 투신하고, 의로운 일을 위해 이웃종교와 열린 연대를 이루고, 교회 안에 유폐되지 않고 민족을 위해 헌신함으로써 높은 사회적 공신력을 쌓았던 것과 극명한 대조를 보인다. 이제 한국 개신교가 바닥에 떨어진 공신력을 회복하기 위해서는 신앙의 힘으로 3·1운동에 헌신했던 위대한 여성 독립 운동가들과 남녀 신앙 선조들의 위대한 신앙 유산에 쌓인 망각의 먼지를 털어내어야 한다. 역사 연구는 망각에 저항하는 일이다. 역사에 비추어 오늘 한국 교회의 갱신과 복음 선교를 위한 역사적 지혜를 얻고 이 시대 분단된 민족의 십자가를 기꺼이 지고 나갈 때, 한국 교회는 다시 민족의 희망이 되고 통일 한국을 앞당기는 평화의 사도, 세계에 그리스도의 평화의 복음을 전하는 사도가 될 수 있을 것이다.[87]

---

87 그리스도인의 3·1운동 참여가 현대 선교에 가지는 함의는 다음 논문에 자세히 소개되어 있다. 황홍렬, 「3·1운동에 나타난 기독교적 정신과 한국교회 선교에 대한 함의」, 『한국기독교학회 제 47차 정기학술대회 자료집』, 2018년 10월 12일~13일, 355-394쪽.

3 · 1운동 정신의
통합학문적 이해와
기독교 신앙의 미래

이은선 / 한국信연구소 소장, 세종대 명예교수

1. 오늘 우리 시대의 독립은 무엇을 말하는가?

『3·1운동비사(三·一運動秘史)』는 1919년 3월 1일 당시 태화관에서 독립선언식을 거행할 때 그 진행 상황의 기록뿐 아니라 탑골공원에 모인 학생 및 시민과의 연락을 담당했던 천도교인 이병헌(李炳憲, 1896-1976)이 쓴 책이다. 그는 자신의 생생한 경험을 바탕으로 3·1운동 40주기(1959)에 즈음한 시점에서 당시 선언서 서명자 33인뿐 아니라 직간접적으로 관계했던 17인 중 아직 살아 있는 사람들이 많은 가운데 운동 전후의 사정과 진행 과정을 정확히 알리기 원해서 이 책을 썼다고 밝혔다. 그러한 저자에 따르면 일본은 1910년 한일병합을 이룬 후 각종 사회단체는 물론 학술단체까지 모조리 해산시켜서 불교, 기독교, 천도교 등 종교단체만 간신히 잔명을 유지했고, 그래서 그때 "우리 민족이 오직 의지할 곳은 종교 신앙밖에 없었다"[1]라는 말이 나왔다고 전한다.

1876년 조일조규(강화도조약) 이후 조선의 개방과 더불어 일본은 점점 더 침략의 야욕을 드러내 군대를 해산(1907)시켰고, 동양척식주식회사(1908)를 설립하여 국유지를 탈취하고 민간소유 토지까지 침범하였다. 그 이전부터 조선의 토지를 다른 외국인들에게는 매매하지 못하도록 금하면서 고리대금으

---

1 이병헌, 『三·一運動秘史』, 시사사보사출판국, 1959, 42쪽.

로 사들이고, 제일 먼저 국유지를 정비한다고 하면서 "역둔토를 모두 개인 소유로 하고", 지방의 '공유재산'을 친일단체인 일진회의 재산으로 편입하는 등 땅을 먼저 장악해 갔다고 한다.[2] 이에 더해서 참으로 인상적인 서술은 "도시마다 유곽제도를 만들어 매춘부를 두어서 젊은 청년을 미혹케" 했다는 것인데, 당시 일본여자들이 많이 건너와서 '매음'을 하게 되었고, "이것을 본받아 시골서 순진한 처녀들이 이 유곽으로 몸을 팔기 시작하여 도시마다 공창제도"가 생겨서 사람들이 망국한을 모르게 하고 풍기를 극도로 문란케 했다는 것이다.[3] 나중에 '일본군 위안부' 문제와 관련하여 일본에서는 법적으로 공창과 유곽제도가 허용되어 있어서 '일본군 위안부' 모집도 그 일환이었다는 변명을 하게 하는 근거를 여기서 본다.[4]

이번 글을 준비하면서 더욱 분명히 알게 된 것은 당시 이완용(李完用, 1858-1926), 송병준(宋秉畯, 1857-1925) 등 나라를 팔아넘긴 어용 지도자들이 어떤 논리를 가지고 그와 같은 불의와 불법, 죄악을 저질렀는지 하는 것이다. 당시 이토 히로부미가 안중근의 저격으로 피살되기(1909.10.26) 전에 송병준은 한일합병에 대한 의견을 이토에게 제출하면서 "일본이 한국을 통치하지 않으면 동양평화는 어려울 줄 아오니"라고 하면서 "하늘이 주는 이때"를 놓치지 말라고 합병을 서둘러 달라고 청했다고 한다. 이어서 이완용은 합병의 가능성을 묻는 일본에 대해서 "단결이 못된 국민이라 그리 큰 난관은 없을 줄 아오"라고 했고, "국민으로서 국가에 대한 관념이 없고 단지 각자가 자신보호에 급급하고 … 불교는 산간에서 절을 지킬 따름이라 신도가 없고, 유도는 차차

---

2 같은 책, 23쪽.

3 같은 책, 35쪽.

4 이은선, 「동아시아 역사수정주의와 평화 이슈: '일본군 위안부' 문제를 중심으로」, 『한국여성신학』 2017 여름 제85호, 한국여신학자협의회, 17쪽 이하.

글 읽는 사람이 줄고 … 예수교와 성교 천주교는 불란서 계통과 미영 계통이 남한을 차지하고 독일 계통이 북한을 차지하였는데 … 한국 사람으로는 그 지도급에 있는 사람이 그리 큰 인물이 없으며, 천도교는 동학의 후신인데 … 이 종교 역시 정부의 탄압으로 힘을 못 쓸 것이요 더욱이 무력으로 진압한다면 평온할 것이오"라고 말을 했다고 한다. 그런 과정에서 "한국 황제 폐하는 한국정부에 관한 일체의 통치권을 완전(完全) 또는 영구(永久)히 일본 황제 폐하에게 양여함"이라는 문구를 제1조문으로 하는 조약이 맺어진 것이다.[5] 이렇게 나라를 판 사람들은 작위를 받고 '은사금(恩謝金)'도 받았지만 그 양의 많고 적음에 대한 불평과 불만이 일었고, 그러나 일본은 오히려 그들을 한국 대신들로 있을 때보다 멸시하면서 "너는 너의 나라를 팔아먹었으니 백작도 과분하고 돈 백만 원이면 족하다"는 식으로 대우했다고 『3·1운동비사』는 전한다.[6]

많은 것을 생각하게 하는 언술이다. 지금 위기에 빠진 나라를 구하기 위해 어떻게든 해 보려는 노력 대신에 그것을 넘기는 명목으로 매국인사들은 "동양평화"라는 큰 담론을 끌어들였고, 우리 국민들은 "단결"을 잘 하지 못한다는 지적과 함께 각기 자기보호에만 급급하니 괜찮을 것이라는 평가를 내리고, 종교에서의 자립과 자존도 먼 이야기이고, 힘과 "무력" 앞에서는 꼼짝하지 못하니 염려할 것 없을 것이라는 주장이다. 이러한 이야기의 서술은 오늘 분단 70년 이상의 대한민국의 현실에도 그대로 적용될 수 있어 보인다. 즉 오늘 우리의 정치인들이 전시작전통수권도 가지지 못한 자국 군대를 보면서도 한반도의 전쟁방지와 평화를 위한다는 명목으로 여전히

5 이병헌, 같은 책, 25-31쪽.
6 같은 책, 33쪽.

그 환수를 반대하고, 그래서 성조기와 이스라엘 국기까지 들고서 시위하는 한국 개신교 신도들의 모습을 보면서 어찌 우리의 상황이 그렇게 변하지 않았으며 여전히 굴종적이고 비굴할 수 있는가 하는 생각이 들었다. 오늘 한국 교회와 종교의 현실에 대한 답답함과 책임감을 크게 느끼지 않을 수 없다. 당시는 그래도 '우리가 의지할 곳은 종교밖에 없다'는 말을 들었다. 하지만 오늘 한국 사회에서 종교는 오히려 문젯거리가 되었고, 비판과 개혁의 대상이 되었다. 당시 3·1운동은 '종교운동'이었다는 말을 들을 정도로 종교가 핵심적인 역할을 해서 그 일이 가능해졌다고 하지만 오늘 우리의 상황은 많이 다르다. 그래서 묻게 된다. 우리에게 이제 남은 것은 무엇이 있는가?

지난 2016년 가을부터 2017년 3월까지 총 23차에 걸쳐서 촛불시위를 이끌어 왔던 대한민국의 '시민들'은 그것으로써 '촛불혁명'을 이룩했고, 세계가 놀라는 방식으로 정권을 바꾸고 이후 한국 사회와 역사의 나아감에 대해 다시금 희망과 신뢰를 가지게 했다. 그렇다면 이제 우리에게 남아서 우리 삶과 미래를 위한 신뢰의 그루터기가 되는 것은 종교나 교회가 아니고 우리의 시민이 아닌가? 촛불혁명을 치르고 사람들은 이제 사람 살 만한 세상이 되는 것에 대한 소망을 가지고 나름의 주인의식을 가지게 되었다고 자주 말했다. 하지만 오늘 우리가 시민 촛불의 새 정권이 들어선 지 2년이 채 안 되는 시점에서 다시 느끼는 것은 그 처음 희망과 소망이 많이 빛바래 간다는 것이다. 정치, 경제, 사회 어느 한 군데 편안한 곳이 없고, 종교는 오늘의 부패한 길에서 돌아설 줄을 모르고 우리 사회의 각종 갈등과 소외는 깊어만 간다. 2018년 남북 정상의 4·27판문점선언 이후 급물살을 타던 한반도 평화 프로세스도 특히 미국 트럼프 정부의 노골적인 패권주의적 개입으로 한반도운전자론을 무색하게 만들고 있다. 모두 자주와 자립, 민주와 평화, 평등

공동체 의식의 퇴행을 말하는 것이며, 우리는 이러한 상황에서 곧 3·1독립선언 백주년을 맞이하고 있다.

이 연구는 이러한 우리 삶의 정황 앞에서 앞서 서술한 대로 한일병합을 당할 수밖에 없었고, 그 이후 10여년의 혹독했던 일제 무단정치가 있었지만 그 쇠사슬을 끊고서 폭발한 3·1운동이 어떠한 정신에서 이룩된 것이며, 그것이 오늘 우리에게 어떤 가르침을 새롭게 줄 수 있는지를 살펴보려는 것이다. 이 일은 오늘 우리 시대의 독립은 무엇을 말하는 것인가를 묻는 일이 될 터인데, 특히 이 과제를 당시 큰 역할을 수행했던 제 종교들의 핵심 사고에 주목하면서 수행하고자 한다. 그 가운데서 특별히 한국 개신교가 3·1운동 정신의 형성과 진행에서 어떠한 역할을 했는지를 중점적으로 살펴보려는 것이다. 오늘 한없이 추락하고 있는 한국 개신교의 현 모습을 보면서 기독교 신앙의 미래가 그로부터 어떠한 탈출구를 찾을 수 있겠는지를 탐색하려는 것이다. 이러한 목표를 가지고 있는 본 연구는 그러나 단지 좁은 의미의 기독교 신학 안에 머무는 것이 아니라 특히 3·1운동이라는 한민족의 "성업(聖業)"과 관련해서는 우리의 이해가 보다 다원적이고 통합학문적일 수밖에 없다고 보면서 3·1운동의 중층의 다원성에 주목하고자 한다. 3·1운동 정신으로부터 우리가 핵심적으로 배울 것이 있다면 바로 그 다원성의 통합과 화합에서일 것이다. 이러한 의미와 맥락에서 본다면 3·1운동 정신을 살펴보는 일이란 단지 기독교 신앙의 미래를 위한 일만이 아니라 우리 종교 자체의 나아갈 길을 전망해 보는 일이라고도 할 수 있겠다. 한반도 3·1운동 정신 안에 지금까지 이 지구 생명체가 꽃피워 왔던 인류의 핵심 종교의식(유교, 불교, 천주교, 개신교, 동학·천도교, 대종교 등)이 두루 녹아 있기 때문이다.

2. 3·1운동 정신의 통합학문적(종교다원적) 이해

3·1운동은 한민족 독립운동의 역사에서 하루아침에 일어난 사건이 아니다. 개항 이후 계속 이어져 온 여러 구국운동과 그 속에서 표명된 독립과 자주, 민주와 평화, 평등의 사상이 하나로 집결되어 터져 나온 대사건이라고 할 수 있다. 또한 단순한 정치적 시위나 표피적인 사회운동이 아니라 오랜 문명사적 전개 가운데서 종교 사상사적 뿌리를 가지고 이루어진 것이라고 이해한다. 3·1운동 발발까지의 일련의 과정을 『한국독립운동지혈사(韓國獨立運動之血史, 1920)』로 밝혀 주는 박은식(朴殷植, 1859-1925)에 따르면, 1919년 우리 민족의 3·1독립운동은 "세계의 혁명역사에 있어서 하나의 신기원"이 된 사건이다. 그 운동은 그러나 단지 그날에 시작된 것이 아니라 특히 일본이 러일전쟁의 수행을 위해서 1904년 대한제국의 국토와 물자, 인력을 마음대로 사용하기 위해 맺은 한일의정서 이후 "하루도 그친 적이 없었고", 3·1독립운동 이후부터는 "남녀노소를 막론하고 나라의 안팎이나 원근의 구별도 없이 전체가 활동하고, 일치하여 약동하며, 끓는 물에도 뛰어들고, 불속을 밟으면서도 만 번의 죽음을 불사"한 경우라고 밝힌다. 그에 따르면 전에는 이토 히로부미를 쏜 사람이 안중근(1879-1910) 한 사람이었지만 이제는 몇백 만 명에 달하는 안중근이 생겨난 것이고, 이완용을 칼로 찌른 이가 이재명(李在明, 1886-1910) 한 사람이었지만 이후로는 몇천 명의 이재명이 나온 것이어서 세계의 민족들이 한국민족을 "인식"하게 되었고, "독립의 자격이 있다"고 하면서 서로 이구동성으로 '한국'을 거론했다고 한다.[7]

---

7 박은식, 『韓國獨立運動之血史』, in 동아일보사, 『日政하의 禁書33卷』, 신동아 1977년 1월호 별책부록, 150쪽.

나는 오늘날 많은 사람들이 촛불혁명의 사상적 모태로 인정하는 이러한 3·1운동이 어떤 종교 사상사적 맥락에서 이루어졌는가를 살피는 일에서 크게 세 단계의 동서문명적 만남을 이야기할 수 있다고 본다. 17세기 후반까지 동아시아 유교문명권 속에 있던 조선이 서구 근대문명과 만나면서 몇 차례의 사상적 개혁과 개벽, 창발이 이루어졌고, 3·1운동은 그러한 흐름과 전개 속에서 가능해진 것이라고 여긴다. 그 개략을 다음과 같이 정리하고자 한다.[8] 불교의 경우는 이 도전과 응전에서 약간 비껴 있었지만 그 나름의 역할로 함께하였다.

1) 서학(西學, 기독교)과 만나는 유교

(1) 18세기 조선의 실학자 홍대용(洪大容, 1731-1783)은 당시 중국 주자학적 성리학에 실체론적으로 빠져서 고사하고 있던 조선 유교 사회의 정신적 정황을 "학자들은 입만 열면 성선(性善)을 말하고 말만 하면 반드시 정자(程子), 주자(朱子)를 일컬으나, 재주가 높은 자는 훈고에 빠지고 지혜가 낮은 자는 명예와 이욕에 떨어지고 있었다"고 비판하였다.[9] 이 비판에서 잘 지적하고 있듯이 그때까지 조선사회를 이끌어왔던 정신적 지주였던 유교는 당시 이웃의 강대국 중국과 그 정신세계에 깊이 종속되어서 뼛속까지 사대주의적

---

8 이 단원은 지난 11월 한국종교교육학회에서 발표한 본인의 논문 「3·1운동정신에서의 유교(대종교)와 기독교-21세기 동북아 평화를 위한 의미와 시사」를 기반으로 정리한 것이다. 2018년도 한국종교교육학회/생명문화연구소 주최 국제추계학술대회 〈동아시아의 평화와 종교〉 2018.11.23, 서강대학교 김대건관101호, 107-133쪽.

9 홍대용, 『湛軒書』1, 「贈周道以序文」, 이규성, 『한국현대철학사론-세계상실과 자유의 이념』, 이화여대출판부, 2015, 23쪽에서 재인용.

모화사상에 물들어 있었다. 아니면 그들이 가장 많이 말하는 것이 돈과 명예[名利]을 떠난 성학(聖學)이었지만 양반계급의 서민 착취와 가렴주구는 한계를 몰랐다. 그래서 조선사회는 부패한 보수주의와 우물 안 개구리 식의 허욕에 빠져서 세상이 어떻게 바뀌어 가는지를 잘 알아채지 못했고, 급기야는 나라 전체가 존망의 위기에 빠지게 된 것이다.

(2) 하지만 이 가운데서도 일련의 유자들은 세상과 이웃나라들의 변화를 감지하면서 자신들의 오래된 가치체계인 유교적 세계관을 그들이 새롭게 만난 낯선 타자와 연결시켜 보면서 개혁의 길을 찾기 위해 노력하였다. 이 시기에 이들에게 다가온 낯선 타자는 주로 이웃 청나라를 통해서 온 '서학(西學)'이었는데 이 만남에서 유자들은 자기인식을 새롭게 하고 자신들 학의 본원을 다시 정립하려는 노력으로 대응했고, 이 일의 선두에 선 사람이 성호 이익(星湖 李瀷, 1681-1763)이었다. 성호는 그 서학에 대해서 온갖 어려움을 무릅쓰고 먼 곳까지 와서 전하려 하는 서양 전교자들을 자신들 유학자와 동일한 목표를 가진 사람들이라고 인정한다. 즉 '사사로움[私]'과는 거리가 먼 사람들로서, 나름의 방식으로 '세상을 구제하려 한다'는 것이다.[10] 하지만 그 제자들 중에 신후담(愼後聃, 1702-1761)이나 안정복(安鼎福, 1712-1791) 같은 사람은 스승이 강조하는 서학의 실용적 차원을 넘어서 서학으로 전해진 천주교와 자신들 성리학을 그 근본 원리와 교리의 차원에서 점검하고자 했다. 이들은 인간의 도덕심과 윤리적인 실천의 동기가 서학에서 말하듯이 천당에 가거나 불멸을 위한 것이라면 이것은 지극히 이기적이고, 사적인 이익[利] 추구의

---

10 김선희, 『서학, 조선 유학이 만나 낯선 거울-서학의 유입과 조선 후기의 지적 변동』, 도서출판 모시는사람들, 2018, 101쪽.

행위와 다름없다고 비판한다. 그와는 달리 자신들 유학의 성리(性理) 이해와 심(心) 이해에 따르면 인간은 궁극적으로 기(氣)로 구성된 존재라서 몸의 죽음과 더불어 그 기가 흩어지는 것은 당연하고, 선한 행위라는 것도 본성의 이(理)를 따르는 행위이지 결코 화복(禍福)이나 내세의 이익을 구하는 행위가 아니라는 것이다. 이렇게 서양의 천주학은 모든 것이 사적인 이익을 위한 추구이며 그런 동기에서 '천주(天主)'의 존재도 받아들이는 것이지만, 특히 안정복에 따르면 자신들의 유학이야말로 진정한 "천학(天學)"인바, "상제(上帝)"라는 말도 "우리 유자가 이미 말하였"고, 현세를 배척하고 내세의 복이나 이익을 위해서 천주를 믿는 것이 아니라 단지 상제가 부여한 천명(天命)을 따라서 그 마음을 보존하고 성품을 기르는 것이기 때문에 자신들의 학이야말로 진정한 '천학'이라고 역설한다.[11]

(3) 이상에서 본 것처럼 유교는 불교와의 만남에서도 그렇고 낯선 서학과의 만남에서도 그 궁극적인 평가 잣대를 '공(公, 공공성)'인가 아니면 '사/리(私/利)'의 추구인가 하는 물음에 두었다. 성호 자신도 서학을 그들이 '세상을 구제하려 한다'라는 말로 공공성에 기초해서 평가했다. 그러나 모두가 주지하는 대로 이 유교적 공공(公共)의 관심이 조선 말기로 오면서 고사하고 왜곡되면서 나라는 큰 위기에 빠지게 된다. 하지만 그럼에도 불구하고 그 위기를 단지 수동적으로만 견딘 것이 아니라 다시 그에 대한 여러 방식의 대응을 보이는데, 심지어는 나라를 고사시킨 주범으로 비판받아온 '위정척사파(衛正

---

11 안정복 지음·이상하 옮김,『순암집』, 한국고전번역원, 2017, 163쪽; 이선경,「조선시대『천주실의』수용 양상을 통해 본 유교와 기독교의 만남」, 현장(顯藏)아카데미편,『21세기 보편 영성으로서의 誠과 孝』, 동연, 2016, 127-130쪽.

斥邪派)'의 대응도 사실 유교적 공(公)과 의리(義理)의 원리를 다시 강하게 드러낸 것이라고 할 수 있다. 여기서 3 · 1운동 이전의 강력한 '의병운동'이 파생되고 주도되었다는 것을 말할 수 있다.

『한국독립운동지혈사』에 따르면 "의병이란 것은 민군(民軍)이다." 그것은 나라가 위급할 때 '의(義)로써 분기하'는 사람들인데, 이 의병은 우리 민족에게 오래된 전통이고, 일본이 대한제국을 합병하기 위해 근대식 편제와 무기로 무장한 채 훈련된 2개 사단의 병력을 출동시키고도 7, 8년간 전쟁을 해야 한 것도 의병의 저항이 있었기 때문이며, 만약 이 의병이 아니었더라면 "우리는 짐승이 되었을 것"이라고 말한다.[12] 우리가 쉽게 말하기를 조선 말기의 유교 폐쇄성과 사대주의적 경직성이 결국 나라를 잃게 했다고 하고, 또 3 · 1운동 당시 33인의 대표 중에 유교 측이 부재했던 것을 비난한다. 하지만 유교의 역할을 그것에 한정해서 보는 것은 온당치 않고, 예를 들어 유림 의병과 애국계몽 세력을 크게 연합하여 활동한 의암 유인석(毅庵 柳麟錫, 1842-1915)의 아래와 같은 언술에서도 분명히 드러나듯이 나라가 위기에 처했을 때 다시 '규준'과 '근본'[理]을 세우는 일을 중시하면서 그것을 구체적 의병과 독립운동으로 실천한 일에 주목해야 한다고 본다. 그 유교의 의식이 이후 전개될 모든 독립 항쟁 운동의 밑받침이 되었다고 생각한다. 박은식도 "의병이란 것은 독립운동의 도화선이다"라고 하면서 그 의병운동의 성패에만 매달려서 논평한다면 "식견이 천박한 것"이라고 논했다.[13] 그 의병운동의 기반에 유교의 깊은 '지공무사(至公無私, 공을 높이고 사를 지양함)'의 종교성과 영적

---

12 박은식, 『한국독립운동지혈사』(상), 남만성 옮김, 서문당, 1999, 51-52쪽.
13 같은 책, 68쪽.

추구가 있었다는 것을 부인할 수 없다고 나는 생각한다;[14]

> 공(公)하면 하나가 되고, 사(私) 되면 만 가지로 갈라진다. 천하를 의리의 공
> 으로 이끌면 하나 됨을 구하지 않더라도 저절로 하나가 되며, 천하를 이해
> 타산의 사로 이끌면 만 가지로 갈라짐을 기약하지 않더라도 만 가지로 갈
> 라진다. 천하를 하나로 할 수 있는 것은 의리가 아니면 할 수 없고, 진실로
> 의리로써 하나 되고 공(公)에서 나온다면 비록 천하가 하나 되길 바라지 않
> 아도 하나가 된다.[15]

2) 동학(東學, 천도교)을 불러일으킨 기독교

(1) 그러나 한국 기독교사상가 중에서 남강 이승훈(南崗 李昇薰, 1864-1930)이
세운 오산학교에서 공부한 함석헌(咸錫憲, 1901-1989)은 이웃종교에 대한 열린
사고에도 불구하고 한국 유교를 그렇게 긍정적으로 평가하지 않는다. 1930
년대 오산학교에서 역사 선생으로 있으면서 쓴 『성서적 입장에서 본 조선역
사』에서 그는 조선의 전통 종교사상에 대해서 그렇게 많이 언급하지 않는
다. 나중에 "유교야말로 현실에 잘 이용된 종교다"라고 하면서 자신이 참으
로 중시여기는 '뜻[志]'이 "선비[士]의 마음[心]"이고, 그 선비[士]란 "열[十]에서 하

---

14 이은선, 『잃어버린 초월을 찾아서-한국 유교의 종교적 성찰과 여성주의』, 모시는사람
들, 62쪽.
15 『毅庵集』권33, 雜著, 下册, 58쪽, "公則一, 私則萬殊, 率天下以義理之公, 不求一, 而自
一, 天下以利害之私, 不期萬, 而自萬, 一天下非以義理, 則不可. 苟以義理而一, 出於公,
則雖欲不一, 天下不得也.", 이종상, 같은 글, 387쪽에서 재인용.

3·1운동 정신의 통합학문적 이해와 기독교 신앙의 미래 | **401**

나一를 보고, 하나에서 열을 보는 사람"이라고 풀어내기도 하지만,[16] 그에 따르면 동양 성인(聖人)의 가르침은 "엄정한 의미의 역사철학을 가지지 못했"고, 기독교와 비교하면서 기독교가 "불교, 유교를 다시 깨워 새 생기를 주는" 일을 해야 한다고 역설한다.[17] 해방 이후 1950년대 그의 기독교 이해가 다시 한 번의 깊은 전회를 경험하지만, 함석헌은 그럼에도 그 기독교의 핵을 불교의 '각(覺)'과 유교의 '학(學)' 곁에 '믿음(信)'을 강조하는 '인격'의 문제라는 것을 부각시키고자 한다. 여기서 인격을 강조한다는 것은 그에 따르면 사고를 더욱 더 '관계적'으로 하는 것을 말하는데, "인격은 홀로 생기지 못"하기 때문이고, "'나'에 대하는 '너'가 있고서야 되"는 것이며, 이 인격 관념이 없기 때문에 믿지 못하는 것이라고 설명한다.[18]

(2) 여기서 함석헌이 설명하는 논리가 얼핏 보기에 유교적 인(仁)과 공(公)의 언술과 그렇게 다르지 않게 보이지만, 그가 강조하는 우리 인격의 상대는 특히 초월자 하나님을 말하는 것이다. 또한 그에 따르면, "나는 하나님의 아들이다"라고 선언하는 예수라는 구체적 역사적 인물의 믿음과 인격을 통해서 "역사를 인격화했습니다. 세계를 인격화했습니다. 우주에 인격적 질서를 주었습니다"라는 의미에서 강조한 것이다. 즉 이 말에서 표현된 대로 함석헌은 기독교가 궁극(天)과 초월(聖)을 어떤 막연한 추상이나 형이상학적 이론 등으로 파악하는 것보다 '인격적'("하나님 아버지")으로 만나면 훨씬

---

16 함석헌, 『인간혁명의 철학』, 함석헌전집 2, 83쪽; 함석헌, 『뜻으로 본 한국역사』, 354쪽.

17 함석헌, 「새 시대의 종교」, 함석헌 저작집 14, 24쪽; 함석헌, 『뜻으로 본 한국역사』, 279쪽.

18 함석헌, 「기독교 교리에서 본 세계관」, 노명식 지음, 『함석헌 다시 읽기』, 노명식 전집 04, 책과 함께, 2011, 455쪽.

더 구체적이고, 실천력과 함께 현실적이면서 효능적으로 그 궁극과 직접 관계를 맺을 수 있다고 본 것이다. 그 일이 바로 예수라는 인격 속에서 참으로 고유하고 진한 농도로 가능해졌기 때문에 예수는 의심 없이 스스로를 "하나님 아버지의 아들"이라고 믿고 고백할 수 있었고, 함석헌은 그 일이 우리 민족에게는 어느 다른 종교 전통에서보다도 나중에 전해진 '기독교'를 통해서 가능해졌다고 본 것이다. 나는 이 기독교의 방식이 한말 한반도에서 통했다고 본다. 특히 당시 사회적 약자였던 신분차별 속에 억압당했던 민중들, 그중에서도 여성들에게 크게 역할을 하여서 이들에게 참으로 강력한 방식으로 하늘[天]과 초월[聖]을 직접 만나고 대면하여 관계 맺을 수 있는 길을 열어주었다고 보는 것이다. 이것을 나는 어떤 다른 종교전통에서보다도 폭넓게, 그리고 깊이 있게 "聖(거룩)의 평범성"이 확대된 사건으로 보았다.[19] 거기서 일어나는 개인적 삶의 변화는 물론이려니와 그와 더불어 특히 당시 점점 더 큰 위기에 빠져드는 민족의 독립과 안위를 위해서 자신을 버리고 국가와 민족을 위해 헌신하게 했고, 1919년 3·1운동이 가능해진 데에는 그러한 기독교 메시지를 통한 한민족 의식의 개혁이 큰 역할을 했다고 보는 것이다.

(3) 그런데 여기서 그러한 개신교의 역할 전에 그와 유사한 맥락에서 역할을 한 종교 그룹이 '동학(천도교)'이었다는 것을 말하고자 한다. 모두가 주지하듯이 1919년 3·1운동은 당시 교인수가 3백만 명 정도에 달하는 천도교가 주도적인 역할을 담당했고, 3대 교주 손병희(孫秉熙, 1861-1922)가 대표적 지도

---

19 이은선, 「종교문화적 다원성과 한국 여성신학」, 『한국생물生物여성영성의 신학-종교聖, 여성性, 정치誠의 한몸짜기』, 도서출판 모시는사람들, 2011, 29쪽 이하.

자로 추대되어서 운동을 위한 각종 자금뿐 아니라 독립선언서의 인쇄도 천도교 직영의 보성사(普成社)에서 2만1천매를 완성하여 사용하였다고 한다.[20] 나는 당시 토착 신흥종교로서 한없는 평등과 자주, 박애와 인권의 이상으로 3·1운동을 이끈 '동학(東學/천도교)'이란 그 이름에서도 드러나듯이 '서학(西學/기독교)'의 도전에 대해서 한국적 유교 문명권에서 나온 고유한 응전이라고 본다. 그런 맥락에서 앞에서 함석헌의 기독교 '믿음(信)'과 인격적 속죄론을 설명한 논리를 동학의 핵심 메시지에 적용해 보면 동학도 당시 기층민의 인격적 변화('聖의 평범성의 확대')를 그 이전의 유교나 불교가 이루지 못한 급진적인 방식과 정도로 성취한 경우라고 말할 수 있겠다. 의미심장하게도 동학은 한때 당시 사람들에 의해서 '서학(西學)'으로 지목되어 탄압을 받았다고 하는데,[21] 동학의 혁명적인 내재적 초월의식과 반봉건적 평등의식과 인권의식을 당시의 유교 기득권 세력이 서양 기독교에 대해서 그랬던 것만큼이나 용납하기 어려워했을 것이라고 이해할 수 있다.

동학의 2대 교주인 해월(海月 崔時亨, 1827-1898) 선생이 태백산맥과 소백산맥의 오지로 숨어 다니던 시절 편찬되고 집필된 것으로 알려진 동학의 역사서 『도원기서(道源記書)』에 따르면 스승 수운(水雲 崔濟愚, 1824-1864)은 잡히기 전 새벽에 해월을 불러서 "이 도(道)는 유불선(儒佛仙) 세 도를 겸하여 나온

---

20 金素眞, 『韓國獨立宣言書硏究』, 국학자료원, 2015, 103쪽.

21 최동희, 「全琫準」, 『人物로 본 韓國史』, 월간중앙 1월호 별책부록, 1973.1, 241쪽; 수운 선생의 동학사상이 형성되는데 중요한 하나의 계기로 여겨지는 1855년 을묘년에 만났다고 하는 '을묘천서(乙卯天書)'는 서학의 『天主實義』로 추측되기도 하는데, 그 책의 이치를 깊이 살펴보니 '기도(祈禱)'의 가르침을 담고 있었다고 고백되었다(『도원기서』, 18). 이 추측의 타당성 여부에 대한 논란은 많을 수 있겠지만 당시 동학이 서학(서구 기독교 문명)과의 대면과 나름의 응전 속에서 전개되었다는 것은 부인할 수 없을 것이다.

것이다"라고 하면서 "…우리 도는 때에 따라 그때그때 알맞은 제례(祭禮)의 방법을 따른다"고 하였고, 일찍이 "용담의 물이 흘러 사해(四海)의 근원이 되고, 검악(劍岳)에 사람이 있어 한 조각 굳은 마음이다"[龍潭水流四海源 劍岳人在一片心] 등의 시를 써서 주며 "그대의 장래 일을 위하여 내린 강결(降訣)의 시"이니 영원히 잊지 말라고 당부했다고 한다.[22] 이러한 깊은 종교적 체험과 수행적 실천과 더불어 가능했던 동학혁명은 당시 정치와 제도 정립 면에서는 실패했다고 할 수 있지만, 후기 조선사회의 "대내외적 문제를 해결해야 하는 책임을 평민이 인수해 일으킨 것"이라는 큰 의미로 평가받는다. 그러면서 '시천주(侍天主)'와 '대인접물(待人接物)', 다른 사람이 거짓으로 속이면 진실로써 그를 대하고, 남이 난폭하게 굴면 사랑으로써 대우하며, 사물을 다루는 데 있어서도 한 포기 풀이나 한 그루의 나무도 함부로 다루지 말고, 하찮은 물건도 자기 몸과 같이 아껴야 한다고 설파하는 동학의 이상사회 이념은 일종의 "영적 코뮤니즘의 성격"을 가지고 있음을 말할 수 있다. 이러한 이상은 오늘의 현대적 제도까지도 훨씬 넘어서는 "평등 정신의 초월적 본성"을 잘 보여준다고 지적되었다.[23] 그런 맥락에서 동학도 스스로가 "후천(後天) 오만년(五萬年)의 도에 남게 될 것"이라고 자임하는데, 그러한 동학 기원의 천도교가 3·1독립운동을 이끈 것은 그래서 당연한 일이 아니었을까 생각한다.[24]

---

22 『도원기서』, 윤석산 역주, 도서출판 모시는사람들, 2012, 49-50쪽.
23 이규성, 같은 책, 114쪽.
24 『도원기서』, 167쪽.

3) 민족(기독교)과 세계(유교)를 품고 중흥한 대종교(大倧敎)

(1) 천도교와 기독교의 핵심 역할로 가능했던 3·1운동은 그러나 일본의 합병조약 폐기를 이끌어내지는 못했다. 그래도 이후 한국인들의 민족의식과 해방과 독립운동에서 큰 전환점을 마련해 준 것은 주지의 사실이다. 또한 의미 있는 결실로서 여러 독립운동 세력들이 합세하여 상해에 최초의 공화제 정부인 대한민국임시정부를 수립하였다. 이러한 일련의 진행에 있어서 한말의 민족저항과 새로운 시대를 위한 또 다른 창조적 모체인 '대종교(大倧敎)'가 있었다는 것을 주목하고자 한다. 주지하다시피 대종교는 한말 러일전쟁을 계기로 점점 더 기세가 등등해지는 일본의 침략에 맞서서 전남 나주 출신 유학자 나철(弘巖 羅喆, 본명 寅永 1863-1916)이 중심이 되어 '중광(重光)'한 것이다. 여기서 왜 중광이라는 말을 쓰는가 하면 대종교는 자신들의 현현이 전혀 새로운 것이 아니라 이미 민족의 시원 속에 담겨져 있던 가르침이 오랜 동안 감추어져 있다가 민족이 큰 위기에 처하게 된 그때 다시 드러나 밝혀지는 것으로 보았기 때문이다.

나철 대종사의 생애사에 따르면, 그는 한말의 관료와 유학자로서 1905년 을사늑약의 상황을 맞게 되자 어떻게든 '신의(信義)'의 원칙으로 일본의 위정자들과 담판하려고 일본을 네 차례나 왕래한 구국운동가였고, 그러한 외교 항쟁이 효과를 보지 못하자 을사오적을 처단하기 위한 비밀결사대를 조직하기도 했다. 그렇게 애쓰는 가운데 그는 1906년 1월 서울 서대문역에서 백두산의 백봉신사(白峯神師)가 보낸 백전(伯佺, 호는 頭巖)으로부터 『삼일신고(三一神誥)』와 『신사기(神事紀)』를 전해 받으면서 생의 결정적인 전환을 맞이하는데, 즉 종교 구국의 길로 들어선 것이다. 1908년 11월 네 번째 도일했을 때 백봉신사가 또 보낸 두일백(杜一白)으로부터 『단군교포명서』를 건네받고서 돌아와 1909년 그동안 뜻을 같이했던 반제 반봉건의 사상가 해학 이기(海鶴 李沂, 1848-1909) 등과 더불어 '단군교'의 중광을 선포한다. 이듬해인 1910년 일제의 주목을 피하기 위해서 교명을 '대종교(大倧敎)'로 개칭했고, 1913년 총본사를 백두산이 바라다 보이는 만주 화룡현(化龍縣)으로 옮겨 교세 확장과 교리의 체계화에 힘쓴다. 하지만 일제가 1915년 포교규칙(布敎規則)을 발표하여 '종교'[신도, 불교, 기독교]와 '유사종교'를 법령으로 구분하며 포교를 금하자 1916년 음력 8월 황해도 구월산의 단군사당 삼성사로 들어갔다. 거기서 그는 '대종교를 위해, 하늘을 위해, 인류를 위해'라는 세 가지 목숨을 끊는 이유를 밝히고[殉命三組] 방대한 양의 유서를 남기고 스스로 호흡을 끊는 방식으로 자결로써 항거하였다. 대한민국의 독립운동은 이때로부터 "불길처럼 번져 나갔다"고 지적되었다.[25]

(2) 철학자 이규성은 대종교 홍익사서(弘益四書)로 불리는 『태백진훈(太白眞訓)』, 『삼일신고(三一神誥)』, 『천부경(天符經)』, 『참전계경(參佺戒經)』 중에서 특히 「천부경」을 중심으로 해서 화서 이항로 계열과 사우관계로 연결되는 서우 전병훈(曙宇 全秉薰, 1857-1927)의 정신철학(精神哲學)을 대종교 도의 특성을 잘 드러내는 것으로 평가한다. 위서(僞書) 논란이 많은 『환단고기(桓檀古記)』와 『규원사화(揆園史話)』 등을 통해 한민족 고대사를 회복하고 그 고유의 사상을 전파하다 일제에 피살된 계연수(桂延壽, 1864-1920)로부터 「천부경」을 전달받은 전병훈은 그 정신을 한마디로 천도(天道)와 인도(人道)를 겸해서 함께 이루려는 "겸성(兼聖)"의 성인(聖人) 추구 그것이라고 이해했다고 한

---

25 이규성, 같은 책, 209쪽; https://m.youtube.com 광주 MBC창사52주년 특집다큐 홍암 나철 100주기 다큐.

다.[26] 그것은 나 개인의 인격을 최고로 고양시키면서 동시에 사회적, 국가적, 우주적인 통일과 이상의 궁극을 함께 실현시키려는 내외쌍수의 추구로서 "하늘과 하나가 된다"는 의미이고, 우리 모두가 그러한 겸성의 성인을 지향하자는 뜻이라고 밝힌 것이다. "지극한 창조적 자유정신[至神]은 내외를 완성하는 성스러움을 겸한다[至神兼聖].", "'동한(東韓)의 단군 천부경은 겸성철리의 극치[兼聖哲理之極致]', '겸성의 최고원리[兼聖之至理]'"라고 전병훈은 언명하고,[27] 단군을 바로 하늘이 내린 겸성지신의 "신인(神人)"이며, "선성(仙聖)"의 모형으로 보는 것이다. 그의 현현을 근거로 우주의 온 생명은 자아완성과 세계 변형의 내외 겸성을 지향하는 바, 거기서의 창조와 진화와 소통과 순환의 무한한 운동은 "시작이 없는 상태에서 시작하는 것[一始無始一]"이기도 하고, "그 하나가 세 가지 이상으로 무한히 분화한다고 해도 근본이 다함이 없는[析三極無盡本]" "궁극적인 하나[一終無終一]"라는 원리를 설명하는 것으로 보는 것이다.

(3) 이러한 「천부경」의 사고를 자신의 것으로 받아들이는 대종교 신앙의 독립운동은 그리하여 인격적 정신의 자유와 세계변형, 그리고 그 변형이 단지 자국의 독립과 해방에만 그치는 것이 아니라 전 우주공동체에 대한 사랑과 하나 됨("愛合種族", "勤務産業")을 크게 지향하게 했고, 이렇게 한민족 고유의 불이적(不二的)이고 통합적인 세계관에 근거한 대종교는 만주로 중심을 옮긴 후 빠른 속도로 확산되어 30만의 신도를 헤아리게 되었다고 한다. 자기수련과 교육운동 및 민족해방을 위한 군사적 실천을 함께 병행하는 역동적

---

26 같은 책, 186쪽.
27 같은 책, 191쪽.

이고도 창조적인 정신운동으로 역할하면서 3·1운동 이후 한국 독립운동을 주도적으로 이끈 것이다. 그런 의미에서 인간 내면의 핵으로서 내재되어 있는 하늘 씨앗[性]에 대한 깊은 자각과, 현실에서의 과제와 명에 대한 뚜렷한 인지[命]와, 그것을 용기 있게 실천하는 몸의 실천력[精]을 '삼일[性命精 三一]'로 보는 대종교가 한국 자주와 독립 운동에 지대한 역할을 한 것은 어쩌면 당연하다고 할 수 있다. 『한국독립운동지혈사』를 쓴 백암 박은식, 위당 정인보(鄭寅普, 1892-1950), 상해임시정부의 산파역을 했던 예관 신규식(睨觀 申圭植, 1879-1922), 초대의장 석오 이동녕(李東寧, 1869-1940), 민족사학의 단재 신채호(申采浩, 1880-1936), 대종교 정신에 따라서 한글의 존귀성을 밝힌 주시경(周時經, 1876-1914) 등이 모두 대종교인들이었다. 생사를 초극하며 독립운동을 치열하게 이끌던 대종교 지도자인 김교헌(金敎獻, 1868-1923)과 윤세복(尹世復, 1881-1960) 등 39인이 참여한 가운데 대종교 본사에서 "대한독립선언서"라는 명확한 이름으로 1918년 2월에 '무오독립선언(戊午獨立宣言)'이 나와서 3·1운동의 기폭제가 된 것이 지적된다. 또한 종사의 자격을 사양하고 대한독립단의 총재로서 무력 저항운동을 이끌었던 백포 서일의 활동으로 1920년 홍범도(洪範圖, 1868-1943)의 봉오동대첩과 김좌진(金佐鎭, 1889-1930)의 청산리대첩이 가능했다고 전한다.[28] 백범 김구(白凡 金九, 1876-1949)와 이시영(李始榮, 1868-1953)도 그러한 정신적 반경 속에서 자신의 역할을 한 것이고, 여운형(呂運亨, 1886-1947)은 「천부경」에 대한 찬을 썼다고 하고, 다석 유영모(柳永模, 1890-1981)가 유일하게 번역한 책이 「천부경」이었고, 그 제자 함석헌(咸錫憲, 1901-1989)이 펼친 씨올사상도 대종교의 정신적 계승임이 지적되기도 한다.[29]

---

28 이찬구, 『천부경과 동학』, 도서출판 모시는사람들, 2007, 594쪽.
29 이규성, 같은 책, 255쪽.

4) 대승의 전통을 이어 3·1운동에 합류한 한국 불교

한국 불교는 신라 시대 그 도입 시기부터 나라와 공동체를 위한 호국불교적 성격을 강하게 가지고 있었다. 조선 시대 척불의 어려운 상황에서도 한국 불교가 여러 대안의 모습으로 명맥을 이어오는 가운데 천도교와 개신교의 주도로 3·1운동이 계획되었을 당시 전 민족적 거국의 일이 되고 국민 대중을 총동원하기 위해서는 불교와 유교 측의 참여가 긴요하다는 논의가 나왔다. 이에 손병희의 지도하에 천도교 측의 중심인물로 역할 했던 최린(崔麟, 1878-1968)이 당시 강원도 양양 신흥사의 승려로 있던 한용운(韓龍雲, 1879-1944)을 그의 계동 집으로 찾아가서 즉석에서 승낙을 얻었고, 시간이 촉박했던 관계로 더 모으지 못하고 한용운보다 15살 연장의 백용성(白龍城, 1864-1940)과 더불어 두 명이 독립선언서 불교 측 민족대표로 참여하게 되었다.[30]

(1) 불교계의 대표적 독립운동가이고 시인이며 불교개혁가인 만해 한용운의 생애사에는 그가 1894년 동학농민운동에 가담했던 일과 1910년 한일합방조약이 체결되자 만주로 건너가 만주지방의 이회영, 박은식, 김동삼 등의 독립지사들을 만나서 독립운동을 협의한 일이 전해진다. 1911년에는 송광사에서 승려궐기대회를 개최하여 한국과 일본의 불교를 통합하려는 친일 불교 행위를 규탄 저지했고, 1914년에는 불교 포교의 보편화와 대중화를 선언하며 조선불교청년동맹을 결성해서 청년들에게 불교 운동을 일으키고자 했다. 이 일을 위해서 불교 경전의 한글화를 주장했으며, 1918

---

30 이병헌, 『三·一運動秘史』, 시사사보사출판국, 1959, 51-52쪽.

년 불교잡지 『유심(唯心)』을 창간하여 민중의 계몽과 민족정신을 고취하면서 조선불교 개혁에 힘썼다. 1919년 3·1운동 때는 독립선언문 내용을 두고 보다 더 과감하고 급진적이며 현실적일 것을 주장하면서 최남선과 갈등했다는 이야기가 전해지고, 태화관에서 대표로 독립선언 취지를 연설하고 체포되어 서대문형무소에서 3년 복역하였으며, 복역 중 '조선독립의 서'를 집필하다가 발각되기도 했다. 또 1927년 종교 사회단체를 망라한 신간회의 결성에 불교계 대표자의 한 사람으로 적극 참여하였다. 1940년부터는 창씨개명 반대운동을 하였고, 조선인 학병 출정 반대운동을 전개하면서 일제의 극심한 탄압에도 굴하지 않고 끝까지 비타협적인 독립정신을 견지한 것으로 이름이 높다. 그는 조선총독부와 마주보기 싫다며 북향으로 집(심우장)을 지어 냉방에서 살면서 병과 영양실조로 1944년에 세수 66세로 세상을 떠났다.[31]

(2) 한용운으로부터 참여 요청을 받고 불교 측 대표로 함께 한 백용성은 만해 한용운보다 덜 대중적이지만 한국 근대 불교에서 중요한 위치를 점하는 고승으로 존경받는다. 전라북도 장수 출신으로서 1919년 2월 27일 자신의 인장을 한용운에게 맡겨 불교 측 대표로 서명날인하게 하였고, 그 무렵 천도교와 기독교 사이에 의견 대립이 일어나자 자기 몫을 주장하지 않는 무아(無我)사상으로 민족대표들을 결속시키는데 앞장섰다고 한다.[32] 또한 3·1운동 당시 태극기를 흔들 것을 제안했다고도 하는데, 1년6개월을 복역한 후 나와서는 불교, 불상과 관련된 유물을 가장해 상해임시정부를 위해서 꾸준

31 고은, 『한용운 평전』, 향연, 2004.
32 https://ko.wikipedia.org/wiki/백용성.

히 독립운동자금을 보낸 일화가 유명하다. 감옥에서 한글 성경을 가지고 있던 목사들을 보고서 충격을 받아 1921년 한국 불교사상 처음으로 한글판 『금강경』을 출판하였고, 1928년에는 『조선글 화엄경』을 펴내 당시의 언론은 세종대왕도 못했던 일이라고 놀라워했다고 한다. 1930년 대각사에서 윤봉길 의사에게 불계를 주어서 불자로 삼은 후 항일운동을 위해서 상하이 임시정부로 보냈고, 후에 그의 법계 후손이 되는 법륜 스님이 2014년 5월 (사)독립운동가 백용성조사기념사업회 이사장으로 한겨레신문과 한 인터뷰에 따르면 해방 후 김구 선생이 찾아와서 그 일에 대해 고마움을 표했다고 한다.[33] 또한 이 인터뷰 기사에 따르면 용성 스님이 애초 출가한 절이 전북 남원(당시 장수)의 덕밀암이었는데, 그곳 혜월 스님은 수운 최제우가 동학(천도교)을 창도한 뒤 조정에 쫓기고 있던 시절 최제우를 6개월 이상 숨겨주었고, 거기서 수운은 동학의 주요 경전을 썼다고 하는데, 용성 스님은 3·1운동 당시 천도교교주 손병희를 만나 자신의 스승과 의암의 스승 수운의 그런 인연을 말하면서 3·1운동에서의 종교 간 의기투합을 더욱 공고히 했다고 한다.

(3) 참으로 놀라운 이야기들이다. 3·1운동 후 간도에 대각교당을 세워독립운동가들의 뒤를 돌보아주었고, 대규모 농장을 마련해서 '선농일치(참선과 농사가 둘이 아님)'를 주장하며 조선 불교를 개혁하고 대승불교의 참 정신을 이어가고자 한 용성 스님의 이야기를 통해서도 우리는 3·1운동 정신에서의 뛰어난 종교 화합과 나라와 공동체를 위한 일심의 공공(公共) 정신을 본다. 이러한 만해와 용성 스님에 이어서 일제강점기 지금의 은평구 진관사와

---

33 《한겨레신문》, 2014.5.22, '짬' 독립운동가 용성 재조명.

마포포교당을 중심으로 항일 독립운동을 이끌었던 백초월(白初月, 1878-1944) 스님을 언급하고자 한다. 최근 한 언론에서 다시 조명하기도 한 백초월 스님은 지난 2009년 은평구 진관사 칠성각을 보수하는 가운데 벽 속에서 출토된, 일장기 위에 그려진 낡은 태극기와 당시의 여러 독립운동 자료들을 그곳에 숨겨 둔 장본인이다. 그에 대해서 후의 연구자들은 만해가 원래 그도 포함해서 불교계를 대표할 5, 6명을 민족대표로 생각했지만 당시 지방에 있던 관계로 연결이 쉽지 않아서 백용성 스님만 참여케 된 것이라고 전한다. 초월의 독립운동은 3·1운동 후 임시정부 및 독립군을 위한 군자금 모금과 '혁신공보' 발간을 통한 민족의식 고취로 요약될 수 있는데, 그는 1920년 일본 유학생들이 주도한 3·1운동 1주기 기념시위에 관여하다 3월 도쿄에서 잡혀 경성지방법원으로 이송되어 모진 고문을 받았고, 그를 따르던 학인들에게 "번갯불 번쩍할 때 바늘귀를 꿰어야 한다"라고 말하며 독립운동에 나설 때 좌고우면하지 말고 즉시 가담하라고 가르쳤다고 한다.[34] 이것은 그가 화엄교에서 얻은 깨달음과 항일운동의 전략을 어우른 가르침이다. 그는 20여 년간 체포와 투옥, 구금, 감시에도 불구하고 항일운동 일선에서 벗어난 적이 없다고 하는데, 1938년 봉천행 화물열차에서 '대한독립만세'를 낙서한 사건이 터져 2년 6개월 판결을 받았고, 다시 독립운동 자금 때문에 감옥에 갇혀 1944년 6월 29일 청주교도소에서 순국했다.

3·1운동 후 불교계도 여타 다른 한국의 종교계처럼 일제의 탄압과 회유에 굴복하면서 많이 변절하기도 했지만 이상의 인물들의 경우는 끝까지 그 항거의 정신을 거두지 않았고, 불교 신앙의 뛰어난 자기무화의 역동성과 실

---

34 《동아일보》, 2019.01.22, '일장기에 눌러 그린 진관사 태극기를 보러 가다'.

천력을 보여주었다. 한국 3·1운동과 독립운동은 이처럼 이 땅 제 종교들의 통합과 화합, 서로 긴밀한 영향 속에서 가능해졌던 것이다.

3. 기독교(개신교) 3·1운동 정신의 세 가지

이상에서처럼 3·1운동은 대한민국이 당시 일제의 무단정치로 인해서 더할 수 없는 고통 속에 빠져 있던 중 의지할 곳이 종교밖에 없다는 상황에서 여러 종교 그룹들의 협력과 하나 됨을 통해서 이루어진 것이다. 1920년 3·1운동 직후 '광복사'가 아닌 '독립운동사'를 쓰게 되었다고 통탄해하는 박은식은 『한국독립운동지혈사』에서 3·1운동이 일어나기까지의 일본의 압제와 만행, 그들이 말과 신의를 어긴 것이 어느 정도였는지를 낱낱이 밝힌다. 사망자가 30여만 명이나 있었다는 '동학당' 이야기, 명성황후 시해의 잔혹성과 무법성, 을사늑약을 맺을 때의 무력과 공포 분위기, 1907년 헤이그 밀사 파견의 책임을 물어 고종을 강제로 폐위시키고 정미7조약을 맺게 하며, 군대 해산 때 저항하는 군인들을 수백 명 살해한 이야기, 이후 더욱 가열차게 일어난 전국의 의병들을 무참히 진압한 일, 초대총독과 경무총감은 "사람 죽이기를 즐겼다"는 지적과 함께 이들이 안창호에 의해서 발기된 신민회(新民會)를 독립운동 하는 곳이라 하여 120여 명을 잡아들여 "다섯 가지 고문 방법과 구타로 반죽음에 이르고 거의 목숨이 끊어지게" 될 정도로 횡포를 부린 이야기, 이어진 총독의 "탐욕 포악한 행정"은 "5천 년 문화의 나라를 토번 미개의 땅으로 인정하고, 통치방법을 모두 대만에 시행하던 것으로 시행"했다고 하면서 그들이 중일·러일의 두 전쟁을 치러서 국채가 이미 십수 억에 달해 "한국에 대한 시설의 부담은 실로 곤란한 일이었다"고 밝힌다. 그래서 행정기관을 감축하고 한인들을 내쫓고 일본 관리들로만 채우고, 그 관리의 봉급액은 한인 관리보다 3배 이상이 많았고, 헌병과 경찰을 모두 법률 지식이 모자라는 자들로 세워 함부로 사법재판을 행해서 인민에게 끼치는 해독이 그보다 더할 수 없었다고 한다. 총독부는 한국인 교육령을 발표하여 전통 교육기관은 다 없애버리고 한국에는 대학을 두지 않았으며, 각국의 혁명사, 독립사, 위인역사는 모두 엄하게 금지하였고, 소위 '수신' 교과서는 순전히 일문(日文)으로 만들어서 일본인 교사가 가르쳤기 때문에 한국인 아동들은 절대로 그 조상의 위업이나 선행을 들을 수 없었다고 한다. 특히 "종족의 계통에 대해서도 감히 거짓말로 속여 우리 민족의 시조가 저희들 시종의 아우"라 일컬었고, 이러한 일에 대해서 박은식은 "우리나라의 부녀·아동들도 냉소하여 마지 않는다"라고 지적했다. 심지어 일제는 수학교육에도 차별을 두어서 대수학의 인수분해 이상과 입체기하학, 삼각법은 한국인들에게 가르치지 못하게 했고, 체육교육에는 더욱 제한이 많아서 일본인은 보통학교, 고등보통학교에 매주 세 시간의 체조가 있었지만, 한국인에게는 고등보통학교에 국한해서 약간의 유연체조가 있었을 뿐이라고 한다.[35]

이상의 말로 다할 수 없는 차별과 억압 앞에서 종교인들이 주축이 되어서 3·1운동이 일어났고, 그중에서도 당시 2천만 인구 중 1-1.5% 정도의 신도 수(20-30만)에 불과했던 개신교가 그 한 주축을 담당했다. 그때 또 다른 축을 이루었던 천도교는 교인 수 3백만을 헤아리는 핵심 종교 단체였다. 주지하다시피 한국 개신교는 1885년 일본을 거쳐 한국에 입국한 두 미국 선교사, 언더우드(Horace G. Underwood, 1859-1916)와 아펜젤러(Henry G. Appenzeller, 1856-

---

35 박은식, 『한국독립운동지혈사』(상), 84-125쪽.

1902)에 의해서 본격적으로 시작되었다. 21세기 오늘의 한국 개신교와 비교해 보면 참으로 미약하고 겨우 신생종교의 위치를 막 벗어난 상황이었는데 어떻게 당시의 개신교가 그러한 일을 담당할 수 있었는지, 그 신앙적 신념과 이상이 무엇이었는지를 보다 주의 깊게 살펴보고자 한다. 바로 오늘 한국 사회와 개신교가 처한 어려운 상황을 해쳐나가고 새롭게 변할 수 있는 근거를 찾기 위해서이다.

1) 민족을 껴안은 3·1운동 개신교

'종교민족주의'라는 말로 한국 대종교(大倧教)에 대해서 연구한 논문이 있는데,[36] 나는 이 말을 좋게 생각했고, 그것을 3·1운동을 추동했던 당시의 한국 개신교에 대해서도 함께 말할 수 있다고 생각했다. 함석헌은 자신이 버리지 못하는 것이 셋이 있는데 그것은 '민족'과 '신앙' 그리고 '과학'이라고 밝혔다.[37] 그러면서 자신의 개인적인 삶에 대해서도 "내겐 3·1운동이 없으면 오늘은 없다"라고 하면서 3·1운동이 자신의 삶에서 어떻게 "큰 돌아서는 점"이 되어서 당시 다니고 있던 관립 평양고등보통학교를 그만두고 민족사학 오산학교로 오면서 전혀 다른 방향으로 삶이 진행되었는지를 밝힌다.[38] 우리 민족에게 있어서도 "한국에 기독교가 빨리 번져 나간 원인은 여러 가지로 설명할 수 있으나, 그중에서 잊을 수 없는 하나는 그것이 민족주의를

---

36 정영훈, 「홍암 나철의 종교민족주의」, 『정신문화연구』 2002 가을 호 제25권 제3호(통권 88호), 229-256쪽.
37 함석헌, 「하나님의 발길에 채어서」, 노명식, 같은 책, 151쪽.
38 함석헌, 「죽을 때까지 이 걸음으로」, 노명식, 같은 책, 115쪽.

타고 왔다는 사실"이라고 진술했고,[39] 그렇게 당시 한국인들은 함석헌뿐 아니라 많은 사람들이 기독교인이 된 것이 일본의 압박을 물리치고 나라를 독립시키려면 서양 선진 강국들이 믿는 기독교를 믿어야 한다는 생각을 했다.

(1) 민족운동으로서의 개신교 3·1운동

기독교 역사학자 이만열 교수는 이상의 이유로 3·1운동과 기독교의 관계를 규명하는 데 있어서 기독교가 거기서 아무리 주동세력으로 역할을 했다 하더라도 3·1운동은 "교회운동이라기보다는 민족운동이라는 점"을 분명히 할 때 거기서의 기독교계와 기독인의 위상을 바르게 자리매김할 수 있다고 지적한다.[40] 즉 그에 따르면 3·1운동이 마치 기독교 세력에 의해서 수행된 것처럼 여기는 폐쇄적인 기독교 중심적인 시각이나 그 반대로 기독교회가 교단적으로 크게 참여하지 않고 단지 몇몇 개별적 참여만 있었다고 한정시키는 것은 두 가지 모두 잘못된 왜곡이라는 것이다. 당시 일제는 대종교 다음으로 기독교를 미워했는데, 왜냐하면 '예수교회'가 서양문명을 수입해 와서 한국인들로 하여금 새로운 사조를 북돋우게 하고, 신도들은 정세에 밝고 애국심이 강하며, 특히 서양 선교사들과 함께하면서 자신들의 학정이 서양인들에게 잘 관찰되고 비판받게 한다고 보았기 때문이다.[41] 그리하여 기독교를 "배일파(排日派)"라고 지적하며 온갖 방식으로 기독교의 종교 활동과 사립학교 활동들을 방해했다고 한다.[42]

---

39 함석헌,「하나님의 발길에 채어서」, 노명식, 같은 책, 139쪽.
40 이만열,「3·1운동에 대한 기독교사적 이해」, 3·1운동 70주년 특별기고, 『기독교사상』 33(3), 1989.3, 18쪽.
41 박은식, 같은 책, 219-220쪽.
42 박은식, 같은 책, 128-136쪽.

이러한 정황으로부터 알 수 있듯이 한국 개신교는 그 출발에서부터 민족의 처지와 더불어 씨름하는 일을 핵심으로 삼았다. 1885년 두 미국선교사의 입국에 이어서 1888년 한국에 도착한 캐나다 장로교 선교사 게일(James S. Gale, 1863-1937)은 1909년 『전환기의 한국 Korea in Transion』이라는 한국 입문서를 쓰면서 "한때 무식한 섬나라의 야만인들이라고 생각했던 일본인들" 수중에 나라가 떨어지고, 황제가 축출되고 왕비도 무참히 살해되는 것 등을 보면서 한국인들은 "하늘을 쳐다보기 시작했다"고 적고 있다.[43] 또한 한국인들은 기독교 복음을 전하기 시작하면 "하나님을 모르는 사람이 어딨어?"라든가 "신(神)을 모르는 사람이 어딨어?"라고 응답했지만,[44] 그러면서도 앞에서도 지적했듯이 하늘(天)을 직접적인 '부모(아버지)'와 '당신', '구세주' 등의 구체적인 개별성의 인격으로 만나면서 한국인의 자주와 독립, 평등 의식이 크게 신장된 것을 말할 수 있다. 이것이 그대로 3·1운동을 촉발시킨 영적 근거가 될 수 있었음을 말하는 근거이다. 북한의 평양에도 1893년 장대현(章臺峴)교회와 남산현(南山峴)교회가 시작되면서 특히 6-7만이었던 평양 인구가 청일전쟁(1894-1895)으로 1만 5천으로 줄 정도로 비참했던 상황에서 고통 속의 민중들과 함께 했던 기독교 교회에 대한 주민들의 생각이 긍정적으로 변하여[45] 1907년 평양 대부흥 운동도 일어났고, 이승훈(李承薰, 1864-1930), 길선주(吉善宙, 1869-1935), 손정도(孫貞道, 1872-1931), 안창호(安昌浩, 1878-1938), 김마리아(金瑪利亞, 1891-1944) 등 수많은 기독교 독립운동 사상가들을 배출한 것이다.

---

43 J.S. 게일, 『전환기의 조선』, 신복룡 역주, 집문당, 1999, 40쪽; 이은선, 「21세기 한국 여성 리더십에 있어서의 유교와 기독교」, 『한국 생물生物여성영성의 신학』, 도서출판 모시는사람들, 2011, 235쪽.
44 J.S. 게일, 같은 책, 70; 이은선, 같은 글, 236쪽.
45 이덕주, 『남산재사람들-독립운동의 요람』, 그물, 2015, 45쪽.

(2) 개신교 3 · 1운동의 실제

알려져 있다시피 제1차 세계대전이 끝나고 러시아혁명, 월슨의 민족자결주의 천명 등 '세계개조'의 새로운 국제질서가 전개될 것을 감지한 기독인들과 천교도인들은 비슷한 시기에 각각 독립운동을 준비했다. 기독교 측에서는 이승훈을 중심으로 주로 장로교 계의 서북지역 그룹과 감리교 목회자 박희도(朴熙道, 1889-1951)를 중심으로 서울지역에서 움직임이 있었고, 이승훈이 최남선(崔南善, 1890-1957)을 통해서 천도교 측과 연결되어서 손병희 선생이 제시한 "대중화, 일원화, 비폭력"을 받아들여 단일화한 것이다. 이들은 "불교 단과 유교 측의 참가 없이는 완전한 민족적 통일체라 볼 수 없"다고 생각하여 다시 최린(崔麟, 1878-1958)이 불교 측의 한용운(韓龍雲, 1879-1944)을 접촉해서 함께하게 되었고, 유교 측은 "전래 조직이 분명치 못하였고 개인적으로는 상당한 인물이 없는 바는 아니나" 촉박한 시기와 보안상 이유로 더 넓히지 않기로 했다고 한다.[46] 또한 운동 날짜의 선택과 "3 · 1운동"이라는 이름에 대해서도 독살 당했다고 회자되는 고종황제의 국장을 앞둔 날이기도 하지만 '3 · 1'이라는 말이 "삼위일체의 철학적 용어"이고, "삼 교단이 일체가 되어서 일으킨 운동"이라는 의미도 되며, "영토, 인민, 주권의 삼 요건으로서 일국가(一國家)가 형성된다는 의미"가 되므로 3월 1일에서 그냥 '3 · 1'을 가져와서 거기에 '운동'을 붙여서 부르기로 해서 "3 · 1운동"이 되었다고 설명한다.[47] 날짜가 그렇게 정해지고 그와 같은 이름으로 불린 것이 큰 민족적 뜻이 있다는 것이다.

"조선민족대표" 33인 중에서 16명이 기독인이었고, 그 외 비서명자를 포

---

46 이병헌, 「최린 선생 자서전 중」, 『三 · 一運動秘史』, 52쪽.
47 같은 글, 53-54쪽.

함한 핵심인사 48인 중 24명이 기독인이었던 3·1운동은 그 대중적 전개과
정에도 많은 기독인들이 참여했고, 특히 지방마다 기독교계 학교의 학생들
이 운동을 주도했다. 또한 경의선, 경원선을 따라서 교회가 있는 곳을 중심
으로 기독교 인사들이 거주하는 곳이 주된 시위 장소가 되었다고 하는데, 당
시 전국 개신교의 3분의 2가 집중되어 있던 서북 5도에서 만세운동이 가장
격렬했으며, 이승훈의 고향인 평북 선천에서 3·1만세운동에 대한 일제의
무차별한 사격이 시작되었다고 한다.[48] 이 만세시위는 전국 각지로 퍼져서 5
월까지 3개월 동안 세차게 이어졌으며, 3월에서 4월 사이에 일어난 시위 수
가 1,214회였고, 거기서 기독인들이 주동한 것이 거의 25%였고 검거된 사람
의 약 17%가 기독인이었다고 한다.[49] 당시 김병조, 손정도 등의 증언에 따르
면 "동양의 선진국이라고 자처하는 일본이" 손에 아무것도 들지 않고 평화
적으로 시위하는 민중들을 "총검으로 참혹하게 무찔러서, 사상자가 10만이
넘고 투옥자가 30만을 헤아리는" 잔혹상을 저질렀고, 또한 "독립운동은 교
회가 주도한 것이라고 하여" 헌병과 경찰을 동원해서 각 군을 다니면서 거
리낌 없이 학살을 자행했는데, "그 박해는 참으로 옛날 로마 시대의 네로황
제를 능가하였다"고 한다.[50] 1919년 3월 1일(土) 오후 1시 서울과 같은 날, 같
은 시각에 평양에서도 고종황제 봉도식(奉禱式)을 가장한 독립선언식이 있었
고, 이어진 만세운동 과정에서 검거되고 투옥되고 옥사까지 나와서 그해 가
을 서울 정동교회에서 열린 미 감리회 연회에 한국 감리교회 목회자 가운데

---

48 최재건, 「3·1정신과 대한민국의 건국정신」, 한국기독교학회 제47차 정기학술대회,
　　한국기독교학회, 2018.10.12-10.13, 자료집제2권, 36쪽.
49 양현혜, 「그리스도와 민족주의 문제-3·1운동과 조선, 미국, 일본 그리스도교의 움직
　　임을 중심으로」, 『신학사상』74집, 1991 가을, 821쪽.
50 박은식, 『한국독립운동지혈사』 (하), 78-79쪽.

3분의 2가 투옥과 망명, 피신으로 참석하지 못했고, 가장 많은 피해를 입은 평양 지방 한국인 감리교 목회자가 28명이었는데 그해 11월 남은 목회자가 2인에 불과하게 되었다고 한다.[51]

(3) 개신교 민족운동의 신앙적 뿌리

그러면 어떻게 이와 같은 정도로 당시의 교회가 민족을 껴안을 수 있었고, 나라의 독립이 그들이 믿는 하나님의 뜻이고 반드시 독립한다는 것을 주장할 수 있었을까? 앞에서 지적한 대로 기독교 신앙의 인격주의적 특성으로 인해서 자신이 처한 삶의 정황에 대한 구체적 의식과 자각이 더욱 가능해졌고, 기독교 성서의 고난 받는 이스라엘 민족을 향한 해방과 구원의 이야기가 교회 설교 등에서 반복적으로 선포됨으로써 그것을 한민족의 경우와 쉽게 유비하게 되었다고 말할 수 있다.[52] 하지만 이러한 기독교 신앙으로부터의 자각 이전에 사적 자아를 넘어서 '공(公)'을 우선시하는 오랜 문화적 뿌리와 긴 시간 동안 축적된 한일 간의 불화에 더해서 합병 이후 10여 년간 받아왔던 차별과 잘못된 '동화'정책에 대한 자연스러운 반발이 함께 중첩적으로 역할을 하였다고 본다. 박은식은 그의 『한국독립운동지혈사』 하편을 먼저 "빙탄(氷炭) 같은 한일민족성"이라는 제목 아래 일본과 한국의 반목이 얼마나 오래되었고 뿌리 깊은지를 밝힌다. 신라 때부터의 1500년을 말하면서 3백 년 전의 임진왜란의 피해를 여전히 기억하고, 가까이는 청일전쟁과 러일전쟁에서 일본이 무고한 인민들을 살해하고 군병의 노동자로 끌고 가고, 부녀자를 강간하고 재산에 손해를 입힌 것들의 규모를 조목조목 들면서 의병의

---

51 이덕주, 같은 책, 175-176쪽.
52 양현혜, 같은 글, 822쪽.

피살자가 10여만 명이었고, 무고한 촌민으로 학살당한 자는 "독립 후가 아니고서는 그 통계를 구할 수가 없다"고 지적했다.[53] 그래서 "원통함은 이미 골수에 사무쳐" 있는데, 다시 1876년의 병자수호조약 이래로 10여 차에 걸쳐서 한국의 독립을 보장한다는 약속을 믿지 못하게 만들고 병합을 시켜 '동화'를 주장하니 그것은 결코 이루어질 수 없는 일이라는 것이다;

> 일반 백성의 뜻을 말하자면, … 밭 매는 사람은 호미를 휘두르면서, "어느 때 저 왜놈 제거하기를 잡초 없애 버리듯 할꼬." 하고, 나무꾼은 도끼를 휘두르면서 "언제 저 왜놈들 베기를 땔나무 베듯 할꼬." 한다. 빨래하는 부녀자들은 "나는 어느 날에 왜놈들을 방망이로 때려 칠꼬." 하고, 새를 쏘는 아이들은 "나는 어느 때 왜놈을 쏴서 잡을꼬." 하며, 기도하고 제사지내는 무당과 점쟁이도 "신이여, 어느 날에 무도한 왜놈들에게 벌을 내리시겠습니까?" 한다. 이것은 다 백성들의 독립정신이 뇌수에 맺히어 저절로 드러나는 것이다. 그런데도 저들은 분수없이 '同化'라는 쓸데없는 말을 한단 말인가.[54]

붙잡힌 민족대표 33인과 그중 기독교 측 16인에 대한 일본 판사의 취조서를 살펴보면 거기서 가장 빈번히 듣는 이야기는 비록 기독교 측에서는 당시 '(독립)선언서'보다는 좀더 온건한 '청원서'를 내자는 의견이 강했고, 한일병합 자체에 대해서도 당시 나라 상황에 대한 인식 차이에 따라서 그 판단의 강약이 서로 달랐지만 한결같이 4천 년이 넘는 한민족의 역사에 대한 인식을

53 박은식, 『한국독립운동지혈사』(하), 143-149쪽.
54 박은식, 『한국독립운동지혈사』(상), 82쪽.

그들 모두 가지고 있었다는 것을 보여준다. 또한 조선 정신과 일본 정신을 말하면서 두 민족이 결코 '동화'되지 않는다는 것, 당시 총독정치의 차별성과 불의가 얼마나 심한지에 대한 지적이었다.[55] 이렇게 당시 일반인뿐 아니라 기독교의 지도자들이 '민족'에 대한 의식을 분명히 가지고 있었다는 것은 한민족의 민족주의가 단지 근대 서구의 "상상의 공동체"의 모방이라거나 특히 오늘날은 그 가치와 의미를 다했다고 하면서 간단히 탈 민족주의를 주장하는 것이 얼마나 한국 민족의식의 역사적 뿌리를 간과한 단견인지를 말해준다. 3·1운동은 그렇게 기독교 운동이었으면서도 동시에 민족운동이었던 것이다.

2) 민중과 여성 주체의 3·1운동 개신교

함석헌에 따르면, "우리나라 역사에 민중이 제 대접을 받아 본 것은 이 3·1운동이 처음이다." 그래서 3·1운동 이전까지의 역사는 정치나 지배자, 영웅주의의 역사였다면 이제는 "씨올의 역사"이고, "자주(自主)하는 민(民)의 역사"이며, 씨올의 가슴이 열렸기 때문에 그때까지 잠을 자던 나라가 깼다고 일갈한다.[56] 나는 이 지적에 가장 잘 부합하는 그룹이 특히 여성이라고 생각한다. 주지하다시피 한국 여성들의 삶은 19세기 말 기독교회의 등장과 더불어 획기적으로 변화되었다. 거기서 그들은 이름을 얻었으며, 글을 깨우쳤고, 독자적인 인격으로의 자각을 얻었다. 1907년 시작된 국채보상운동에

---

55 이병헌, 같은 책, 284, 497, 721, 735쪽 등.
56 함석헌, 「죽을 때까지 이 걸음으로」, 노명식, 같은 책, 123-124쪽.

참여 여성 중 31%가 기독 여성들이었다는 보고대로[57] 그들은 위기의 나라를 구하기 위해서 힘을 모았고, 3·1운동에서 독자적이고도 주체적으로 참여하여 "3·1운동이 조선 여자로 하여금 사회의 일원으로서 남자와 협력하여 활약하기를 시작한 첫 막"이라는 언급이 나왔다.[58]

(1) 여성들의 3·1운동 참여

3·1운동이 지방으로 파급되는 일에 지대한 역할을 했던 교회와 기독교계 학교에서 여성교사들과 학생들도 서로 마음에 맞는 친구들끼리 비밀결사대를 조직해서 활동했고, 그중 1913년경 평양 숭의여학교 교사 황에스더(1892-1970), 김경희, 박정석 3인이 중심이 되어 조직한 송죽결사대가 있었다. 이들은 독립사상을 전국 여성들에게 확산시킬 목적으로 정예학생들을 모집해서 비밀리에 집회를 가졌으며, 후일 3·1운동을 일으키는 데 준비조직이 되었다고 한다.[59] 1919년 2월에 3·1운동을 준비하기 위해서 일본에서 국내로 몰래 들어온 김마리아(1891-1944)와 황에스더는 지방을 두루 다니면서 학생들에게 거사준비를 시키고 만세시위를 독려했는데, 잘 알려져 있다시피 이들은 3·1운동에 큰 영향을 끼쳤던 동경 유학생들의 1919년 2·8 독립선언에 참여했고, 졸업을 눈앞에 둔 김마리아는 나라 없이 졸업이 무슨 소용인가 여기며 독립선언서 10여 통을 몰래 국내에 들여와서 3·1운동 거사를 도왔다고 한다. 그로 인해 총감부에 구치되어 5개월 동안 감옥살이를 했고,

---

57 이우정, 『한국기독교여성백년의 발자취』, 민중사, 1985, 148쪽.
58 정화영, 「3·1운동 여성 참여의 신학적 의미」, 한국기독교학회 제47차 정기학술대회, 같은 자료집, 267쪽에서 재인용.
59 이우정, 같은 책, 156-157쪽.

그때 고문으로 몹쓸병을 얻게 되었다.[60] 당시 이들의 활동에 연대한 한 여학생이 파리 평화회의 '미국 대통령 윌슨'에게 보낸 호소문을 보면, 한국이 일본의 "포악"과 "유괴"로 한일합병에 서명한 일이 있지만 그 일인들의 압제와 억압이 심하여 독립을 선포하였더니 여성의 몸으로 구타당하고, 감금당하며 칼과 총으로 상해를 입고, 머리채로 끌려다니는 등 말할 수 없는 고통과 억울함을 당하였다고 밝힌다. 그래서 "이게 정의라 하리까? 이것이 인도(人道)라 하리까?"라고 호소하고, 교회도 마음대로 다닐 수 없는 처지에서 죽임을 당하기까지 하니 "오직 하늘을 향해서 두 손을 들고 자유와 권리를 찾게 해주기를 호소할 뿐입니다" 라고 하면서 "오직 하나님이 틀림없이 여러분들을 감동시켜 우리의 소원을 이루어 주게 하리라는 것을 믿을 뿐입니다"라는 말로 신앙과 함께 인류 공통의 마음에 호소하면서 세계의 도움을 요청했고 독립을 위해서 절규했다.[61]

독립운동 연구가 김삼웅은 3·1만세 시위가 무자비한 탄압 속에서도 두 달 이상 지속 될 수 있었던 것은 우리가 잘 알고 있는 유관순(柳寬順, 1902-1920)을 비롯해서 여성들이 앞장섰기 때문이었다고 밝힌다.[62] 경성 시내 여학교 만세 사건 보고를 보면 이화, 동덕, 배화, 숙명, 정신, 근화 등 여자고등보통학교의 학생들이 거의 전부 참여했고, 3·1운동에서 여성들은 쓰개치마나 장옷을 다 벗어던지고 만세를 불러서 그 이후로는 한국 사회에서 더 이상

---

60 박용옥,「김마리아」,『인물로 본 한국사』, 월간중앙 1월호 별책부록, 1973.1, 267쪽.
61 박은식,『한국독립운동지혈사(하)』, 67-68; 이우정, 같은 책, 159쪽.
62 김삼웅,「3·1혁명과 여성독립운동」, '3·1운동과 여성' 범국민 발대식 및 토론회, 2018.1.29(월) 국회의원회관 대회의실, 3·1운동과 여성 100주년기념사업회 자료집, 28쪽.

그러한 것을 쓰지 않게 되었다고 한다.[63] 독립운동이 여성들의 지위 향상에 크게 역할을 한 것이다. 또한 기독 여성들은 3 · 1만세 시위가 수그러들 무렵 서울과 평양 서북지역에서 3월 독립 만세운동에서 발생한 수많은 수감자들의 옥바라지와 가족들의 구휼을 위해서 애국부인회를 조직했고, 1919년 9월 김마리아는 여러 애국부인회를 통합하여 '대한민국 애국부인회'를 결성하였다. 이들은 상해 임시정부에 군자금을 보내는 일에 주력했는데, 11월까지 임시정부에 제공한 자금만도 6천 원에 이르렀지만 곧 한 동지의 배반으로 조직이 발각되어 간부와 회원 등 1천여 명이 투옥되어 고통을 당했다고 한다.[64]

(2) 차미리사 여사의 여성교육운동

여기서 나는 민중과 여성 주체의 3 · 1운동 기독교 정신의 또 다른 체현자로 덕성학원 설립자 차미리사(1879-1955) 여사를 들고자 한다. 그녀는 열아홉의 나이로 과부가 되어서 상심에 빠져 있던 중 쓰개치마를 쓰고 당시 북감리교파인 상동예배당에 나가서 기독교 신앙에 입문하였다고 한다. 그때 '미리사'라는 이름도 얻었고, 조선 여성들의 비참한 처지에 눈을 뜨게 되면서 이후 중국 유학과 미국 유학을 거쳐 1912년 남감리교 계열의 배화학당의 교사가 되었다. 하지만 그녀는 거기에 안주하지 않고 당시 서양 선교사들이 운영하는 배화학당에 조선의 정신을 불어넣으려고 노력했고, 또한 그와 더불어 당시의 상황에서도 더 소외되어 정규 학교에 올 수 없던 여성들, 하지만 당시 조선 여성의 90%를 차지하고 있던 구식 가정부인들을 대상으로 야

---

63 이우정, 같은 책, 161쪽.
64 박용옥, 같은 글, 268쪽.

학을 열었다. 낮에는 배화학당 사감으로 근무하고 밤이면 젊은 부인들을 모아놓고 연필 공책 등을 주어가며 가르쳤다고 하는데, 1920년 3·1운동 1주년을 기념하여서 배화학당 기숙사생 전체를 이끌고 필운대 언덕 위로 올라가 만세를 부르자 이 사건으로 총독부와 선교부와 갈등이 일어나서 새로 부임한 교장이 배화학교 사감과 야학 중 하나를 선택하라는 요구를 받자 차미리사는 다음과 같이 대답했다:

> 지금이 어느 때라고 내가 배화학교 사감 노릇만 하고 있겠소. 나는 우리 동포를 가르치는 일을 해야겠소.

이렇게 차미리사는 배화학당 사감 자리를 내놓고 감리교 여선교부와의 관계도 정리하고 독자적인 여성교육운동을 전개해 나가기로 결심한다.[65] 당시 3·1운동은 조선 교육운동에서도 하나의 커다란 분기점이 되었는데, 차미리사는 조선 여성의 손으로 세운 여자교육기관이 하나도 없다는 사실에 자괴감을 느끼면서 기미년이 가기 전인 음력 섣달 그믐날(양1920.2.19)에 '조선여자교육회'를 발기하고 새문안 염정동 예배당의 지하실을 빌려서 부인야학을 본격적으로 실시한다. 이것이 '근화여학교[槿花學院]'의 전신이고, 일제 말기에 그 이름이 문제가 되어서 다시 총독부의 압력으로 '덕성'으로 개명되면서 덕성학원의 모체가 된 것이다.

차미리사는 당시 엘리트교육보다 "깊은 단잠에 들어 있는 일반 여자계에 각성을 촉구하는 폭발탄을 던지는 것"과 같은 마음으로 그 일을 시작했다고

---

65 한상권, 『차미리사 평전-일제 강점기 여성해방운동의 선구자』, 푸른역사, 2008, 94쪽.

한다. 당시 남편에게 버림받거나 과부된 여성 등 특히 더 고통 받는 대중여성들을 주목하면서 '부인야학강습소'를 시작한 것이고, 가난 때문에 배우러 오지 못하는 여성들을 위한 강습소 비용 마련도 조선여자교육회의 이름으로 전국을 순회하면서 강연회를 개최해서 기금을 모집했다고 한다.[66] 1920년 5월 1일에는 종로의 승동교회에서 강연과 토론회를 개최했는데, 당시 그 승동교회는 양반가의 첩이나 백정 같은 기층민들이 많은 교회로 3·1운동 당시 학생단의 거점으로도 유명했다고 한다. 그날 토론의 주제가 "오늘날 조선 여자계의 급선무가 조선에서 활동함이냐 혹은 해외에 유학함이냐"였다고 하는데, 이 제목에서도 드러나듯이 한국 페미니즘 운동에서도 그때나 지금이나 서구 사상 종속으로부터 벗어나는 일이 여전히 중요한 관건임을 본다. 훗날 차미리사의 후견인으로 역할했다는 여운형도 승동교회 출신이어서 그와의 인연을 이어나갔고, 이처럼 신분해방과 민족해방운동을 동시에 이끈 유서 깊은 곳에서 여성해방을 위한 토론회도 개최되었다는 것의 의미가 지적되었다.[67]

차미리사는 근화학원은 "서양 사람의 돈이나 기타 외국 사람의 돈이라고는 한 푼도 섞이지 않고 순연한 우리 조선 사람의 뜨거운 사랑과 땀과 피의 결정으로 생긴 것"이라고 강조한다. 그러면서 정규학원에 입학하지 못해 갈 곳이 없이 방황하는 학생들을 수용하고 사회의 그늘에 있는 여성들을 위한 실업교육에 주안점을 두었다는 점에서 큰 의미를 지님을 항상 강조하였다고 한다.[68] 하지만 일제 말기 황국화 신민교육에 몰두하던 총독부는 그녀

---

66 같은 책, 124-125쪽.
67 같은 책, 132쪽.
68 같은 책, 230-231쪽.

를 "황국신민의 서사를 외지 못하니 교장 될 자격이 없다"는 등의 여러 가지 이유를 붙여서 교장 자리에서 내려오게 했고, 대신 친일 인사 송금선(宋今璇, 1905-1987)을 후임으로 두어서 덕성학원은 이후 그 가족의 소유처럼 세습되어 오늘날까지 이르면서 한국 여성에 의한 "순 조선적인 학교"라는 뜻깊은 역사와 의미가 묻히게 된 것이다. 그렇게 한국 여성의 가장 어려운 처지를 대변하는 일을 기독교 신앙과 민족에 대한 사랑을 공통으로 해서 실행한 차미리사의 말년은 그녀가 여운형을 중심으로 한 건국준비위원회와 가깝게 지낸 연고로 건준위가 서울 한복판의 덕성여자실업학교 건물을 그 본부로 사용하도록 했고, 김구가 제안한 남북연석회의의 성명서에 당시 지식인 108명이 서명하는 일에 기꺼이 동참하는 등의 일로 표현되었다.[69]

(3) 이승훈과 3·1운동 개신교 정신의 민중해방적 특성

이상의 차미리사의 삶에 이어서 3·1운동 개신교 정신의 민중 해방적인 특성을 드러내는 또 다른 화신으로 앞의 함석헌 3·1운동에서 잊지 못할 두 사람 중 한 명으로 꼽은 남강 이승훈 선생을 들고자 한다. 함석헌에 따르

---

69 같은 책, 367쪽. 내가 여기서 길게 소개하는 덕성학원 설립자 차미리사 여사를 알게 된 것은 그녀의 평전을 쓴 덕성여대 사학과의 한상권 교수를 통해서이다. 그는 덕성여대 사학비리재단 문제로 끈질기게 싸워온 교수인데, 본인도 2005년 당시 재직해 있던 세종대에서 교수재임용 문제 등으로 다시 재단비리 문제가 불거지자 교수협의회 추천으로 민주총장을 모셔오는 일을 주관하면서 당시 서울대 법대교수로 퇴직한 양승규 총장을 초빙하게 되었는데, 그렇게 같이 대한민국의 사학비리 문제와 씨름하는 가운데 맺어진 인연으로 한상권 교수가 양승규 총장에게 보낸 차미리사 평전을 본인이 받은 것이다. 오늘 한국 사학재단의 문제는 하루 이틀의 문제가 아니고 일제 강점기의 친일문제와 깊이 연관되어 있는 것이 여기서도 다시 드러나며 친일 유산의 청산 문제가 한국 사회 곳곳의 문제와 긴밀히 연결된 것을 잘 볼 수 있다.

면 남강은 "할 것은 하자는 사람"이었다.[70] 즉 그는 자기 개인의 사리를 따지지 않고 스스로가 해야 할 일이라고 판단하면 어떠한 어려움 속에서도 그 일을 맡아 했다는 것이다. 어려서 남의 집 심부름꾼으로 있을 때부터도 그러한 정신으로 자신의 할 일을 해 온 사람이었다고 하는데, 그래서 만약 기독교계를 대표하는 그가 없었다면 3·1독립운동 선언이 가능하지 않았을 것이라는 말을 듣는다. 그는 3·1운동으로 3년 4개월의 옥고를 치르며 민족대표 33인 가운데 가장 늦게 출옥했는데, 나는 그런 그의 삶에서 민중 주체의 개신교 사고의 뛰어난 결실을 본다. 가난한 평민의 아들로 태어나 일찍 부모를 여의고 학업 대신에 상점의 사환과 점원 등으로 어렵게 살면서 자수성가한 그는 인생의 큰 전환을 기독교 신앙을 통해 이루었고 평생 겸허하게 자신을 "심부름꾼"으로 낮추고 비우면서 민족과 민중을 위한 헌신과 섬김의 삶을 일관되게 살았다. 그는 사후 자신의 시신까지도 그가 세운 오산학교 학생들의 학습을 위해서 이용하라는 유언을 남겼다고 하는데, 그의 다음 말은 어떻게 한국 사회 인습의 신분과 학식의 장벽을 뛰어넘어 진실한 기독교적 민중의 언어를 통해서 한 뛰어난 자존과 자립, 자기헌신의 인격이 출현될 수 있었는지를 보여준다;

나는 감옥에 들어간 후에 이천칠백여 페이지나 되는 구약을 열 번이나 읽었고 신약전서를 사십 독을 하였소. 그 외 기독교에 관한 서적 읽은 것이 칠만 페이지는 될 터이니 내가 평생에 처음 되는 공부를 하였소. 장래 나의 할 일은 나의 몸을 온전히 하나님에게 바쳐서 교회를 위하여 일하는 것

---

70 함석헌, 「죽을 때까지 이 걸음으로」, 노명식, 같은 책, 125쪽; 「남강(南崗), 도산(島山), 고당(古堂)」, 같은 책, 246쪽.

이오. 그러나 나의 일할 교회는 일반 세상 목사나 장로들의 교회가 아니오. 나는 하나님이 이제부터 조선민족에게 복을 내리시려는 그 뜻을 받아서 동포의 교육과 산업을 발달시키려고 하오.[71]

3) '세계대동(大同)'의 큰 이상을 품은 3·1운동 개신교

이상에서 살펴본 대로 민족과 민중, 여성의 자립과 자주, 평등을 위해 분투했던 3·1운동 기독교는 그러나 좁은 의미의 폐쇄적 민족주의나 계급투쟁, 분리주의적 여성주의에 빠졌다고 할 수 없다. 한민족 3·1운동에 대해서 누구든지 여러 종교 그룹이 하나가 되어서 함께 이룬 운동이라는 것을 크게 지적하듯이 3·1운동은 매우 중층적으로 여러 차원에서 그 통합성과 전일성을 특징으로 한다. 참으로 민족주의적이면서도 세계적이었고, 지식인들과 시대의 지도자들이 큰 역할을 했지만 전 국민과 시민, 민중의 호응으로 가능했던 것이었으며, 개인과 가족의 울타리를 넘어서는 여성들의 공적 의식이 없었다면 이룰 수 없는 일이었다.[72] 여기서 서양 선교사들로부터 전해진 기독교는 해외 그룹들과 연결되어 세계적일 수 있는 입지였고, 당시 한반도에 와서 활동하던 수백 명의 외국인 선교사와 목회자들, 그리고 한말에서부터 해외 이주가 시작되어서 하와이와 미국 본토, 상해와 만주, 러시아 등에 나가 있는 재외동포들의 존재와 역할이 중요한 요소로 작용했다. 당시는 남북이 나눠지지 않은 상황이라 한국 교회가 오늘의 경우보다도 지리적

---

71 1922년 7월22일 《동아일보》 기사, 金基錫, 『南崗 李昇薰』, 한국학술정보(주), 2005, 236쪽, 박재순, 같은 책, 54쪽 재인용.

72 이은선, 「포스트휴먼 시대에서의 인간의 조건-유교적 페미니즘과 다른 기독론」, 『다른 유교, 다른 기독교』, 도서출판 모시는사람들, 2016, 310쪽.

으로나 공간적으로 훨씬 더 넓고 긴밀하게 만주나 중국, 러시아 등과도 연결될 수 있어서 개별 교회의 활동이 훨씬 국제적이고 세계적이었다고 할 수 있다. 그런 상황에서 일어난 3·1운동은 그래서 단지 좁은 민족주의 운동이 아니었고, 세계 나라들과 소통하려 했고, 세계 보편의 정서와 의식에 호소하면서 크게 "세계평화"를 말하고 "세계개조"를 논하면서 한국의 독립을 주창하고 도모한 것이었다는 사실을 지적하고자 한다. '세계대동(世界大同)'의 오랜 동아시아적 이상이 잘 녹아 있었던 것이다.[73]

  (1) 독립선언서에 드러난 세계대동의 이상

  놀랍게도 3·1운동 전후로 기미독립선언서뿐 아니라 국내외에서 100여 종이 넘는 독립선언서가 선포되었다는 사실이 더욱 더 밝혀지고 있는데,[74] 우리에게 잘 알려진 기미독립선언서에도 그러한 세계대동의 이상이 잘 드러나 있다. 선언서는 자신들의 선언이 어떤 사사로운 일시적 감정이나 일본의 지금까지의 행태를 탓하고 정죄하려는 이유에서가 아니라 "인류 양심의 발로에 기인한 세계개조의 대기운에 순응병진하기 위한" 일임을 당당히 밝힌다. 일제의 침략과 강압으로 한민족이 "세계문화의 대조류에 기여보비할" 기회를 많이 잃어버렸고, 그래서 조선의 독립은 "하늘의 명백한 명령[天明命]"이며 "시대의 대세"이고, "전인류 공존동생권(共存同生權)"의 "정당한 발동"이라는 것이다. 선언서는 이러한 맥락에서 "부자연스럽고(不自然) 불합리한(不合理) 착오상태"를 바로 고치기를 원하며 조선독립과 "동양평화", "세계평화와

---

73 변은진, 「3·1운동 전후 여운형의 활동과 신한청년당」, 신한청년당 결성 100주년 기념식, 학술심포지엄, 3·1운동의 숨은 주역 신한청년당, 2018.11.28.(수), 광화문 교보빌딩 컨벤션 홀, 자료집, 35쪽.
74 김소진, 『한국독립선언서연구』, 국학자료원, 2015, 309-326쪽.

인류 행복"이 어떻게 긴밀히 연결되어 있는지를 말하고, 그래서 인류 보편의 "양심(良心)"과 "진리(眞理)"와 "전세계의 기운(全世界 氣運)"에 의지한다는 것을 밝히면서 그 선언을 마무리한다.

3·1운동 대표들은 선포한 선언서를 일본 정부와 의회, 미국 대통령과 파리강화회의, 해외 외교부 등에 보내고자 했는데, 그때 3·1운동 민족대표 48인의 한 사람인 임규(林圭, 1860-1948)가 일본 각 정당과 신문사 기타 잡지사와 관·사립대학에 전달한 통고문(通告日本書)[75]에는 3·1운동이 어떻게 세계 문명적 관점에서 이해되고 시도되었는가가 더욱 분명히 드러난다. 거기 서술되고 선언된 병합의 문제점과 오류, 일본의 잘못이 무엇이고, 10년간의 무단정치의 시간이 어떠했으며, 왜 병합이 지속될 수 없는지, 그것으로 동양평화가 어떻게 깨어지고, 한반도가 세계평화에 어떤 의미가 있는지 등을 분석하는 내용은 오늘 21세기 동북아의 현실과 한반도의 상황을 이해하는 데도 참으로 잘 적용되어서 놀라지 않을 수 없다.[76] 그 통고문은 "한국으로 하여금 동양평화의 안전판이 되게도 하고 분화구가 되게도 할 것"이라고 예견하고, "비록 미국 대통령이 제창한 국제연맹의 보장이 없더라도" 세계 대세의 변환을 막을 수 없다는 것을 지적한다. 그러면서 "시대는 이미 바뀌었으며 한인은 벌써 자각하였도다"라는 말로 마무리한다.[77]

이번 글을 준비하면서 3·1운동을 전후해서 국내외에서 발표된 100여 종의 독립선언서 중에 "대한독립여자선언서"가 있다는 것을 처음으로 알게 되었다. 1919년 음력 2월 정도(양력4월)에 이 선언서가 발표된 곳은 국내가 아니

---

75 이병헌, 같은 책, 719쪽 이하.
76 박은식, 『한국독립운동지혈사』(상), 182-196쪽.
77 같은 책, 182-196쪽.

고 간도 훈춘지역이었는데, 순한글의 1,290자로 이루어져 있으며, 김인종, 김숙경, 김옥경, 고 경, 김숙원, 최영ᄌ, 박봉희, 리정숙 등 8명의 서명만 이 첨부되어 있고 작성 경위 및 선언 배경에 대해서는 기록을 찾아보기 힘 들다.[78] 다만 8명의 서명자 중에서 김숙경(1886-1930)이 간도를 포함하는 러시 아지역의 대표적인 독립운동가이며 훈춘 성내교회 장로였던 황병길(黃炳吉, 1885-1920)의 아내라는 것과 다른 사람들은 러시아, 미국 등에서 활동하던 여 성 리더였을 것이 추측된다. 또한 선언서가 작성되어서 간도, 한국, 일본 등 으로 전송된 기록이 있으며, 내용을 살펴보면 '여자가 원한을 품으면 5월에 도 서리가 내린다'는 말을 하면서도 임진왜란 때의 논개나 계월향과 더불어 서양 '사파달(스파르타)'의 '사리'라는 여성과 이태리의 '메리야'라는 여성의 예 를 들면서 세계여성들이 조국이 어려움에 처했을 때 어떻게 활약했는지를 소개한다고 지적된다. 이들은 신앙과 국제사회 여론에 호소하면서 독립선 언 후 대한애국부인회로 조직되어서 여성교육과 군자금 모금, 독립군의 후 원활동에 참여한 것으로 보인다.[79]

(2) 개신교인 여운형의 세계시민성

또한 우리가 보통 주로 단편적인 사회주의 사상가로만 알고 있는 몽양 여 운형(夢陽 呂運亨, 1886-1947)의 3·1운동 전후 활동을 보면 3·1운동 개신교 정 신이 어느 정도로 세계 시민적이었고, 널리 포용적이었으며, 국제적으로 열 려 있었는지를 잘 볼 수 있다. 평양신학교 출신으로 원래 신학을 공부하러 언더우드(H. G. Underwood)의 추천으로 중국으로 건너간 그는 상황이 여의치

---

78 김소진, 같은 책, 210쪽.
79 같은 책, 216-219쪽.

않아 영문학을 공부하고, 이어서 1916년부터 상하이에 정착해서 YMCA의 지원을 받아 기독교 청년회와 한인교회 전도사 활동, 교민학교 활동을 하면서 한인사회의 신망을 얻어 한인거류민단 단장을 5번이나 맡았다고 한다. 여러 경로를 통해서 세계 정세의 변화에 늘 주목해 오던 그는 1918년 6-7월경 조만간 유럽에서 전쟁이 끝날 것을 예측하고 조선 독립운동을 위해서 청년들의 조직화가 중요하다고 보아 동지들과 함께 미국 윌슨 대통령과 파리강화회의에 보낼 독립청원서를 작성하고 신한청년당을 창당한다.[80] 그 신한청년당의 당 강령은 다음의 세 가지였다고 한다.[81]

- 대한독립을 기한다(期圖大韓獨立)
- 사회개조를 실행한다(實行社會改造)
- 세계대동을 촉성한다(促成世界大同)

잘 알려져 있다시피 이 신한청년당은 전후의 강화회의가 조선독립을 위한 절호의 기회가 될 것이라 판단하고 서울에서 경신학교 교감과 YMCA 활동 등에 매진하다 중국으로 망명한 김규식(金奎植, 1881-1950)을 당의 대표로 하여 파리강화회의에 파견하였다. 또한 창당 발기인인 장덕수(張德秀, 1894-1947)와 조소앙(趙素昻, 1887-1958)을 일본으로 보내 재일조선인 유학생들의 궐기를 조직하여 2·8독립선언을 하게 하였고, 김철, 선우혁(鮮于爀, 1889-1967), 서병호 등은 국내로 파견하여 이승훈을 만나서 3·1운동이 구체화되

80 변은진, 「3·1운동 전후 여운형의 활동과 신한청년당」, 신한청년당 결성 100주년 기념식, 학술심포지엄, 3·1운동의 숨은 주역 신한청년당, 2018.11월28일(수), 광화문 교보빌딩 컨벤션 홀, 자료집, 32쪽.
81 같은 글, 35쪽에서 재인용.

도록 하였다. 1919년 4월에 김구(金九, 1876-1949), 이광수(李光洙, 1892-1950), 신규식(申圭植, 1880-1922) 등이 이 당에 가담해 활동하였고, 결국 이들이 주축이 되어서 조직이 준비되어 191년 4월 11일 상해임시정부가 수립되어 국내외에 선포될 수 있었음이 지적된다. 당원들을 국내외 각지로 파견하여 국제적 관심을 불러일으키고 전 민족적 궐기를 촉구한 여운형은 자신도 직접 블라디보스토크로 갔고, 1919년 겨울 일본 정부는 이러한 국내외적인 영향력을 가진 여운형을 동경으로 초청하는 의사를 전달했고, 드디어 12월 15일 여러 가지 위험을 무릅쓰고 배편으로 동경에 도착한 여운형은 일본 사회에게 조선독립에 관한 도도한 변을 설파한다. 박은식은 그 연설을 자세히 소개하는데, 조선의 독립운동은 "세계적인 운동"이고, 일본이 얼마나 "현실에 맞지 않는 공상"에 빠져 있는 것이며, 제1차 세계대전을 관찰해 보아도 독일이 프랑스에 패한 것은 독일의 힘이 프랑스보다 모자라서가 아니라 이웃 벨기에나 체코가 돕지 않았기 때문이라고 밝힌다. 즉 이웃을 적으로 만드는 일이 얼마나 우매한 일인가를 지적하는 것이다. 여운형은 조선은 "외교 면에서 침략적인 야심이 없고", "정의, 인도에 입각해서 세계평화의 선봉이 되며, 오직 문화적으로 세계에 웅비할 뜻이 있을 뿐 다른 욕망이 없으니 자연히 다른 나라 사람의 미움을 받지 않게 마련이다"라고 변론하니 일본인들은 그를 말로써 굴복시킬 수 없음을 깨닫고 예우하여 다시 상해로 돌려보냈다고 한다.[82]

---

82 박은식, 『한국독립운동지혈사』 (하), 146-165쪽.

(3) 세계대동의 거인 안창호

마지막으로 3·1운동 기독교 정신의 세계대동성을 말하기 위해 도산 안
창호(安昌浩, 1878-1938)를 말하지 않을 수 없다. 한국인들에게 일반적으로 많
이 알려져 있지만 그의 삶과 사고, 행적은 참으로 통합적이었고, 세계 시민
적이었으며, 우리가 보통 나누어서 생각하는 영역들을 '불이적(不二的)'으로
연결하여 자신의 삶에서 하나 되게 하고, 그것을 한국 민중을 출발점으로
해서 전 세계 인류에게로 확산시키려는 큰 이상을 가지고 있었다. 그는 서
당에서 공부하고 장로교에서 세운 구세학당(救世學堂)에서 신학문을 배우면
서 장로교인이 되었는데, 1902년 처음으로 미국으로 건너가서 하우스보이
일을 한 것을 시작으로 이후 이어지는 미주와 중국, 국내에서 수행했던 수
많은 활동에서 그는 '사랑'과 '진실', '성실'과 '인정(人情)' 등 인류 보편의 덕목
을 자신 활동의 토대로 삼았다. 그는 누구에게든 어떤 공동체이건 그 삶에
구체적으로(實) 도움이 될 수 있는 것이 무엇인가를 늘 생각하면서 그것을
실행해 내는 힘을 기르고자 했고, 그래서 경제적 도움을 주고, 사람의 감정
을 보살피고, 환경을 아름답게 꾸미는 일 등도 매우 중시했다. 그는 일생 동
안 세 개의 학교를 세웠다고 하는데, 31세 때(1908) 평양에 세운 대성학교 학
생들에게 "죽더라도 거짓이 없어라"는 것이 "최대의 요구"였다고 한다.[83] 합
병 후 다시 미국으로 돌아와서 1913년 그가 세운 청년학우회를 기반으로 유
길준의 흥사단(興士團)을 재건하려고 했을 때 그는 "우리 민족이 도덕으로 세
계에 으뜸이요, 모본이 되는 국민이 되게 하는 것이 그의 이상"이었고, 적어
도 우리 민족이 "거짓 없는 국민, 사랑하는 국민, 뭉치는 국민, 부지런한 국

---

83 안병욱, 안창호, 김구, 이광수 외, 『안창호평전』, 도서출판 청포도, 2007, 114쪽.

민"이 되게 하고 싶었고, 또 그럴 수 있다고 믿었다.[84] 이후 이어진 상해 임시정부 시절 어떻게든 민족 단일 진영을 구성하고 독립운동 선배들을 한자리에 모으고 소장파들을 달래면서 이승만의 미국 식 자유주의 진영과 이동휘의 소련 식 사회주의 진영을 함께 모아 통일 내각을 구성하려고 고투하였다. 계획 없는 운동이 크나큰 결점인 것을 알고 구체적으로 '독립운동방략(獨立運動方略)'을 제정하여서 재외동포까지 모두 포괄하여서 운동을 이루어 나가려고 한 점[85] 등은 바로 안창호의 통합적 인격과 인류 대동적 사고를 잘 보여준다. 그는 1937년 생애 마지막으로 많은 지식인들과 명망가들을 친일로 돌아서게 한 수양동우회(修養同友會) 사건으로 다시 검거되어 취조 받던 중에도 대한의 독립은 반드시 된다는 믿음을 굳건히 지켰고, 무엇으로 그것을 믿느냐는 질문에,

> 대한 민족 전체가 대한의 독립을 믿으니 대한이 독립할 것이요, 세계의 공의(公義)가 대한의 독립을 원하니 대한이 독립이 될 것이요, 하늘이 대한의 독립을 명하니 대한은 반드시 독립할 것이다.

라는 대답을 하였다.[86] 오늘 한반도의 통일과 평화의 과제를 위해서도 우리에게 꼭 필요한 큰 믿음[信], 가장 작은 '개체'(대한민족)에서부터 시작하여 '하늘'까지 이르는 큰 포용력, '공의'라는 인류 보편의 진리와 평화, 인정(人情)의 방법이 그의 독립운동의 길이었음을 말하지 않을 수 없다.

---

84 같은 책, 150쪽.
85 같은 책, 172-174쪽.
86 같은 책, 210쪽.

4. 3 · 1운동 정신으로부터 배우는 기독교 신앙의 미래를 위한 관건들

이상에서처럼 다소 긴 탐색을 거쳐서 3 · 1독립운동에서 기독교, 특히 개신교가 어떠한 역할을 했으며, 거기서의 핵심 정신은 무엇이고, 그 전후가 어떻게 전개되었는지를 살펴보았다. 수많은 사람들의 희생과 수고가 있었고, 재외국민들의 참여와 지원, 이웃나라 중국과 미국 종교계와 교육계, 영국, 프랑스, 체코의 친한(親韓) 그룹 인사들 등, 세계가 함께했고, 그들은 매우 놀랐다. 많이 지적되었듯이 3 · 1운동은 세계 피압박 약소국가 민족해방운동에도 선구적 실례가 되어서 중국의 5 · 4운동, 인도 간디의 비폭력운동, 베트남이나 필리핀, 이집트의 독립운동에도 영향을 미쳤다.[87] 하지만 그래도 그러한 3 · 1운동으로 한민족은 구체적으로 해방을 맞이하지 못했고, 이후 독립운동의 전선은 심하게 갈라져 갔으며, 많은 지도급 인사들이 고문과 회유를 이기지 못하고 훼절했으며 국민들의 삶은 이어진 만주사변과 중일전쟁, 태평양전쟁 등으로 더욱 큰 고통 속으로 빠져들었다.

일제 황국신민화 정책의 폭압으로 창씨개명과 징용, 징병, '일본군위안부'의 고통이 기다리고 있었고, 온갖 고초 후에 1945년 8월 15일의 해방을 맞이했지만 그러나 곧 이은 남북분단과 여운형, 김구 등의 암살과 더불어 6 · 25 동족상잔의 고통을 겪게 되었다. 이후 21세기 오늘날까지도 국민들의 삶을 가장 옥죄는 것은 남북분단이고, 심하게 왜곡된 이데올로기 문제이다. 오늘날은 그에 더해서 냉전체제 이후 더 심화된 세계 신자유주의 착취의 문제로

---

87 윤경로, 「1910 민족해방운동과 3 · 1운동」, 강만길 외, 『통일지향 우리 민족해방운동사』, 역사비평사, 2010, 71쪽.

인민들의 삶은 더욱 힘들어지고 있다.

하지만 이러한 가운데서도 그동안 남한 사회에서 한국 개신교는 엄청난 성장을 이룩하였다. 3·1운동 당시 조선에는 약 400명의 외국 선교사가 있었다고 하는데, 지금은 반대로 한국 교회가 세계 교회에서 선교사를 가장 많이 보내는 나라 중 하나가 되었다. 또한 최근 몇 년 동안의 지적은 개신교 신도 수의 감소를 말하지만, 당시 30여만 명에서 지금은 천만 신도를 가늠한다. 그렇지만 오늘 한국 개신교의 타락과 부패, 탈선은 하루가 멀다 하고 사회 언론에 오르내리고 있다. 거기서 남한 사회 대형교회들이 누리는 부와 권력은 가늠하기 어렵지만 그에 반비례해서 여러 차원의 남남 갈등은 깊어만 간다.

보수 대형교회들이 오늘 남한 사회의 '태극기부대'와 페이크 뉴스의 진원지라는 지적은 그 신앙적 보수화와 이데올로기화가 어느 정도인지를 가늠하게 한다. 그렇다면 왜 오늘 한국 개신교가 이러한 상황을 맞이하게 되었을까? 3·1운동 당시 미약한 신생 종교의 수준에서 그와 같은 의미 깊은 리더십을 발휘했는데, 왜 오늘날은 교회가 그때 외치던 '사회개조'나 '세계개조' 대신에 오히려 스스로가 개조와 개혁의 대상이 되었는가? 평화와 사랑 대신에 갈등과 분쟁을 부추기는 존재가 되었을까? 많은 연구들이 지적하듯이 3·1운동 이후 독립운동 전선에 사회·공산주의 노선뿐 아니라 평화시위의 한계를 말하며 무력항쟁을 요구하는 목소리도 커지는 등 다양한 새로운 움직임이 있었다. 하지만 그 가운데서도 특히 미국과 그 서양 선교사의 영향 아래 놓인 개신교 중심의 이승만(李承晩, 1875-1965)이 임시정부의 초대 대통령이 되었고,[88] 해방 후 반공주의를 내세우며 남한 단독정부를 세워 미국

---

[88] 이승만 독립노선의 미국 중심주의에 대한 것은 다음의 논문에 여러 가지로 지적되어 있다. 이준식, 「김규식의 파리평화회의 활동」, 신한청년당 결성 100주년 기념식, 학

중심주의로 간 것이 두드러졌다.

여기서 나는 이러한 정황을 염두에 두면서 한국 여성조직신학자로서 특히 앞에서처럼 3·1운동 정신의 중층적 다차원성에 주목하며 오늘 한국 기독교가 왜 이러한 현실이 되었는지, 그것을 넘어서 개혁의 가능성과 미래가 어디에 있는지를 성찰해 보고자 한다. 오늘의 한국 교회와 기독교의 처지를 예전 독립운동이 요구되던 때 나라의 식민지 처지에 유비시켜 보면서 우리가 당시의 독립운동 정신으로부터 무엇을 배울 수 있는지를 살피는 일이다. 오늘날은 바로 그때 독립운동을 이끌던 주체가 오히려 독립의 대상이 되었으며, 지금 또 다른 의미의 더 큰 압제가 우리와 인류의 삶 앞에 나타나 있기 때문이다. 즉 세계 신자유주의 경제 제일주의와 시장 자본주의를 말한다. 이 상황에서 어떻게 하면 다시 종교가 개혁되고 개조되어서 그 본연의 모습을 찾을 수 있을까를 고심하고, 거기에서 한국 사회와 더 나아가서 인류의 모든 인간적 삶이 나아갈 길을 찾을 수 있지 않을까 생각한다.

1) 신론의 개조-민족의 새로운 창조이야기를 허하라

(1) 3·1운동 당시 국내에 있던 약 400명의 외국선교사 중에 80% 이상이 미국 선교사였다고 한다.[89] 이것은 그 이후 세계정세가 미국을 중심으로 해서 돌아가게 된 상황에서 이로운 일일 수도 있었겠으나 앞에서도 지적했듯이 이승만 대통령을 비롯해서 그 이후 한국의 역사가 모든 면에서 미국 중심주의로 나아가 또 다르게 미국의 '준(準)식민지' 체제로 재편되는 역사의

숭실포지엄, 같은 자료집, 46쪽.
89 양현혜, 같은 글, 824쪽.

시작이었을 수도 있다. 물론 3·1운동 당시 기독교가 자신의 역할을 할 수 있었던 것에는 이들 선교사의 역할이 있었고, 그들을 통해서 국제사회와 빠르고 긴밀하게 연락할 수 있는 것을 일본이 매우 두려워했다는 것을 많이 들었다. 하지만 그와 동시에 듣는 이야기는 이들 선교사의 3·1독립운동에 대한 생각이 그렇게 협조적이었거나 긍정적이지 않았고, 또 그 이후 한국 교회가 보수화되고 탈정치화가 가속된 데에는 이들의 부정적인 시각, 그리고 당시 미국 외교정책이 일본과의 협력과 조화였으므로 미국 교회와 선교사들도 한국 교회에게 그러한 탈정치화와 총독부 식민지 지배에의 순응을 요구한 것 등이 있다.[90] 또한 일본 그리스도교의 반응도 대부분 조선총독부의 정치를 비판하면서도 조선인의 독립 요구를 무시하였고, '폐하(일본왕)의 적자' 운운하며 그리스도교와 일본의 조선 지배가 양립 가능하다는 입장에 있었다는 것이다.[91]

(2) 하지만 그처럼 20세기 한반도에서 기독교가 전체주의화되고 보수화되면서 그 자신에게도 그것이 얼마나 해악인가는 우리가 요즈음 더욱 잘 보고 있다. 세계 정치에서도 기독교 절대주의가 타인을 '악의 축'으로 규정하는 일까지도 하면서, 이어지는 여러 전쟁과 미국 중심적 패권주의 국제정치의 사례들 속에서 오히려 자신이 그 범주에 빠져드는 모습을 보여주고 있다. 그런데 나는 그러한 절대주의화의 이유와 근거가 이미 기독교 신앙의 신론 안에 내포되어 있다고 본다. 그래서 그것을 흔드는 일이 무엇보다도 긴요하

---

90 이만열, 같은 글, 22쪽.
91 양현혜, 같은 글, 832쪽.

다고 여긴다.[92] 하지만 그 일의 근거를 오늘 인류 삶에서는 다른 종교 전통이나 미시적 민족 지혜로부터 가져오지 않더라도 먼저 서구 기독교도 그렇게 중시하는 근대과학으로부터 더욱 보편적이고 실감 있게 가져올 수 있다는 것이다. 즉 그 한 예로 지난 7-80년대부터 미국의 여성신학자 샐리 멕페이그(Sallie McFague) 등이 펼친 "지구신학 시대의 보편적 창조이야기(An Earthly Theological Agenda)"를 들 수 있다. 이미 30여 년 전 그녀는 "생태학적 핵시대를 위한 신의 형상(Models of God)"을 탐색하면서 이제 인류는 자신들을 좀더 포괄적으로 묶을 수 있는 공통의 "보편적인 창조이야기(a common creation story)"를 가질 수 있게 되었음을 선언했다. 그것은 우리가 소위 '빅뱅이론(the Big Bang theory)'으로 알고 있는 우주 탄생의 과학 이야기인데, 지금부터 150억 년 전에 '빅뱅'이라고 하는 대폭발을 통해서 우주가 탄생했고, 그로부터 계속 진행된 태양계나 지구, 인간, 인류문명 등의 탄생 이야기를 말하는 것이다. 그녀에 따르면 인류는 이렇게 20세기에 들어와서 처음으로 함께 그러한 보편적인 인류 공통의 창조이야기를 가질 수 있게 되었고, 그것을 통해 근대 이후 지금까지의 편협한 서구문명권 중심주의나 인간 중심주의를 극복할 수 있는 가능성을 가지게 되었다.[93] 또한 그러한 창조이야기는 그것이 하나의

---

92 이은선, 「유교 문명사회에서의 한국교회와 제2의 종교개혁」, 변선환아키브 편, 『종교개혁500년, '以後'신학』, 도서출판 모시는사람들, 2017, 511쪽.

93 Salli McFague, "An Earthly Theological Agenda", in, *Ecofeminism and the Sacred*, Carol Adams (ed.), New Your: Continuum, 1993, 84ff,; 이은선, 「과학시대에서의 종교와 여성-한 한국 에코페미니스트의 시각에서」, 『포스트모던 시대의 한국 여성신학』, 분도출판사, 1997, 105쪽 이하. 필자가 이 논문을 발표한 것도 어느덧 20년이 넘어간다. 처음 1995년 이화여대 여성신학연구소의 포럼에서 발표한 것이고, 이후 1997년 분도출판사에서 '아시아신학' 시리즈의 한 책으로 나온 본인의 책 『포스트모던 시대의 한국 여성신학』에 수록되었다. 한국 여성신학의 통합학문적 성격을 지시하고자 했다.

"이야기(a story)"라는 점에서 절대불변의 고정된 것으로 받아들일 필요가 없으므로 얼마든지 인류의 창조이야기는 계속될 수 있고, 여전히 우주가 변화하는 과정 속에 존재한다는 것을 가르쳐 준다고 한다.[94] 당연히 신의 모습도 이러한 과정 속의 "계속하는 창조자"의 모습을 가지게 되는 것이다.

(3) 나는 이러한 발상을 오늘 한국 교회가 놓인 상황을 위해서 매우 의미 있게 생각한다. 왜냐하면 그 이야기는 오늘 한국인들도 그가 아무리 기독인이라 하더라도 기독교 성서가 가르쳐주는 창세기의 이야기만을 세계 유일의 창조이야기로 받아들일 이유가 없다는 것을 지적해 주기 때문이다. 특히 한반도의 물음과 관련해서는 우리에게 고유하게 전해져 오는 '단군세기(檀君世紀)' 등의 창조이야기를 다시 상기할 필요가 있음을 지시해 준다. 그 상기와 기억이 결코 무의미한 것이 아닌 것은 3·1운동 전후의 항일독립투쟁에서 그 어느 다른 종교인들보다도 치열하게 나라의 독립과 자주, 세계를 품는 이상을 위해 투쟁한 그룹이 한반도의 '대종교'였고, 이 대종교는 바로 세계와 한민족의 시원에 대해서 나름으로 이룩한 성찰을 바탕으로 우리로 하여금 한민족으로 독립해서 산다는 것이 무엇을 의미하는지를 선취해서 밝혀 주고 있기 때문이다.

지금까지 한국 기독교가 동북아시아의 세계창조이야기인 단군세기와 만나 온 과정과 내용을 살펴보면 그 이야기를 아주 적극적으로 평가한다 하더라도 우리의 단군 이야기가 메소포타미아 유대 문명의 창세기 이야기로부터 영향을 받은 것이고, 기독교의 삼위일체 신관으로부터 연원해서 환인, 환

---

94 Salie McFague, *Ibid.*, 92ff.

웅, 환검의 『삼일신고(三一神誥)』나 『신사기(神事紀)』의 '삼신일체(三神一體)'의 이 야기가 연원한 것으로 보는 정도이다.[95] 즉 유대 기독교 문명이 '보편'이고, 한반도의 것은 그 아류의 '특수'라고 보는 입장인데, 나는 이러한 시각의 역 (逆)이나 또는 각자의 독자성이 더욱 인정되는 시각이 오히려 진실일 수 있 다는 생각은 왜 해볼 수 없는가를 묻고 싶다.[96] 오늘 근대과학을 토대로 인 류문명을 모두 함께 어우를 수 있는 보편적 창조이야기와 지구신학이 가능 하게 되었다면 서구 기독교 문명의 창세 이야기도 한반도의 창세 이야기와 마찬가지로 하나의 특수로 여겨져야 한다는 것이다. 그래서 인류의 문명들 이 전해주는 다양한 창조이야기들이 서로 어우러져서 앞으로 인류가 삶을 더욱 더 개척하고 전개시켜 나가는 데에 함께 도움을 주고 자극할 수 있는 풍성한 종교적 창세 이야기로 받아들일 수 있다는 시각이다. 이렇게 본다면 오늘 한국 교회와 그 신학과 신앙이 거의 획일적으로 빠져 있는 서구 중심 주의와 기독교 절대주의에서 벗어날 수 있고, 민족과 세계, 기독교와 이웃종 교, 기독교적 '하나님'과 이웃종교의 초월[聖] 이해 등을 함께 포용하고 대화 할 수 있다고 본다. 오늘 세계 문제를 풀기 위해서는 지금까지의 기독교 절 대주의와 서구 중심주의를 벗어나지 않고서는 그 일을 이루기 어렵고, 그 신 개념을 개조하지 않고서는 인류의 미래가 매우 불투명하다는 것이다.

　일찍이 한국 독립운동가 안창호도 "개인은 제 민족을 위하여 일함으로 인

---

95 윤성범, 「기독교와 한국 윤리」, 『신학과 세계』, 감리교신학대학, 1977, 9쪽; 참조, 허호
　익, 『단군신화와 기독교-단군신화의 문화사적 해석과 천지인 신학 서설』, 대한기독교
　서회, 2003.
96 이 이야기는 2018년 11월 27일 생명마당이 주관한 2018년 가을 포럼 〈한반도 평화프
　로세스와 한국교회-평화신학과 발선(發善)〉을 위해서 쓴 논평문 「한반도 평화와 통일
　을 위한 참된 발선(發善)의 신학이 되기 위해 한국교회가 받아들여야 하는 것」에서 이
　미 밝혔다.

류와 하늘[天]에 대한 의무를 수행한다"고 밝히면서 "제 민족을 두고 세계주의를 운운하는 것은 제 국토를 잃어버린 유랑 민족이나 할 일이다"라고 일갈했다.[97] 그러면서 자신의 고향이기도 한 평양은 한민족의 여러 서울 가운데 국혼을 잃지 않고 다른 민족에게 대해 '신하'라고 칭하는 '칭신(稱臣)'의 치욕을 겪지 않은 곳(平壤과 夫餘) 중의 하나인데, 그중에서도 평양은 한민족 단군세기 고신도(古神道)의 발상지이기도 하고, 더욱 적극적으로 다른 민족과 겨루면서 국위를 선양한 유일한 곳이라고 지적한다. 그래서 그 평양을 한민족 교육의 중심지로 삼고자 했던 것이라고 한다.[98] 3·1운동이 어떻게 오늘 우리가 당면해 있는 한반도 통일과 평화의 물음과 연결될 수 있는지를 잘 시사해 주고, 한국 보수 교회들에게 '절대'가 되는 기독교 신앙이 얼마나 그들이 악마화하는 북쪽과 밀접하게 연결되어 있는지를 알 수 있게 한다. 한국 기독교에게 있어서 '잃어버린 초월'과 같은 것이다.

2) 기독론(구원론)의 개조-여성 그리스도를 허하라

(1) 대종교 계열의 독립운동가로 상해 임시정부의 기초를 다진 예관 신규식(睨觀 申圭植, 1879-1922)은 한민족이 나라를 잃은 이유를 역사의 망각과 "주인의식"의 상실로 보았다. 그의 『한국혼』은 한국인들이 어떻게 자신 역사의 근거와 거기서의 뛰어남과 치욕을 잊고서 스스로를 대접하지 않으면서 주인의식을 잃고 종처럼 사는지를 여러 가지로 지적했다. 나는 여기서 신규식 선생이 지적한 '주인의식'은 우리가 많이 듣고 있는 일반적인 주체의식과는

97 안병욱, 안창호, 김구, 이광수 외, 같은 책, 226쪽.
98 같은 책, 247-248쪽.

다르다고 생각한다. 앞에서도 살펴보았듯이 우리에게 전해진 기독교 복음은 우리로 하여금 모두가 어떤 외형적인 조건에 종속되지 않고 최고의 궁극자 하나님과 직접 소통할 수 있게 하면서 뛰어난 '주체의식'을 회복할 수 있게 했다. 하지만 그 기독교 유일신적 주체의식은 자칫 또 다른 개인주의나 사적 이기심으로 변질한 소지를 많이 가지고 있는 것도 사실이다.

한국 유학자들이 서학을 처음 만났을 때 가장 많이 지적한 사항이 이것이고, 또한 동학의 최제우도 서구 기독교가 그렇게 하느님 이야기를 많이 하면서 하늘을 위한다고 하면서도 정작 그들은 자기 자신 속에, 자신들만의 공동체에 빠져있다고 비판한 것이 있다.[99] 이러한 비판적 지적에서도 보듯이 한국 기독교 신앙의 주체의식과 자아의식은 맹점을 드러내고, 오늘 한국 사회에서 나타나는 교회 현실 속에서도 잘못된 아전인수식의 자기중심주의가 여러 모양으로 드러난다. 그에 반해서 민족적 독립운동가들이 강조한 주인의식은 자신의 보다 근원적인 시작과 근거의 긴 역사를 아는 의식이므로 거기서의 자아는 민족적 상황에 대한 책임의식을 크게 느껴서 "결코 불행을 도피하지 않"고, 개인적 희생을 감수하고라도 위기에 처한 나라와 역사를 위해서 행위할 수 있게 한다. 그래서 특히 오늘의 한반도 상황에 대한 대처 등을 위해서는 지금까지의 서구 연원의 주체의식이나 자주, 자립, 독립만을 말하는 것으로는 부족하고 다시 이 주인의식을 회복해야 한다고 보는데, 그럴 경우 자신이 속해 있는 민족적 공동체의 역사와 그 생각할 수 있는 기원에 대한 탐구를 하지 않을 수 없기 때문에 기독교 신앙의 테두리를 넘어서는 일이 요구된다. 앞에서 언급한 맥페이그도 그런 의미에서 인류 모두가

---

99 이은선, 「한국 페미니스트 신학자의 동학 읽기」, 『한국 생물(生物)여성영성의 신학』; 『동경대전』, 71쪽.

공통으로 가지게 된 빅뱅의 창조이야기와 더불어 지구신학의 등장이 바로 1960년대 이후로 전개된 '해방신학'의 확장이라고 이해한 의미라고 생각한다.

(2) 지난 80년대부터 서구 신학에서 이상의 기독교 절대주의를 상대화시키고, 거의 '그리스도 우상주의'에 빠진 기독교 신학의 구원론(기독론)을 급진적으로 새롭게 보는 일에 큰 기여를 한 것이 '역사적 예수(historical Jesus)' 연구이다. 그 연구팀의 신학자 존 쉘비 스퐁(J. S. Spong)은 2013년 한 요한복음 연구를 통해서 다시 한 번 어떻게 우리가 예수를 지금까지 기독교 교리의 역사나 한국 보수교회가 하듯이 그렇게 실체론적으로 우상화하지 않으면서도 그의 참된 인격과 메시지를 깊이 받아들일 수 있다는 가능성을 보여주었다. 원 제목이 "제 4복음서: 어느 유대인 신비가의 이야기(The Fourth Gospel, Tales of a Jewish Mystic)"로 되어 있는 스퐁의 요한복음 연구는 우선 지금까지 통상적으로 요한복음이 그 앞의 공관복음서들(마태, 마가, 누가복음서)과는 달리 유대인 초대교회 공동체가 아닌 이방인들 공동체를 위한 복음서로 읽혀 온 것에 반대한다. 스퐁에 따르면 요한복음은 오히려 매우 유대적인 책으로 핵심까지 유대적이며, 특히 "유대 신비주의"의 책이다.[100] 그리고 그 안에서 기독교 신앙이 지금까지 예수의 유일회적 배타성을 주장할 때 주로 써 왔던 "나는 ~이다"(ego eimi, 나는 길이요, 진리요, 생명이다; 나는 하느님과 동등하다; 나는 세상의 빛이다; 나는 부활이다 등)라는 언어는 회당에서 출교당한 유대인 예수 추종자들이 자신들의 깊은 예수 체험을 유대 신비주의적으로 보다 보편화시켜서 표현한 신

---

100 존 쉘비 스퐁 지음,『아름다운 합일의 길 요한복음』, 변영권 옮김, 한국기독교연구소, 2018, 44-45쪽, 93쪽.

비의 언어라는 것을 강조한다. 그 언어는 결코 어떤 형이상학적 실체를 기술하는 헬레니즘적 영지주의의 이원론의 언어가 아니라, 각자가 자신의 깊은 내면에서 체험하는 신비의 진술이라는 것이다.

스퐁에 따르면 거기서 유대 신비주의란 유대 민족이 바벨론 포로 기간 이후에 하느님의 부재와 고통 속에서 얻게 된 '지혜전승' 속에서 나온 것이다.[101] 그 지혜란 인간이 하느님과 가질 수 있는 "신비한 합일(the mystical unity)"의 표현으로서[102] 요한복음의 저자는 '하느님의 말씀'과 '하느님의 지혜'가 모두 예수 안에 현존해 있으며 그 예수라는 인물 속에서 사람들 사이에 머물게 되었다는 신비한 확신을 전하는 것이라고 한다.[103] 이렇게 요한복음의 언어를 유대 신비의 언어로 보면서 내면적인 인격의 언어로 보는 것은 요한 공동체 당시뿐 아니라 그 이후 초기 교회사에서 점점 더 역사적 예수의 한 점을 문자주의적으로 왜곡하고 실체화하며 신격화하는 시도들을 물리치게 한다. 그러한 문자주의적 이해는 예수에 대한 이해를 마치 하나님이 가짜로 육신을 입고 인간인 척하면서 나타난 것처럼 보게 하는 '가현설(docetism)'의 기독론에 빠지게 하는데, 스퐁에 따르면 요한복음이야말로 그러한 문자주의적 가현설에 가장 반대하는 복음서라는 것이다. 오히려 여기서의 하느님 이야기는 "진화하는 이야기(as an evolving story)"로서 예수는 "하느님의 부분(Jesus as being part of who God is)"이며, 우리로 하여금 우리 자신도 그렇게 하느님과 하나 되는 일에 초대하는 신비인 것을 강조한다.

일찍이 여성신학자 로즈마리 류터도 그녀의 책 『신앙과 형제 살인(Faith

---

101 같은 책, 83-84쪽.
102 같은 책, 89쪽.
103 같은 책, 92쪽.

and Fratricide, 1974)』에서 기독교가 헬레니즘의 잘못된 이원주의에 빠져서 복음의 원래 의미인 "종말론적인 사건(신비)"을 부조리하게 역사화해 왔다고 비판하였다. 그 일을 통해서 기독교는 자신의 형제인 유대교를 악마로 몰아왔고, 이후 모든 '다름'과 교회 밖과 약자에게 악을 행하는 거대한 제국주의적 전체주의의 종교로 화해왔다는 것이다.[104] 그녀도 지적했지만 오늘날도 여전히 그러한 행태가 지속되고 있으며, 오늘 미국이나 한국 기독교 보수신앙이 빠져 있는 오류도 유사한 것이라고 보는데, 그 핵심 관건이 바로 모든 기독교 기독론(구원론)의 중심에 놓여있는 종말론적 신비 사건의 왜곡된 문자화와 역사화인 것이다.[105]

(3) 나는 오늘 한국 교회에서 이러한 왜곡이 가장 무의식적으로 널리 퍼져서 문자주의적으로 잘못 적용되는 장소가 바로 여성과의 관계라고 본다. 물론 오늘날의 심각한 생태위기 상황에서 개별적인 자연과의 관계에서도 그렇기는 하지만, 인간적인 의식의 차원에 한정해서 본다면 그 경우가 여성과의 관계일 것이다. 아무리 오늘날 교회 내에서 양성평등을 말하고, 여성 리더십과 성해방과 평등을 말해도 아직 '여성 그리스도(Women Christ/ Female Christ)'에 대한 의식은 거의 나타나 있지 않은 것이 그 반증이다. 하지만 우리가 한 번 더 깊이 생각해 보면 기독교 제국주의의 핵심에 바로 한 유대인 청년 남성 예수를 유일회적이고 실체론적으로 그리스도화해 놓은 것이 놓여 있고, 그래서 그 그리스도의 남성적 독점을 흔드는 일이 긴요하고, 그 일

---

104 로즈메리 류터, 『신앙과 형제 살인-반유대주의의 신학적 뿌리』, 장춘식 옮김, 대한기독교서회, 2001, 328쪽.
105 같은 책, 342쪽.

에서 여성 그리스도를 말하는 것보다 더 효과적인 것이 어디 있겠는가 하는 질문이 제기된다. 2천 년 전 예수의 실제(reality)를 하나님과 인간의 유일회적인 하나 됨의 사건으로 실체화시켜 보는 것을 그만두고, 대신 종말론적인 것[靈]의 신비의 일로 본다면 '복수(複數, plural)의 그리스도'를 받아들이는 일은 아주 자연스럽고, 여성 그리스도의 도래는 그래서 결코 어불성설의 일이 아닌 것이다.[106] 올해 한국교회협의회(KNCC)가 한국 사회의 미투운동을 촉발시킨 공로로 서지현 검사에게 인권상을 주었고, 양성평등의 일을 더욱 이루기 위해서 '교회 성폭력, 이제 그만'이라는 구호를 내걸면서 다방면에서 힘쓰고 있지만, 나는 그런 노력들을 더욱 더 근본에서 근거지우는 일은 바로 기독론의 여성주의적 해체와 개조라는 것을 강조하는 것이다.[107] 그렇지 않고서는 교회 내 성폭력과의 싸움은 단편적이기 쉽고, 그래서 오늘날처럼 교단의 대표뿐 아니라 신학대학의 교수도 자신들의 성폭력과 악행을 진지하게 받아들이지 않는 현실이 계속되는 것이다.

그래서 나는 오늘 종교개혁연대가 3·1운동 백주년을 맞이해서 종교를 개혁하고 그것으로써 한국 사회의 희망을 다시 말하고자 한다면 각 종교에서 그 신조의 기본 틀을 흔드는 일을 해야 하고, 그것을 제2의 독립운동처럼 수행해야 한다고 보는 것이다. 그리고 그 일은 앞의 기독교 신론의 개조에서 밝힌 것과 마찬가지로 개별 종교 안에서만 머물러 있어서는 이루기 어렵고, 과감히 밖으로 나가서 이웃종교들과 연대하고, 대화하고, 함께 겨루면서 이루어야 한다고 보는 것이다. 또한 한반도의 통일과 평화 프로세스에서도

---

106 이은선, 「종교문화적 다원성과 한국 여성신학」, 『한국 생물(生物)여성영성의 신학』, 32쪽 이하.
107 생평마당 엮음, 『한국적 작은교회론』, 대한기독교서회, 2017, 360-383쪽.

이렇게 종교적 기초의 개혁과 개조가 어느 다른 일보다도 선한 역할을 할 수 있다고 보는데, 지금까지 통일운동과 평화운동을 진행시켜 왔던 한국 사회 진보주의자들의 의식에서도 성(性)과 여성의식이 충분히 일깨워져 있지 않다고 보기 때문이다.

(4) 예를 들어 한반도의 대종교 경전 『삼일신고(三一神誥)』가 셋이 곧 하나인 신에 대한 이야기를 하면서 기독교의 그리스도와 견줄 수 있는 '신인(神人)' 이야기를 하는데, 그 신인의 현현을 단군왕검뿐 아니라 인간 누구나의 지향점으로 우리 모두 안에 내재해 있는 신적 가능성의 거룩한 '씨올[性]'을 일구는 일로 본 것 등은 오늘날 기독교가 빠져 있는 예수에 대한 실체론적 그리스도 우상주의를 재고할 수 있는 좋은 근거가 될 수 있다고 본다. 대종교는 각자 자신의 삶을 신인을 향한 뚜렷한 의식과 주인의식으로 항일운동도 그렇게 치열하게 수행했고, 대종사 나철뿐 아니라 대표적 지도자들인 이기(海鶴 李沂, 1848-1909), 서일(白圃 徐一, 1881-1921) 등이 모두 스스로 숨길을 닫는 순절로써 나라의 독립과 인류의 하나 됨을 위해서 저항했다는 것은 그들의 신비적 인격의 체현이 어느 정도인지를 지시해 준다. 일제는 그러한 종교의 싹을 자르기 위해서 그 부대원의 대다수가 대종교의 수행으로 다져진 사람들로 이루어졌다는 김좌진(金佐鎭, 1889-1930) 장군의 청산리대첩(1920) 등을 계기로 대종교인 10만 명 이상을 참살했다고 한다. 오늘 한국의 기독인들에게는 잘 알려져 있지 않은 역사적 비화이다. 또한 이에 더해서 내가 들고 싶은 이야기는 안창호 선생이 "아름다운 이성을 보는 것은 기쁜 일이다. 만일 그 얼굴이 보고 싶거든 정면으로 당당하게 바라보라. 곁눈으로 엿보지 말아라. 그리고 보고 싶다는 생각을 마음에 담아 두지 말아라"라고 하면서 마음의 밀실에서라도 아내 아닌 이성을 범하지 않도록 조심하며 살았다는 이야

기이다. 그는 세계를 다니며 독립운동을 하느라 오랫동안 아내와 가족과 떨어져서 살았지만 불미스러운 일이 없었고, 여성들은 그에게 친근하였고 존경의 마음을 깊이 품었다고 한다.[108] 안창호 선생은 정신 통일의 훈련과 의지력을 공고하게 하기 위해서 아침마다 참선의 수양을 하였고,[109] 독실한 기독교 신앙인이면서도 사람들에게 각자가 '저마다 가진 신앙을 따라서 기도'하라고 권했다고 한다.[110]

3) 교회론의 개조-성전교회를 파하라

(1) 앞에서 3·1운동 개신교 정신은 그 세 번째 특성으로서 '세계대동(大同)'의 이상을 품었다고 말했다. 오늘 한국 교회의 개혁과 기독교 신앙의 미래를 위해서 그러한 이상으로부터는 무엇을 배울 수 있을까를 묻는다. 이 글을 쓰고 있는 동안에 다시 언급하는 일조차 힘든 참혹한 사고가 또 대한민국에서 일어났다. 지난 12월 11일 태안화력발전소 사고에서 24살의 청년 김용균 군이 석탄운송설비 컨베이어 벨트에 끼어서 목숨을 잃은 것이다. 2014년 세월호 사건이 있었지만 한국 사회는 달라지지 않았다. 또한 몇 년 동안 비정규직 노동자의 희생이 반복되었지만 희생자는 주로 젊은 청년들로서, 하나같이 밥 먹고, 잠자고, 낮에 일하는 인간 사회적 삶의 가장 기초적인 길이 깨어진 상태에서 일어난 죽음이었다. 다시 말하면 그렇게 자연스럽고 기초가 되는 인간 삶의 기본 조건조차도 누리지 못하는 삶이 오늘 우리

---

108 안병욱, 안창호, 김구, 이광수 외, 같은 책, 348쪽.
109 같은 책, 23쪽.
110 같은 책, 265쪽.

주변에 여전히 널려있다는 것이다. 지금까지 한반도의 사람들은 인간다운 삶, 건강하고 행복한 삶, 여유 있는 삶을 누릴 수 있는 날을 고대하면서 일제의 압제를 벗어나기 위해 그렇게 큰 희생을 치렀고, 해방 이후 동족상잔의 비극을 넘어서 산업화의 높은 파도에 쓸려 넘어가지 않고 안정된 주거와 학업과 직장을 얻기 위해 죽도록 수고해 왔다. 그런데 왜 여전히 그런 방식의 죽음이 사라지지 않는 것일까? 아니 어쩌면 더 만연하는 것일까? 참으로 답답하고 우리들의 삶을 무기력과 희망 없음의 나락으로 한없이 떨어뜨리는 현실이다.

도산 안창호 선생이 3·1운동이 실제적인 성과 없이 끝나고 임시정부도 사분오열되는 상황에서 자신마저도 미국에 없자 실망한 재류 동포들에게 반복해서 역설한 것은, 첫째, '독립운동은 장원한 것이니 이번의 실패로 낙심하지 말라는 것'과 둘째, '더욱 더 분투노력하여 각각 부력을 증진하고 인격을 수양하며 미국인에게 호감을 주도록 하는 것이 당면의 독립 운동이라는 것', 셋째, '결코 분열하지 말라는 것'이었다고 한다.[111] 도산은 평생 "점진 공부(漸進工夫)"를 주장했고, "나를 닦는 것이 곧 남을 다스리는 것"이며, "실천할 수 없는 이론은 먹을 수 없는 양식과 같다"고 하면서 무실역행(務實力行)이 그의 삶의 기초라는 것을 반복적으로 밝혔다.[112] 그와 동시에 "조국을 망하게 한 것은 이완용만이 아니다. 나도 그 책임자다. 내가 곧 그 책임자다"라고 진정성 있는 자기책임을 강조했고, "우리 민족이 저마다 내가 망국의 책임자인 동시에 또한 나라를 다시 찾을 책임자라고 자각할 때가 우리나라에 광복의 새 생맥이 돌 때요"라고 밝혔다. 그는 처음부터 "광복은 내가 하기에

---

111 같은 책, 192쪽.
112 같은 책, 254쪽, 255쪽, 327쪽.

있다. 내가 하면 된다"라고 믿고서[113] 숨질 때까지 온 세계를 다니면서 가장 작고 하찮은 일에서부터 마지막으로 중국 남경 부근에 3·1운동 이후 더욱 더 많이 본국을 떠나는 동포들을 위해서 재외 한인들의 중심지를 만들 의사를 가지고 있었다고 한다. 그의 생각에 나라를 잃고서 해외에서 유랑하게 된 한인들이 그런 가운데서도 국혼을 잃지 않고, 인종적 압박을 심하게 받지 않으면서 나름의 전통도 잃지 않으면서 생업에 종사하며 즐겁게 생활할 수 있는 곳이 미국이 아닌 중국이라고 생각했기 때문이라고 한다. 이 이상촌의 꿈은 그러나 일본의 만주침략(1931.9.18)으로 좌절되었고, 도산은 그것을 제일 안타까워했다고 전한다.[114] 이러한 모든 일은 도산이 "나는 밥 먹는 것도 민족 운동이요, 잠을 자는 것도 민족운동"이기 때문에 민족운동을 하지 말라고 하는 것은 나더러 죽으라는 것과 같다고 하면서 "죽어도 혼이 있으면 나는 여전히 민족 운동을 계속할 것이다"라고 하게 한 그의 깊은 내면적 정신의 힘을 드러낸 것인바,[115] 그는 우리 민족이 "서로 사랑하는 민족, 거짓이 없는 민족, 화평한 민족을 만드는 것이 곧 세계 인류를 그렇게 만드는 길"이라고 믿었던 대승적 인류인의 모습을 보여주었다.[116]

(2) 오늘 신자유주의 경제 제일주의의 파고와 한반도의 위기 상황 앞에서 촛불혁명 이후에도 상황이 그렇게 쉽게 호전되지 않는 것을 보면서 나도 도산처럼 말할 수밖에 없지 않겠는가 생각했다. 우리 삶의 처지가 여전히 이러한 것도 결국 나의 책임이고, 또한 이 상황을 타개해 나가는 일도 나의 책

---

113 같은 책, 145-146쪽.
114 같은 책, 332쪽.
115 같은 책, 358쪽.
116 같은 책, 328쪽.

임이라는 것을 강조하는 참된 자주와 독립, 주인의식을 말하는 것이다. 이번 화력발전소 김용균 군의 사망 앞에서 한 페친은 "우리가 아이를 삼킨 컨베이어 벨트입니다", "이 사회가 컨베이어 벨트입니다. … 살아 있는 자 모두, 이 비루한 사회의 구성원 모두가 아이를 삼킨 컨베이어 벨트입니다"라고 절규했다.[117] 그리하여 나는 이 상황에서 교회 건물 하나를 짓는데 1천억을 쓴 교회도 있다는 내가 속해 있는 한국 개신교는 무엇인가를 다시 묻고자 한다. 3·1운동 개신교 정신이 '세계대동'을 꿈꾸었다는 것은 이제 인간 사회가 갖는 인위적인 분리와 구획과 사유화의 담을 과감히 헐고서 어떻게 하면 인간 삶의 기초적인 것이 보편적이고 두루 평등하게 모두가 나눌 수 있는 것이 되겠는지를 묻는 일일 것이다. 3·1운동 당시 그 운동을 이끌었던 천도교의 손병희와 교도들은 한민족에게 그러한 일을 가능하게 하는 지름길이라고 생각했던 나라의 독립을 위해서 큰 비용을 담당했고, 기독교 측에도 그것을 나누어 주었다. 그래서 그들은 일본 경찰에게 더욱 더 심한 고초와 고문을 당했다.[118]

세계대동을 말한다는 것은 우리 삶의 기본이 되는 기초와 토대에 대해 염려한다는 것을 말하고, 그것을 모두가 함께 누릴 수 있도록 하는 배려와 희망이다. 밥 먹는 것, 잠자는 일, 주거와 교육, 일자리를 얻는 것 등 그렇게 인간 삶에서 기초적이고 보편적인 일을 공동체 모두의 권리로 보는 일, 그래서 그것을 소수가 독점하지 않도록 하면서 사회적, 국가적, 인류적 삶이 이루어져야 한다는 것을 밝히며 그 일을 위해서 운동하고 싸우는 일을 말하는 것이다. 나는 그 일을 위해서 지금 한국 개신교가 할 수 있는 일이 많으며, 그것은

---

117 Eduard Lee, https://m.facebook.com/
118 이병헌, 『三·一運動秘史』.

특히 지금까지 쌓아 올린 건물로서의 '성전교회'를 헐고 그 담을 낮추면서 더욱 세상을 향해 개방하고, 함께 나누는 일임을 말하고자 한다. 빚을 내어서라도 거대하고 화려한 자신들만의 성전교회를 짓는 대신에 그러한 외적 성장에 스스로 한계를 두면서 대신에 그 물질과 힘을 세상의 어려움을 위해서 내어놓는 일이다. 세월호 참사 이후 한국 교회로부터 내침을 받은 세월호 유족들은 기성 교회에 안주하지 않고 스스로의 힘으로 "세상에서 제일 큰 예배당"을 마련했다고 언술되었는데, 그것은 안산 416 생명안전공원이 들어선 야외 공원에서 매달 첫 주에 모여서 예배를 드리는 세월호 유족들의 '세월호 교회'를 말한다. 이 교회 공동체를 보면서 한 신학자는 "세월호 가족이 2000년 전 예수 그리스도의 교회가 어떻게 태어났는지를 보여주고 있다"고 고백하였다.[119] 당시 예수의 죽음과 부활을 기억하기 위해서 예수를 따르던 사람들이 모여서 '예수 그리스도의 교회'를 시작한 것처럼 세월호 유족들은 사랑하는 아이들의 죽음을 헛되이 하지 않기 위해서 그들을 기억하고 진실을 밝히는 '세월호 교회'를 이루어나가고 있는 것을 지시한 것이다.[120]

(3) 오늘 점점 더 극심해지는 빈부격차와 경쟁적 성장 지향, 외적 성장에 한계를 두기보다는 스스로도 더 큰 대형화를 추구하는 한국 개신교 교회들의 행태에 대해서 유교 전통으로부터 전해지는 다음의 이야기는 많은 생각을 하게 한다. 그 이야기란 다름 아니라 19세기 영남 유림의 종장이던 안동 김흥락(金興洛, 1827-1890) 가(家)의 이야기로서 이 집안이 어떻게 스스로 농사짓

---

119 정경일 원장(새길기독사회문화원), m.newsnjoy.or.kr, 2018.12.03.
120 이은선, 「부활은 명멸(明滅)한다: 4·16 세월호 2주기의 진실을 통과하는 우리들」, 『세월호와 한국 여성신학-한나 아렌트와의 대화 속에서』, 동연, 2018, 129-164쪽.

는 양을 한정하고 대신 더 알뜰하게 수확을 관리하고 계획적으로 농사를 지으면서 자신의 식솔들을 안정되게 보살폈을 뿐 아니라 마을 공동체와 나라의 안위를 위해서 공적으로 살 수 있었는지를 알려주는 이야기이다. 이 가족은 19세기 중·후반의 농사를 20두락(마지기)으로 유지하면서, 할 수 있었어도 더 많은 재산을 모으려고 하지 않았다고 한다.[121] 위 연구의 연구자는 그렇게 한 이유를 유교 도의 가르침을 실천하려 했기 때문으로 본다. 즉 유교 도는 재산의 확대재생산을 끝없이 추구하는 행위를 좋지 않게 보았고, 분수에 넘는 지나친 재산증식과 타인의 희생을 강요하는 재산증식을 삼가는 것을 가르쳤기 때문이다. 대신 그 집안은 자기 주변 사람들의 안민(安民)의 방식을 찾으려고 고민했고, 당시 나라와 인민이 위험에 처하자 구국의 길을 찾고자 애써서 가장 김흥락은 칠십 노구를 이끌고서도 을미(1895), 병신(1896)년에 단발령을 계기로 내려진 의병관련 통문 여러 건에 깊이 관여하여 안동 의병진에서 정신적 지도자가 되었다고 한다.[122]

당시 농한기인 10-1월까지는 하루 2끼 식사로 만족해야 할 정도로 물질적으로 결코 풍족한 삶이 아니었지만, 그 가족은 스스로의 선택으로 더 많은 재산을 모으려 하지 않았고, 성학(聖學)의 가르침을 따르고자 한 이야기는 오늘 우리에게 매우 신선하게 들릴 뿐 아니라 생소하기까지 하다. 그래서 어떻게 그 당시는 그러한 일이 가능했는지를 묻게 된다.

유사한 시기의 인물로서 대종교를 중광하기 전부터 나철과 더불어 을사오적을 처단할 비밀결사대를 구성하는 등 이미 여러 가지 방식으로 구국운

---

121 김건태, 「"광작을 자제하라": 19세기 어느 성리학자의 가작(家作)과 그 지향」, 미야지마 히로시, 배항섭 엮음, 『동아시아는 몇 시인가』, 너머북스, 2015, 338쪽.
122 같은 책, 341쪽.

동을 함께해 왔던 해학 이기(李沂, 1848-1909)는 자신의 학문론과 교육론을 겸하는 정치사상으로 도탄에 빠져 기울어져 가는 나라와 민중을 구체적으로 도울 수 있는 방법을 치열하게 찾았다. 그는 "천하의 천하로서, 일인의 천하가 아니다(天下之天下, 非一人之天下)"라는 만민이 주인이 되는 인민주권의 '공화정치(共和之治)'의 이상을 크게 품었는데, 나라를 구할 여러 방도의 개혁을 구상했지만 그중에서 제일 시급하고 중요한 일로 '토지제도'의 개혁을 들었다.[123] 그는 전통의 토지제도와 그동안의 여러 개혁 시도들을 살피면서 자신의 제안으로서 '토지 공전제(公田制)'를 주창했는데, 이것은 토지의 사적 매매를 금하고 국가가 토지를 매수하여 점차로 토지 사유제를 소멸시키는 법을 말한다고 한다. 그는 당시 "토지가 국가의 소유가 아닌 지 오래되었다. 비록 사세(私稅)를 허용할 수밖에 없었지만 그것을 공세(公稅)보다 많게 하지 않아야 명분과 말이 제대로 올바르게 되어 신민들이 반드시 따르지 않을 수 없게 될 것이다"라고 하면서 당시 전국의 토지가 부잣집에 집중되고, 민중들이 지주들에게 뺏기는 지세가 그 소출의 반이 되어서 1년 내 농사를 지어도 밥 한 그릇도 제대로 먹지 못하는 현실을 개탄했다. 그래서 그는 사세를 내리고 공세를 올려서 그 차액을 2배로 조정하자고 했고, 소작농이 지주에게 내는 사세는 총 수확량의 1/9만 내도록 하고, 지주는 거기서 국가에게 1/18을 내도록 해서 결국 소작농의 입장에서 보면 실제로는 수확량의 1/18을 지주에게 사세로 지출하고, 1/18은 국가에게 공세로 내는 것이 되어서 국가의 재정을 튼튼하게 하는 길도 마련하려는 것이었다.[124] 이처럼 해학 이기는 토지 공전제를 민족과 국가의 명운이 걸린 "생사가 걸린 기회[死生之機]"로 보면

123 이규성, 같은 책, 236; 朴種赫, 『해학 이기의 사상과 문학』, 아세아문화사, 1995, 37쪽.
124 박종혁, 같은 책, 40쪽.

서 조선 후기 농민항쟁의 문제를 실질적으로 해결할 수 있는 정치와 교화의 방책을 여러 가지로 모색했다.[125] 그에 따르면 인간의 원래 마음[性]은 '생(生)의 원리[理]'로서 우주의 무한한 생명원리이고, 이 생명의 원리를 구체적으로 사회적 선으로 구현해 내는 '성(成)의 원리[氣]'로서의 의지[命]와 힘[精]도 보유하고 있음을 밝힌다. 그러므로 천하를 함께 나누고 혼자 독식하지 않는 것이야말로 참으로 자연스러운 삶의 방식이고, 요절과 장수를 뛰어넘는 참된 자유의 삶이라는 것을 다음과 같이 인상적으로 역설한다. 한국 기독교가 새로운 교회공동체를 이루기 위해 민족의 전통으로부터 다시 배워야 할 점이라고 생각한다.

천하의 사물은 모두 나의 소유가 아니다. 내가 그것을 소유하고[留] 되돌리지[還] 않으면, 그것을 도적이라 한다. 선왕의 법은 소유법을 가장 엄하게 했다. … 납과 수은을 다려서 장수(오래 사는 것)를 기대하는 것은 자연의 조화를 도둑질하는 것이요, 지위를 유지하고 총애를 굳히며, 그 탐애에 안주하는 것은 조정을 도둑질하는 것이고, 금전과 곡식을 축적하고 상품을 전매하여 이윤을 남기는 자는 백성을 도둑질하는 것이다. 사치한 옷을 입고 미식을 먹고 가득 찰 때까지 탐식하는 것은 자손을 도둑질하는 것이다. 그런데도 자기 소유라고 하여 반드시 보존하고자 하면, 사려가 있는 곳에 우환이 따르는 법이다. 결국은 그의 의지[志氣]를 억압하고 구금하게 된다. … 세상에 혹 달관한 군자가 있어 옆에서 그것을 보면, 어찌 큰 슬픔이라 하지 않겠는가?[126]

---

125 이규성, 같은 책, 237쪽.
126 이기, 「留還堂記」, 『李海鶴遺書』권8, 이규성, 같은 책, 235쪽에서 재인용.

5. 종교 간의 화합과 인류 독립운동으로서의 제2의 독립선언

한반도의 땅에는 3·1운동이 일어나기 훨씬 오래 전부터 종교 간의 소통
과 대화, 함께함을 강조하는 정신과 운동과 인물들이 있어 왔다. 고려 말의
목은 이색(牧隱 李穡, 1328-1396)은 고려가 망해 가는 시점에서 유교와 불교, 선
교(仙敎)의 '삼교회통(三敎回通)'을 강조했고, 그 연원을 신라 말의 최치원(孤雲
崔致遠, 857-908)에게서 보았다. 이색의 한 시에 보면 당시 절의 스님과 유도의
선비가 서로 만나서 말도 섞지 않는 현실을 통탄하는 구절이 있는데, 최치원
도 그렇고 이색도 모두 나라가 위기에 처해 있을 때 현실의 사대주의를 넘
어서 나라 고유의 정신적 맥을 다시 찾는 일을 중시했고, 그 민족적 시원의
사상에 유념하면서 종교 전통 간의 화합(和)과 회통, 그 사이에서의 같음(同)을
귀중하게 여겼다.[127]

최근에도 종교학자 이호재는 지금까지 우리에게 그렇게 알려지지 않았
던 흔 붉 변찬린(邊燦麟, 1934-1985)의 삶과 사상을 한국 기독교사와 종교사에서
독특한 위치를 점하는 사상가로 소개하면서 그가 포함삼교(包含三敎)도 넘어
서 '포함다교(包含多敎; 유, 불, 도, 기와 현대학문)'의 정신으로 살았던 것을 말한다.
변찬린은 그러한 종교 회통의 정신에 근거해서 기독교 성경을 새롭게 해석
하고, 구체적으로 '새교회운동'을 시도했다고 한다.[128] 나는 우리가 지금까지
탐색했던 1919년의 3·1독립운동도 이와 유사한 정신적 맥락에서 가능했던
일로 본다. 그것은 어느 한 종교의 역할이나 그룹, 여남(女男)의 한 성만이 아

---

127 崔英成, "牧隱 李穡의 歷史意識과 民族意識", 〈牧隱學術大會-牧隱 思想의 再照明〉,
      2018.10.5, 목은연구회/한국철학인문문화연구소, 성균관대학교, 21-24쪽.
128 이호재, 『프스트종교운동-자본신앙과 건물종교를 넘어』, 도서출판 문사철, 2018, 55
      쪽.

니라 함께 공동으로, 그리고 그 참다운 정신의 실현은 한 번에 마무리되는 것이 아니라 이제 곧 100주년을 맞이하는 오늘의 우리에게도 여전히 그 계속적인 실천과 수행을 요구하는 장기간의 삶의 일이라는 것을 말해준다. 아니 이제는 한민족뿐 아니라 세계 인류가 함께해 나가야 할 인류문명의 일이고, 미래의 인간 문화가 나아갈 방식이라고 말할 수 있을 것이다. 그래서 어쩌면 그것은 한국 토착화 신학자 이신(李信, 1927-1981)이 말한 대로 "좌우간 하늘을 마시고 동시에 땅에 발을 딛고선 사람치고 누구나 통할 수 있다고 생각하고 … 모두가 손에 손을 잡고 웃으며 초현실의 평화와 자유를 갖자는" 운동으로서 "돌이 외치는 소리"라고 전해준 보편의 해방의 일로 표현할 수 있을지 모르겠다.[129]

좌우간 "하늘을 마시고 동시에 땅에 발을 딛고선 사람치고 누구나 통할 수 있"는 여러 차원의 보편을 지금까지의 소수 특권층의 독점으로부터 해방시키는 일, 그것을 민족적 신앙의 차원에서, 성(性)의 차원에서, 그리고 모든 생명의 차원에서 가능해지도록 하는 일, 그 일이 오늘 제2의 독립선언을 준비하고 있는 종교개혁연대가 밝혀야 할 과제가 아닌가 조심스럽게 제안해 본다. 이 일을 선언하고, 스스로 각자가 결기하고, 함께 이루어나가도록 서로 돕고 격려하고 협동하는 일, 3 · 1운동 백주년의 때에 남북분단의 고통 아래 여전히 신음하고 있는 한반도로부터 그 평화와 통일을 이루어 널리 온 세계로 퍼져나가는 인류 독립운동이기를 소망한다.

---

129 이신, 『李信 시집 돌의 소리』, 이경 엮음, 동연, 2012, 150쪽.

불교·개신교·천주교 종교개혁 선언문

- 원효 탄신 1,400주년, 루터 종교개혁 500주년을 맞아

"이게 종교냐?" 지금 대중들이 "이게 나라냐?"에 이어서 외치고 있는 소리다. 대다수 대중들이 고통 속에 있음에도 종교는 따뜻이 안아주지도, 길을 밝히지도 못하고 있다. 성직자와 수행자들의 타락은 이미 종교를 유지할 수 있는 임계점을 넘었다. 대다수 절과 예배당은 성스러움과 무한, 빛과 소금을 상실한 채 영화 한 편보다 더 가르침을 주지 못하고, 일개 상담소보다 더 마음을 치유하지 못하는 곳으로 전락하였다. 무엇보다 자본주의와 신자유주의 체제의 탐욕과 시장질서가 점점 내면화하더니 이제 구조화하고 있다. 신자들은 하나님과 가르침보다 돈을 더 섬기면서 화폐증식의 욕망에 휘둘리고 소비와 향락을 무한정 추구하고 있다. 예배당과 절은 기업화하고 경영과 이윤의 논리가 의례와 신행을 지배하고 있다. 자신과 가족의 부를 늘리고 이기적 소망을 실현하는 데만 급급한 채 약자들의 신음과 절규를 외면하고 있으며, 다른 믿음을 가진 자들을 배제하고 차별과 폭력을 정당화하고 있다. 하나님과 부처님을 따르는 제자로 남녀와 신분, 직분에 관계없이 평등하게 존엄하거늘 차별과 차등이 당연한 듯이 행해지고 있다. 진리와 의미는 사라지고 종교 공동체마저 해체되어 각자 제 살 궁리만 도모하면서 모두가 외로움과 소외에 몸부림치면서도 서로 이를 심화하고 있다.

우리는 지극한 부끄러움에 얼굴을 들 수조차 없다. 우리 모두 공범자다.

우리 또한 탐욕과 이기심을 일소하지 못한 채 남의 탓만 하였다. 종교의 모순과 부조리, 성직자와 수행자들의 타락과 부패에 대해 비판만 하였지 적극적으로 나서서 이를 개혁하지는 못하였다. 머리나 가슴, 배꼽이 아니라 아픈 곳이 우리 몸의 중심이고 그곳에 부처님과 하나님이 계신데 약자들의 신음소리를 외면하였다. 설혹 불의에 맞섰다 하더라도 두 걸음을 나아갈 수 있었는데 한 걸음만 내딛는 비겁함도 범하였다. 그러는 사이에 대중들은 더욱 고통에 빠지고 길을 제시할 종교가 스스로 길을 잃었다.

종교와 사회는 깊은 연관관계를 맺고 있으며, 종교개혁 없이 사회개혁은 불가능하다. 주권자로서 각성한 우리 국민들은 광장에서 촛불을 밝혀 무능하고 부패한 권력을 몰아내고 새로운 대한민국을 건설할 수 있는 길을 열었다. '성찰하지 못한 과거는 우리의 미래'라는 마음으로 적폐를 청산하고 '현재는 미래의 앞당긴 실천'이라는 의지로 우리가 살고 싶은 나라를 만드는 일에 동참하고 있다. 신자들도 이에 발맞추어 촛불기도회와 촛불법회를 열었다. 이제라도 예수님과 부처님의 진리를 올곧게 세워 공동체를 복원하고 맑고 향기로운 종단을 일으켜 세우지 않는다면, 우리 모두 역사의 죄인으로 남을 것이다.

우리는 처음을 기억하여 오늘을 성찰하며 이후(以後)를 새롭게 모색한다. 우리는 부처님과 예수님의 본래 가르침을 직시하고 이를 따르며 예수처럼, 붓다처럼 살아갈 것을 선언한다. 우리는 돈의 힘에 굴복한 물신 종교, 권력과 유착관계를 맺은 정치 종교, 성직자와 수행자가 모든 것을 독점한 권위 종교, 세상과 소통하지 않는 자폐 종교, 주술의 정원에 머물고 있는 퇴행 종교, 이웃종교의 진리를 인정하지 않는 독단 종교, 노동과 구체적 사회현실을 외면한 관념 종교를 성찰하고 거부한다. 대신, 우리는 자비와 사랑이 모든 사고와 신행, 사회적 실천의 동력이 되는 자비와 사랑의 종교, 자본/권력에 결탁하지 않은 채 늘 창조적 비판자인 자율 종교, 돈과 권력보다 가르침과 깨달음을 앞세우는 깨달음의 종교, 시민사회 및 공론장과 결합한 합리성의 종교, 구성원 모두가 남녀, 신분과 직분, 인종, 이데올로기, 성정체성에 관계 없이 평등하고 친밀하게 연대하는 공동체의 종교, 이웃 종교의 진리를 인정하고 새로운 해석을 허용하는 열린 종교, 노동을 중시하고 정의롭지 못한 현실에 '자비로운 분노'를 하며 인류 문명의 '지속 가능 발전'에 '느리고 불편한 삶'으로 동행하는 참여 종교를 추구하며 이를 구현하기 위한 길에 나선다.

이에 우리는 원효가 탄신한 지 1,400주년, 루터의 종교 개혁이 이루어진 지 500주년이 되는 2017년 오늘, 개혁과 화쟁의 마음을 모아 성찰하고 다짐한다. 주어사(走魚寺) 천진암(天眞菴)에서 미래를 탐색하던 유학자들이 천주교를 공부하여 자발적으로 그리스도교를 수용하였고, 어두운 일제 강점기에 그리스도교와 불교의 종교인들이 함께 나서서 '3·1 독립선언'을 하고 죽음에 이르는 고문과 투옥의 고초를 함께 겪었으며, 촛불항쟁에서도 세 종교의 신자들이 어깨를 맞대고 청와대까지 행진하였다. 이와 같은 자랑스러운 유산을 계승하여, 각기 믿음은 다르지만 한목소리로 한국 종교의 개혁을 천명한다. 이 선언이 교단의 온갖 구조적 병폐, 제도적 모순과 적폐를 청산하고 이 땅을 예수님과 부처님의 올바른 가르침과 향기로 물결치는 하나님의 나라와 정토로 만드는 출발점이 될 것을 확신한다.

〈불교〉

지금 한국 불교는 절체절명의 위기에 처해 있다. 정법 수행이 사라지고 범계일탈이 만연하면서 승가 공동체는 붕괴하고 300만에 이르는 불자들이 이탈하였다. 권승과 주지들이 권력과 자본을 독점한 채 억대도박, 은처, 공금횡령, 성폭행, 폭력을 다반사로 행하면서 외려 청정한 스님들을 배척하고 있다. 여기에 신자유주의적 탐욕까지 절에 스며들고 사방승가 정신을 상실하면서 승가 공동체는 붕괴되어 스님들은 무소유, 평등, 자비의 정신을 상실한 채 각자도생(各自圖生)하고 있다. 노승들은 노후를 보장받지 못한 채 거리를 떠돌고, 젊은 승려들은 불안한 미래에 절을 떠나고 있다. 불자들은 깨달음 지상주의에서 벗어나지 못한 채 중생들의 고통을 외면하고 있다. 이 상황에서 침묵은 또 다른 적폐다. 이제 안으로는 모든 탐욕을 일소하고 깨달음에 이르러 열반을 성취해야 하고, 밖으로는 승가 본연의 청정한 가풍을 일으켜 교단의 온갖 적폐를 청산하고 청정 승가를 구현하여 부처님의 올바른 가르침과 보살의 향기로 물결치게 하여야 한다.

1. 계율을 범하고도 참회하지 않는 스님들은 섬기지도 공양을 올리지도 않겠다.

2. 수행과 재정을 분리하여 출가에서 다비에 이르기까지 스님들이 수행과 포교, 교육에만 전념할 수 있는 환경을 조성하겠다.

3. 절 안과 밖의 모든 조직과 단체에서 주지나 권승, 대표들의 독점체제를 해체하고 사부대중이 모두 평등하고 모든 구성원의 의견이 민주적으로 수렴되는 공동체로 만들겠다.

4. 나만의 깨달음에서 벗어나 모든 생명과 중생들의 고통을 내 몸처럼 아파하며, 비정규직과 해고 노동자, 여성, 장애인, 성소수자, 이주노동자와 이주민 등 사회적 약자의 인권을 보호하고 그들의 아픔을 더는 일에 적극 동참하겠다.

5. 나와 모든 중생과 자연이 연기로 얽혀있음을 통찰하여, 비움과 나눔에서 비롯된 평안함의 환희심이 채움과 소유의 욕망을 극복하도록 소욕지족

(少欲知足)의 삶을 살겠다.

〈개신교〉

　종교개혁 500년의 해를 대형교회 세습논쟁으로 마감하며 사회적 물의를 일으킨 한국 개신교의 추락상(像)이 분노를 넘어 안쓰러울 정도다. 세상은 이를 두고 한국교회에 하나님이 없는 증거라고 조롱하고, 개신교 신앙인들이 예수를 가롯 유다처럼 은전 30냥에 판 일이라고 비유한다. 이렇듯 보편화한 세습은 영적으로 파산한 교회의 실상이다. 온갖 교파로 나뉘어 분열되고, 자신들의 교리에 안주하여 스스로의 근원인 예수를 잊고, 세상과 소통치 않고 담장을 쌓으니 세상이 교회를 등진다. 거룩의 이름을 내걸고 권력과 부를 탐하며 사회를 편가르는 이념을 재생산하니 더 이상 복된 소식이기를 그친다. 하지만, 이를 고칠 의지도, 힘도, 용기도 없는 현실이 더욱 뼈아프다. 개혁할 수 없는 교회는 개혁당할 수밖에 없다는 것이 프로테스탄트의 역사이건만 아직도 자본에 예속된 성장신화에 빠져있다. 교회의 수장이 되기 위한 돈 싸움이 세상을 빼닮았다. 불법선거와 교단 재산 문제로 교회 내 송사가 끊이지 않는다. 수많은 신앙인들이 교회를 떠나고 작은 교회 목사들이 생존을 위해 이, 삼중의 직에 내몰려도 정작 그것을 염려하고 책임지는 주체가 없다. 이 모두는 자신들만의 특권적 오늘을 위해 개신교의 미래를 빼앗는 일이다. 신학대학들 역시 권력 욕심으로 분규 없는 곳이 없어 그 위상이 한없이 초라해졌다. 그래도 탈(脫)성장, 탈(脫)성직, 탈(脫)성별을 외치며 개신교의 새로운 앞날을 달리 개척하는 이들이 있어 희망을 갖는다.

1. 종교개혁 500년 역사의 이름으로 세습하는 교회와 성직자들의 부당함

을 밝히고 교회의 공공성 회복을 위해 신앙적 노력을 다할 것을 다짐한다.

2. '모든 신앙인이 사제'라는 개신교 종교개혁의 정신에 따라 성직자들 역시 권위주의적 체제의 신분으로가 아니라 공동체 안에서의 역할의 차이로 이해하고 존경할 것이다. 이에 평신도와 함께하는 민주적 운영방식을 적극 모색한다.

3. '교회의 크기가 목사의 크기'라는 자본화한 교회(성장)논리 대신 다양한 선교적 주제를 자각하고 감당하는 '작은 교회'들의 출현과 그 역할을 적극 지지한다.

4. 자기 폐쇄적, 자기 보전적 교회를 넘어 사회적 영성으로 역할을 하면서 이웃종교들과 더불어 세상을 향한 우환의식을 공유하는 열린 교회를 지향한다.

5. 교회 공동체에서 주일 교인으로만 살아가는 것에 만족치 않고 사회 공동체 안에서 모든 날을 예수의 제자로 살아갈 것을 다짐한다. 성소수자의 인권을 보호하며, 사회의 약자인 여성과 사회적 모성의 보호를 적극 지지한다.

〈천주교〉

프란치스코 교종은 '세계 가난한 이의 날'을 맞아 자비를 실천하는 교회는 스스로 가난한 교회가 됨으로써 세상의 모든 재화와 인간을 이윤추구의 수단으로 전락시키는 자본주의에 저항하는 대안이 되기를 희망한다고 말한다. 하지만, 오늘의 한국 천주교회는 가난한 이들의 희생을 담보로 맘몬을 섬기는 자본주의에 맞서지 못하고, 자본주의에 포섭되어 부유함을 선택하는 일을 곳곳에서 벌이고 있다. 대구시립 희망원 사태로 불거진 교회의 대형사회복지 시설 운영과 인천국제성모병원에서 드러난 허위 환자유치를 비롯한 의료급여 부당청구 사건과 부당 내부거래 의혹 사건이 상징적이다. 그리고 나아가 교회 사업장 안에서도 비정규직이 많아지고 노동조합이 존립하기 어려운 현실은 세상에 대하여 정의를 말하는 교회 스스로의 모습을 더욱 옹색하게 만들고 있다. 종교개혁 500주년의 의미는 끊임없이 하느님의 말씀을 현재화하고 복음 정신을 '지금 여기에서' 새롭게 드러내는 신앙의 행동을 말하는 것이다.

1. 교회는 대형의료 시설과 사회복지 시설을 통한 자본증식 활동에 사목적 에너지를 낭비하지 말고, 이윤 추구 사업에서 물러나 가난한 이들을 위한 교회에서 가난한 교회로 나아가야 한다.

2. 평신도 희년을 계기로 한국교회는 성직자 중심의 교회 운영을 멈추고, 모든 그리스도인이 한 형제자매로 교회 운영에 참여하도록 해야 한다.

3. 인간의 노동이 자본보다 우위에 있다는 교회의 가르침에 따라 해고노동자, 비정규직 노동자의 목소리에 귀기울여 연대해 온 만큼, 같은 기준으로 교회도 돌아보아야 한다.

4. 한국천주교회는 지역공동체와 이웃종교를 외면하면서까지 벌이고 있는 순교성지 성역화 사업이 순교정신과 복음 정신을 바탕으로 이웃 종교와 역사를 배려하는 진정한 성지가 되도록 노력해야 한다.

5. 우리 신앙인들은 모든 피조물의 집인 지구가 상처받지 않도록, 4대강의 재자연화, 탈핵 등 자연을 중심으로 한 지속가능한 사회로의 전환을 위해 '즐거운 불편'을 몸소 실천할 것이다.

지금 절체절명의 위기임은 분명하지만, 성찰과 혁신, 그리고 연대가 있을 때 위기는 기회로 전환한다. 우리는 한 사람의 열 걸음이 아니라 열 사람의 한 걸음으로, 분노가 아니라 자비와 사랑의 마음으로, 권력이 아니라 금강석과 같은 믿음의 힘으로 반드시 종교 개혁을 성취할 때까지 작지만 굳센 발걸음을 딛겠다.

2017년 12월 28일
불교 · 개신교 · 천주교 종교개혁선언추진위원회

공동대표　박광서 이정배
운영위원장　이도흠
기초위원　불교 : 박광서 이도흠 박병기 옥복연
　　　　　개신교 : 이정배 이은선 이찬수 손원영 정경일 강신환
　　　　　천주교 : 신승환 황경훈 한상봉
　　　　　다종교 : 이규완
실무위원　불교 : 김현진 김형남 전준호 배병태 나지용
　　　　　개신교 : 현창환
　　　　　천주교 : 경동현 이은석

참고문헌

■ 3 · 1운동 전후 불교계의 현실 인식과 우리 불교의 미래 / 박병기

길희성 · 오지섭, 「한국불교의 특성과 정신」, 『학술원 논문집(인문 · 사회과학편)』 50집 1
　　호, 대한민국학술원, 2011.
김광식, 「백초월-독립운동의 역량을 한마음으로 결집하다」, 국가보훈처 이달의 독립운동
　　가 행적, 2016.6.
김경집, 「현대한국의 불교학자(9): 권상로-근대 불교개혁의 선구자」, 『불교평론』 61호,
　　2015.
김순석, 「'대한승려연합회 독립선언서' 의의」, 『법보신문』 2007년 2월 20일자.
김원명, 「한국 근대불교학의 과제와 전망」, 『동아시아불교문화』 27집, 동아시아불교문화
　　학회, 2016.
김종인, 「백용성의 근대와의 만남과 불교개혁 운동」, 『대각사상』 23집, 대각사상연구원,
　　2015.
박병기, 「한국 시민사회에서 승가공동체의 위상과 출가보살의 역할」, 『동아시아불교문
　　화』 27집, 동아시아불교문화학회, 2016.
＿＿＿, 『의미의 시대와 불교윤리』, 씨아이알, 2013.
＿＿＿, 「석전 박한영의 교육론과 불교개혁」, 『불교평론』 50호, 2012.
＿＿＿, 「남명의 불교관과 현실인식」, 『남명학보』 10호, 남명학회, 2011.
석전 정호, 「조선불교현대화론」, 한종만 편, 『현대한국의 불교사상』, 한길사, 1998.
아워백, 마이키, 「'친일불교' 역사학의 재고-조선불교단과 1920년대 조선에서의 승려 결
　　혼에 대한 논쟁」, 『아세아연구』 51권 3호, 고려대학교 아세아문제연구소, 2008.
용성 진종, 「(1차) 건백서」, 「만인참선결사회 창립기」, 한종만 편, 『현대한국의 불교사상』,
　　한길사, 1998.
이종수, 「조선후기 불교신행의 전통과 현대적 계승」, 『동아시아불교문화』 31권, 동아시아
　　불교문화하회, 2017.
전명희, 「만해 한용운과 신간회 결성 참여-만해와 사회주의자들과의 교류를 중심으로」,
　　『2018 만해축전 자료집』, 만해사상실천선양회, 2018.
채점숙, 「식민지 조선과 불교-근대기 대처승 문제를 둘러싼 한일 불교계의 동향」, 『대각
　　사상』 22집, 대각사상연구연구원, 2014.
콕스, 하비, 유강은 옮김, 『신이 된 시장』, 문예출판사, 2018.
최병천, 「일본의 한국강점과 불교」, 『불교평론』 17호, 2003.
플래나간, 오웬, 박병기 · 이슬비 옮김, 『보살의 뇌』, 씨아이알, 2013.

한용운, 「조선불교의 개혁안」, 「통감부 건백서」, 「조선불교유신론」, 한종만 편, 『현대한국의 불교사상』, 한길사, 1998.

Moore, Matthew J., *Buddhism & Political Theory*(Oxford: Oxford University Press, 2016).

■ 3 · 1운동 정신과 여성불자의 역할 / 옥복연

〈논문〉

김광식, 「근 · 현대 여성불교 운동단체와 그 주역」, 『전법학 연구』 13, 2018.

_____, 「김일엽 불교의 재인식- 인연, 수행, 출가를 중심으로」, 『불교학보』 72호, 2015.

김만수, 「일제와 미군정기의 종교정책이 불교 종립학교에 미친 영향」, 동국대 박사학위논문, 2007.

김법린, 「3 · 1운동과 불교」, 『신천지』 1~2, 1946.

김항석, 「개항기 일본불교종파들의 한국침탈」, 『한국독립운동사연구』 제 8집, 독립기념관 한국독립운동사연구소, 1994.

노태경, 「한말 · 일제초 기독여학교에서의 민족교육 연구: 1885년~1919년을 중심으로」, 고려대학교석사학위논문, 2006.

옥복연, 「한국불교 조계종단 종법의 성차별성에 관한 여성주의적 연구」, 서울대 박사논문, 2013.

유혜정, 「일제식민지하의 여성정책」, 한국여성연구소여성사연구실, 『우리 여성의 역사』, 파주: 청년사, 2008.

윤정란, 「한국 기독교 여성들의 근우회 탈퇴 배경에 관한 연구」, 『한국기독교와 역사』 8호, 2010.

이혜숙, 「일제강점기 불교사회사업의 개괄」, 『불교평론』 51호, 2012.

정광호 외, 「일제의 종교정책과 식민지불교」, 『근대불교사론』, 서울: 민족사, 1988.

한동민, 「사찰령 체제하 본산제도 연구」, 중앙대학교 박사학위논문, 2005.

Rosemary Radford Ruether, "The Future of Feminist Theology in the Academy", Journal of the American Academy of Religion, Vol. 53, No. 4, 1985.

〈단행본〉

강명관, 『그림으로 읽는 조선 여성의 역사』, 서울: 휴머니스트, 2012.

국사편찬위원회, 『일제 침략하 한국36년사』 4권.

권종석, 「國內寺刹現行細則演義」, 『韓國近現代佛敎資料全集』 65, 서울: 민족사, 1996.

김경집, 『한국근대불교사』, 서울: 경서원, 1998.

김광식, 『한국근대불교의 현실인식』, 서울: 민족사, 1998.

_____,『민족불교의 이상과 현실』, 서울: 도피안사, 2007.

_____,『한용운 연구』, 서울: 동국대학교출판부, 2011.

김순석,『한국근현대 불교사의 재발견』, 파주: 경인문화사, 2014.

김정인 외,『한국 근대사』2, 서울: 푸른 역사, 2017.

남도영,『근대불교의 교육사업, 한국불교사의 재조명』, 서울: 불교시대사, 1994.

동국대학교 불교문화연구원,『근대동아시아의 불교학』, 서울: 동국대학교 출판부, 2008.

백암박은식선생전집편찬위원회,『白巖朴殷植全集』II, 서울: 동방미디어, 2002.

성주현,『식민지 시기 종교와 민족운동』, 서울: 선인, 2013.

『순종실록』3권, 순종 2년2월 3일 양력 8번째 기사.

여성학교재편찬위원회,『여성학의 이론과 실제』, 서울: 동국대학교 출판부, 1990.

이병헌,『3·1운동 비사』, 서울: 도서출판 개벽사, 2001.

이화여자대학교 한국여성연구소,『여성학』, 이화여자대학교 한국여성연구소편, 1986.

한국여성연구소여성사연구실,『우리 여성의 역사』, 파주: 청년사, 2000.

〈신문 및 잡지〉

〈불교항일운동, 그 현장, 〈12〉 백초월스님과 진관사〉,《불교신문》, 2018.08.14.

〈제주불교의 흥륭〉,《매일신보》, 1925.04.19.

〈여성불자 신행 패턴 현황」 조사·분석〉,《법보신문》, 2004.08.10.

〈교원무자격이라고 동광학원 폐쇄〉,《동아일보》, 1929.04.12.

〈남자들 대신… 개성 '여성 4인방' 3·1운동 선봉에 섰다〉,《동아일보》, 2019.10.16.

『삼천리』5호, 1930년.

『조선불교』, 1925년 4월.

■ 3·1운동 이전 의병운동의 사상적 특징 / 이미림

〈원문자료〉

『중용』『논어』『화서집』『화서아언』

〈논문〉

강필선,「화서이항로의 철학사상 연구」, 성균관대 박사학위논문, 2002.

이재석,「척사위정론에 관한 연구」, 한국정신문화연구원 박사논문, 1992.

이재석,「화서 이항로의 정치사상」,『통일문제와 국제관계』13집, 인천대학교평화통일연구소, 2003.

박용옥,「윤희순 의사와 남자현 여사의 항일 독립투쟁」,『의암학연구』제6호, 2008.

신성환,「여성독립운동가 윤희순의 현실인식과 대응」,『동양고전연구』제71집, 2018.

정금철,「항일투사로서의 윤희순의 삶과 여성적 담론연구」,『강원문화연구』제24집, 2005.

〈단행본〉
인하대학교 한국학 연구소,『중국 없는 중화』, 인하대출판부, 2009.
의암학회,『윤희순 의사 항일 독립투쟁사』, 춘천시, 2005.
최영진,『조선조 유학사상사의 양상』, 성균관대출판부, 2005.
_____,『유교사상의 본질과 현재성』, 유교문화연구소, 2002.
유봉학,『연암일파의 북학사상연구』, 일지사, 1995.

■ 3 · 1운동과 심산 김창숙의 천리(天理) 구현 / 황상희

〈자료〉
『心山遺稿』(國史編纂委員會, 1973)
『退溪先生文集』(學民文化史)

〈논문〉
김상봉,「파국과 개벽사이-20세기 한국철학의 좌표계」,『대동철학』제67집, 2014.
김현수,「김산 김창숙의 유교 인식과 독립운동의 전개」,『한국학논집』70, 2018.
송항룡,「심산 김창숙」,『한국인물유학사』4, 서울: 한길사, 1996.
이공찬,「심산 김창숙의 赤心에 관한 연구」, 성균관대학교 박사학위논문, 2014.
이은선,「3 · 1운동정신에서의 유교(대종교)와 기독교-21세기 동북아 평화를 위한 의미와 시사」,『3 · 1운동백주년기념 국제추계학술대회』, 한국종교교육학회, 생명문화 연구소 주최, 2018.

〈단행본〉
3 · 1문화재단,『이 땅의 젊은이들을 위한 3 · 1운동 새로 읽기』, 예지, 2012.
권기훈,『심산 김창숙 연구』, 서울: 선인, 2007.
김구,『백범일지』, 서울: 돌베개, 2005.
김삼웅,『심산 김창숙 평전』, 서울: 시대의 창, 2006.
김창숙,『김창숙문존』, 성균관대출판부, 2002.
박은식, 남만성 옮김,『한국독립운동지혈사(상)』, 서문당, 1999.
이상성,『한국유학사상대계Ⅹ-종교사상편』, 경북: 국학진흥원, 2010.
이소마에 준이치,『종교와 식민지 근대』, 서울: 책과함께, 2013
이현희,『3 · 1혁명, 그 진실을 밝힌다』, 서울: 신인간사, 1999.

이황직, 『군자들의 행진』, 경기도: 아카넷, 2017.

장석만, 『1919년 3월 1일에 묻다』, 성균관대출판부, 2009.

존던컨, 「한국사 연구자의 딜레마」, 『동아시아는 몇시인가?』, 서울: 너머북스, 2015.

함석헌, 『뜻으로 본 한국역사』, 『전집』 1, 한길사.

■ 한국천주교회와 3 · 1운동 / 경동현

〈자료〉

편집부, 『드망즈 주교 일기』, 한국교회사연구소, 1987.

『매일신보』

『뮈텔 문서』, 한국교회사연구소, 1965.

편집부, 『뮈텔 주교 일기』, 한국교회사연구소, 2002.

『한국교회 공동 지도서(Directorium Communc Missionum Coreae)』, 1932.

C-R-TaiKou, 1919. C-R(Compte-Rendu de la Societe des Missions Etrangeres de Paris)

천주교서울대교구, 『서울대교구 교구총람』, 가톨릭출판사, 1984.

최석우, 「한국 교회 지도서」, 『한국가톨릭대사전』 제12권, 한국교회사연구소, 2006.

〈단행본〉

황해도천주교회사간행사업회, 『황해도천주교회사』, 한국교회사연구소, 1984.

강인철, 『종교권력과 한국천주교회』, 한신대학교출판부, 2008.

_____, 『한국 개신교와 반공주의』, 도서출판 중심, 2007.

_____, 『한국 천주교의 역사 사회학』, 한신대학교출판부, 2006.

국사편찬위원회, 『일제침략하 한국36년사』 4권, 1975,

독립운동사편찬위원회 편, 『독립운동사』 2권, 1971.

송호근, 『인민의 탄생, 공론장의 구조 변동』, 민음사, 2011.

인천교구사편찬위원회, 『인천교구사』, 가톨릭출판사, 1990.

조광, 『한국천주교 200년』, 햇빛출판사, 1989.

〈논문〉

강인철, 「천주교는 반공이데올로기 강화에 어떤 역할을 하였나?」, 『사회평론 길』 92권 10호, 사회평론, 1992.

강정구, 「한국 보수주의 체제 확립의 역사적 기원: 해방공간을 중심으로」, 『진보평론』 11, 현장에서 미래를, 2002.

강주석, 「공산주의를 만난 선교사들의 마음: 한국전쟁 시기를 중심으로」, 북한대학원대학교 박사학위논문, 2017.

고원, 「정치로서의 공공성과 한국 민주주의의 쇄신」, 『기억과 전망』 20, 민주화운동기념
　　사업회, 2009.

권헌익, 「세계평화와 한국학, 1919-2019」, 『제9회 세계한국학대회 자료집』, 한국학중앙연
　　구원, 2018.

김구정, 「3·1운동과 대구 유스티노 신학생」, 『교회와 역사』 122호, 한국교회사연구소,
　　1985.

김승태, 「무단통치기 조선총독부의 종교정책과 한국 종교계의 동향」, 『한국기독교와 역
　　사』 47, 한국기독교역사연구소, 2017

김진소, 「일제하 한국천주교회의 선교방침과 민족의식」, 『교회사연구』 제11집, 한국교회
　　사연구소, 1996.

김진호, 「한국교회의 과거, 현재, 미래 공공성에 대해 묻다: 규범적 공론장의 형성과 변화
　　를 중심으로」, 『종교문화비평』 26권, 한국종교문화연구소, 2014.

백병근, 「일제시기 서울지역 신자 단체 연구」, 『교회사연구』 제32집, 한국교회사연구소,
　　2009.

신진욱, 「공공성과 한국사회」, 『시민과 세계』 11, 사회평론, 2009.

오경환, 「국가와 한국천주교회」, 『한국교수불자연합학회지』 제15권 제2호, 한국교수불자
　　연합회, 2009.

원재연, 「순암 안정복과 광암 이벽의 서학 인식」, 『교회사학』 제4호, 수원교회사연구소,
　　2007.

윤선자, 「1910년대 일제의 종교규제법령과 조선천주교회의 대응」, 『한국근현대사연구』
　　6, 한울, 1997.

_____, 「3·1운동기 천주교회의 동향」, 『역사학연구』 제11집, 호남사학회, 1997.

이상호, 「전후 동아시아 보수주의의 산파 맥아더」, 『황해문화』 65, 새얼문화재단, 2009.

조광, 「일제하 무장 독립 투쟁과 조선천주교회」, 『한국 근현대 천주교사 연구』, 경인문화
　　사, 2010.

최미진, 「매체 지형의 변화와 신문소설의 위상(1)」, 『대중서사연구』 27, 대중서사학회,
　　2012.

홍성태, 「시민적 공공성과 한국사회의 발전」, 『민주사회와 정책연구』 13, 민주사회정책연
　　구원, 2008.

〈기타〉

《문화일보》, 2017년 12월 29일자

■ 여성의 관점에서 성찰한 조선 천주교회의 신앙과 3 · 1독립운동 / 최우혁

〈단행본〉

강인철, 『한국 천주교회의 역사사회학-1930-1940년대의 한국 천주교회』, 오산: 한신대학
　　교출판부, 2006.

윤선자, 『일제의 종교정책과 천주교회』 고려사학회연구총서8, 서울: 경인문화사, 2001.

＿＿＿, 『한국 근대사와 종교』 한국사연구총서42, 서울: 국학자료원, 2002.

조광, 『조선후기 천주교사 연구의 기초』 경인한국학연구총서79, 서울: 경인문화사, 2010.

＿＿＿, 『한국 근현대 천주교사 연구』 경인한국학연구총서80, 서울: 경인문화사, 2010.

＿＿＿(엮음), 『조선왕조실록 천주교사 자료모음』 한국순교자연구1, 서울: 한국순교자현
　　양위원회, 1997.

한국가톨릭여성연구원, 『여성, 천주교와 만나다. 한국가톨릭여성사』, 서울: 한국가톨릭
　　여성연구원, 2008.

한국교회사연구소, 『사학징의(邪學懲義)』, 서울: 불함문화사, 1977.

＿＿＿, 『한국 천주교회사』, 1-5권, 서울: 한국교회사연구소, 2009-2014.

황종렬, 『한국 가톨릭 교회의 하느님의 집안 살이』 가톨릭사상총서8, 경산: 대구가톨릭대
　　학교출판부, 2015.

〈논문〉

김정숙, 「조선 후기 천주교 여성신도의 사회적 특성」, 『교회사연구』 19, 2002. 12.

신영숙, 「일제시기 천주교회의 여성인식과 여성교육」, 『교회사연구』 19, 2002. 12.

윤선자, 「3 · 1운동기 천주교회의 동향」, 『전북사학』 제11집, 1997.

＿＿＿, 「일제의 신사 설립과 조선인의 신사 인식」, 『역사학연구』 42권, 2011.

이장우, 「식민지시대 말기 조선 천주교회와 총독부의 종교 통제-노기남 주교의 대응을 중
　　심으로」, 『교회사연구』 35, 2010.12.

오영섭, 「안중근 가문의 독립운동 기반과 성격」, 『교회사연구』 35, 2010.

정세현, 「근우회 조직의 전개」, 『아시아여성연구』 11, 숙명여자대학교, 1972.

조광, 「신유박해의 성격」, 『민족문화연구』 13, 고려대학교 민족문화연구소, 1978.

＿＿＿, 「일제하 무장독립투쟁과 조선천주교회」, 『교회사연구』 11, 1996.12.

차기진, 「안중근의 천주교 신앙과 그 영향」, 『교회사연구』 16, 2001.6.

최봉룡, 「재만 조선인 반일민족독립운동에서의 종교의 역사적 지위에 대하여」, 『한국독
　　립운동사의 제문제 - 김창수 교수 화갑기념 사학논총』, 서울: 범우사, 1992.

최선혜, 「한국 천주교회의 미국 천주교 외방선교회(메리놀회)와의 교류와 그 의의」, 『교
　　회사연구』 49, 2016.12.

최석우, 「일제하 한국 천주교회의 독립 운동-3 · 1운동을 중심으로-」, 『교회사연구』 11,
　　1996.

최소미, 「한말 〈독립신문〉, 〈황성신문〉, 〈대한매일신보〉 천주교 관련 기사목록 (1896-1920)」, 『교회사연구』 46, 2015.

황종렬, 「신사참배의 정치, 종교적 성격에 관한 비판적 성찰-묵시록의 황제숭배 비판을 토대로」, 『교회사연구』 17, 2001.

■ 3 · 1운동과 천도교 / 김춘성

〈논문〉

이병헌, 「내가 본 3 · 1운동의 일단면」, 『3 · 1운동 50주년기념논집』, 동아일보사, 1969.

이현희, 「의암 손병희와 3 · 1운동」, 동학학회, 『동학학보』, 제17권, 2009. 최남선, 「3 · 1운동에 대한 역사적 고찰」, 『신세계』, 1956.

조규태, 「3 · 1운동의 전개과정과 의의」, 3 · 1운동80주년기념자료집, 1999.

〈단행본〉

의암손병희선생기념사업회, 『의암손병희선생전기』, 의암손병희선생기념사업회, 1967.

이병헌, 『3 · 1운동비사』, 시사신보사, 1969.

이동초, 『천도교 민족운동의 새로운 이해』, 도서출판 모시는사람들, 2010.

_____, 『보국안민의 발길로 서울을 걷다』, 도서출판 모시는사람들, 2017.

이현희, 『3 · 1혁명 그 진실을 밝힌다』, 신인간사, 1999.

천도교중앙총부교화관, 『천도교와 3 · 1운동』, 천도교중앙총부출판부, 포덕155(2014)(소책자).

천도교청년당편, 『천도교청년당소사』, 천도교청년당본부, 1935.

조기주, 『동학의 원류』, 천도교중앙총부출판부, 1982.

황선희, 『한국근대사상과 민족운동 I 』, 혜안, 1996.

_____, 『동학. 천도교역사의 재조명』, 도서출판 모시는사람들, 2010.

옥파기념사업회, 『옥파이종일선생논설집』, 1984.

■ 3 · 1운동과 다시개벽의 꿈 / 박길수

〈자료〉

『천도교경전』 「동경대전」 「용담유사」 「해월신사법설」 「의암성사법설」

『개벽신문』 『개벽』 『초등교서(오상준)』 『묵암비망록(이종일)』 『독립운동사교양총서』 (PDF판)

『3 · 1운동 100주년 총람1-3 · 1운동 참여자 회고담 모음』 (3 · 1운동 100주년 기념사업추진위원회, 2017).

『3·1운동 100주년 공동자료집』(3·1운동 100주년 기념사업추진위원회, 2017).

〈논문〉

권보드레, 「선언과 등사(謄寫)-3·1운동에 있어 문자와 테크놀로지」, 반교어문학회, 『泮橋語文研究』 제40집, 2015.

기전(김기전), 「오호의암선생(嗚呼義菴先生)」, 『개벽』 제24호, 1922.6.

김소진, 「1910年代의 獨立宣言書 研究」, 박사학위논문, 숙명여자대학교대학원 사학과, 1995

김종철, 「촛불시위와 '시민권력'」, 『녹색평론』 제152호 2017년 1-2월호.

김태창-후카오 요코(深尾葉子, 오사카대학 준교수) 대담, 「영혼의 탈식민지화·탈영토화와 미래공창(未來共創)」, 『개벽신문』 제65호, 2017년 7월호.

박길수, 「東學思想과 地上天國 建設運動」, 東學無極思想研究會, 『無極』 창간호, 2001.

오문환, 「의암 손병희의 '교정쌍전'의 국가건설 사상: 문명계몽, 민회운동, 3·1독립운동」, 한국정치사상학회, 『정치사상연구』 제10집 2호

_____, 「천도교의 이상정치론: '교정쌍전(敎政雙全)'을 중심으로」, 동학학회, 『동학학보』 제16호, 2008.

이갑성, 「3·1운동 54주년 기념예배 회고담」(창천교회), 『3·1운동100주년 기념총람 1』 (재수록본), 2017.

이병헌, 「내가 본 3·1운동의 일 단면」, 『3·1운동 50주년 기념논집』, 동아일보사, 1969.

이현희, 「의암 손병희와 3·1운동」, 『동학학보』 제17권, 동학학회, 2009.

정태욱, 「조소앙의 〈대한독립선언서〉의 법사상」, 『법철학연구』 제14권 제3호, 한국법철학회, 2011.

조성환, 「한국은 '어떤 근대'를 추구하였나?-근대 한국종교의 토착적 근대화운동 학술대회를 마치며」, 『개벽신문』 제77호, 2018년 8월호.

주옥경 외, 「독립선언 반세기의 회고」, 『신인간』 262호(3·1운동 50주년 기념 좌담회), 1969.3.

최남선, 「3·1운동에 대한 역사적 고찰」, 『신세계』, 1956.

최효식, 「義菴 孫秉熙와 3·1독립운동」, 『동학연구』 제14·15집, 한국동학학회, 2003.

〈단행본〉

3·1운동기념사업회 편, 『3·1정신과 미래한국』, 앰-애드, 2011.

김구 외, 유광렬 엮음, 『抗日宣言.倡義文集』, 서문당, 1981(3쇄).

김삼웅, 『만해 한용운 평전』, 시대의창, 2011(3쇄).

데이비드 코튼 지음, 김경식 옮김, 『이야기를 바꾸면 미래가 바뀐다』, 지영사, 2018.

리처드 도킨스 지음, 이한음 옮김, 『만들어진 신-신은 과연 인간을 창조했는가?』, 김영사,

2007.

박길수, 『서울, 3 · 1운동의 발자취를 따라서』, 천도교중앙총부출판부, 포덕152(2011)년 (소책자).

스테파니 슈워츠 드라이버 지음, 안효상 옮김, 『세계를 뒤흔든 독립선언서』, 그린비, 2005.

유발 하라리 지음, 김명주 옮김, 『호모 데우스-미래의 역사』, 김영사, 2017.

의암손병희선생기념사업회, 『의암손병희선생전기』, 의암손병희선생기념사업회, 1967, 326쪽.

이기상, 『우리 말로 철학하기』, 살림, 2013(4쇄).

이병헌, 『3 · 1운동비사』, 시사신보사, 1969.

이영재, 『근대와 민 인간존중 · 신분해방 사상이 만든 민주공화국』, 도서출판 모시는사람들, 2018.

이윤상, 『3 · 1운동의 배경과 독립선언』, 한국독립운동사편찬위원회편, 독립기념관 한국독립운동사연구소, 2009.

이동초, 『천도교 민족운동의 새로운 이해 - 분열의 역사를 넘어서는 통섭적 천도교 민족운동사를 위한 시론』, 도서출판 모시는사람들, 2010.

_____, 『보국안민의 발길로 서울을 걷다』, 도서출판 모시는사람들, 2017.

이창번, 김응조, 김혁태, 『손병희 선생과 3 · 1운동』, 천도교중앙총부사회문화관, 2018.

이현희, 『3 · 1혁명 그 진실을 밝힌다』, 신인간사, 1999,

정태욱, 「조소앙의 〈대한독립선언서〉의 법사상」, 한국법철학회, 『법철학연구』 제14권 제3호, 2011.

조성환, 『한국 근대의 탄생 - 개화에서 개벽으로』, 도서출판 모시는사람들, 2018.

천도교중앙총부 교화관, 『천도교와 3 · 1운동』, 천도교중앙총부출판부, 포덕155(2014)(소책자).

최진석, 『탁월한 사유의 시선』, 21세기북스, 2018 등 참조.

천도교청년당 편, 『천도교청년당소사』, 천도교청년당본부, 1935.

하인호, 『미래를 읽는 9가지 방법』, 일송북, 2008.

■ 3 · 1운동과 개신교 / 손은실

경동현, 「한국천주교회와 공론장의 변동-3 · 1운동 시기를 중심으로-」, 종교개혁연대세미나 2018년 8월 23일 발표문.

기윤실, 『2017년 한국교회의 사회적 신뢰도 여론조사』, 서울: (사)기독교윤리실천운동, 2017.

김승태, 「남강 이승훈의 신앙 행적에 관한 몇 가지 문제」, 『한국기독교와 역사』 17(2002):

7-27.

_____, 『한말 일제 강점기 선교사 연구』. 서울: 한국기독교역사연구소, 2006.

김창수, 김승일, 『해석 손정도』, 서울: 넥서스, 1999.

김춘성, 「3 · 1운동과 천도교」, 종교개혁연대 공동세미나 11월 22일 발표 원고.

김형석, 「한국기독교와 3 · 1운동-서북지방의 기독교 민족운동과의 관계를 중심으로」, 이 만열 외 7인 지음, 『한국기독교와 민족운동』, 서울: 종로서적, 1986.

나달숙, 「유관순 열사의 정신과 문화유산」, 『한국여성독립운동가』 (사)3 · 1여성동지회 창립50주년 기념논문집, 파주: 국학자료원, 2018.

류청하, 「3 · 1운동의 역사적 성격」, 안병직 외, 『한국근대민족운동사』, 서울: 돌베개, 1980.

미야지마 히로시, 「민족주의와 문명주의-3 · 1운동에 대한 새로운 이해를 위하여」, 박헌 호, 류준필 편집, 『1919년 3월 1일에 묻다』, 서울: 성균관대학교출판부, 2009.

박용옥, 「3 · 1운동에서 여성의 활약과 그 의의」, 『여성독립운동사 자료총서I』(3 · 1운동 편), 행정자치부국가기록원, 대전: 국가기록원, 2016.

_____, 「기독교와 여성의 개화」, 한국기독교 100주년 기념사업협의회 여성분과위원회 편, 『여성! 깰지어다, 일어날지어다, 노래할지어다-한국 기독교 여성 100년사』, 대한기독교출판사, 1985.

_____, 『김마리아: 나는 대한의 독립과 결혼하였다』, 서울: 홍성사, 2003.

_____, 『여성독립운동사 자료총서』 1, 대전: 국가기록원, 2016.

_____, 『여성운동』, 한국독립운동의 역사 31, 천안: 독립기념관 한국독립운동사연구소, 2009.

_____, 『한국여성 근대화의 역사적 맥락』, 서울: 지식산업사, 2001.

박은식, 김도형 옮김, 『한국독립운동지혈사』 한국학술연구재단 학술명저번역총서 동양 편 107, 서울: 소명출판, 2008.

신기영, 『한국기독교의 민족주의, 1885-1945』, 도처출판동혁, 1995.

신용하, 『3 · 1운동과 독립운동의 사회사』, 서울대학교출판부, 2001.

이달순, 「독립운동과 김마리아」, 『한국여성독립운동가』 (사)3 · 1여성동지회 창립50주년 기념 논문집, 파주: 국학자료원, 2018.

이덕주, 「3 · 1운동과 기독교-준비단계에서 이루어진 종교연대를 중심으로」, 『한국기독교 와 역사』 47(2017): 107-163.

이만열, 「3 · 1운동과 기독교, 『한국기독교와 역사』 제7호, 한국기독교역사연구소, 1997.

_____, 「한말 기독교인의 민족의식 형성과정」, 이만열 외 7인, 『한국기독교와 민족운동』, 종로서적, 1986.

_____, 『한국기독교와 민족의식』, 서울: 지식산업사, 1991.

이병헌 편저, 『3 · 1운동비사』, 서울: 시사시보 출판국, 단기 4292(1959).

장석만, 「3 · 1운동에서 종교는 무엇인가」, 『1919년 3월 1일에 묻다』, 서울 : 성균관대학교출판부, 2009.

지명관, 「삼일운동과 선교사들」, 『기독교사상』 1972년 3월.

최상도, 「김마리아의 리더십과 사상에 대한 소고」, 제21회 한중(푸단대)학술대회
(2018.11.2) 자료집(『동북아시아의 평화와 종교의 역할』).

최우혁, 「3·1 만세운동과 식민지 한국 천주교회의 여성들」, 『교회사연구』 35, 2010.

하희정, 「국내외 독립선언문 다시 읽기:3·1운동과 시민주권」, 『응답하라 1919: 3·1정신
과 교회의 미래』, 한국기독교학회 제47차 정기학술대회 자료집 제1권.

『한민족독립운동사자료집』 11, 삼일운동 I, 국사편찬위원회, 1990.

『한민족독립운동사자료집』 12, 삼일운동 II, 국사편찬위원회, 1990.

함석헌, 「3·1운동과 기독교 신앙」, NCC 회보 1979년 3월.

황홍렬, 「3·1운동에 나타난 기독교적 정신과 한국교회 선교에 대한 함의」, 『한국기독교
학회 제 47차 정기학술대회 자료집』, 2018.10.12~13): 355-394.

Lee, T. S. "A Political Factor in the Rise of Protestantism in Korea: Protestantism and
the 1919 March First Movement", Church History 69/1(2000): 116-142.

Moffett, S.H., 「삼일운동과 외국인 선교사」, 『삼일운동 50주년 기념논문집』, 동아일보사,
1969.

■ **3·1운동 정신의 통합학문적 이해와 기독교 신앙의 미래 / 이은선**

〈논문〉

김건태, 「"광작을 자제하라": 19세기 어느 성리학자의 가작(家作)과 그 지향」, 미야지마
히로시, 배항섭 엮음, 『동아시아는 몇 시인가』, 너머북스, 2015

김삼웅, 「3·1혁명과 여성독립운동」, '3·1운동과 여성' 범국민 발대식 및 토론회,
2018.1.29(월) 국회의원회관 대회의실, 3·1운동과 여성 100주년기념사업회 자
료집.

박용옥, 「김마리아」, 『인물로 본 한국사』, 월간중앙 1월호 별책부록, 1973.1.

변은진, 「3·1운동 전후 여운형의 활동과 신한청년당」, 신한청년당 결성 100주년 기념식,
학술심포지엄-3·1운동의 숨은 주역 신한청년당 자료집, 2018.11.28.

안중근, 「안응칠역사」, 『明治文化全集』 2, 동경, 1968, 대련시근대사연구소/여순일러감옥
구지박물관 학술연구총서, 화문귀 주필 유병호 역, 『안중근연구』, 료녕민족출판
사, 2009.

양현혜, 「그리스도와 민족주의 문제-3·1운동과 조선, 미국, 일본 그리스도교의 움직임을
중심으로」, 『신학사상』74집, 1991 가을.

윤경로, 「1910 민족해방운동과 3·1운동」, 강만길 외, 『통일지향 우리 민족해방운동사』,
역사비평사, 2010.

이만열,「3・1운동에 대한 기독교사적 이해」, 3・1운동 70주년 특별기고,『기독교사상』
　　33(3), 1989.3.

이상룡,「공교미지(孔敎微旨)」, 안동독립운동기념관 편,『국역 石洲遺稿』하, 경인문화사,
　　2008.

이준식,「김규식의 파리평화회의의 활동」, 신한청년당 결성 100주년 기념식, 학술심포지
　　엄 자료집.

정영훈,「홍암 나철의 종교민족주의」,『정신문화연구』2002 가을호 제25권 제3호(통권 88
　　호).

최동희,「全琫準」,『人物로 본 韓國史』, 월간중앙 1월호 별책부록, 1973.1.

최재건,「3・1정신과 대한민국의 건국정신」, 한국기독교학회 제47차 정기학술대회, 한국
　　기독교학회, 2018.10.12.-10.13, 자료집제2권.

Salli McFague, "An Earthly Theological Agenda", in, Ecofeminism and the Sacred,
　　Carol Adams (ed.), New Your: Continuum, 1993.

〈단행본〉

강만길 외,『통일지향 우리 민족해방운동사』, 역사비평사, 2000.

고은,『한용운 평전』, 향연, 2004.

김삼웅 지음,『심산 김창숙 평전』, 시대의창, 2006.

김선희,『서학, 조선 유학이 만나 낯선 거울-서학의 유입과 조선 후기의 지적 변동』, 도서
　　출판 모시는사람들, 2018.

김소진,『한국독립선언서연구』, 국학자료원, 1998.

김순석,『근대 유교개혁론과 유교의 정체성』, 도서출판 모시는사람들, 2016.

노명식 지음,『함석헌 다시 읽기』노명식전집 04, 책과함께, 2011.

윤석산 역주,『도원기서』, 도서출판 모시는사람들, 2012.

로즈메리 류터, 장춘식 옮김,『신앙과 형제 살인-반유대주의의 신학적 뿌리』, 대한기독교
　　서회, 2001.

마테오 리치 지음, 송영배 외 옮김,『천주실의』, 서울대학교출판부, 2000.

미야지마 히로시, 배항섭 엮음,『동아시아는 몇 시인가?』, 너머북스, 2015.

박은식, 남만성 옮김,『한국독립운동지혈사』(상)(하), 서문당, 1999.

박재순,『삼일 운동의 정신과 철학』, 홍성사, 2015.

朴種赫,『해학 이기의 사상과 문학』, 아세아문화사, 1995.

변선환아키브 편,『종교개혁500년, ‘以後’신학』, 도서출판 모시는사람들, 2017.

생명마당 엮음,『한국적 작은교회론』, 대한기독교서회, 2017.

안병욱, 안창호, 김구, 이광수 외,『안창호평전』, 도서출판 청포도, 2007.

안정복 지음, 이상하 옮김,『순암집』, 한국고전번역원, 2017.

尹世復,『역해종경사부합편(譯解倧經四部合編)』, 대종교총본사, 개천4406(1942).

이규성, 『한국현대철학사론-세계상실과 자유의 이념』, 이화여대출판부, 2015.

이덕주, 『초기한국기독교사연구』, 한국기독교연구소, 1995.

_____, 『남산재 사람들-독립운동의 요람』, 그물, 2015.

이병헌, 『三·一運動秘史』, 시사사보사출판국, 1959.

이우정, 『한국기독교여성백년의 발자취』, 민중사, 1985.

이은선, 『잃어버린 초월을 찾아서-한국 유교의 종교적 성찰과 여성주의』, 도서출판 모시
    는사람들, 2009.

_____, 『다른 유교, 다른 기독교』, 도서출판 모시는사람들, 2016.

_____, 『한국 생물生物여성영성의 신학』, 도서출판 모시는사람들, 2011.

_____, 『세월호와 한국 여성신학-한나 아렌트와의 대화 속에서』, 동연, 2018.

이찬구, 『천부경과 동학』, 도서출판 모시는사람들, 2007.

이호재, 『프스트종교운동-자본신앙과 건물종교를 넘어』, 도서출판 문사철, 2018.

J.S. 게일, 신복룡 역주, 『전환기의 조선』, 집문당, 1999.

존 쉘비 스퐁 지음, 변영권 옮김, 『아름다운 합일의 길 요한복음』, 한국기독교연구소,
    2018.

한국철학사 연구회 편, 『한국 철학 사상가 연구-한국 철학과 현실인식』, 철학과현실사,
    2002.

한상권, 『차미리사 평전-일제 강점기 여성해방운동의 선구자』, 푸른역사, 2008,

현장(顯藏)아카데미 편, 『21세기 보편 영성으로서의 誠과 孝』, 동연, 2016.

찾아보기

3 · 1운동 백주년과 한국 종교개혁

등록 1994.7.1 제1-1071
1쇄 발행 2019년 3월 31일
2쇄 발행 2019년 12월 25일

엮은이   3 · 1운동백주년종교개혁연대
지은이   박병기 옥복연 이미림 황상희 경동현 최우혁 김춘성 박길수 손은실 이은선
펴낸이   박길수
편집장   소경희
편 집   조영준
관 리   위현정
디자인   이주향
마케팅   조영준
펴낸곳   도서출판 모시는사람들
         03147 서울시 종로구 삼일대로 457 (경운동 수운회관) 1207호
전 화   02-735-7173, 02-737-7173 / 팩스 02-730-7173
홈페이지   http://www.mosinsaram.com/

인 쇄   천일문화사(031-955-8100)
배 본   문화유통북스(031-937-6100)

값은 뒤표지에 있습니다.
ISBN   979-11-88765-37-9   93210

이 도서의 국립중앙도서관 출판예정도서목록(CIP)은 서지정보유통지원시스템 홈페이지(http://
seoji.nl.go.kr)와 국가자료공동목록시스템(http://www.nl.go.kr/kolisnet)에서 이용하실 수 있습
니다.(CIP제어번호: CIP2019005943)